BIBLIOTHEKSPOLITIK IN NORDRHEIN-WESTFALEN

ALOIS KLOTZBÜCHER

Bibliothekspolitik in Nordrhein-Westfalen

Die Geschichte des Verbandes der Bibliotheken des Landes Nordrhein-Westfalen 1965-1995

VITTORIO KLOSTERMANN · FRANKFURT AM MAIN

ZEITSCHRIFT FÜR BIBLIOTHEKSWESEN UND BIBLIOGRAPHIE
SONDERHEFTE
Herausgegeben von Jürgen Hering

SONDERHEFT 79

Die Deutsche Bibliothek – CIP-Einheitsaufnahme

Ein Titeldatensatz für diese Publikation ist bei
Der Deutschen Bibliothek erhältlich.

Satz: Fotosatz L. Huhn, Maintal
Druck: Hubert & Co., Göttingen
Gedruckt auf alterungsbeständigem Papier ∞ ISO 9706
Printed in Germany
ISBN 3-465-03108-3

INHALT

Vorwort 11

Einleitung 13

TEIL A
AUFBRUCH UND KONSOLIDIERUNG; PLÄNE, EMPFEHLUNGEN, GUTACHTEN UND IHRE REALISIERUNG: DIE 60ER UND 70ER JAHRE

I. Bibliotheksplanung für Öffentliche Bibliotheken 19

Die „Empfehlungen des Wissenschaftsrates" in der Kritik – Die Arbeit am „Bibliotheksentwicklungsplan" für Nordrhein-Westfalen – Planungseuphorie: Gremien, Arbeitsgruppen, Ausschüsse – Der „Bibliotheksplan 1973" und die „Empfehlungen zum Ausbau des Bibliothekswesens in Nordrhein-Westfalen"

II. Neue Bibliotheksstrukturen im Hochschulbereich 31

Organisationsmodelle in den „Empfehlungen des Wissenschaftsrates" – Distanz des Verbandes gegenüber neuen Bibliotheksstrukturen – „Bielefeld und die Folgen": Stellungnahme des Verbandes – Die Empfehlungen ministerieller Planungsgruppen für die Bibliotheken der Fachhochschulen und Gesamthochschulen und für ein Verbundsystem (1972/1973) – Die Bibliotheksreformen als Thema der Jahresversammlungen und des „Mitteilungsblattes"

III. Krise und Konsolidierung des Verbandes 43

Wandel der Bibliothekslandschaft Nordrhein-Westfalen – „Der Aufstand von Remscheid": Konsequenzen aus der Verbandskrise – Die Einbeziehung der Unterhaltsträger in die Verbandsarbeit – Die Vereinbarung mit dem Deutschen Bibliotheksverband

IV. Die Realisierung des „Bibliotheksentwicklungsplans“ für Öffentliche Bibliotheken 55

1. Prioritäten: Bibliotheken der 2. Stufe in Großstädten 55

Literatur für den „spezialisierten und differenzierten Bedarf“ – Ausbau des Zeitschriftenbestandes – Informationsabteilungen und ihre Bestände – Bilanz am Ende der 70er Jahre: Erfolge und Defizite

2. Probleme der „Grundversorgung“ mit Literatur 64

Literaturversorgung im ländlichen Raum – Die Rolle der Landkreise – Mittelpunktbibliotheken – Kirchliche Öffentliche Büchereien

3. Schulbibliotheken – Neue Aufgabenfelder für Bibliotheken 72

Gesamtschulbibliotheken – Die Kommission für Schulbibliotheken und Mediotheken – Leistungen und Mängel – Neue Themen in der Verbandsarbeit

V. Das Ringen um ein Bibliotheksgesetz für Nordrhein-Westfalen 80

Bemühungen seit der Gründung des Verbandes – Überregionale Initiativen – Ein neuer Anlauf in den 70er Jahren – „Forderungen an ein Bibliotheksgesetz“ auf der Jahresversammlung 1977 in Hamm – Das Scheitern (1979/1980) – Die Suche nach Alternativen

VI. Bibliotheksarbeit im Kontext der Hochschulpolitik der 70er Jahre 94

1. Alte und neue Bibliotheksstrukturen 94

Bibliotheksplanung für die Gesamthochschulbereiche – Das Hochschulgesetz von 1979 – Ein-schichtige und zwei-schichtige Bibliothekssysteme: Ministerkritik und Reaktion der Bibliotheken

2. Die Bibliotheken der Pädagogischen Hochschulen 101

Die Bibliotheken im Wandel ihrer Institutionen – Eingliederung in die Gesamthochschulbereiche? – Integration in die Universitätsbibliotheken

3. Ein neuer Bibliothekstyp: die Fachhochschulbibliothek 106

Anfangsschwierigkeiten – Neues Selbstbewußtsein nach der Nichtrealisierung der Gesamthochschulbereiche – Fachhochschulbibliotheken und Verband

TEIL B
HERAUSFORDERUNGEN DURCH FINANZKRISEN UND NEUE TECHNOLOGIEN: ÖFFENTLICHKEITSARBEIT UND KOOPERATION: DIE 80ER UND 90ER JAHRE

VII. Haushaltskrisen – gestern und heute 115

1. Konjunkturschwankungen und Bibliotheken in den 60er und 70er Jahren 116

Die Rezession 1965/1966: Haushaltskürzungen bei den kommunalen Bibliotheken – Ein Bibliothekstyp im Niedergang: die wissenschaftliche Stadtbibliothek – Entspannung und neue Restriktionen (1973/1974, „Ölkrise“)

2. „Rettet unsere Bibliotheken jetzt!“: der finanzielle Einbruch 1981/1982 120

Die „Krisen“-Jahresversammlung 1982 – Benutzungsgebühren – Unsicherheiten in der Haushaltsbewirtschaftung des Landes und beim Hochschulbibliotheksgebührengesetz – Um die Zukunft der Staatlichen Büchereistellen

3. „Der Wind bläst den Bibliotheken ins Gesicht“: die 90er Jahre 128

Finanzmisere der kommunalen Haushalte – Kürzungen der Landesmittel – Ehrenamtliche Kräfte – Steigende Zeitschriftenpreise – Personalabbau in den Hochschulbibliotheken

VIII. „Bürger brauchen Bibliotheken“: die Öffentlichkeitsarbeit des Verbandes 136

1. Öffentlichkeitsarbeit landesweit: die Bibliothekstage in Nordrhein-Westfalen 137
2. Eine neue Form der Imagewerbung: die bibliothekarische Fachmesse „Bibliotheca“ 141
3. Kommission für Öffentlichkeitsarbeit, Pressekontakte, Veröffentlichungen 145
4. Vom „Mitteilungsblatt“ zu „ProLibris“: zur Entwicklung des publizistischen Organs des Verbandes 151
5. „Die Anliegen der Bibliotheken öffentlich zur Sprache bringen“: die Jahresversammlungen 155
6. Auf der Suche nach Verbündeten: Autoren, Buchhandel, kulturelle Institutionen 160

IX. Zusammenarbeit im Bestandsaufbau: Sondersammelgebietsprogramm – Koordinierung der Zeitschriftenerwerbung 165

1. Das älteste Gemeinschaftsprojekt des Verbandes: die Sondersammelgebiete der Großstadtbibliotheken 166

Konzeption und Entwicklung bis zur Mitte der 70er Jahre – Revision des Programms – Erweiterung auf Zeitschriften – Probleme der 90er Jahre

2. Das Zeitschriftenschwerpunktprogramm der Hochschulbibliotheken 177

Begründung und Erprobungsphase – Fortsetzung und Ausbau – Die Zeitschriftenliste der Hochschulbibliotheken (ZLNW) – Evaluierung des Programms

X. Konventionelle und moderne Formen kooperativer Literatur- und Informationsversorgung: Zum Wandel des Leihverkehrs und des Auskunftsdienstes 184

1. Vom Kommunalen Leihring zu elektronischen Bestell- und Lieferdiensten 184

Der Kommunale Leihring und seine Ausweitung zum Regionalen Leihring (1971/1972) – Probleme, Widerstände, Enttäuschungen – Die Integration der regionalen Leihverkehrsorganisation in den Deutschen Leihverkehr (1979) – Schwierigkeiten bei der Neuordnung der Leihverkehrsregionen: Leitbibliotheken – Wandel des Leihverkehrs: die elektronischen Bestell- und Lieferdienste

2. Vom traditionellen Auskunftsdienst zu computergestützten Informationssystemen 200

Informationsvermittlung Online: eine Aufgabe der Hochschulbibliotheken – Probleme der Informationsvermittlungsstellen (IVS): Entgeldregelung, Organisations- und Personalfragen – CD-ROM-Recherchen – Auskunftsdienst in Öffentlichen Bibliotheken: „ein Sorgenkind“ – Das Förderprogramm für Informationsvermittlung „Neue Technologien in Öffentlichen Bibliotheken“

XI. Landesbibliothekarische Aufgaben in Nordrhein-Westfalen 209

1. Stationen auf dem Weg zur „kooperativen Landesbibliothek“ 209

Landesbibliothek und bibliothekarische Regionalplanung: die Diskussion in den 60er und 70er Jahren (209) – Literarische Nachlässe, Nordrhein-Westfälische Bibliographie (212) – Grenzen des Wachstums: das Speichermagazin in Bochum und die „Empfehlungen des Wissenschaftsrates zum Magazinbedarf“ (214) – Erschließung und Sicherung von Altbeständen (218) – Die Etablierung der „kooperativen Landesbibliothek“ (221)

2. Vom Hochschulbibliothekszentrum zum „Landesbibliothekszentrum“? 225

Zur Entwicklung des Hochschulbibliothekszentrums und des Bibliotheksverbundes – Erweiterung des Verbundes auf alle Hochschulbibliotheken – Das Projekt „Verbundkatalogisierung für Öffentliche Bibliotheken“ – Auf dem Weg zum Dienstleistungszentrum für alle Bibliotheken des Landes

XII. Aspekte überregionaler Kooperation und Konzentration 234

Zusammenarbeit mit zentralen Einrichtungen des Bibliothekswesens (234) – Die Rolle des Verbandes in der Lektoratskooperation(237) – Die Konzentration der bibliothekarischen Verbandsarbeit: die Gründung der Bundesvereinigung Deutscher Bibliotheksverbände (240)

XIII. Wandel der bibliothekarischen Ausbildung und Fortbildung in drei Jahrzehnten 245

1. Zur Entwicklung des höheren Dienstes an Bibliotheken 245

Initiativen aus Nordrhein-Westfalen: Höherer Dienst an Öffentlichen Bibliotheken – Thema in Jahrzehnten: das Theorie-Praxis-Verhältnis – Neue Tendenzen: Zusatzstudium für wissenschaftliche Mitarbeiter?

2. Reformen in der Ausbildung für Diplom-Bibliothekare an Öffentlichen und wissenschaftlichen Bibliotheken 251

Sechs-semestriges Studium für Diplom-Bibliothekare an Öffentlichen Bibliotheken – Um den Status des Bibliothekar-Lehrinstituts – Gemeinsame Ausbildung von Bibliothekaren und Dokumentaren – Spartenübergreifender Studiengang im Fachbereich Bibliotheks- und Informationswesen

3. Der lange Weg zum Bibliotheksassistenten 259

Anstöße aus Nordrhein-Westfalen: Vom Büchereigehilfen zum Assistenten an Bibliotheken – Mittlerer Dienst an Bibliotheken – Der Fachangestellte für Medien- und Informationsdienste

4. Ein Schwerpunkt der Verbandsarbeit: die Fortbildung 265

Fortbildungsseminar für leitende Aufgaben in Öffentlichen Bibliotheken (1964-1971) – Formen, Themen, Partner der Fortbildung – Krise und Stabilisierung: Studieninstitut für Kommunale Verwaltung als Partner, das Hochschulbibliothekszentrum als landesweites Fortbildungszentrum?

Rückblick 273

TEIL C
ANHANG

Literaturverzeichnis 283

Zeittafel. 50 Jahre Verband der Bibliotheken des Landes Nordrhein-Westfalen (1948-1998). Eine Auswahl von Daten und Fakten 292

Jahresversammlungen – Mitglieder des Vorstandes (1964-1998) 303

Satzung des Verbandes 308

Abkürzungen 313

Personenregister 315

VORWORT

Das Bibliotheksgeschehen in Nordrhein-Westfalen ist untrennbar verbunden mit der Geschichte des Verbandes der Bibliotheken des Landes Nordrhein-Westfalen. Das hier aus Anlass des 50jährigen Bestehens des Verbandes (1948-1998) vorgelegte Werk darf somit auch als Fortsetzung des verdienstvollen Werkes von Werner Krieg betrachtet werden, der die Geschichte des Verbandes der Bibliotheken des Landes Nordrhein-Westfalen von seiner Gründung bis zum Sommer 1964 anläßlich des 40-jährigen Bestehens des Verbandes im Jahre 1988 dargestellt hat.

Der Verband der Bibliotheken des Landes Nordrhein-Westfalen ist ein spartenübergreifender integrierender Verband, in welchem fast sämtliche Bibliotheken des Landes Nordrhein-Westfalen vereinigt sind. Insbesondere über seine großen Arbeitsgemeinschaften, diejenigen der Universitätsbibliotheken, die der Fachhochschulbibliotheken und die der Großstadtbibliotheken, beeinflußt er die bibliothekspolitische Entwicklung und trägt, in intensiver Zusammenarbeit mit den zuständigen Ministerien des Landes, dazu bei, dass das Land Nordrhein-Westfalen eine führende Rolle im Bibliothekswesen in der Bundesrepublik Deutschland einnimmt.

Das vorliegende Werk aus der Feder von Alois Klotzbücher beschreibt eine Zeit, die durch Höhen und Tiefen gekennzeichnet ist. Schon zu Beginn des betrachteten Zeitraumes zeichnen sich wesentliche strukturelle Wandlungen im Bibliothekswesen ab, die u.a. zu einer stärker einsetzenden Landesförderung und damit zu einer bedeutsamen Weiterentwicklung im Öffentlichen Bibliothekswesen führen.

1972 wurden in Nordrhein-Westfalen fünf Gesamthochschulen mit ihren Gesamthochschulbibliotheken gegründet. Beabsichtigt war von vornherein, diese Bibliotheken in einem Katalogisierungsverbund zu betreiben, der sich im wesentlichen auf das von Prof. Dr. Pflug entwickelte Katalogisierungsverfahren für die Universitätsbibliothek Bochum stützte. Die weitere Entwicklung führte dann zum Hochschulbibliothekszentrum in Köln, einer zentralen bibliothekarischen Dienstleistungsstelle, um die das Bibliothekswesen in Nordrhein-Westfalen vielfach beneidet worden ist. Neuartige Kooperationsverfahren wurden damit ins Leben gerufen.

Vermehrte Bedeutung gewann auch die elektronische Datenverarbeitung im Bibliothekswesen, die vom lochstreifengestützten Erfassen von Katalogisierungsdaten über die Ausgabe von Katalogen in Microfiche bis hin zum elektronischen Katalog, dem OPAC (Online-Public-Access-Catalog), geführt hat und die Informationsmöglichkeiten für die Benutzer bietet, von denen unsere Altvorderen nur haben träumen können. Die Rationalisierungsmöglichkeiten, die durch den konsequenten Einsatz der EDV im Bibliotheksbereich gegeben sind, haben trotz schwindender Personalressourcen dazu geführt, dass die Service-Leistungen der Bibliotheken in ihrer Qualität erhalten blieben oder z.T. sogar noch ausgebaut werden konnten.

Zur Kenntnis genommen werden muss aber auch, dass gegen Ende des Berichtszeitraumes bedeutende Einschnitte eintraten, bedingt durch Haushaltskrisen seit Anfang der 80-er Jahre. Die Vorsitzenden des Verbandes der Bibliotheken des Landes Nordrhein-Westfalen haben immer wieder darauf hinweisen müssen, dass insbesondere im Bereich der Öffentlichen Bibliotheken schmerzliche Einschnitte zu verzeichnen waren. Geschlossene Stadtteilbibliotheken und stillgelegte Fahrbüchereien sprechen eine beredte Sprache.

Der Verband als Auftraggeber muss dem Kollegen Alois Klotzbücher, bis 1986 Leitender Bibliotheksdirektor der Stadt- und Landesbibliothek Dortmund, sehr dankbar sein, dass er sich der mühevollen Arbeit unterzogen hat, die bibliothekarische Entwicklung in Nordrhein-Westfalen umfassend darzustellen. Das fertige Werk lässt nur erahnen, wieviel Mühe und Aufwand notwendig waren, die teilweise spröde und nicht immer vollständig dokumentierte Materie in eine Form zu bringen, die die Entwicklung in einem wichtigen Kulturbereich über 30 Jahre hinweg anschaulich und nachvollziehbar nachweist.

Der Verband wird seine wichtige Rolle für das Bibliothekswesen auch in Zukunft spielen. Seine Geschichte wird, sicher aus unterschiedlichen Blickwinkeln in weiteren Veröffentlichungen aufgezeichnet werden. Der Kollege Klotzbücher kann stolz sein, dass er in der Reihe der „Schreiber der Geschichte des Verbandes“ ganz vorne steht. Ihm ist zu danken, ebenso dem Herausgeber der Reihe Sonderhefte der Zeitschrift für Bibliothekswesen und Bibliographie, Jürgen Hering.

Klaus Barckow
Vorsitzender des VBNW von 1996-1999

EINLEITUNG*

Werner Kriegs Geschichte des Verbandes der Bibliotheken des Landes Nordrhein-Westfalen endet im Jahre 1964,[1] zu einer Zeit, als sich große Veränderungen im Bibliothekswesen abzeichneten. Auf dem Hintergrund der bildungspolitischen Diskussion – Stichwort: „Bildungskatastrophe“ – wurden Mitte der 60er Jahre eine ganze Reihe von Empfehlungen und Gutachten vorgelegt, die das Bibliothekswesen erstmals als Teil der Kultur- und Wissenschaftspolitik verstanden und die für die folgende Zeit die Bibliotheksarbeit bestimmen sollten. Es erschienen allein im Jahre 1964: die „Empfehlungen der Kultusministerkonferenz zur Erwachsenenbildung und zum Büchereiwesen“, die „Empfehlungen des Wissenschaftsrates zum Ausbau der wissenschaftlichen Bibliotheken“, der Beschluß des Deutschen Städtetags „Wissenschaftsförderung durch die Städte“, das Gutachten der Kommunalen Gemeinschaftsstelle für Verwaltungsvereinfachung „Kommunale Öffentliche Bücherei“.[2]

Unter Berücksichtigung dieser Dokumente und der überregionalen Bibliotheksplanung begannen Mitte der 60er Jahre in Nordrhein-Westfalen die Arbeiten am „Strukturplan“ für die Öffentlichen Bibliotheken des Landes. Sie führten zu den „Empfehlungen zum Ausbau des Bibliothekswesens in Nordrhein-Westfalen“,[3] die Grundlage für die nun verstärkt einsetzende Landesförderung und für die Weiterentwicklung der traditionellen „Volksbücherei“ zur modernen Öffentlichen Bibliothek. Neue Universitäten mit z.T. neuartigen Bibliotheksstrukturen wurden gegründet, die Elektronische Datenverarbeitung hielt Einzug in den bibliothekarischen Alltag. Die SPD-FDP-Regierung unter Ministerpräsident Heinz Kühn, seit 1966 amtierend, setzte deutliche Akzente in der Wissenschaftspolitik: Errichtung von fünf Gesamthochschulen und 15 Fachhochschulen mit einheitlichen Bibliothekssystemen, Gründung

* Bei den Geschlechtsbezeichnungen ist das nicht genannte Geschlecht jeweils selbstverständlich mitgemeint. Bücherei und Bibliothek werden synonym gebraucht. Die Bezeichnung von Gesetzen, Verbänden, Institutionen u.a. erfolgt im Text aus stilistischen Gründen gelegentlich verkürzt; es wird auf die Anmerkungen bzw. auf das Literaturverzeichnis verwiesen.

1 Werner Krieg: Verband, 1989.

2 Empfehlung der Kultusministerkonferenz zur Erwachsenenbildung und zum Büchereiwesen vom 16./17.1.1964. In: Mbl. 14, 1964, S. 64-66; Empfehlungen Wissenschaftsrat, 1964; Wissenschaftsförderung durch die Städte. Beschluß des Deutschen Städtetages vom 21.1.1964. In: Mbl. 14, 1964, S. 66-68; Gutachten kommunale Gemeinschaftsstelle, 1964,

3 Empfehlungen Nordrhein-Westfalen, 1973.

des Hochschulbibliothekszentrums in Köln und Aufbau eines regionalen Verbundsystems.

Auf dem Hintergrund dieses Wandels im Bibliothekswesen, den man zurecht als Umbruch bezeichnet hat, erscheint es sinnvoll, die Geschichte des nordrhein-westfälischen Bibliotheksverbandes seit dem Jahre 1965 nicht isoliert zu betrachten. Sie muss vielmehr im Zusammenhang mit der Entwicklung des Bibliothekswesens in diesem Bundesland gesehen werden, und sie darf auch das Bibliothekswesen in der Bundesrepublik, zumindest in Teilbereichen, nicht außer Acht lassen. Allerdings ist nicht beabsichtigt, eine Bibliotheksgeschichte Nordrhein-Westfalens vorzulegen, die auch die Leistungen des Landes und der Kommunen beim Aufbau des lange als vorbildlich geltenden Bibliothekswesens mehr berücksichtigen müsste, als das hier möglich ist. Immerhin könnte die Arbeit einen, wenn auch bescheidenen Beitrag sein zur Geschichte der Kulturpolitik Nordrhein-Westfalens und zur Entwicklung des Bibliothekswesens in der Bundesrepublik.[4]

Im Mittelpunkt der Darstellung wird allerdings stets die Geschichte des Verbandes stehen, der in diesem neuen Abschnitt seiner Geschichte an die Arbeit der Frühzeit anknüpfen konnte. Im Jahre 1948 gegründet, nahm der Verband von Anfang an eine Sonderstellung im deutschen Bibliothekswesen ein. Durch den Zusammenschluss von Bibliotheken aller Sparten und Größen und verschiedener Unterhaltsträger zu einem einheitlichen Verband wurde er zum Vorbild für den ähnlich strukturierten Deutschen Bibliotheksverband, an dessen Gründung und Entwicklung er maßgeblich beteiligt war. Er verwirklichte Projekte, die ebenfalls Vorbildcharakter hatten: das Sondersammelgebietsprogramm der Großstädte und den Kommunalen Leihring zur Verbesserung der Literaturversorgung im Lande. Als erster und lange Zeit einziger spartenübergreifender und arbeitsfähiger Fachverband gingen von ihm schon in der Frühzeit Initiativen aus, die über Nordrhein – Westfalen hinaus wirkten, so bei Sacherschließung für Öffentliche Bibliotheken, in der Alphabetischen Katalogisierung oder in der Ausbildung, z.B. in der Schaffung des neuen Berufs des Bibliotheksassistenten.

Es wird zu zeigen sein, wie im weiteren Verlauf sich diese traditionellen Kooperationsmodelle unter dem Einfluss des technologischen Fortschritts weiterentwickelt haben und neue Aufgaben von den Bibliotheken übernommen wurden: Erweiterung der Sondersammelgebiete auf Zeitschriften mit Schwer-

[4] Eine zusammenfassende, die Öffentlichen und wissenschaftlichen Bibliotheken berücksichtigende Darstellung fehlt. Hingewiesen sei auf (die wissenschaftlichen Bibliotheken betreffend und bis zum Jahr 1975 reichend) Gisela von Busse, Struktur und Organisation, 1977, auf den Tagungsband des Wolfenbütteler Arbeitskreises für Bibliotheksgeschichte „Die Entwicklung des Bibliothekswesens in Deutschland 1945-1965", 1993, und auf die historischen Darstellungen von bibliothekarischen Verbänden: Hans Joachim Kuhlmann: Der Weg zum kritischen Bürger,1989; Bibliothekspolitik in Ost und West, 1998; Innenansichten – Außenansichten, 1998.

punktbildung, gemeinsame Katalogisierung, Beschleunigung des Auswärtigen Leihverkehrs durch elektronische Dokumenten-Lieferdienste, Informationsvermittlung durch neue Technologien, Etablierung der „kooperativen Landesbibliothek“, Konvergenztendenzen in der Ausbildung und Fortbildung der verschiedenen bibliothekarischen Berufe. Bei diesem Bemühen um eine Verbesserung der Literatur- und Informationsversorgung muss neben den staatlichen Initiativen die Rolle des Verbandes deutlich werden, dessen Existenz vielfach erst die Voraussetzung für die erfolgreiche Zusammenarbeit von wissenschaftlichen und Öffentlichen Bibliotheken war.

Es wäre allerdings ein Versäumnis, wollte man die Unterschiede zwischen den beiden Bibliothekssparten übersehen: historisch bedingte Vorbehalte, Unterschiede in der Aufgabenstellung, aber vor allem die Verschiedenheit in der Trägerschaft: Auf der einen Seite die Hochschulbibliotheken: institutionell gebunden, in ihrer Arbeit durch Gesetze und ministerielle Vorgaben einheitlich geregelt; auf der anderen Seite die Öffentlichen Bibliotheken: entsprechend der kommunalen Selbstverwaltung unter der Finanzhoheit der einzelnen Gemeinden stehend und auf Erfahrungsaustausch und Zusammenarbeit angewiesen, wie sie eben der Verband bot. So ist es verständlich, wenn das Hauptgewicht der Verbandsarbeit für einen längeren Zeitraum auf der Seite der Öffentlichen Bibliotheken gelegen hat. Diese Sparte wird deshalb auch in der vorliegenden Darstellung einen größeren Raum einnehmen als die Hochschulbibliotheken, die bis zur Mitte der 70er Jahre mit dem Verband nur lose verbunden waren.

Damit sind innerverbandliche Probleme angesprochen. Darzustellen sind die Bemühungen um einen Interessenausgleich zwischen den Bibliotheken unterschiedlicher Sparten, Größen und Unterhaltsträger, das Verhältnis zu den überregionalen bibliothekarischen Verbänden, die Reformen der Gremien, die dem Strukturwandel des Bibliothekswesens Rechnung trugen und durch Einbeziehung der Unterhaltsträger in den Vorstand eine Konsolidierung des Verbandes bewirkten.

Als Reaktion auf die Haushaltskrisen seit Anfang der 80er Jahre verstärkte der Verband seine Aktivitäten in der Öffentlichkeitsarbeit. Auch versuchte er deutlicher als früher neben seiner traditionellen Funktion als fachliche Beratungsinstanz für die Ministerien und die kommunalen Spitzenverbände sich als bibliothekspolitische Interessenvertretung zu profilieren. Es gilt, diese Aktivitäten zu beschreiben, die das Ziel hatten, in der breiten Öffentlichkeit und in der Politik die Notwendigkeit einer ausreichenden Literatur – und Informationsversorgung durch Bibliotheken zu betonen, deren Leistungen immer noch wenig gewürdigt werden. Deshalb wird mit dieser Veröffentlichung auch die Hoffnung verbunden, die wenig spektakuläre Arbeit der Bibliotheken und ihres Fachverbandes einem breiteren Leserkreis vor Augen zu führen.

Die vielseitige, alle bibliothekarischen Tätigkeitsbereiche umfassende Aktivität des Verbandes und die sich daraus ergebende Materialfülle zwang zu einer Konzentration des Stoffes. Sie erfolgt durch eine Kombination von chronologischer und systematischer Darstellung. Innerhalb des zweigeteilten zeitlichen Ablaufs werden Sachthemen zusammenfassend behandelt, nicht zuletzt auch deshalb, weil die Behandlung solcher Themen sich oft über Jahre, wenn nicht gar Jahrzehnte erstreckte. Als Ergänzung dient die im Anhang beigefügte Zeittafel mit den wichtigsten Daten und ein Überblick über die Jahresversammlungen und über die Zusammensetzung des Vorstandes. Die Verbandsgeschichte schließt zeitlich an die Arbeit von Werner Krieg an, umfaßt drei Jahrzehnte und wird im Jahre 1995 abgeschlossen, in etwa zu einer Zeit, als Internet breiten Eingang in die bibliothekarische Arbeit fand. Einige Themen, allerdings nicht die rasante Entwicklung der Informations- und Kommunikationstechnik, werden in Umrissen bis zum Jahr 1998, dem Jubiläumsjahr des Verbandes, fortgeführt. Das gilt auch für die im Anhang abgedruckte Chronik, die auch einige Daten aus der Frühzeit des Verbandes berücksichtigt und damit einen Überblick über seine 50jährige Geschichte bietet.

Angesichts der Vielseitigkeit der Thematik und der Materialfülle kann es sich bei der terminlich gebundenen Arbeit nur um einen, bedenkliche Verkürzungen aufweisenden Überblick handeln. Die Grundlage für die vorliegende Darstellung bildete in erster Linie gedrucktes Material, vor allem das „Mitteilungsblatt" als Verbandsorgan, und hier besonders die Tätigkeitsberichte des Vorstandes und der Arbeitsgemeinschaften der Großstadtbibliotheken und der Hochschulbibliotheken, den beiden wichtigsten Gremien des Verbandes. Weitere Unterlagen betreffend den Verband und Nordrhein-Westfalen fanden sich in anderen bibliothekarischen Fachzeitschriften, in den Tagungsbänden der Bibliothekartage bzw. der Bibliothekskongresse und in den Veröffentlichungen des Deutschen Bibliotheksverbandes und des Deutschen Bibliotheksinstituts.

Wenn sich die Arbeit primär auf gedrucktes Material beschränkt und ungedruckte Quellen zur Ergänzung und Verifizierung nur in Einzelfällen herangezogen werden konnte, dann auch deshalb, weil das Verbandsarchiv im Speichermagazin Bochum praktisch nicht benutzbar war. Einige ungedruckte Materialien stellten freundlicherweise Kollegen zur Verfügung, die auch in Gesprächen manche Frage zu klären halfen. Ihnen, vor allem den früheren und gegenwärtigen Mitgliedern des Vorstandes, ist Dank zu sagen, ebenso den Direktoren der Dortmunder Bibliotheken, Marlene Nagelsmeier-Linke von der Universitätsbibliothek und Ulrich Moeske von der Stadt- und Landesbibliothek, die bereitwillig die einschlägige Literatur langfristig zur Verfügung stellten.

Juni 1999 Alois Klotzbücher

TEIL A
AUFBRUCH UND KONSOLIDIERUNG

PLÄNE, EMPFEHLUNGEN, GUTACHTEN UND IHRE REALISIERUNG – DIE 60ER UND 70ER JAHRE

I. Bibliotheksplanung für Öffentliche Bibliotheken

Es war naheliegend, dass der Verband der Bibliotheken des Landes Nordrhein-Westfalen auf seiner Jahrestagung im Oktober 1964 zwei, in diesem Jahr vorgelegte Gutachten in den Mittelpunkt stellte, auch wenn es sich nicht um für Nordrhein-Westfalen spezifische Dokumente handelte, die schon auf anderen bibliothekarischen Tagungen, in Ulm und Kassel, diskutiert worden waren:[1] das Gutachten der Kommunalen Gemeinschaftsstelle für Verwaltungsvereinfachung (KGSt) „Kommunale öffentliche Bücherei" und die „Empfehlungen des Wissenschaftsrates zum Ausbau der wissenschaftlichen Bibliotheken".[2] Der kommissarische Vorsitzende des Verbandes Werner Krieg (Köln) begründete die Themenwahl: „Der entscheidende Grund scheint mir darin zu liegen, dass wir als Landesverband, in dem sich die Bibliotheken und Büchereien von Nordrhein-Westfalen zu gemeinsamer Arbeit zusammengefunden haben, uns nach dem Erscheinen dieser beiden wichtigen Gutachten fragen müssen, welche Folgerungen sich daraus speziell für den Ausbau des Bibliothekswesens von Nordrhein-Westfalen ergeben. Diese Frage ist naturgemäß bei den erwähnten Tagungen in Kassel und Ulm nicht gestellt worden. Wir müssen sie uns aber vorlegen, wenn anders wir an der Konzeption einer Bibliotheksregion Nordrhein-Westfalen, die bisher weithin unsere Planung bestimmt hat, auch in Zukunft festhalten wollen."[3]

Hansjörg Süberkrüb (Bielefeld) stellte auf der Tagung das Gutachten der Kommunalen Gemeinschaftsstelle vor; Günther Pflug (Bochum) behandelte in seinem Referat die Empfehlungen des Wissenschaftsrats, bezeichnenderweise aber nicht etwa die Hochschulbibliotheken, die im Mittelpunkt der „Empfehlungen" standen, sondern jene Bibliotheken, die für die wissenschaftliche Literaturversorgung außerhalb der Hochschulen zuständig waren, und die der Wissenschaftsrat in dem Kapitel „Staats-, Landes- und Stadtbibliotheken" zusammengefasst hatte. Empfohlen wurden vom Wissenschaftsrat, „dass in Anpassung an Bevölkerungsdichte, Berufsgliederung und wirtschaftliche Struktur auch außerhalb der Hochschulen bibliothekarische Schwerpunkte, die mit

[1] Auf dem Deutschen Bibliothekartag 1964 in Kassel und auf der Jahrestagung des Vereins Deutscher Volksbibliothekare in Ulm.

[2] Gutachten Kommunale Gemeinschaftsstelle, 1964: Empfehlungen Wissenschaftsrat, 1964.

[3] Werner Krieg: Die Gutachten für die Bibliotheken und Büchereien und ihre Konsequenzen auf das nordrhein-westfälische Bibliothekswesen. Einleitung zu den Referaten. In: Mbl. 15, 1995, S. 19-21, Zitat S. 21.

fachwissenschaftlicher Literatur ausgestattet sind , in genügender Anzahl und nicht zu großer Entfernung voneinander vorhanden sein müssen."[4] Als solche Schwerpunkte mit fachwissenschaftlicher Literatur wurden in Einzelempfehlungen für das Land Nordrhein-Westfalen folgende in kommunaler Trägerschaft befindliche Bibliotheken genannt: die Stadtbibliothek Aachen, die Stadt- und Landesbibliothek Dortmund, die Landes- und Stadtbibliothek Düsseldorf, die Stadtbücherei Essen und die Stadtbibliothek Wuppertal.

Hier setzte nun eine massive Kritik von Seiten der Öffentlichen Bibliotheken ein, nicht zuletzt auch deshalb, weil in den „Empfehlungen" das Sondersammelgebietsprogramm wissenschaftlicher Literatur der nordrhein-westfälischen Großstädte als Modell für andere Regionen genannt wurde, große Einheitsbibliotheken mit umfangreichen Sondersammelgebieten wie Bielefeld, Bochum oder Duisburg aber nicht berücksichtigt worden waren. Kritisiert wurde, dass der Wandel der Volksbücherei zur Öffentlichen Bibliothek, ihre Entwicklung „von der Volksbücherei zur Informationsbibliothek" offenbar nicht vom Wissenschaftsrat zur Kenntnis genommen worden war. Süberkrüb bemängelte, dass zwar die wissenschaftlichen Stadtbibliotheken in das Gutachten aufgenommen wurden, kommunale Stadtbüchereien aber ausgeschlossen blieben. Seiner Meinung nach fördere diese Trennung den Dualismus zwischen wissenschaftlicher Bibliothek und Öffentlicher Bücherei. Eine zufriedenstellende Literaturversorgung könne nur in Zusammenarbeit beider Bibliothekstypen erreicht werden. „Das Bibliotheksnetz, wie es in dem Gutachten des Wissenschaftsrates angesprochen ist, kann" – so Süberkrüb – „angesichts der sporadischen Verteilung selbständiger wissenschaftlicher Stadtbibliotheken realiter nur durch die partnerschaftliche Zusammenarbeit jener Stadtbibliotheken mit den in zahlreichen anderen Städten entwickelten Stadtbüchereien geknüpft werden."[5]

Vor diesem Hintergrund ist es verständlich, wenn sich Pflug in seiner Stellungnahme zum Wissenschaftsrats-Gutachten vor allem mit der Kritik von Seiten der Öffentlichen Bibliotheken auseinandersetzte. In einem historischen Rückblick schilderte er die Entwicklung des für Nordrhein-Westfalen typischen Bibliothekstyps der Einheitsbücherei, die Bemühungen um den Ausbau der wissenschaftlichen Bestände, die Initiativen des Verbandes im Sondersammelgebietsprogramm und im Kommunalen Leihring und zeigte für die Reaktion der Öffentlichen Büchereien Verständnis, wenn er sagte: „... viele unter den volksbibliothekarischen Kollegen sind von diesen Empfehlungen enttäuscht,

[4] Empfehlungen Wissenschaftsrat, 1964, S. 24.

[5] Hansjörg Süberkrüb: Kooperation – nicht Inkooperation. Ein Diskussionsbeitrag. In: BuB 17, 1965, S. 73-77, Zitat S. 76.

weil sie in diesem Gutachten eine Stärkung dieser Tendenz vermissen. Sie hatten von einer gleichermaßen gewichtigen wie offiziellen Institution Hilfe bei ihren Bemühungen für den Ausbau der wissenschaftlichen Buchbestände in ihren Büchereien erwartet."[6] Der Enttäuschung suchte Pflug dadurch zu begegnen, indem er betonte, dass der Nennung der fünf Schwerpunkte in Nordrhein-Westfalen nur exemplarische Bedeutung zukomme. Durch das Fehlen einer Landesbibliothek in Nordrhein-Westfalen müssten die kommunalen Bibliotheken im Unterschied zu anderen Bundesländern dieses vom Wissenschaftsrat empfohlene Netz bilden. Ihr Ausbau mit wissenschaftlicher Literatur könne nur mit Hilfe des Landes in der Form von Zuschüssen erfolgen.

Es blieb nicht bei Reden auf Jahresversammlungen: Nach Beratungen in der Arbeitsgemeinschaft der Großstadtbüchereien sowie in einer eigens dafür eingesetzten Kommission verabschiedete der Vorstand ein Memorandum mit dem Titel „Der Ausbau der wissenschaftlichen Buchbestände in den Großstädten Nordrhein-Westfalens". Es wurde vom Vorsitzenden des Verbandes Werner Krieg im Herbst 1964 persönlich im Kultusministerium und beim Städtetag von Nordrhein-Westfalen überreicht. Das Gutachten betonte den paradigmatischen Charakter der Auswahl von einigen Stadtbibliotheken in den Wissenschaftsrats-Empfehlungen: „Jede andersartige Auslegung der Empfehlungen ... des Wissenschaftsrates müsste" hieß es im Memorandum des Verbandes, „zu der seltsamen Konsequenz führen, dass in Mittelstädten wie Ulm und Trier das Bedürfnis nach wissenschaftlicher Literatur entschieden größer sei als in Städten wie Duisburg und Bochum oder in Regionen wie dem Raum Krefeld-Mönchengladbach-Rheydt." Unter Einbeziehung weiterer Stadtbüchereien müsse das Ziel des Landes und der Kommunen „eine grundsätzliche Verbesserung der Struktur des Bibliothekswesens im Land" sein. „In allen Bereichen des Landes muss" – so das Memorandum – „ein hinreichender Bestand an aktueller wissenschaftlicher Literatur geschaffen werden, der nicht nur den Bürgern der Kommune, sondern allen Bürgern Nordrhein-Westfalens durch die bestehenden Organisationen des Leihverkehrs und des Kommunalen Leihrings zur Verfügung steht."[7] Gestützt auf Zahlenmaterial aus den Ansätzen des Wissenschaftsrats und anderer Bundesländer wurden die Mittel für den Ausbau der wissenschaftlichen Buchbestände in den kommunalen Büchereien auf insgesamt 9 Millionen (6 Millionen Erwerbungsmittel, 3 Millionen Personalkosten) veranschlagt. Der Verband hielt es in Anbetracht der nicht vorhandenen Landesbibliothek für erforderlich, dass das Land insgesamt 60 % der Gesamtmittel trage.

[6] Günther Pflug: Die Empfehlungen des Wissenschaftsrates. In: Mbl. 15, 1965, S. 30-35, Zitat S. 32.

[7] „Memorandum", in: Mbl. 14, 1964, S. 165-169, Zitate S. 166 und S. 167.

Das Gutachten des Verbandes zum Ausbau der wissenschaftlichen Literatur dokumentiert den unter dem Schlagwort „Verwissenschaftlichung des Lebens“ angestrebten Wandel der früheren Volksbücherei zur Informationsbibliothek und stand im Einklang mit anderen, für die Öffentlichen Büchereien konzipierten Empfehlungen, z.B. des Deutschen Städtetags. Der Vorsitzende des Verbandes Werner Krieg zitierte auf der Jahresversammlung 1964 ausführlich aus dem Papier des Städtetags „Wissenschaftsförderung durch die Städte“, in dem die „Bereitstellung wissenschaftlicher Literatur als ein Stück Daseinsvorsorge für einen wichtigen Teil der Bürgerschaft“ bezeichnet wurde.[8] Auch das Gutachten der Kommunalen Gemeinschaftstelle für Verwaltungsvereinfachung sprach die wissenschaftliche Literatur an: „Nach ihrer allgemeinen Aufgabe soll die kommunale öffentliche Bücherei dem Bedarf entsprechende wissenschaftliche Bestände umfassen bzw. vermitteln, um auch die wissenschaftliche Information und Berufsarbeit zu erleichtern, denen zunehmende Bedeutung zukommt.“[9]

Das Memorandum des Verbandes zum Ausbau der wissenschaftlichen Buchbestände wurde vom Kultusministerium und vom Städtetag „sehr günstig“ aufgenommen, wenn auch der Bibliotheksreferent des Ministeriums Heinz Kaspers die Erwartungen hinsichtlich der Realisierung der „über Nacht über uns gekommenen Empfehlungen und Gutachten“ dämpfte, die „noch nicht zwangsläufig den Goldregen verursachen“ würden.[10] Auf Anregung des Verbandes setzte das Kultusministerium im Einvernehmen mit dem Städtetag Nordrhein-Westfalen eine Kommission zur weiteren Bearbeitung ein, in der neben dem Ministerium und den kommunalen Spitzenverbänden auch der Verband vertreten war.

Der Auftrag an die Kommission – die Erarbeitung eines „Strukturplans“ für den Ausbau des Bibliothekswesens in Nordrhein-Westfalen – ging über das Memorandum des Verbandes hinaus, in dem eine solche umfassende und zugleich ins einzelne gehende Planung noch nicht intendiert war. Mit dem „Strukturplan“ wurden Vorstellungen übernommen, wie sie in den „Empfehlungen der Kultusministerkonferenz zur Erwachsenenbildung und zum Büchereiwesen“ von 1964 genannt worden waren.[11] Hier wurde den Ländern für die Entwicklung und den Ausbau des Büchereiwesens die Aufstellung von Mehrjahresplänen empfohlen und „Vorschläge für den organisatorischen Aufbau eines gegliederten Büchereisystems“ erbeten. Den Auftrag erhielt die Ar-

[8] Mbl. 15, 1965, S. 18. Der Beschluß des Deutschen Städtetages „Wissenschaftsförderung durch die Städte“ ist abgedr. in: Mbl. 14, 1964, S. 66-68.

[9] Gutachten Kommunale Gemeinschaftsstelle, 1964, S. 15.

[10] Auf der Jahresversammlung 1964. In: Mbl. 15, 1965, S. 7.

[11] Abdruck in: Mbl. 14, 1964, S. 64-66, Zitat S. 66.

beitsstelle für das Büchereiwesen in Berlin, eine Einrichtung des Deutschen Büchereiverbandes, der in den folgenden Jahren zwei grundsätzliche Papiere vorlegte, die die Bibliotheksplanung in Nordrhein-Westfalen stark beeinflußten: die „Grundlagen für die bibliothekarische Regionalplanung" (1966) und den „Bibliotheksplan I. Entwurf für ein umfassendes Netz allgemeiner öffentlicher Bibliotheken und Büchereien" (1969).[12]

Der neugeprägte Begriff „Bibliothekarische Regionalplanung" wurde zu einem vielgebrauchten Schlagwort für ein altes bibliothekarisches Problem, dem Problem der organisierten Zusammenarbeit der Bibliotheken. Neu war die Einbeziehung der bibliothekarischen Planung in ähnliche Planungen anderer Bereiche, insbesondere in die allgemeine Landesplanung und die Gebiets- und Verwaltungsreform des Landes, die seit 1962 in verschiedenen Gesetzen, Programmen und Gutachten der Landesregierung ihren Niederschlag gefunden hatten. Es war deshalb ein zeitgemässer Vorschlag des Vorstandes, auf der Jahresversammlung 1967 die „Ziele der Landesplanung für die Entwicklung von Gemeinden mit zentral-örtlicher Bedeutung" von einem Experten, von Regierungsdirektor Kurt Roehl (Düsseldorf), erläutern zu lassen.

Die Möglichkeit zur Mitarbeit des Verbandes an der Erarbeitung des „Strukturplans" wurde vom Vorsitzenden Krieg begrüßt und als Chance gesehen: „Es geschieht nicht alle Tage, dass ein Land und die kommunalen Spitzenverbände sich mit den Vertretern der Bibliotheken und Büchereien an einen Tisch setzen, um gemeinsam einen Plan für den Ausbau des Bibliothekswesens eines Landes zu erarbeiten." Allerdings sah Krieg auch die Probleme: „Wir wollen allerdings nicht verkennen, wie schwierig die Aufgabe ist, die damit der Kommission – und das heißt doch in der Praxis: in erster Linie dem Verbande – gestellt ist. Gilt es doch, einen Plan dafür zu entwerfen, wie sich künftig die Versorgung der Bevölkerung von Nordrhein-Westfalen mit wissenschaftlicher und überhaupt fachlicher Literatur – vor allem außerhalb der Bereiche der Hochschulen – auf umfassende und zugleich rationelle Weise gestalten soll." Kriegs Appell um Mithilfe richtete sich deshalb an Kollegen aller Bibliothekssparten: „Es wäre grundfalsch, wenn man in dem Strukturplan eine Angelegenheit sähe, die nur die Öffentlichen Büchereien anginge. Der Strukturplan soll das Bibliothekswesen des Landes Nordrhein-Westfalen in seiner Gesamtheit zum Gegenstand haben. Keine Bibliothek – keine Spezialbibliothek , deren Funktionen über das Institut oder die Firma, der sie zugehört, hinausgehen, und keine Universitätsbibliothek – kann sich ohne Schaden für die Sache davon distanzieren."[13]

[12] Grundlagen Regionalplanung 1966; Bibliotheksplan I, 1969.

[13] Tätigkeitsbericht 1965, in: Mbl. 16, 1966, S. 12, 11, 12.

Wie erwartet, erwiesen sich die Arbeiten am „Strukturplan“ als sehr zeit- und personalaufwendig. Es galt, zunächst eine Bestandsaufnahme durch eine Fragebogenaktion vorzunehmen. Notwendig waren bibiothekarische Daten, wobei sich die in Nordrhein-Westfalen entwickelte „Schnellstatistik öffentlicher Büchereien“ als nützlich erwies.[14] Zu berücksichtigen waren aber auch soziographische Daten und die Planungen außerhalb des bibliothekarischen Bereichs, etwa bezüglich einer Neugliederung der Verwaltung.

Die Arbeiten der Strukturkommission standen von Anfang an unter keinem guten Stern: 1967 wurde das Jahr der bis dahin schwersten Rezession der Nachkriegszeit. Sie traf vor allem das Ruhrgebiet, dessen Strukturkrise die seit 1966 amtierende SPD-FDP-Regierung unter Ministerpräsident Heinz Kühn mit dem „Entwicklungsprogramm Ruhr 1968-1973“ zu begegnen suchte. Die Haushaltskrise traf vor allem die kommunalen Bibliotheken und hier insbesondere jene Bibliotheken, die vom Wissenschaftsrat als bibliothekarische Schwerpunkte in einer Region ausgewählt worden waren: die wissenschaftlichen Stadtbibliotheken, die in ihrer Existenz gefährdet waren. So ist denn verständlich, wenn sich Resignation breit machte. Der Vorsitzende des Verbandes Werner Krieg fragte sich, ob es überhaupt noch sinnvoll wäre, am „Strukturplan“ weiterzuarbeiten und das frühere Vorstandsmitglied Hans Moritz Meyer (Dortmund) glaubte im November 1966 auf einer Sitzung der Arbeitsgemeinschaft der Großstadtbüchereien nicht mehr an die Realisierung der bibliothekarischen Planungen: „Bleibt als zunächst bittere Erkenntnis, dass trotz des täglich sichtbaren Mangels in der Buchversorgung, trotz aller Grundsatzerklärungen der zuständigen Gremien aus Politik, Staat, Kultur und Wissenschaft die notwendigen Maßnahmen im notwendigen großen Rahmen nicht zu verwirklichen sind.“[15]

Zum Hauptproblem bei der Erarbeitung des „Strukturplans“ wurden die personellen Schwierigkeiten. Es verging Ende der 60er Jahre kaum eine Sitzung oder Tagung, auf der nicht darüber geklagt wurde, dass keine hauptamtliche Kraft für die umfangreichen Arbeiten zur Verfügung stand. So war auf der Jahresversammlung 1967 im Rechenschaftsbericht des Vorsitzenden Werner Krieg zu hören, dass „die Arbeit am wichtigsten Projekt“ des Verbandes, am „Strukturplan“, so wenig vorangekommen sei, dass von Ergebnissen nicht berichtet werden könne.[16] Zwar wurde – vom Verband dankbar begrüßt – von Franz Rakowski, dem Direktor der Stadtbibliothek Duisburg, mit Diplom-Bibliothekar Heinrich Obberg ein Mitarbeiter dieser Bibliothek über einen län-

[14] Hansjörg Süberkrüb: Zur Geschichte der Schnellstatistik (1960-1975). In: BuB 27, 1975, S. 429-433.

[15] Mbl. 17, 1967, S. 67.

[16] Mbl. 18, 1968, S. 11.

geren Zeitraum für den „Strukturplan" freigestellt, aber es war nur ein Notbehelf. Wiederholt bemühte sich der Verband um die Bewilligung einer hauptamtlichen Stelle, so beispielsweise die Arbeitsgemeinschaft der Großstadtbüchereien, die im Dezember 1969 in einer Resolution zur Weiterleitung an das Kultusministerium und die kommunalen Spitzenverbände eine „Landeskommission mit einer eigenen Geschäftsstelle" forderte.[17]

Als sich die Bibliothekare 1970 in Neuss zur Jahresversammlung trafen, um nach fünfjähriger Arbeit am „Strukturplan" Bilanz zu ziehen, waren die Berichte verständlicherweise in Moll gestimmt. Der Vorsitzende des Verbandes Günther Pflug gab einen Rückblick auf die „unglückliche Entwicklung" des „Strukturplans". Die vom Kultusministerium ergriffene Initiative sei leider zu schnell wieder verebbt; alle Initiative sei schließlich beim Verband verblieben. Er erinnerte an die mannigfachen personellen Schwierigkeiten, wie manche sich über Monate hinziehenden Hoffnungen getäuscht worden seien, so dass eigentlich erst im vorigen Jahr dank des Entgegenkommens der Stadtbibliothek Duisburg die Arbeit intensiviert werden konnte.

Immerhin: Franz Rakowski konnte in seinem Referat „Regionale und überregionale Literaturversorgung in Nordrhein-Westfalen" mitteilen, dass der Plan fast fertig, wenn auch noch nicht verabschiedungsreif sei. Hinsichtlich seiner Durchführung blieb er freilich skeptisch. Notwendig sei, dass die weitere Arbeit institutionalisiert und ein Planungsbüro eingerichtet werde, in dem regionale Planungsmaßnahmen ausgearbeitet, ihre Durchführung angeregt und überwacht werden konnten. In der anschließenden heftigen Diskussion wurde die Abstinenz des Landes bei der Strukturplanung kritisiert und wiederum nachdrücklich ein Planungsausschuss mit hauptamtlichen Mitarbeitern gefordert.[18]

Wenig zufrieden war man auf der Jahresversammlung auch mit dem im März 1970 von der Landesregierung vorgelegten „Nordrhein-Westfalen-Programm 1975". Pflug bedauerte, dass hier die Überlegungen der Strukturkommission nicht berücksichtigt worden waren. Auch die Eingliederung des Öffentlichen Bibliothekswesens in das Kapitel Freizeit und Sport wurde als wenig befriedigend empfunden. Positiv vermerkt wurde, dass die Vorschläge des vom Deutschen Büchereiverband vorgelegten Büchereiplans in das „Nordrhein-Westfalen-Programm" übernommen, aber die Besonderheiten des Landes nicht

[17] Sitzung am 11.12.1969, in: Mbl. 20, 1970, S. 276.

[18] Über die Jahresversammlung 1970, in: Mbl. 21, 1971, S. 5 – 39. In einem Bericht von Hugo Ernst Käufer über die Jahresversammlung war zu lesen: „In der Diskussion resümierte Rakowski, das Kultusministerium habe den Verband bei der Strukturplanung allein gelassen (Zwischenruf von Dr. Birkholz-Düsseldorf: 'Das ist eine Schande für das größte deutsche Land')". In: BuB 22, 1970, S. 582.

ausreichend berücksichtigt worden waren.[19] Angesprochen war hier das Problem der Bibliotheken der 3. Stufe, der Landesbibliotheken, deren Funktionen in Nordrhein-Westfalen in erster Linie von den Universitätsbibliotheken wahrgenommen wurde. Der Rolle der Hochschulbibliotheken in der Regionalplanung war denn auch auf der Jahresversammlung in Neuss ein besonderes Referat gewidmet, das Hartwig Lohse (Bonn) hielt, und damit ein höchst brisantes Thema anschnitt, das im Verband seit seiner Gründung diskutiert worden war, und das auch in den folgenden Jahren immer wieder zur Sprache kam: das Problem einer Landesbibliothek für Nordrhein-Westfalen.[20]

Über die zahlreichen Planungen, Gutachten und Empfehlungen, die Anfang der 70er Jahre in Arbeit waren, versuchte der Bibliotheksreferent des Kultusministeriums Heinz Kaspers auf der Jahresversammlung 1972 einen Überblick zu geben, wobei er zugeben musste, dass die Planungen „fast zu schnell aufeinander" gefolgt seien. Es scheint, dass angesichts der vielen, z.T. interner Bibliothekspapiere – Diskussionsentwürfe, unterschiedliche Fassungen, zusätzliche Empfehlungen – selbst die agierenden Personen zeitweise den Überblick verloren hatten, so dass „gewisse Missverständnisse" entstanden waren, die der Bibliotheksreferent mit seinen Ausführungen beseitigen wollte.[21]

Auf überregionalem Gebiet arbeitete eine Studiengruppe der Deutschen Bibliothekskonferenz, das Gremium der bibliothekarischen Verbände, an einer Fortschreibung des Bibliotheksplans I von 1969 zu einem Bibliotheksplan II, der im April 1972 in einem Entwurf vorgelegt wurde. Bei der Kommunalen Gemeinschaftsstelle für Verwaltungsvereinfachung war eine Neufassung des Gutachtens von 1964 in Vorbereitung. Die Kultusministerkonferenz veröffentlichte 1971 ihre „Zweite Empfehlung zum öffentlichen Bibliothekswesen", die die Empfehlungen von 1964 unter Berücksichtigung der inzwischen gewonnenen neuen Erkenntnisse fortschrieb und fortentwickelte.[22]

In Nordrhein-Westfalen nahmen zwei Arbeitsgruppen des seit 1969 bestehenden Ministeriums für Wissenschaft und Forschung ihre Arbeit auf, und der Städtetag Nordrhein-Westfalen legte den Entwurf eines Bibliotheksentwicklungsplans vor (1972). Ein beim Kultusministerium gebildetes Gremium griff ein Thema auf, mit dem sich der Verband schon im Jahr seiner Gründung beschäftigt hatte: das Bibliotheksgesetz. In den Ausschuss zu seiner Vorbereitung

[19] Nordrhein-Westfalen-Programm 1975, 1970. Vgl. dazu die kritische Besprechung von Günther Pflug, vor allem hinsichtlich der landesbibliothekarischen Funktionen. In: Mbl. 20, 1970, S. 287-288.

[20] Vgl. Kapitel XI, Abschnitt 1.

[21] Mbl. 23, 1973, S. 10-18, bes. S. 11 und 12.

[22] Zweite Empfehlung der Kultusministerkonferenz zum öffentlichen Bibliothekswesen vom 3.12.1971. In: Mbl. 22, 1972, S. 201-202.

berief das Ministerium auf Vorschlag des Verbandes Werner Krieg, Heinz Emunds (Münster) und Günter Solle (Leverkusen).[23] Schließlich und endlich wurde die Arbeit des seit 1965 bestehenden, mit so viel Mühe und Enttäuschungen begleiteten „Strukturausschusses" auf eine breitere Basis gestellt, und zwar als „Arbeitsgruppe Bibliotheken" des im Oktober 1971 beim Kultusministerium gebildeten „Ausschusses zur Strukturplanung der Bibliotheken, Museen, Orchester und Theater".

Nach der Diskussion der verschiedenen Fassungen des „Strukturplans" in den Arbeitsgemeinschaften des Öffentlichen Bibliothekswesens und Berücksichtigung vieler Änderungsvorschläge, auch der Planungsgruppe „Bibliothekswesen im Hochschulbereich", wurde am 8. August 1973 mit einleitenden Ausführungen von Kultusminister Jürgen Girgensohn die endgültige Fassung vorgestellt: die „Empfehlungen zum Ausbau des Bibliothekswesens in Nordrhein-Westfalen",[24] die in der Folgezeit verkürzt „Struktur-Gutachten" oder „Struktur-Empfehlungen" oder zutreffender: „Bibliotheksentwicklungsplan" bezeichnet wurden.

Vorausgegangen war am 8. Mai 1973 auf dem erstmalig von allen bibliothekarischen Verbänden veranstaltetem Bibliothekskongress in Hamburg die Präsentation des Bibliotheksplans II, des „Bibliotheksplans 1973. Entwurf eines umfassenden Bibliotheksnetzes für die Bundesrepublik Deutschland". Der Plan war seit Herbst 1970 von einer Studiengruppe der Deutschen Bibliothekskonferenz mit dem VBNW als Mitglied erarbeitet worden; sechs Kollegen aus dem Verband hatten in der Studiengruppe mitgewirkt, so dass der Vorsitzende des Verbandes Hartwig Lohse mit Recht darauf hinweisen konnte, dass der Plan „auch im Namen unseres Verbandes" veröffentlicht worden sei.[25] Im Gegensatz zum ersten Bibliotheksplan des Jahres 1969 fanden nun auch die wissenschaftlichen Bibliotheken Berücksichtigung, vor allem die Hochschulbibliotheken als Einrichtungen der institutsbezogenen Literatur- und Informationsversorgung, ferner die Spezialbibliotheken und die großen Universalbibliotheken und zentralen Fachbibliotheken mit überregionaler Bedeutung, so dass nun im geplanten Bibliotheksnetz vier Funktionsebenen unterschieden wurden: Bibliotheken der 1. Stufe zur Grundversorgung, Bibliotheken der 2. Stufe für den spezialisierten höheren Bedarf im Bereich eines Oberzentrums, Bibliotheken der 3. Stufe für den spezialisierten höheren Bedarf auf Landesebene und Bibliotheken der 4. Stufe für die überregionale Literatur- und Informationsversorgung auf Bundesebene.

[23] Mbl. 22, 1972, S. 75. Die Initiative ging von den kommunalen Spitzenverbänden in Nordrhein-Westfalen aus. Über die Bemühungen um ein Bibliotheksgesetz s. Kapitel V.

[24] Empfehlungen Nordrhein-Westfalen, 1973.

[25] Bibliotheksplan 1973, 1973. – Tätigkeitsbericht 1973, in: Mbl. 24, 1974, S. 10.

Ergänzung fand der „Bibliotheksplan '73" durch das ebenfalls in Hamburg vorgestellte neue Organisationsgutachten der Kommunalen Gemeinschaftsstelle für Verwaltungsvereinfachung (KGSt), das schon durch die Änderung im Titel – Bibliothek anstelle von Bücherei – den Wandel im Selbstverständnis der Öffentlichen Bibliotheken dokumentierte[26] und in vier Bereichen neue Akzente setzte: in der wissenschaftlichen bzw. Fachliteratur, bei den neuen Medien, in der Zusammenarbeit mit anderen Bibliotheken, im Einsatz der elektronischen Datenverarbeitung als Mittel zur Rationalisierung.

Die dritte, wenn auch nicht bibliotheksspezifische Veröffentlichung des Jahres 1973 ist vor dem Hintergrund der Grundgesetzänderung von 1969 mit der Einführung von „Gemeinschaftsaufgaben" von Bund und Ländern zu sehen. Die 1970 errichtete Bund-Länder-Kommission für Bildungsplanung legte am 1. Juli 1973 den „Bildungsgesamtplan" vor,[27] in dem den Öffentlichen Bibliotheken ein eigener Abschnitt gewidmet war, während die Schul-, Hochschul- und andere Bibliotheken in den Kapiteln über Schule, Hochschule und allgemeine Forschungsförderung Berücksichtigung fanden.

Grundlage für den nordrhein-westfälischen „Bibliotheksentwicklungsplan" war vor allem der „Bibliotheksplan '73" mit den Vorschlägen für ein Bibliotheksnetz mit verschiedenen Funktionsebenen. Seiner Übertragung auf das Land Nordrhein-Westfalen waren allerdings Grenzen gesetzt, die sich aus der besonderen Bibliotheksstruktur des Landes ergaben. Ungelöst blieb das alte Problem der Staatsbibliothek, in der Terminologie der Bibliotheksplanung: der Bibliothek der 3. Stufe. Die „Empfehlungen" mussten sich denn damit begnügen, „lediglich den bestehenden Zustand" zu beschreiben: „Im Lande Nordrhein-Westfalen gibt es keine Bibliothek dritter Stufe, die als Staatsbibliothek die genannten Aufgaben insgesamt übernimmt."[28] Teilfunktionen würden in Nordrhein-Westfalen von den Universitätsbibliotheken Bonn und Münster, weiteren Hochschulbibliotheken und Bibliotheken der 2. Stufe übernommen.

Wenn man von diesem Hinweis im Zusammenhang mit den landesbibliothekarischen Aufgaben einmal absieht, blieben die Hochschulbibliotheken in den „Empfehlungen" unberücksichtigt. Entsprechend dem vom Kultusministerium erteilten Arbeitsauftrag befasste sich die Strukturkommission lediglich mit den Öffentlichen Bibliotheken. Hinsichtlich der Bibliotheken an Hochschulen hieß es, dass von einer Planungsgruppe beim Minister für Wissenschaft und Forschung entsprechende Empfehlungen ausgearbeitet würden. Für die Zukunft wurde eine Zusammenfassung der Planungen in einem alle Bibliothekstypen umfassenden Bibliotheksentwicklungsplan angestrebt.

[26] Gutachten Kommunale Gemeinschaftsstelle, 1973.
[27] Bildungsgesamtplan, 1973.
[28] Empfehlungen Nordrhein-Westfalen1973, S. 211, S. 217.

Der Schwerpunkt der „Empfehlungen“ lag, wie auch Kultusminister Girgensohn in seinen einleitenden Ausführungen betonte, auf den Bibliotheken der 2. Stufe in 18 namentlich aufgeführten Großstädten. Diese Prioritätensetzung wird in den „Zusätzlichen Empfehlungen für sofortige Maßnahmen“ deutlich, wo unter Nennung der finanziellen Aufwendungen der Ausbau von 18 Großstadtbibliotheken „als vordringliche und sofort realisierbare Förderungsmaßnahme“ vorgeschlagen wurde; die zentralen Dienste der Bibliothek der 2. Stufe seien die Voraussetzung eines wirklich funktionierenden Stufensystems der Bibliotheken.[29]

Bei dieser Akzentsetzung auf die Großstadtbibliotheken setzte denn auch die Kritik auf der Jahresversammlung des Verbands 1973 ein, die unter dem Thema „Ergebnisse der Bibliotheksplanung im Lande Nordrhein-Westfalen“ stand. Hansjörg Süberkrüb wiederholte als Mitverfasser der „Empfehlungen“ die Notwendigkeit der Bibliotheken in den 18 Großstädten als Voraussetzung für den weiteren Ausbau des Bibliothekswesens. Mit ihren jetzt schon vorhandenen Beständen, ihrem Personal und ihrem Betrieb würden sie zumindest Ansatzpunkte für die Erfüllung der im Planungspapier genannten Aufgaben bieten, was bei den Bibliotheken der 1. Stufe nicht der Fall sei. Die Förderung von kleineren Büchereien, den sog. Bibliotheksstützpunkten, war in der Sicht von Süberkrüb nicht sinnvoll, da sie nicht lebensfähig seien. Die Kritik an den „Empfehlungen“ kam denn auch von den Vertretern dieser Bibliotheken, von den Staatlichen Büchereistellen und den freien Trägern, insbesondere des kirchlichen Büchereiwesens, die das Büchereiwesen im ländlichen Raum zu wenig berücksichtigt und die Existenz der kleinen Bibliotheken gefährdet sahen.[30]

Der Vorsitzende des Verbandes Hartwig Lohse, übte in seinem Referat deutliche Zurückhaltung gegenüber der bibliothekarischen Planungseuphorie, als er sagte: „Zum einen bin ich der Meinung, dass zuviel geplant wird. Alle wirklichen und vermeintlichen Versäumnisse der Vergangenheit sollen in wenigen Jahren aufgeholt werden. Der Planungsoptimismus ist unbegrenzt, er ist leider gelegentlich in den Bereich der Utopie zu verweisen. Zum zweiten ist der ‚Glaube‘ an die Wirksamkeit planerischer Unterlagen bei der Durchsetzung realer Ziele ... erstaunlich verbreitet und doch ebenfalls vielfach einfach unrealistisch.“ Nach Meinung von Lohse sollte man pragmatischer vorgehen, stufenweise planen und realisieren, wichtige Dinge vorziehen, Nein sagen, wenn erkenntlich wird, dass sich Ziele jetzt nicht verwirklichen lassen. Als

29 Empfehlungen Nordrhein-Westfalen 1973, S. 223.

30 Hansjörg Süberkrüb: Ergebnisse der Bibliotheksplanung. In: Mbl. 24, 1974, S. 27-34. Berichte über die Tagung in: Mbl. 24, 1974, S. 27-34; BuB 25, 1973, S. 982-984, ZfBB 21, 1974, S. 154-156.

Aufgabe des Verbandes für die nähere Zukunft bezeichnete er die Realisierung der Leitlinien, wie sie in den „Empfehlungen" vorlagen, konkrete Detailplanung.[31] Es waren nicht wenige Aufgaben, die in den Planungspapieren genannt waren, und die es jetzt zu realisieren galt: der Ausbau der Bibliotheken der 2. Stufe, des ländlichen Büchereiwesens, Bemühungen um ein Bibliotheksgesetz, Reformen in den traditionellen Arbeitsgebieten des Verbandes: im Sondersammelgebietsprogramm, im Leihverkehr, in der Aus- und Fortbildung. Darüber wird in den folgenden Kapiteln zu berichten sein. Zunächst aber gilt es, die Planungen im Bereich der Hochschulbibliotheken zu skizzieren.

[31] Hartwig Lohse: Ergebnisse der Bibliotheksplanung. In: Mbl. 24, 1974, S. 35-39, Zitate S. 38, S. 39.

II. Neue Bibliotheksstrukturen im Hochschulbereich

Als auf der Jahresversammlung 1964 des Verbandes Günther Pflug die „Empfehlungen des Wissenschaftsrates zum Ausbau der wissenschaftlichen Bibliotheken" vorstellte, behandelte er nicht die Bibliotheken der Hochschulen, sondern die Probleme der wissenschaftlichen Stadtbibliotheken und Einheitsbüchereien und ihre Rolle in der Literaturversorgung Nordrhein-Westfalens,[1] bemerkenswert insofern, als zu diesem Zeitpunkt die Diskussion um die bisher übliche Form der universitären Literaturversorgung durch eine Zentralbibliothek und zahlreiche Institutsbibliotheken mit der Neugründung von Hochschulen in eine neue Phase getreten war.

Einen Überblick über Mitte der 60er Jahre diskutierten Organisationsformen der Literaturversorgung an den Universitäten geben die hier nur knapp zu skizzierenden „Empfehlungen des Wissenschaftsrates". Unter Berücksichtigung der inzwischen vorliegenden Denkschriften für die neuen Hochschulen stellten die „Empfehlungen" drei Modelle vor. In einem ersten Modell wird das System der zweigleisigen Form der Bücherversorgung durch eine zentrale Bibliothek und selbständige Institutsbibliotheken im Prinzip beibehalten, allerdings ergänzt auf dem Gebiet der Verwaltung durch Formen der Zusammenarbeit: fachliches Aufsichtsrecht des Bibliotheksdirektors über alle bibliothekarischen Einrichtungen, zentraler Katalog aller Bücher im Hochschulbereich. Im zweiten Modell erfolgt die Konzentration der Buchbestände in der zentralen Hochschulbibliothek, die die Bücher in erheblichem Umfang als Freihandbestände in mehreren Fachlesesälen und offenen Handmagazinen den Lesern zugänglich macht; die Institutsbibliotheken haben einen vergleichsweise geringen Bestand. Für den Direktor der Bibliothek sind als „Bibliothekar der Hochschule" weitreichende Kompetenzen vorgesehen. Das dritte Modell des Wissenschaftsrats sieht den Verzicht auf eine Zentralbibliothek im herkömmlichen Sinne vor. Sie ist im wesentlichen Verwaltungszentrum; der gesamte Bücherbestand der Hochschule ist auf die Abteilungs- und Spezialbibliotheken aufgeteilt. Der Wissenschaftsrat begrüßte die Versuche, neue, verschiedenartige Wege auf dem Gebiet des Bibliothekswesens an den neuen Hochschulen zu beschreiten, beschrieb die einzelnen Formen unter Berücksichtigung der unterschiedlichen Bedingungen der einzelnen Hochschulneugründungen, lehnte aber das dritte Modell, die Aufteilungen der zentralen

[1] Empfehlungen Wissenschaftsrat, 1964.

Universitätsbibliothek in Abteilungsbibliotheken, als nicht „zweckmäßig“ ab.[2]

Mit der sich abzeichnenden Entwicklung in den Bibliotheken der neuen Hochschulen hat sich der Verband, wie auch die Ausführungen Pflugs auf der Jahresversammlung 1964 zeigen, zunächst nicht beschäftigt, wie überhaupt die Universitätsbibliotheken in der Arbeit des Verbandes bisher eine geringe Rolle gespielt hatten, wie der Rückblick von Werner Krieg auf die Zeit bis zum Jahre 1964 zeigt. Er schreibt: „Mit den Bibliotheken der wissenschaftlichen Hochschulen (den damals drei Universitätsbibliotheken und der BTH Aachen) hat sich der Verband nie näher befaßt, obwohl gelegentliche Klagen über das Wachstum der Institutsbibliotheken auf Kosten der zentralen Hochschulbibliotheken einen Anlaß dazu hätten bieten können. Es hat ihm wohl genügt, dass die Deutsche Forschungsgemeinschaft (1953 und 1955) und der Wissenschaftsrat (1964) sich grundsätzlich äußerten. Es ist auch kein Anstoß von höherer Stelle gekommen, da die Abteilung des Kultusministeriums, die sich des Rates des Verbandes zu bedienen pflegte, für diese Gruppe von Bibliotheken nicht zuständig war und die Hochschulabteilung keine näheren Beziehungen zu dem Verband hatte. Da sich daran auch im Verlaufe der sechziger Jahre nichts geändert hat, verfügte der Verband, als dann nach der Universität Bochum weitere Universitäten sowie Gesamthochschulen und Fachhochschulen gegründet wurden und deren Bücherversorgung geregelt werden musste, über kein Konzept, viel weniger über detaillierte Entwürfe für das Bibliothekswesen.“[3]

So wurden denn auf den Jahresversammlungen des Verbandes und im „Mitteilungsblatt“ Mitte der 60er Jahre keine Grundsatzfragen der Bibliotheksstruktur an den neuen Hochschulen angesprochen. Vielmehr beschränkte man sich auf Nachrichten über die Aufbauarbeit der Bibliotheken der neuen Hochschulen in Bochum (1961, Beschluss des Landtags) und Dortmund (1962, Beschluss des Landtags). Aus Bochum wurde über die Einrichtung einer Koordinierungsstelle berichtet, die sich durch die Einführung des traditionellen Systems einer Zentralbibliothek und unabhängiger Instituts- und Fakultätsbibliotheken als notwendig erwiesen hatte. In Dortmund wurde ein so genanntes einschichtiges System mit einer großen zentralen Ausleihbibliothek aufgebaut, über das ihr erster Direktor Hartwig Lohse berichtete: „Die bibliothekarischen Neuerungen werden sich“, so Lohse, „nur in der Praxis zusammen mit den berufenen oder zu berufenden Professoren durchführen lassen. In diesen Verhandlungen aber dürfte die Position der Zentralbibliothek um so stärker sein, je besser ihr Bücher- und Zeitschriftenbestand und ihre Kataloge sind.“[4]

[2] Empfehlungen Wissenschaftsrat, 1964, S. 41-44, bes. S. 44.
[3] Werner Krieg, Verband, 1989, S. 259 f.
[4] Mbl. 16, 1966, S. 42-44, Zitat S. 44.

Die bislang zurückhaltende Haltung des Verbandes in der Frage der neuen Hochschulbibliotheken erfuhr eine Änderung, als die Denkschrift von Helmut Schelsky „Grundzüge einer neuen Universität" in Bielefeld vom 17. August 1965 bekannt wurde. Hinsichtlich der Organisationsstruktur der Bibliothek lautete, die Empfehlung „Keine Trennung von Zentralbibliothek und Institutsbliotheken, sondern Aufbau einer gegliederten Gesamtbibliothek, in der die Bibliotheken der Institute die dezentralisierten Abteilungen der Universitätsbibliothek darstellen, die weiterhin aus einer zentralen Anschaffungs-, Katalog-Ausleih- und Informationsabteilung besteht und ein Magazin für wenig benutzte Bücherbestände besitzt."[5] Was die Buchanschaffung betrifft, so sollte sie zunächst von den für die Berufung vorgesehenen Wissenschaftlern bestimmt und durch einen vornherein einzurichtenden „Bibliotheksstab" vorgenommen werden. Für die spätere laufende Beschaffung der Literatur war der jeweils von vornherein für jedes Institut einzurichtende Bibliotheksausschuss zuständig.

Die Denkschrift Schelskys und ein Gutachten von Hans Cordes und Gisela von Busse wurden auf einer Klausurtagung in Schwaghof bei Bad Salzuflen („Schwaghofer Protokoll") diskutiert, und Günther Pflug erläuterte auf der Sitzung der Arbeitsgemeinschaft der Hochschulbibliotheken im Verein Deutscher Bibliothekare am 14. März 1967, wenige Tage nach der Schwaghofer Tagung, seinen „Strukturentwurf für Bielefeld". Er begründete die für Bielefeld vorgeschlagene dezentrale Struktur und betonte bei einem „prädominanten Einfluß" der Professoren die Mitwirkungsmöglichkeiten des Fachreferenten bei der Buchauswahl. Der Vortrag Pflugs und sein „Strukturentwurf" wurden im „Mitteilungsblatt" abgedruckt.[6]

Nun bezog auch der Verband Stellung zu den Bielefelder Plänen: Der Vorstand übertrug die Ausarbeitung einer Stellungnahme einem vom Verband unabhängigen Gremium: der Direktorenkonferenz der Universitätsbibliotheken, die lediglich durch eine Personalunion ihres jeweiligen Vorsitzenden mit dem Vertreter der Hochschulbibliotheken im Vorstand des Verbandes verbunden war. Nach Beratungen in der Direktorenkonferenz und zustimmenden Äußerungen der Bibliotheksdirektoren Gerhard Liebers (Münster), Gerhart Lohse (Aachen), Hartwig Lohse (Dortmund) und Viktor Burr (Bonn) legte Werner Krieg „als Vorsitzender des Verbandes der Bibliotheken des Landes Nordrhein-Westfalen" – so die Formulierung im „Mitteilungsblatt" – dem Kultus-

[5] Zitiert nach Jingjing Wang; Strukturkonzept, 1990, S. 146. Hier auch Einzelheiten zur Universitätsbibliothek Bielefeld (S. 145 – 161).

[6] Günther Pflug: Das Verhältnis der Universitätsbibliothek zu den Institutsbibliotheken an den neugegründeten Universitäten. In: Mbl. 17, 1967, S. 141-157. Das Gutachten von Gisela von Busse und Hans Cordes, sowie das „Schwaghofer Protokoll" sind abgedr. in: Jingjing Wang: Strukturkonzept, 1990, S. 280 – 311.

ministerium ein Gutachten vor. Sein Titel: „Zu den Plänen für die Struktur der Universität Bielefeld".[7]

Zustimmung äußerte Krieg in seinem Gutachten, das mit einigen unwesentlichen Änderungen im „Mitteilungsblatt" veröffentlicht wurde, zu dem Grundgedanken der einheitlichen Betrachtung des Bibliothekswesens der Hochschule, zur vorgeschlagenen Zentralisierung der bibliothekarischen Verwaltung und zur Zusammenfassung der Institute zu größeren Einheiten. In seinen ausführlich vorgetragenen Bedenken behandelte Krieg zwei Themen, die auch in der Folgezeit bei der Diskussion um die Bibliotheksstruktur an Hochschulen immer wieder zur Sprache kamen: die Bedeutung der Zentralbibliothek in der universitären Literaturversorgung und die Kompetenz des Bibliothekars in der Buchauswahl. Kriegs Kritik richtete sich gegen den für Bielefeld vorgesehenen Verzicht auf eine Zentralbibliothek, deren Unentbehrlichkeit er ausführlich begründete: 1. Pflege der so genannten übergreifenden Literatur, für die kaum eine Institutsbibliothek allein zuständig sein könne, ohne die aber erfahrungsgemäß keine Hochschule auskomme und deren Wichtigkeit bei der zunehmenden Bedeutung der interdisziplinären Forschung noch steigen werde; 2. Literaturversorgung der in Bielefeld nicht vertretenen Fächer; 3. die Rolle der zentralen Bibliothek im Auswärtigen Leihverkehr.

Noch größere Vorbehalte meldete der Verbandsvorsitzende gegenüber der für Bielefeld vorgeschlagenen Verfahren der Buchauswahl an. Es führe wegen des Autarkiestrebens der einzelnen Institutsbibliotheken zu Mehrfachanschaffungen; interdisziplinäre Literatur würde wegfallen, die Koordinierung zwischen Professoren und Bibliothekaren in der Erwerbung sei kaum gewährleistet, da die Befugnisse der Bibliothekare bei der Titelauswahl kaum satzungsgemäß verankert werden könnten. Das Verbandsgutachten kam hinsichtlich der Struktur zu folgendem Vorschlag: einheitlich geleitetes Bibliothekssystem mit einer Zentralbibliothek mit Informationszentrum, Lesesaal, Hauptausleihe und Gesamtkatalog und vier Bereichsbibliotheken mit Beschränkung auf die für Forschung und Lehre unmittelbar benötigte Literatur. Bei der Buchauswahl sollte folgendermaßen vorgegangen werden: „Die Fachreferenten der Bibliothek sind zugleich die leitenden Bibliothekare der Bereichsbibliotheken und stimmen auf den einzelnen Fachgebieten die Anschaffungen der Zentralbibliothek mit denen der in Betracht kommenden Bereichsbibliotheken ab. Für die Anschaffungen der Zentralbibliothek haben die Professoren ein Vorschlagsrecht." ... Die Auswahl der Literatur in den Bereichsbibliotheken „nimmt der Bereichsbibiothekar gemeinsam mit einem für jedes Fach, das zu dem Bereich gehört, zuständigen Dozenten oder Assistenten wahr ... Anschaffungswünsche der Institutsdirekto-

[7] Abgedr. in: Mbl. 18, 1968, S. 24-39, Zitate S. 38, S. 39. Vgl. auch Werner Kriegs Ausführungen in seinem Jahresbericht 1967, in: Mbl. 18, 1968, S. 8 f.

ren sind, soweit sie die Bereichsbibliothek betreffen, für den Bereichsbibliothekar bindend."

Wenn das Gutachten Werner Kriegs hier etwas ausführlicher behandelt wurde, dann nicht nur, weil es im Namen des Verbandes veröffentlicht worden war, sondern auch weil es am Anfang einer Reihe von Diskussionsbeiträgen im „Mitteilungsblatt" stand, wo überhaupt seit Bekanntwerden der Bielefelder Pläne Themen aus dem Bereich der Universitätsbibliotheken einen größeren Platz als früher einnahmen. Hartwig Lohse (Dortmund) kam wie Krieg in einem Diskussionsbeitrag „Das ‚Bielefelder Bibliotheksprojekt'" ebenfalls zu einer Ablehnung, wobei er als „Kernfrage" die Zuständigkeit in der Literaturauswahl herausstellte: „Der Verzicht auf die Bestimmung der Richtlinien der Erwerbungspolitik durch den Bibliothekar... wird von mir eindeutig aus *sachlichen und berufsständischen* Gründen abgelehnt."[8] Der Verzicht bedeute das Ende einer jahrzehntelangen Entwicklung des Berufs des wissenschaftlichen Bibliothekars. Joachim Stoltzenburg (Konstanz) machte in seinem Beitrag „Zentralisierung und Dezentralisierung im Entwurf und Gegenentwurf für ein Bibliothekssystem der Universität Bielefeld" den „Versuch eines Ausgleichs"[9]

Neben dem Problem eines einheitlichen Bibliothekssystems wurden schwerpunktmäßig zwei weitere neue Aspekte des neuen Bibliothekstyps im „Mitteilungsblatt" behandelt: die Freihandaufstellung in Hochschulbibliotheken und vor allem die Elektronische Datenverarbeitung, die in Bochum als erster deutscher Universitätsbibliothek eingeführt worden war und über deren Erfahrungen „der erste, in Buchform veröffentlichte Bericht einer deutschen Universitätsbibliothek" erschien.[10]

Auch in den Rechenschaftsberichten der Verbandsvorsitzenden nahmen nun die bisher kaum erwähnten Hochschulbibliotheken einen breiteren Raum ein, im Bericht des Jahres 1969 standen sie sogar an erster Stelle. Dabei musste neben den Fortschritten beim Aufbau der neuen Bibliotheken immer wieder auf die unzulängliche bibliothekarische Situation an den „alten" Universitäten hingewiesen werden, auf ihre unzureichende finanzielle Ausstattung und die weiterhin ungelöste Problematik „Universitätsbibliothek – Institutsbibliotheken" , ein Problem, das die Deutsche Forschungsgemeinschaft in ihren „Empfehlungen für die Zusammenarbeit zwischen Hochschulbibliothek und Institutsbibliotheken" (1970) erneut aufgriff.[11]

[8] Mbl. 18, 1968. S. 39 – 50. Zitat S. 50.

[9] Mbl. 18, 1968, S. 93-111, Zitat S. 107.

[10] Buchbesprechung von Joachim Stoltzenburg: Elektronische Datenverarbeitung in der Universitätsbibliothek Bochum. Ergebnisse – Erfahrungen – Pläne. Hrsg. von Günther Pflug und Bernhard Adams. Bochum 1968. In: Mbl. 19, 1969, S. 155-162. Zitat S. 155.

[11] Empfehlungen für die Zusammenarbeit zwischen Hochschulbibliothek und Institutsbibliotheken. Deutsche Forschungsgemeinschaft. Bonn-Bad Godesberg 1970.

Werner Krieg konnte in seinem Rechenschaftsbericht 1969 auch von erfreulichen Entwicklungen bei den „alten“ Universitätsbibliotheken berichten und auf die Neubauten der letzten Jahre in Bonn, Aachen, Köln und auf die im Bau befindliche Universitätsbibliothek Münster hinweisen, aber das Missverhältnis in der Finanzierung von Universitätsbibliothek und Institutsbibliotheken bereitete nach wie vor Sorgen, wenn Krieg meinte: „Kein Kenner der Verhältnisse kann heute noch bestreiten, dass an den alten Universitäten die zentralen Bibliotheken lange Zeit hindurch zugunsten der Institutsbibliotheken sträflich vernachlässigt worden sind und gegenwärtig noch vernachlässigt werden. Die Bibliotheken, die größeren im Lande, die Hauptstützen des auswärtigen Leihverkehrs, sind in Gefahr, ‚auszutrocknen'.“[12]

Erwartungen setzte man auf das im April 1968 vom Kultusministerium in Auftrag gegebene Gutachten, das Gerhart Lohse (Aachen) im August 1970 vorlegte: „Das Bibliothekswesen an den Universitäten und an der Technischen Hochschule des Landes Nordrhein-Westfalen. Bestandsaufnahme und Vorschläge zur Neuordnung“. Günther Pflug besprach das Gutachten im „Mitteilungsblatt“ – mit Zurückhaltung. Es läge „sicherlich“ eine für die praktische Arbeit wichtige Dokumentation im Bibliothekswesen in Nordrhein-Westfalen vor und das sei wohl die vordringliche Aufgabe gewesen, die das Kultusministerium dem Gutachter gestellt habe. Neue Strukturen im Bibliothekswesen wie in Bielefeld und neue Tendenzen wie der Einsatz der Datenverarbeitung entzögen sich aber mit der von Lohse angewandten Methode einer Bewertung.[13]

Auf der Jahresversammlung des Verbandes am 1. Oktober 1970 mit dem Generalthema „Regionale und überregionale Literaturversorgung“ kamen die Referenten der Tagung wiederholt auf das von der Landesregierung am 7. April 1970 vorgelegte „Nordrhein-Westfalen-Programm 1975“ zu sprechen. Zwar war im Abschnitt „Bildung und Forschung“ das Bibliothekswesen nicht speziell angesprochen, aber es konnte kein Zweifel bestehen, dass der geplante Ausbau der Hochschulen – Gründung von Fachhochschulen, von Gesamthochschulen, Bildung von Gesamthochschulbereichen – große Auswirkungen auf die Bibliotheken haben würde. Der Vorsitzende des Verbandes Günther Pflug sprach auf der Jahresversammlung von einer sich ankündigenden „Epoche grundsätzlicher organisatorischer und funktioneller Umordnung“ bei den bestehenden Bibliotheken, und in einer Besprechung des Regierungsprogramms im „Mitteilungsblatt“ schrieb er: „Dieser Ausbau wird sicherlich schwerwie-

12 Mbl. 20, 1970. S. 6 f.

13 Gerhart Lohse: Das Bibliothekswesen an den Universitäten, 1970. Besprechung von Günther Pflug, in: Mbl. 21, 1971, S. 324 -326. Ausführliche Besprechung von Wilhelm Grunwald, in: ZfBB 19, 1972, S. 413-428.

gende Rückwirkungen auf die Hochschulbibliotheken haben, die nicht nur den wachsenden Studentenzahlen angepaßt werden müssen, sondern für die völlig neue Dimension, in die die Universitäten in der zweiten Hälfte dieses Jahrzehnts hineinreichen, entsprechend neue Organisationsformen zu entwickeln haben. Dabei ist der Entschluß der Landesregierung, die Hoch- und Fachschulen eines Bereiches zu Gesamthochschulbereichen zusammenzufassen, ein entscheidender Hinweis in die Richtung, die das Bibliothekswesen der Hochschulen zu gehen hat."[14] Der knapp gehaltene Abschnitt über das Bibliothekswesen im Hochschulgesetz von 1970 entsprach – so war auf der Mitgliederversammlung 1970 zu hören – „im wesentlichen den Wünschen der Bibliothekare". Hier hieß es über die Hochschulbibliothek: „Alle bibliothekarischen Einrichtungen innerhalb der Hochschule bilden eine zentrale Einrichtung. Dem Leiter der Hochschulbibliothek obliegt die bibliotheksfachliche Aufsicht sowie die Koordinierung der Beschaffung."[15]

Die Errichtung von 15 Fachhochschulen im Jahre 1971 und von fünf Gesamthochschulen – in Duisburg, Essen, Paderborn, Siegen und Wuppertal – im Jahre 1972 „in einem für die Bundesrepublik Deutschland einmaligen Kraftakt"[16] – ist vor dem Hintergrund der 1969 erfolgten Grundgesetzänderung zu sehen, die die Bundesregierung in die Lage versetzte, einen Bildungsgesamtplan und ein Hochschulrahmengesetz zu erarbeiten und künftig fünfzig Prozent beim Hochschulbau zu übernehmen. „Ohne diese Bundesbeteiligung aufgrund des neuen ‚kooperativen Föderalismus' wären", meint Kurt Düwell in einem Rückblick über die Entwicklung der Universitäten in Nordrhein-Westfalen, die Gründung der neuen Gesamthochschulen „wohl kaum zu realisieren gewesen."[17]

Die Auswirkungen der Hochschulreform auf das Bibliothekswesen dokumentieren eine Reihe von Empfehlungen, die in schneller Folge von ministeriellen Arbeitsgruppen unter Leitung des Bibliotheksreferenten im Ministerium für Wissenschaft und Forschung Antonius Jammers vorgelegt wurden. Sie werden hier im Zusammenhang mit den gesetzlichen Vorgaben, den Verfas-

[14] Nordrhein-Westfalen-Programm 1975, 1970; Mbl. 21, 1971, S. 19; Besprechung, in: Mbl. 20, 1970, S. 287-288, Zitat S. 287.

[15] Gesetz über die wissenschaftlichen Hochschulen des Landes Nordrhein-Westfalen (Hochschulgesetz) vom 7.4.1970. Auszugsweise abgedr, in: Mbl. 20, 1970, S. 387-389, Zitat S. 389. – Günther Pflug im Tätigkeitsbericht 1970, in: Mbl. 21, 1971, S. 10.

[16] Antonius Jammers, Einleitung, in: Bibliotheksverbund, 1976, S. 7.- Gesetz über die Errichtung von Fachhochschulen im Lande Nordrhein-Westfalen vom 8.6.1971. In: Gesetz- und Verordnungsblatt NRW, 25, 1971, S. 158 -163; Gesetz über die Errichtung und Entwicklung von Gesamthochschulen in Nordrhein-Westfalen vom 30.5.1972, Teilabdr. in: Mbl. 22, 1972, S. 360-362.

[17] Kurt Düwell: Am Anfang waren's vier. Die Hochschullandschaft NRW nach 1946. In: Gaudeamus ... Das Hochschulland wird 50. Eine Ausstellung des Ministeriums für Wissenschaft und Forschung. Katalog. Düsseldorf 1996, S. 22 f.

sungen und Grundordnungen der Hochschulen nur in äußerst knapper Form vorgestellt: Im Mai 1971 berief das Ministerium eine Arbeitsgruppe für den Aufbau der Bibliotheken an den Fachhochschulen; sie legte im Dezember 1971 einen Zwischenbericht vor, der sich insbesondere mit den Aufgaben, der Organisationsform und der Größenordnung der Bibliotheken befasste. Ergänzende Vorschläge zur Realisierung und Einzelempfehlungen enthielten die im Mai 1972 fertiggestellten „Empfehlungen für das Bibliothekswesen an den Fachhochschulen des Landes Nordrhein-Westfalen",[18] über deren Bibliotheksstruktur die „Vorläufigen Verfassungen der Fachhochschulen" u.a. folgendes aussagten: „Die Fachhochschulbibliothek wird als zentrale Einrichtung der Fachhochschule geführt. Sie gliedert sich in die Bereichsbibliotheken und die Bibliothekszentrale. Die Verwaltung der Fachhochschulbibliothek obliegt dem Bibliotheksleiter und dem übrigen Bibliothekspersonal .... Eine Bibliothekskommission, der Vertreter aller Fachbereiche und der Bibliotheksleiter angehören ... ist insbesondere für die Auswahl der Literatur und sonstigen Informationsmittel sowie für die Koordinierung der Anschaffungen und die Standortfestlegung der Literatur zuständig."[19]

Eine zweite Arbeitsgruppe, im Oktober 1971 vom Wissenschaftsminister eingesetzt, die Planungsgruppe „Bibliothekswesen im Hochschulbereich Nordrhein-Westfalen", legte nach kurzfristig zu erarbeitenden Berichten über grobe Strukturvorstellungen und Kapazitätsüberlegungen im Juni 1972 ihre „Empfehlungen für das Bibliothekswesen an den fünf Gesamthochschulen des Landes Nordrhein-Westfalen. Zwischenbericht" vor.[20] Empfohlen wurde ein einheitliches Bibliothekssystem, das in den im Mai des Jahres erlassenen „Vorläufigen Grundordnungen der Gesamthochschulen" festgelegt worden war. Hier heißt es über die Bibliothek u.a. „Sie gliedert sich in die Büchereizentrale und die Fachbibliotheken. Fachbibliotheken sind in der Regel bibliothekarische Einrichtungen für mehrere Fachbereiche. Die Gesamthochschulbibliothek wird nach einheitlichen bibliotheksfachlichen Grundsätzen von einem Direktor geleitet. ... „Die bibliothekarischen Verwaltungsaufgaben werden soweit wie möglich bei der Bibliothekszentrale durchgeführt." Hinsichtlich der Erwerbung wurde festgelegt: „Die Auswahl der für eine Fachbibliothek anzuschaffenden Literatur erfolgt durch einen Ausschuß", dem angehören: „1. die Vertreter derjenigen Fachbereiche, für

[18] Empfehlungen Arbeitsgruppe Fachhochschulbibliotheken NRW, 1972; Antonius Jammers: Übersicht über die Bibliotheksplanung in Nordrhein-Westfalen. In: ZfBB 20, 1973, S. 95-97.

[19] Vorläufige Verfassungen der Fachhochschulen im Lande NordrheinWestfalen vom 21.7.1971, Teilabdruck in: Mbl. 21, 1971, S. 316-317, Zitat S. 317.

[20] Empfehlungen Planungsgruppe NRW, 1972 a; Abdruck der Empfehlungen auch in: Bibliotheksverbund, 1976, S. 251-300.

die die Fachbibliothek zur Verfügung steht, 2. der jeweils zuständige Fachreferent der Gesamthochschulbibliothek."[21]

Ein Drittes Gremium, die „Arbeitsgruppe für das Verbundsystem an den künftigen Gesamthochschulbibliotheken" beschäftigte sich mit dem von der „Planungsgruppe" vorgeschlagenen Aufbau einer Zentralstelle für Dienstleistungen mit Hilfe der Datenverarbeitung. Ihre Empfehlung führten am 1. März 1973 zur Errichtung des Hochschulbibliothekszentrums des Landes Nordrhein-Westfalen in Köln. Der Zentralkatalog der wissenschaftlichen Bibliotheken wurde mit dem Hochschulbibliothekszentrum vereinigt.[22]

Es liegt auf der Hand, dass die dem umstrittenen „Bielefelder Modell" angenäherte Konzeption für die Gesamthochschulbibliotheken und die durch das Hochschulbibliothekszentrum geschaffene Verbundlösung nicht ohne Kritik geblieben ist. Es war vor allem Gerhart Lohse (Aachen), der als Mitglied der „Planungsgruppe" die Konzeption für das Bibliothekswesen an den Gesamthochschulen „als Ganzes ablehnte".[23] In einem Sondervotum mit dem zum Schlagwort gewordenen Titel „Bielefeld und die Folgen" begründete er in 10 Thesen seine Einwände, die sich vor allem auf zwei, schon beim „Bielefelder Bibliotheksprojekt" angesprochene Bereiche bezogen: einmal auf das für die Gesamthochschulbibliotheken empfohlene Organisationsmodell des einschichtigen Bibliothekssystems mit Verzicht auf eine Zentralbibliothek, zum anderen auf die Rolle des Bibliothekars bei der Auswahl der Literatur, zwei Themen, die bis heute diskutiert werden.[24]

Als der Vorsitzende des Verbandes Hartwig Lohse auf der Jahresversammlung 1973 in einem Rückblick die verschiedenen Planungsaktivitäten im Hochschulbereich – das Gutachten von Gerhart Lohse, die Empfehlungen für die Fachhochschulen und für die fünf Gesamthochschulen – behandelte, musste er zugeben, dass „das meiste ohne direkte Beteiligung des Verbandes" geschehen war.[25] Entsprechend den politischen Vorgaben in der Bildungsplanung waren die Initiativen auf die erstarkte Ministerialbürokratie übergegangen, in deren Auftrag die verschiedenen Planungsgruppen arbeiteten. Die Diskussionen fanden in den ministeriellen Arbeitsgruppen statt, in den Gremien des Hochschulbibliothekszentrums, weniger in der Direktorenkonferenz der

21 Vorläufige Grundordnungen für die Gesamthochschulen in Duisburg, Essen, Paderborn, Siegen/Hüttental und Wuppertal vom 31.7.1972, Teilabdruck in: Mbl. 22, 1972, S. 362-365, Zitat S. 365.

22 Der Errichtungserlaß ist abgedr. in: Mbl. 23, 1973, S. 184 f. – Über die Aufgabenverteilung zwischen Gesamthochschulbibliotheken und dem Hochschulbibliothekszentrum vgl. Empfehlungen Planungsgruppe NRW 1972 b, abgedr. auch in: Bibliotheksverbund, 1976, S. 301-355.

23 Empfehlungen Planungsgpuppe NRW 1972 a, S. 7.

24 Gerhart Lohse: Bielefeld, in: Bibliotheksarbeit, 1973, S. 199-208.

25 Hartwig Lohse: Ergebnisse der Bibliotheksplanung. In: Mbl. 24, 1974, S. 35-39, Zitat S. 36.

Hochschulbibliotheken, die vom Verband unabhängig war, und, wenn es sich um überregionale Planungen handelte, in der Arbeitsgemeinschaft der Hochschulbibliotheken des Vereins Deutscher Bibliothekare und im Bibliotheksausschuss der Deutschen Forschungsgemeinschaft.

Die Stellungnahmen des Verbandes zu den sich abzeichnenden Veränderungen im Hochschulbereich beschränkten sich auf Themen, die traditionelle Arbeitsgebiete des Verbandes berührten, insbesondere in der Ausbildung und im Auswärtigen Leihverkehr, bzw. in der regionalen Literaturversorgung. Als im Zusammenhang mit der in Vorbereitung befindlichen Hochschulgesetzgebung des Landes der Status des Bibliothekar-Lehrinstituts zur Diskussion stand, verabschiedete die Arbeitsgemeinschaft der Großstadtbüchereien eine Resolution, die vom Verband „an die zuständigen Stellen" weitergeleitet wurde. Es hieß dort u.a.: Das Bibliothekar-Lehrinstitut sollte unter die wissenschaftlichen Hochschulen eingeordnet werden, gegebenenfalls indem es als Institut besonderer Art in eine solche Hochschule eingegliedert wird. Falls dies nicht möglich sein sollte, käme eine Einordnung in die Reihe der Fachhochschulen nur unter Wahrung des Abiturs als Ausbildungsvoraussetzung in Frage."[26] Auch der Vorsitzende des Verbandes Werner Krieg betrachtete, wie er in seinem Tätigkeitsbericht 1969 sagte, die Einreihung des Bibliothekar-Lehrinstituts unter die Fachhochschulen nur als „ultima ratio"[27]

Schwerwiegende Folgen für die überregionale Literaturversorgung sah der Verband durch den drohenden Wegfall der wissenschaftlichen Stadtbibliotheken, der sich durch die Eingliederung der Landes- und Stadtbibliothek Düsseldorf in die dortige Universitätsbibliothek abzeichnete. Angesichts der Überlastung der Hochschulbibliotheken waren diese Bibliotheken in der Sicht des Verbandes starke Stützen im Auswärtigen Leihverkehr und in der Literaturversorgung der Bevölkerung außerhalb der Hochschulstädte, die nun gefährdet schien.[28]

Auch wenn der Verband kaum an den Planungen im Bereich der Hochschulbibliotheken beteiligt war, so ist auf der anderen Seite auf die Tatsache hinzuweisen, dass es Kollegen aus den Mitgliedsbibliotheken des Verbandes waren, die in den ministeriellen Planungsgruppen die Arbeit leisteten, als Einzelpersonen oder im Rahmen einer Hochschule, nicht aber als Vorstandsmit-

[26] Die Resolution der Arbeitsgemeinschaft ist zitiert in der „Stellungnahme der Studierenden des Bibliothekar-Lehrinstituts des Landes Nordrhein-Westfalen zum Fachhochschulentwurf". In: Mbl. 19, 1969, nach S. 113 abgedruckt.

[27] Mbl. 20, 1970, S. 12. – Ausführlicher und über die weitere Entwicklung des Bibliothekar-Lehrinstituts vgl. Kap. XIII, Abschn. 2.

[28] Der Verbandsvorsitzende Werner Krieg in seinem Tätigkeitsbericht 1968, in: Mbl. 19, 1969, S. 9. Zur Lage der wissenschaftlichen Stadtbibliotheken im Zusammenhang mit den Sparmaßnahmen seit Mitte der 60er Jahre vgl. Kap. VII, Abschn. 1.

glieder oder Funktionäre. Günther Pflug, maßgeblich **in die** Planungen im Hochschulbereich involviert, konnte als Vorstandsvorsitzender in den Jahren 1969 bis 1972 in seinen Rechenschaftsberichten den Mitgliedern des Verbandes aus erster Hand über die Entwicklung berichten, so 1970 über das „Nordrhein-Westfalen-Programm" und das Hochschulgesetz, 1971 über die Fachhochschul- und die Gesamthochschulbibliotheken, 1972 über das Hochschulbibliothekszentrum.

Auf zwei Jahrestagungen des Verbandes stand die Entwicklung der neuen Hochschulbibliotheken auf der Tagesordnung: im Jahre 1971 im Rahmen des Rahmenthemas „Das Verhältnis der Bibliotheken zu den Ausbildungseinrichtungen aller Ebenen" mit Referaten von Antonius Jammers über die Bibliotheken an Fachhochschulen und von Hans Limburg (Köln) über das Verhältnis von Bibliothek und Hochschule.[29] Auf der Jahrestagung 1973 behandelte Paul Kaegbein (Berlin) in seinem Vortrag „Zur Struktur nordrhein-westfälischer Hochschulbibliotheken. Pläne, Gedanken, Aspekte" die Probleme, die sich im Übergang von einzelnen dezentralen Bibliotheken zu einem Bibliothekssystem mit einer Zentrale ergeben, die nicht alle mit Erlassen und Verfügungen zu lösen seien; man müsse auch an den „psychologischen Bereich" denken. Beim Hochschulbibliothekszentrum sei eine sinnvolle Abgrenzung der zentralen und dezentralen Aufgaben notwendig; eine krasse Uniformität müsse vermieden werden.[30]

Das „Mitteilungsblatt", in den Jahren der Hochschulplanungen von Günther Pflug redaktionell betreut, brachte nun ausführliche Aufsätze über die Entwicklung der neuen Bibliotheksstrukturen im Hochschulbereich, so z.B. über die Situation des Bibliothekswesens an den Pädagogischen Hochschulen oder über die Fachhochschulbibliotheken. Günther Pflug untersuchte die „Stellung der Bibliothek in den Tendenzen zur Neuordnung des Hochschulwesens" und gab einen Überblick über die „Richtlinien für die Berechnung des Flächenbedarfs von Bibliotheken an Hochschulen"; Henning Groll (Bochum) problematisierte „Rechtsfragen zur Neugestaltung des Bibliothekswesens an den Hochschulen im Lande Nordrhein-Westfalen".

Die neuen Hochschulbibliotheken berichteten im „Mitteilungsblatt" über ihre Erfahrungen; so die „Universitätsbibliothek Bielefeld nach zwei Semestern Praxis" oder die Bochumer Bibliothek über „Erfahrungen bei der Ausnutzung von Fremdleistungen für die Erwerbung und Katalogisierung" und die „Probleme der Beschaffungspolitik im polyzentrisch orientierten Bibliothekssystem einer Hochschule". Aber auch Vertreter der konventionell organisierten „alten" Bibliotheken kamen zu Wort: Gerhart Lohse stellte in einem

29 Bericht in: Mbl. 22, 1972, S. 1-37.

30 Bericht in: Mbl. 24, 1974, S. 1-39, auch in: ZfBB 21, 1974, S. 154-156.

ausführlichen, kritischen Beitrag den „Gesamtplan für das wissenschaftliche Bibliothekswesen des Landes Baden-Württemberg“ vor und sein Bruder Hartwig Lohse befasste sich in einem Diskussionsbeitrag mit der Koordinierung der Erwerbungspolitik für Zeitschriften an den „alten“ Universitätsbibliotheken.[31] Abgedruckt und z.T. kommentiert wurden die zahlreichen Verordnungen und Erlasse für die Hochschulen und ihre Bibliotheken. Die Buchbesprechungen benutzten die Rezensenten, um ihre gelegentlich von den „amtlichen“ Planungspapieren abweichende Meinung zu äußern.

Die großen Veränderungen im Hochschulbereich mit zahlreichen neuen Bibliotheken und neuen, selbst innerhalb der einzelnen Institute umstrittenen Organisationsformen, die Diskussion um den „Strukturplan“ der Öffentlichen Bibliotheken mit Vorbehalten der wissenschaftlichen Bibliotheken, die offenbar gewordene geringe Mitwirkungsmöglichkeiten des Verbandes bei den staatlichen Bibliotheksplanungen der Öffentlichen Bibliotheken und noch augenfälliger: bei den Hochschulbibliotheken, dazu die Gründung des Deutschen Bibliotheksverbandes auf Bundesebene im Jahre 1973: zahlreiche Probleme verlangten nach einer Neubestimmung der Verbandsarbeit, möglicherweise nach einer neuen Organisationsform. Der Verband stand Anfang der 70er Jahre vor einem Wendepunkt seiner Geschichte.

[31] Mbl. 19 (1969) – 23 (1973), passim.

III. Krise und Konsolidierung des Verbandes

Man hätte annehmen können, dass allgemeine Zufriedenheit über die Entwicklung des Bibliothekswesens herrschen würde, als sich die Bibliothekare Nordrhein-Westfalens zu ihrer Jahresversammlung 1972 in Remscheid trafen. Der Vorsitzende des Verbandes Günther Pflug resümierte die Fortschritte seit der letzten Tagung: „Nichts von dem, was der vorjährigen Versammlung als Ziel vor Augen gestellt wurde, ist gescheitert oder auch nur ernstlich ins Stocken geraten. Das Bibliothekswesen der Fachhochschulen ist im vollen Aufbau begriffen, die fünf neuen Gesamthochschulbibliotheken haben am 1. August dieses Jahres ihre Arbeit aufgenommen. Der Strukturausschuss beim Kultusminister hat einen Entwurf für einen Bibliotheksentwicklungsplan vorgelegt, der die Empfehlungen des Bibliotheksplans II auf Landesebene überträgt und für die regionale Entwicklung konkretisiert, noch bevor der Bibliotheksplan II der Öffentlichkeit übergeben wurde.“[1]

Und doch bestimmten „ernste Sorgen“ den Tätigkeitsbericht des Verbandsvorsitzenden. Die Dämpfung der Freude wiege um so schwerer, als sie eng mit den Gründen verbunden scheine, die die freudige Hochstimmung im vorigen Jahr ausgelöst habe. „Die Planungen offenbaren“, so Pflug weiter, „gerade in ihren Fortschritten zugleich ihre Schwierigkeiten; der Fortschritt im Bibliothekswesen zeigt an zahlreichen Stellen die Grenzen der bisherigen bibliothekarischen Organisation auf und droht an entscheidenden Stellen die bisherigen Traditionen zu sprengen. Immer wieder fanden sich die Bibliothekare im letzten Jahr vor die Frage gestellt, was an überkommener Tradition bewahrt werden müsse, um wesentliche Funktionen des Bibliothekswesens nicht ernsthaft zu gefährden, was jedoch zugunsten einer neuen, meist allerdings noch ungewissen Entwicklung trotz emotionaler Bindung an vertrauter Struktur aufgegeben, ja wohl auch geopfert werden müsse.“[2]

Wie Pflug in seinem Tätigkeitsbericht bemerkte, schien es so, als ob „wieder alte Klüfte zwischen den beiden großen Sparten aufrissen, die wir – wenigstens für das Land Nordrhein-Westfalen längst zugeschüttet wähnten“. Allerdings glaubte er feststellen zu können, dass sich die Fronten „keineswegs mit der Aufteilung der Kollegen auf die Sparten decken“. Tatsächlich gab es Spannungen innerhalb des wissenschaftlichen Bibliothekswesens, zwischen den neuen und „al-

1 Mbl. 23, 1973, S. 6.
2 Mbl. 23, 1973, S. 5, S. 8.

ten" Hochschulbibliotheken, zwischen den Universitätsbibliotheken und den wissenschaftlichen Stadt- und Landesbibliotheken, Spannungen auch im Bereich der Öffentlichen Bibliotheken, zwischen den in den Bibliotheksplänen favorisierten Großstadtbibliotheken und den sich vernachlässigt fühlenden nichtgroßstädtischen Büchereien, repräsentiert durch die Arbeitsgemeinschaften der Mittelstadt- und Kreisbüchereien und durch die Staatlichen Büchereistellen, dazu Differenzen zwischen dem kommunalen und kirchlichen Büchereiwesen.

Die von Pflug angesprochenen Fortschritte waren im Bereich der wissenschaftlichen Bibliotheken besonders augenfällig. Mit der Gründung von 5 Gesamthochschulen und 15 Fachhochschulen zeichnete sich eine Entwicklung ab, die die Struktur des Bibliothekswesens in Nordrhein-Westfalen nachhaltig verändern sollte. Es war nicht nur die zahlenmäßige Zunahme, nicht nur die beträchtlichen finanziellen Mittel, die für die Literaturversorgung der neuen Hochschulen bereitgestellt wurden: von Bedeutung, vor allem für die Zukunft, war die politische Zielsetzung, die mit den Neugründungen verbunden war: die Verbesserung der wirtschaftlichen, sozialen und kulturellen Entwicklung der Standortregion. Hochschulpolitik wurde zu einem Instrument der regionalen Entwicklungspolitik in bisher benachteiligten Regionen, die sich von „ihren" neuen Hochschulen wissenschaftliche Dienstleistungen für die Industrie und die Kommunen eine Vermehrung des kulturellen Angebots erhofften. Entsprechend dieser Konzeption übernahmen die Bibliotheken der neuen Hochschulen auch außeruniversitäre Aufgaben, die sich nach der erstaunlich kurzen Aufbauzeit auch auf die kommunalen Bibliotheken der neuen Hochschulstädte auswirken mussten[3], mochten die Stadtbibliotheken auch in der Aufbauphase der Hochschulbibliotheken zunächst die Hauptlast der studentischen Literaturversorgung übernehmen.

Nicht von ungefähr betonten zu Anfang der 70er Jahre auch die „alten" Universitätsbibliotheken ihre außeruniversitären Funktionen. Gab es doch Bestrebungen von Seiten der Öffentlichen Bibliotheken, bei den Bibliotheksplanungen, auch beim Bibliotheksplan II, ein autonomes Netz von Bibliotheken der 3. Stufe, von Landesbibliotheken, zu installieren, dazu die Bibliotheken der 2. Stufe in Oberzentren mit wissenschaftlichen Buch- und Zeitschriftenbeständen auszubauen. Die Universitätsbibliotheken aber sollten primär den institutionellen Bedarf der Hochschulen decken und sich in der allgemeinen Literaturversorgung auf eine subsidiäre Funktion beschränken.

[3] Die Auswirkungen zeigten sich vor allem in solchen Städten, die über größere wissenschaftliche Bibliotheken in kommunaler Trägerschaft verfügten. Am Beispiel Essen zeigt das ausführlich: Hans Joachim Kuhlmann: Die Wissenschaftliche Bibliothek, in: Die neue Bibliothek, 1984, S. 186.-220. – Ähnliche Diskussionen gab es um die kommunalen wissenschaftlichen Bibliotheken in Aachen, Dortmund und Düsseldorf.

Gegen solche nicht nur in Nordrhein-Westfalen zu beobachtenden Tendenzen wandte sich Hartwig Lohse auf der Jahresversammlung 1970, indem er die Bedeutung der Hochschulbibliotheken in der regionalen Literaturversorgung betonte und erklärte: „Die Universitätsbibliotheken, insbesondere diejenigen mit echten landesbibliothekarischen Funktionen, sind auch in Zukunft bereit und gewillt, diese Funktionen wahrzunehmen."[4] Es war vielleicht auch nicht zufällig, wenn Severin Corsten den in der 1973 erschienen Festschrift für Werner Krieg am Beispiel Kölns die regionalen Aufgaben der Hochschulbibliotheken untersuchte.[5] Deutlich wurde auch der Referent des Kultusministeriums Heinz Kaspers, als er auf der Jahresversammlung 1972 angesichts der als unzureichend empfundenen Landesförderung für Öffentliche Bibliotheken sagte: „Und ich bitte zu bedenken, dass den Hochschulbibliotheken in Nordrhein-Westfalen über ihre Verpflichtungen gegenüber ihren Hochschulen hinaus sehr wesentliche Funktionen zufallen und weiterhin zufallen werden, da nur sie infolge der Bibliotheksstruktur unseres Landes, ihrer Bestände und ihrer speziellen Aufgaben dazu im Stande sind. Dies gilt nicht nur für sogenannten alten Universitätsbibliotheken, wo dies außer Frage steht, sondern – trotz mancher gegenwärtiger Beschränkungen – auch für alle Neugründungen; denn nicht nur die ‚öffentlichen Bibliotheken' im engeren Sinn des derzeitigen Sprachgebrauchs oder die ‚allgemeinen Bibliotheken' im Sinne des ‚Bibliotheksplans 2', sondern auch alle Hochschulbibliotheken sind allgemein zugänglich – wer es nicht weiß, vergleiche ihre Benutzungsordnungen – und dienen somit der Literaturversorgung sowohl des institutionellen als auch des allgemeinen Bedarfs. In dieser Eigenschaft sind sie im Rahmen unseres gesamten Bibliothekswesens gewichtige Schwerpunkte, auf die wir nicht verzichten können."[6]

Im Vergleich zu den schnellen Fortschritten im Hochschulbereich mussten sich die Ergebnisse der Bibliotheksplanung bei den Öffentlichen Bibliotheken eher bescheiden ausnehmen, als auf der Jahrestagung des Verbandes 1972 auch der „Strukturplan" zur Sprache kam. Gewiss, auch bei den Öffentlichen Bibliotheken war der Ausbau, der Wandel von der traditionellen kulturvermittelnden Bildungsbücherei zur berufs- und wissenschaftsorientierten Informationsbibliothek unverkennbar, ein Wandel, der sich auch in der Namensgebung der Institute – von „Volksbücherei" über „Stadtbücherei" bis „Stadtbibliothek" – do-

[4] Hartwig Lohse: Regionalplanung und Hochschulbibliotheken. In: Mbl. 21, 1971, S. 23-24, Zitat S. 23 f. – Gegen die in den Bibliotheksplänen intendierte Beschränkung der Universitätsbibliotheken in der allgemeinen Literaturversorgung wandte sich auch Bernhard Sinogowitz auf einer Sitzung der Arbeitsgemeinschaft der Hochschulbibliotheken im VDB: Die außeruniversitären Aufgaben der Hochschulbibliotheken im lokalen und regionalen Bereich. In: ZfBB 24, 1977, S. 159-165.

[5] Severin Corsten: Hochschulbibliothek, in: Bibliotheksarbeit, 1973, S. 225-233.

[6] Mbl. 23, 1973, S. 13.

kumentierte und 1973 auch in der Umbenennung der Arbeitsgemeinschaft der Großstadtbüchereien in Arbeitsgemeinschaft der Großstadtbibliotheken zum Ausdruck kam.[7] Neue Zentralbibliotheken in Großstädten, realisiert oder in Planung, z.B. in Duisburg, Bielefeld oder Köln, waren äußere Zeichen des Wandels der Öffentlichen Bücherei.

Die verschiedenen Empfehlungen und Gutachten wiesen den Weg in die Zukunft der Öffentlichen Bibliothek nach dem Vorbild der anglo-amerikanischen Public Library, wobei in den Papieren gelegentlich der Eindruck entstehen konnte, die Volksbücherei früherer Zeiten sei auf dem besten Weg zur wissenschaftlichen Bibliothek. Da ist für die Bibliothek der 2. Stufe in Oberzentren von „wissenschaftlicher Grundlagen- und Gebrauchsliteratur unter Berücksichtigung der fremdsprachigen Literatur" die Rede, von einem Zeitschriftenbestand, der 300 wissenschaftliche Periodika umfassen sollte, vom Aufbau von Informationsabteilungen mit einem großen Bestand an Nachschlagewerken und Bibliographien, von der Aufbewahrung von Archiv- und Altbeständen und damit der Abschied von der „Verbrauchsbücherei". Im Auswärtigen Leihverkehr sollten sie Funktionen einer Leitbibliothek einheitlich für alle Formen des Auswärtigen Leihverkehrs übernehmen, Aufgaben, die bisher vor allem von den Universitätsbibliotheken wahrgenommen worden waren.

Es waren große Vorhaben der Öffentlichen Bibliotheken, die nur mit Hilfe des Landes zu realisieren waren. Aber der „Strukturplan", vom Kultusministerium in Auftrag gegeben, war nach fast siebenjähriger Arbeit im Jahre 1972 immer noch nicht verabschiedet. Dazu kamen Einwände von Seiten der wissenschaftlichen Bibliotheken gegen die geplante Staatsbibliothek und gegen den beim Kultusminister vorgesehenen Landesbeirat für Bibliotheksfragen. Es fehlte an der notwendigen Koordination sowohl zwischen der Arbeitsgemeinschaft der Großstadtbibliotheken und der vom Verband unabhängigen Direktorenkonferenz der Hochschulbibliotheken als auch zwischen den beiden Ministerien und ihren Planungsgruppen. Diese Versäumnisse wurden von den Vertretern der Öffentlichen Bibliotheken dem Vorstand angelastet und eine Reform der Verbandsstruktur gefordert.

In seinem Rechenschaftsbericht als scheidender Vorsitzender der Arbeitsgemeinschaft der Großstadtbüchereien auf der Sitzung am 7. September 1972 berührte Heinz Emunds einige Themen, die zu Verstimmungen mit den wissenschaftlichen Bibliotheken geführt hatten: die Frage der Leitbibliotheken im Auswärtigen Leihverkehr als Aufgabe der Großstadtbibliotheken, das Problem der wissenschaftlichen Stadtbibliotheken, die nach Meinung von Emunds auf das Attribut „wissenschaftlich" verzichten sollten, die Abstinenz der wissen-

[7] Beschluß auf der Sitzung am 15.2.1973 (Mbl. 23, 1973, S. 169).

schaftlichen Bibliotheken an der Verbandsarbeit gerade in Zeiten der Bibliotheksplanungen, mit eine Ursache für den unzulänglichen Informationsfluss zwischen den beiden Sparten. Hinsichtlich der Struktur des Verbandes bemerkte Emunds: „..erst kürzlich haben wir den Verbandsvorstand gebeten, im Rahmen der geltenden Satzung die nach unserer Auffassung zu differenzierte Zusammensetzung des Vorstandes nach Bibliothekstypen zu überprüfen, für die Interessenvertretung einzelner Teilsparten lieber eine Art Beirat zu schaffen, noch einmal die Hauptamtlichkeit der Stellen in der Geschäftsführung zu erwägen und die Beiratsfunktion des Verbandes bei der Landesregierung zu stärken.“[8]

So ganz überraschend kam es also nicht zum „Aufstand von Remscheid“,[9] als auf der Mitgliederversammlung am 6. Oktober 1972 in Remscheid, vier Wochen nach der Sitzung der Großstadtbüchereien, heftige Kritik von Seiten der Öffentlichen Bibliotheken laut wurde. Die Kritik am „Strukturplan“ von Seiten der Hochschulbibliotheken hätte, so die Vertreter der Großstadtbibliotheken früher kommen müssen, die Abstimmung zwischen den Ministerien sei schlecht gewesen, die Funktion des Verbandes sei so geschwächt, dass er diese Entwicklung nicht verhindern konnte. In einem Antrag der Großstadtbüchereien wurde eine ausserordentliche Mitgliederversammlung gefordert, auf der eine neue Satzung verabschiedet werden sollte, mit dem Ziel, den bisherigen „Sparten-Vorstand“ durch einen nach Persönlichkeiten gewählten Vorstand zu ersetzen, weil evident sei, dass der „Sparten-Vorstand“ nicht die im Verband vorhandenen Spannungen beseitigen könne.[10]

Nach heftigen Diskussionen wurde ein Kompromiss gefunden: eine Arbeitsgruppe zur Klärung der strittigen Fragen sollte eingesetzt werden; der Antrag der Arbeitsgemeinschaft der Großstadtbüchereien auf Satzungsänderung wurde zurückgezogen, Hartwig Lohse, der angesichts der tiefgreifenden Meinungsverschiedenheiten seine Kandidatur zeitweilig in Frage gestellt hatte, einstimmig zum Vorsitzenden gewählt. Es blieb beim „Sparten-Vorstand“. Je drei Vertreter der Öffentlichen Bibliotheken und der wissenschaftlichen Bibliotheken, wobei der bisherige Vorsitzende Günther Pflug nicht als Vertreter einer Sparte kandidierte. In der Gruppe der wissenschaftlichen Bibliotheken waren

[8] Heinz Emunds: Die Tätigkeit der Arbeitsgemeinschaft, in: Mbl. 23, 1973, S. 162. – Bemängelt wurde auch, dass die Direktorenkonferenz der Universitätsbibliotheken nicht ständiger Gast in der Arbeitsgemeinschaft der Großstadtbüchereien war.

[9] Hansjörg Süberkrüb: Die Direktorenkonferenz NRW 1946-1984, in: Mbl. 34, 1984, S. 258; hier auch das Zitat „Aufstand von Remscheid“.

[10] Berichte über die turbulente Mitgliederversammlung 1972 in Remscheid: Horst Röhling, in: Mbl. 23, 1973, S. 2-3; Hans Joachim Kuhlmann, in: BuB 24, 1972, S. 1194-1197; Eberhard Herf, in: Bibliotheksdienst 1972, S. 524-527; Severin Corsten: 40 Jahre Verband, in: Mbl. 39, 1989, S. 43 f.; Hans Joachim Kuhlmann: Der Vertrag von 1973, in: ProLibris 1, 1996, S. 246 f.

nun im Vorstand neben Pflug als Repräsentant der Hochschulbibliotheken Gerhard Liebers (Münster), der Spezialbibliotheken Hanneliese Niggemeyer (Köln), aber nicht mehr wie bisher ein Vertreter der Landes- und wissenschaftlichen Stadtbibliotheken, eine Konsequenz aus dem Bedeutungsverlust dieses Bibliothekstyps.[11]

Als Ergebnis der Besprechungen in der Arbeitsgruppe[12] zur Klärung der strittigen Fragen bleibt festzuhalten: 1. Die Direktorenkonferenz der Hochschulbibliotheken erhielt den Status einer Arbeitsgemeinschaft des Verbandes; 2. Der Vorsitzende dieser Arbeitsgemeinschaft nimmt regelmäßig an den Sitzungen der Arbeitsgemeinschaft der Großstadtbüchereien teil, deren Vorsitzender ist wiederum Gast der Arbeitsgemeinschaft der Hochschulbibliotheken. Der Vorsitzende des Verbandes wird zu den Sitzungen der beiden Arbeitsgemeinschaften eingeladen; 3. die wohl wichtigste Vereinbarung: die beiden Sparten wechseln sich im Vorsitz des Verbandes ab. Mit Hans Joachim Kuhlmann (Essen) wurde entsprechend dieser Vereinbarung auf der Jahresversammlung 1975 erstmals in der Geschichte des Verbandes ein Vertreter der Öffentlichen Bibliotheken zum Vorsitzenden gewählt. Ein weiterer Schritt zur Gleichberechtigung der Öffentlichen Bibliotheken erfolgte 1978, als mit Ernst-Martin Reinke (Düsseldorf) als Vertreter dieser Sparte zum Mitherausgeber des „Mitteilungsblatts" bestellt wurde. Von einem hauptamtlichen Geschäftsführer war nicht mehr die Rede. Im Gegenteil: Nach dem Rücktritt des langjährigen Geschäftsführers Horst Röhling (1964 bis 1975, Oberbibliotheksrat an der Universitätsbibliothek Bochum) wurde kein Geschäftsführer „im bisherigen Sinn" mehr bestellt. Als Sekretärin der Geschäftsstelle wirkte nun Renate Baumhoff (später: Renate Scheuerpflug) von der Universitätsbibliothek Bochum.[13]

Zur „Bereinigung der Atmosphäre von Remscheid" trug der seit der Remscheider Tagung amtierende Vorsitzende des Verbandes Hartwig Lohse ganz wesentlich bei; er hatte sich die „Integration von Bibliotheken und Bibliothekaren innerhalb des Verbandes" zum Hauptziel seiner Arbeit gemacht.[14] Diese Absicht verfolgten auch die vom Vorstand 1974 verabschiedeten

[11] Über die Zusammensetzung des Vorstandes vgl. Übersicht im Anhang.

[12] Mitglieder der Arbeitsgruppe waren unter der Federführung des Verbandsvorsitzenden Hartwig Lohse: Werner Krieg, Gerhard Liebers und Günther Pflug von den wissenschaftlichen Bibliotheken, Hans Joachim Kuhlmann, Franz Rakowski und Hansjörg Süberkrüb aus dem Bereich der Öffentlichen Bibliotheken.

[13] Bedenken gegen die Abschaffung des Geschäftsführers im bisherigen Sinn äußerte der Verbandsvorsitzende Severin Corsten in seinem Tätigkeitsbericht 1981 (Mbl. 32, 1982, S. 50). Ähnliche Aussagen auch bei Severin Corsten: 40 Jahre Verband, in: Mbl. 39, 1989, S. 44, und bei Werner Krieg: Verband, 1989, S. 200.

[14] Hartwig Lohse im letzten Tätigkeitsbericht seiner Amtszeit (1975), in: Mbl. 26, 1976, S. 9.

„Empfehlungen für die Zusammenarbeit der Bibliotheken an einem Ort (einschliesslich seines Einzugsgebiets)“[15], vor allem in Städten mit neuen Hochschuleinrichtungen und bestehenden Öffentlichen Bibliotheken, auch in kirchlicher Trägerschaft. Vorgeschlagen wurden regelmäßige Arbeitsbesprechungen der Bibliotheksleiter zur gegenseitigen Information über Planungen und Entwicklungen der einzelnen Institute, Absprachen in der Benutzung, im Leihverkehr und im Bestandsaufbau, „der erste Versuch, die Bücherversorgung innerhalb einer Stadt generell zu regeln“, eine Vereinbarung, die von unabhängiger Seite als Modell für andere Bundesländer empfohlen wurde.[16]

Mit solchen Maßnahmen konnten die Meinungsverschiedenheiten zwischen den beiden Sparten, zwischen den Öffentlichen und wissenschaftlichen Bibliotheken, zwar beigelegt werden, aber es waren auch die Grenzen des Verbandes bei der staatlichen Bibliotheksplanung deutlich geworden. Zu der wiederholt vorgetragenen Kritik von Seiten der Öffentlichen Bibliotheken, der Verband habe in der Bibliotheksplanung versagt, er müsse eine schlagkräftigere Organisation mit hauptamtlichen Mitarbeitern haben und sich dann in ganz anderer Weise als bisher an Planung und Realisierung beteiligen, nahm der Verbandsvorsitzende Hartwig Lohse auf der Jahresversammlung 1973 grundsätzlich Stellung und sagte über die Möglichkeiten des Verbandes in der Politik: „Wir dürfen uns keiner Illusion hingeben. Die beiden uns betreffenden Ministerien betrachten uns durchaus als einen wichtigen Gesprächspartner, sie sind aber gewiß weder bereit noch in der Lage, dem Verband die Hauptrolle bei der Bibliothekspolitik und Strukturplanung zu überlassen. Bei all diesen Plänen ging es zwar auch um Strukturfragen ... in erster Linie aber doch um Finanzfragen, und es ist nun einmal ein Gesetz in unserer Demokratie, dass die unmittelbar in der Planung Interessierten – die in der Regel durch Verbände repräsentiert werden – auch beteiligt werden, jedoch nicht federführend sind. Sie können und sollten Anstöße geben, die eigentliche Planung liegt jedoch bei den Ministerien.“[17]

Auch Hans Joachim Kuhlmann dämpfte in seinem ersten Rechenschaftsbericht als Verbandsvorsitzender (1976) die gelegentlich geäußerten hochgespannten Erwartungen hinsichtlich den Handlungsmöglichkeiten des Verbandes, wenn er sagte: „Denn in der Natur unseres Verbandes liegt es, dass er immer nur beratend, mahnend, gutachtend tätig sein, niemals selber aktiv im eigentlichen Sinn werden kann. Darüber hinaus kann bzw. muss er für Kommunikation zwischen seinen Mitgliedern, für Erfahrungsaustausch in und zwi-

15 Die Empfehlungen wurden am 12. Juli 1974 vom Vorstand verabschiedet. Abdruck in: Mbl. 24, 1974, S. 252-254; auch in: biblio 23, 1974, S. 45-48.

16 Gisela von Busse: Struktur und Organisation, 1977, S. 338.

17 Tätigkeitsbericht 1973, in: Mbl. 24, 1974, S. 10, S. 36.

schen seinen nach Bibliothekstypen organisierten Arbeitsgemeinschaften sorgen, die dort und in speziell eingesetzten Kommissionen erarbeiteten Erkenntnisse zur Diskussion stellen, koordinieren und weitergeben und sich um ihre Verwirklichung bemühen...“[18]

In der Diskussion um die Verbandsstruktur ist – wie es scheint – gelegentlich übersehen worden, dass der Verband ein Zusammenschluss von Institutionen, von Bibliotheken, ist, deren Unterhaltsträger, also Geldgeber, hauptsächlich das Land und die Kommunen sind. Sie waren im Vorstand, wenn man von Ansätzen in der Frühzeit des Verbandes absieht, nicht vertreten. Erst im Herbst des Jahres 1975 kam wieder Bewegung in dieser Frage, wobei die Initiative vom Nordrhein-westfälischen Städtebund ausging.

Als auf der Mitgliederversammlung 1975 angesichts des gesteigerten Finanzvolumens eine Umwandlung des Verbandes in einen eingetragenen Verein und damit eine Satzungsänderung anstand, meldete der Vertreter der kommunalen Spitzenverbände den Anspruch auf einen Sitz im Vorstand an. Es gelang dem Vorsitzenden Hartwig Lohse, eine Vertagung zu erreichen, um dem Vorstand Gelegenheit zu geben, „die Hereinnahme von Unterhaltsträgern in den Vorstand wohlwollend zu prüfen...“[19]. Der Vorschlag um eine Erweiterung des Vorstandes nicht nur um einen Vertreter aus dem kommunalen Bereich, sondern auch um Vertreter des Staats und der freien Träger wurde auf der Mitgliederversammlung 1976 angenommen und die neue Satzung – nach Korrekturen formaler Art – auf einer außerordentlichen Mitgliederversammlung am 24. Februar 1977 in Essen genehmigt. In § 6 der neuen Satzung war die Erweiterung des Vorstandes festgelegt: Zum Vorsitzenden und zu den sechs Vertretern der Bibliotheken traten drei aus dem Kreis der Rechts- und Unterhaltsträger zu benennende Vertreter, so dass der Vorstand nun aus zehn Personen bestand. Nicht aus der revidierten Satzung abzuleiten war die vom Verband erklärte Absicht, das Amt des Vorsitzenden zwischen dem Kreis der Öffentlichen und dem Kreis der wissenschaftlichen Bibliotheken wechseln zu lassen. Entsprechend der neuen Satzung wurden für den Vorstand benannt: für den staatlichen Bereich der Kanzler der Universität Bonn Wilhelm Wahlers, für die Arbeitsgemeinschaft der kommunalen Spitzenverbände der Stadtdirektor der Stadt Hilchenbach Christhard Mahrenholz, für die sonstigen Träger von Büchereien der Generalsekretär des Borromäusvereins Erich Hodick (Bonn).

[18] Mbl. 27, 1977, S. 3.

[19] Hartwig Lohse im Bericht über die Jahresversammlung 1975, in: Mbl. 26, 1976, S. 3. – Ausführlich über die Beteiligung der Unterhaltsträger an der Verbandsarbeit: Severin Corsten: Die Beteiligung der Unterhaltsträger an der Arbeit des VBNW, in: Mbl. 41, 1991, S. 233-238. – Über den „Beirat“ bzw. „Verwaltungsrat“ in der Frühzeit des Verbandes: Werner Krieg: Verband, 1989, S. 37-38, S. 50-51, S. 56-58. – Abdruck der Satzung, genehmigt von der Mitgliederversammlung am 24.2.1977, in: Mbl. 27, 1977, S. 117-120.

Die Beteiligung der Unterhaltsträger an der Verbandsarbeit wurde überwiegend positiv gesehen, so von den Vorsitzenden Hans Joachim Kuhlmann und Severin Corsten. Dieser schrieb im Rückblick: „Es ist müßig zu betonen, dass die ‚Hereinnahme' der Unterhaltsräger in den Vorstand sich für den Verband in jeder Hinsicht als nützlich und hilfreich erwiesen hat. Alle seinerzeit a priori erhobenen Bedenken haben sich als völlig unbegründet erwiesen."[20] An Vorbehalten hatte es freilich nicht gefehlt. Und sie waren auch nicht auf die leichte Schulter zu nehmen, wenn beispielsweise befürchtet wurde, dass die ohnehin begrenzten Einflussmöglichkeiten des Verbandes als Interessenvertretung gegenüber Staat und Kommunen noch eingeschränkter werden könnten, wenn ihre Vertreter Sitz und Stimme im Vorstand hätten.

Es scheint paradox: Als die erste und bislang einzige alle Sparten umfassende bibliothekarische Organisation, der Verband der Bibliotheken in Nordrhein-Westfalen, im Jahre 1972 in eine ernsthafte Krise geriet, waren die Bemühungen um einen einheitlichen, auch die wissenschaftlichen Bibliotheken miteinbeziehenden Verband auf Bundesebene ein gutes Stück vorangekommen. Diese Aktivitäten waren in Nordrhein-Westfalen verständlicherweise zumindest bei den Öffentlichen Bibliotheken mit Wohlwollen verfolgt worden. Waren doch die kommunalen Mitgliedsbibliotheken des nordrhein-westfälischen Verbandes bereits Mitglieder des 1949 gegründeten, hauptsächlich von Öffentlichen Bibliotheken getragenen Deutschen Büchereiverbandes, dessen erster Vorsitzender Eugen Sulz (Essen) auch maßgebenden Anteil an der Gründung des VBNW im Jahre 1948 hatte.[21] Als 1972 die Umwandlung des Deutschen Büchereiverbandes in einen alle Sparten umfassenden Deutschen Bibliotheksverband (DBV) in ein aktuelles Stadium trat, waren wiederum Bibliothekare aus Nordrhein-Westfalen an den Verhandlungen führend beteiligt, so vor allem Hansjörg Süberkrüb, der als Vorsitzender des Deutschen Büchereiverbandes (1965-1973) „mit großer Energie" die Aufnahme der wissenschaftlichen Bibliotheken betrieb,[22] und Hans Joachim Kuhlmann, der als stellvertretender Vorsitzender des nordrhein-westfälischen Verbandes seine langjährigen Erfahrungen einbringen konnte.

20 Severin Corsten: Die Beteiligung der Unterhaltsträger, in: Mbl. 41, 1991, S. 238; Hans Joachim Kuhlmann im Tätigkeitsbericht 1977: „Daß die Erweiterung des Vorstandes um kompetente Vertreter der Rechts- bzw. Unterhaltsträger unserer Arbeit förderlich ist, haben die Erfahrungen der letzten Monate bereits gezeigt." (Mbl. 28, 1978, S. 4).

21 Über den 1949 gegründeten Deutschen Büchereiverband (bzw. den Verband Deutscher Bibliotheken) und über das Verhältnis des VBNW zu diesem, hauptsächlich Öffentliche Büchereien umfassenden Verband: Werner Krieg: Verband, 1989, passim, vor allem auf S. 58 ff., S. 64 ff., S. 151 ff. – Ausführlich über den Vertrag zwischen VBNW und „neuem" DBV: Hans Joachim Kuhlmann: Der Vertrag von 1973, in: ProLibris 1, 1996, S. 248 ff; bei Kuhlmann auch Abdruck des Vertrages (S. 248-249).

22 Wilhelm Totok: Vom Übergang bibliothekarischer Sacharbeit, in: Die neue Bibliothek, 1984, S. 377.

Die Erweiterung des Deutschen Büchereiverbandes um die wissenschaftlichen Bibliotheken und damit die Verwirklichung eines einheitlichen bibliothekarischen Institutenverbandes in Deutschland stieß in Nordrhein-Westfalen, bei den einzelnen Sparten freilich unterschiedlich, auf Zustimmung, wenn auch einige Bedingungen gestellt wurden, die der Verbandsvorsitzende Hartwig Lohse auf der Mitgliederversammlung 1973 erläuterte: „Die Gründung des DBV auf dem Bibliothekskongress in Hamburg ist vom Vorstand unseres Verbandes begrüßt worden. Er hat auf seiner Sitzung am 9.8.1973 ferner zum Ausdruck gebracht, dass an der Selbständigkeit unseres Verbandes, wie sie schon bisher und auch im Rahmen des bisherigen Deutschen Büchereiverbandes bestanden hat, durchaus festgehalten werden soll. Daran dürfte auch die Tatsache, dass der Verband dann etwa den Status eines Landesverbandes der (!) DBV erhält, nichts ändern. Der Vorstand sah wichtige und zahlreiche Aufgaben, die von unserem Verband zu erledigen sind, nach wie vor als gegeben an, etwa die Sondersammelgebiete, den Regionalen Leihring, das Mitteilungsblatt, die Arbeitsgemeinschaften und nicht zuletzt Ausbildung und Fortbildung.“[23]

Die Sonderstellung des VBNW wurde in einer Vereinbarung mit dem Deutschen Bibliotheksverband festgelegt, die auf einer außerordentlichen Mitgliederversammlung am 6. Dezember 1973 in Essen einstimmig gebilligt wurde. Da die Vereinbarung sowie die Neufestsetzung der Beiträge keine Auswirkungen auf die kommunalen Mitglieder des Verbandes hatte, waren auf dieser Sitzung im wesentlichen die wissenschaftlichen und die Spezialbibliotheken vertreten. Die Vereinbarung, die vom Minister für Wissenschaft und Forschung ausdrücklich begrüßt und befürwortet worden war, wurde am 7. Dezember bzw. am 17. Dezember 1973 von den Vorsitzenden der beiden Verbände, Volker Weimar und Hartwig Lohse, unterzeichnet.[24]

Nach der Vereinbarung erhielten nun auch die Hochschulbibliotheken, sonstige wissenschaftliche Bibliotheken und die Spezialbibliotheken die Rechtsstellung von Mitgliedern des Deutschen Bibliotheksverbandes. Der Status des VBNW war in der Vereinbarung folgendermaßen festgelegt: „Der Verband der Bibliotheken des Landes Nordrhein-Westfalen nimmt unbeschadet seiner Rechts- und Aufgabenerfüllung aufgrund seiner Satzung die Funktionen eines Landesverbandes des Deutschen Bibliotheksverbandes für das Land Nordrhein-Westfalen wahr.“ Hinsichtlich des Beitrags billigte die Mitgliederversammlung eine Regelung, die vorsah, dass von allen Mitgliedern des nordrhein-westfälischen Verbandes 50 % der Beitragssumme (wie bisher) an den

[23] Mbl. 24, 1974, S. 10.

[24] Bericht über die außerordentliche Mitgliederversammlung des Verbandes am 6.12.1973 in Essen, Text des Vertrages mit einleitenden Ausführungen des Verbandsvorsitzenden Hartwig Lohse, in: Mbl. 24, 1974, S. 5-9; aus dem Vertragstext auch die Zitate (S. 7, S. 8).

Deutschen Bibliotheksverband abzuführen sind. Mit Genugtuung konnte der Verbandsvorsitzende 1974 den Mitgliedern mitteilen: „Wir sind damit der einzige Landesverband mit einer solchen Regelung, die nachdrücklich seine besondere Rolle unterstreicht.“[25]

Die überregionalen Leistungen des Verbandes auch in Zukunft wurden in einem besonderen Paragraphen genannt. Es heißt in § 2 der Vereinbarung: „Der Verband der Bibliotheken des Landes Nordrhein-Westfalen als seit langem bestehender Zusammenschluß von Bibliotheken aller Sparten übernimmt traditionsgemäß Aufgaben, die allen Bibliotheken in der Bundesrepublik zugute kommen. ... Neue Projekte des Verbandes .. die Auswirkungen auch auf die anderen Bibliotheken in der Bundesrepublik haben, werden mit dem Deutschen Bibliotheksverband abgestimmt.“

Eine maßgebende Rolle spielte der Verband nicht nur bei der Gründung des Deutschen Bibliotheksverbandes als Modell eines einheitlichen Verbandes, als „eine Art Präfiguration auf Landesebene“[26], sondern auch in der schwierigen Entwicklungsphase des neuen Bundesverbandes, als der Beitritt der wissenschaftlichen Bibliotheken in anderen Bundesländern nur zögerlich erfolgte, als finanzielle Probleme auftraten, als die Gründung des Deutschen Bibliotheksinstituts nur langsam vorankam. In einem Rückblick hat Hans Joachim Kuhlmann die Bedeutung des Beitritts der nordrhein-westfälischen Bibliotheken gewürdigt: „Für die gerade im Anfang sehr schwierige Entwicklungsphase des Deutschen Bibliotheksverbandes war diese Vereinbarung mit unserem traditionellen Verband eine ganz entscheidende Hilfe, die gewissermaßen als Initialzündung für die anderen Bundesländer wirken konnte. Mit der relativ hohen Mitgliederzahl, vor allem auch im Bereich der Hochschulbibliotheken, hat der Verband, der nun zugleich als Landesverband des DBV mit Sitz in dessen Beirat fungiert, ein besonders großes Gewicht im Bundesverband.“[27]

Die Bedeutung des stärksten Landesverbandes im Deutschen Bibliotheksverbandes wurde dadurch dokumentiert, dass zwei führende Bibliothekare aus Nordrhein-Westfalen – Heinz Kaspers, der Bibliotheksreferent des Kultusministeriums, und Franz Rakowski – in den neuen Vorstand des DBV gewählt wurden. Die Sonderstellung des nordrhein-westfälischen Verbandes zeigt sich darin, dass er wie bisher Mitglied der Deutschen Bibliothekskonferenz blieb,

[25] Mbl. 25, 1975, S. 8.

[26] Hans Sonn im Bericht über die Jahresversammlung 1976, in: Mbl. 27, 1977, S. 2. – Der Vorbildcharakter des VBNW für den DBV ist wiederholt betont worden, so beispielsweise von Hansjörg Süberkrüb, der einmal kurz und bündig formulierte: „... ohne den Verband der Bibliotheken wäre 1973 der Bibliotheksverband nicht zu schaffen gewesen.“ (Mbl. 28, 1978, S. 96).

[27] Der Verbandsvorsitzende Hans Joachim Kuhlmann: Der Verband der Bibliotheken des Landes Nordrhein-Westfalen e.V. Rückblick und Ausblick. In: Mbl. 29, 1979, S. 20-23, Zitat S. 22 f.; Ders.: Der Deutsche Bibliotheksverband 1973-1991, in: Bibliothekspolitik, 1998, S. 37.

des Gremiums, in dem sich die bibliothekarischen Fachverbände der Bundesrepublik zusammengeschlossen hatten.[28] Auch im „Internationalen Verband der bibliothekarischen Vereine und Institutionen" (IFLA) war der Verband weiterhin vertreten.

Auch wenn der VBNW seine singuläre Stellung als Einheitsverband aller Bibliothekstypen nach der Gründung des Deutschen Bibliotheksverbandes verloren hatte, wenn die überregionale Planung zukünftig in den Gremien dieses Verbandes stattfanden und die Lösung von Sachfragen vom 1978 gegründeten Deutschen Bibliotheksinstitut übernommen wurden, als regionaler Bibliotheksverband konnte sich der VBNW ganz auf jene Aufgaben konzentrieren, die in Nordrhein-Westfalen zu lösen waren. Hier fielen entsprechend der Kulturhoheit des Landes die politischen Entscheidungen; hier galt es die Anfang der 70er Jahre vorgelegten Pläne und Empfehlungen zu realisieren.

[28] Die Deutsche Bibliothekskonferenz entwickelte sich aus der sog. Marburger Konferenz von Vorstandsmitgliedern der bibliothekarischen Verbände (April 1963).

IV. Die Realisierung des „Bibliotheksentwicklungsplans" für Öffentliche Bibliotheken

1. *Prioritäten: Bibliotheken der 2. Stufe in Großstädten*

Als Kultusminister Jürgen Girgensohn am 8. August 1973 auf einer Pressekonferenz die „Empfehlung zum Ausbau des Bibliothekswesens in Nordrhein-Westfalen", vorstellte, nannte er als Beispiel für die Bildung von Schwerpunkten beim Ausbau der kulturellen Einrichtungen im Bereich des Bibliothekswesens den Aufbau von 18 Bibliotheken der 2. Stufe in den Großstädten des Landes. Dieser Prioritätenfestlegung entsprachen die „Zusätzlichen Empfehlungen für sofortige Maßnahmen", wie sie die „Strukturkommission" beschrieben hatte. Hier hieß es, dass die Bibliotheken der 2. Stufe mit ihren zentralen Diensten die „Voraussetzung eines wirklich funktionierenden Stufensystems der Bibliotheken" seien. Ihr Ausbau genieße – so die „Zusätzlichen Empfehlungen" – vor weiteren Maßnahmen in der Modellförderung und „bis zum Inkrafttreten des Bibliotheksgesetzes". Priorität. Für die Bibliotheken der 2. Stufe wurden auch konkrete Zahlen genannt: „Ihr Ausbau sollte vom Land im Rahmen eines auf 5 Jahre befristeten Ausbauvorhabens vordringlich gefördert werden. Je Bibliothek sind jährlich 250 000 DM Förderungsmittel vorzusehen, davon je 100 000 DM zur Verstärkung des Zeitschriften-, Buch- und Medienbestandes, je 150 000 DM zur Verstärkung des für die zentralen Dienste erforderlichen Personals. Die Zuschüsse werden davon abhängig gemacht, dass die Eigenleistung der Bibliotheksträger nicht gemindert wird. Zusammen 4,5 Mio DM."[1]

In Übereinstimmung mit der allgemeinen Landesplanung, die die Bildung von 18 Regionen vorsah, wurden in den „Empfehlungen" 18 Städte genannt, deren Bibliotheken den überörtlichen Informations- und Literaturbedarf in ihren Regionen sicherstellen sollten. Es waren Aachen, Bielefeld, Bochum, Bonn, Detmold, Dortmund, Düsseldorf, Duisburg, Essen, Gelsenkirchen, Hagen, Hamm, Köln, Mönchengladbach, Münster, Paderborn, Siegen/Hüttental/Eiserfeld und Wuppertal. In den folgenden Jahren ergaben sich einige Änderungen: An die Stelle von Detmold und Siegen traten später Krefeld und Mülheim.

In den „Empfehlungen zum Ausbau des Bibliothekswesens" sind – analog

1 Empfehlungen Nordrhein-Westfalen, 1973, S. 223.

zum „Bibliotheksplan 1973“ – die Leistungen aufgelistet, die die Bibliotheken der 2. Stufe für ihre Stadt und ihr Einzugsgebiet, für die Bibliotheken der 1. Stufe, zu erbringen hatten. Drei Aufgaben gehören zu den traditionellen Arbeitsbereichen des Verbandes: die Pflege von Sondersammelgebieten, die Funktion als Leitbibliothek im Regionalen und Deutschen Leihverkehr und der Bereich der Ausbildung. Diese Themen werden, da sie nicht nur die Bibliotheken der 2. Stufe betreffen, in besonderen Kapiteln behandelt. Das in den „Empfehlungen“ geforderte hauptamtliche Lektorat findet Berücksichtigung bei der Lektoratskooperation[2]. Es verbleiben drei Bereiche, mit denen sich der Verband zwar schon früher beschäftigt hatte, die aber nun, unterstützt durch z.T. spezielle Kommissionen und Arbeitsgruppen, zu wichtigen Arbeitsgebieten wurden. Galt es doch den allgemein gehaltenen „Strukturplan“ durch konkrete Einzelpläne zu ergänzen. Es handelte sich vor allem um folgende Themen: Einmal um die Definition und den Ausbau des sog. spezialisierten Bedarfs an Literatur in den Bibliotheken der 2. Stufe, zum anderen um die Einrichtung von Informationsabteilungen mit dem entsprechenden Bestand und schließlich um die Erweiterung des bislang unzulänglichen Zeitschriftenbestands in den Großstadtbibliotheken.

Entsprechend der verstärkten Nachfrage von Seiten der Benutzer forderten die Bibliothekspläne des Jahres 1973 den Ausbau der Fach- und wissenschaftlichen Literatur. Die Formulierungen zur Charakterisierung dieser Literatur blieben recht allgemein. So hieß es in den „Empfehlungen zum Ausbau des Bibliothekswesen in Nordrhein-Westfalen“: „Der Bestand an Büchern, Zeitschriften und Zeitungen und audiovisuellen Materialien hat ... den spezialisierten und differenzierten Bedürfnissen einer Großstadt und der in ihrem weiteren Versorgungsbereich liegenden Gemeinden zu entsprechen.“[3] Ähnliche Formulierungen auch im „Bibliotheksplan 1973“: „Bibliotheken der 2. Stufe sind über die Grundversorgung und die Deckung des gehobenen Bedarfs ihres Ortes hinaus als zentrale Bibliotheken zur Befriedigung des spezialisierten höheren Bedarfs am Ort und im Verflechtungsbereich (Oberbereich) ... auszubauen. Sie halten für das die Literaturversorgung ihres Bereichs erforderliche deutsche Schrifttum einschließlich wissenschaftlicher Grundlagen- und Gebrauchsliteratur bereit .... Zusätzlich ist fremdsprachige Literatur angemessen zu berücksichtigen.“[4]

Aufgabe einer Arbeitsgruppe der Arbeitsgemeinschaft der Großstadtbibliotheken war es, im Auftrag des Kultusministeriums den spezialisierten höheren

[2] Zum Sondersammelgebietsprogramm der Großstadtbibliotheken vgl. Kap. IX, Abschn. 1, zum Regionalen Leihverkehr vgl. Kap. X, Abschn. 1, zur Lektoratskooperation vgl. Kap. XII.

[3] Empfehlungen Nordrhein-Westfalen, 1973, S. 216.

[4] Bibliotheksplan 1973, 1973, S. 16.

Literaturbedarf zu konkretisieren. Das von ihr vorgelegte Papier fand seinen Niederschlag im Erlass des Kultusministeriums vom 18. Juni 1980, wo die einzelnen Buchgattungen beispielhaft aufgeführt waren. In dem Erlass hieß es: „Die für Bibliotheken 2. Stufe bereitgestellten Landesmittel sind für den Auf- und Ausbau eines Bestandes an Büchern, Zeitschriften, Zeitungen und sonstigen Medien für den spezialisierten, höheren Bedarf zu verwenden. Darunter sind Bestände zu verstehen, die etwa folgende Medienbereiche umfassen: Fachliteratur und AV-Medien auf der Ebene von Sekundarstufe II der allgemeinbildenden Schulen, Fachschulen, Hochschulen und Akademien, Weiterbildungseinrichtungen mit fachspezifischen Angeboten; Bibliographien und Kataloge; Lexika, allgemein und fachbezogen; Loseblatt-Ausgaben, Fortsetzungs- und Lieferungswerke; Gesamt- und Werkausgaben; Dokumenten- und Quellensammlungen, Reprints; Fremdsprachige Literatur; Fachzeitschriften; Tages- und Wochenzeitungen des In- und Auslands von überregionaler Bedeutung; Literatur, Kunst, Musik zeitgenössischer Künstler; Diskussionsliteratur zur freien Meinungsbildung."[5]

Mit zwei wichtigen, im Erlass des Kultusministers genannten Medienarten hatte sich der Verband schon früh beschäftigt: mit der Zeitschriftenfrage schon seit Mitte der 60er Jahre, mit dem Bestandsausbau von Nachschlagewerken und Bibliographien, den sog. Informationsmitteln, für die Informationsabteilungen seit Anfang der 70er Jahre. Schon 1956, als das auf Monographien beschränkte Sondersammelgebietsprogramm der Großstadtbibliotheken begründet wurde, war eine Ausweitung auf Zeitschriften diskutiert, dann aber zurückgestellt worden. Als Ersatz konnte das vom Verband 1962 vorgelegte „Zeitschriftenverzeichnis der kommunalen Bibliotheken und Büchereien in Nordrhein-Westfalen (ZVNW)" gelten, das den Bestand der laufenden Zeitschriften von 30 Bibliotheken enthielt und rd. 4 500 Zeitschriftentitel verzeichnete. Eine 2. Auflage erschien 1971, eine 3. – in zwei Bänden – 1980.[6]

Als der Verband auf seiner Jahresversammlung 1963 mit dem Rahmenthema „Die Bibliotheken und die Zeitschriftenliteratur" die Frage erneut aufgriff, be-

[5] Förderung des Bibliothekswesens; hier Zuwendungen an Bibliotheken 2. Stufe und Mittelpunktbibliotheken aus Landesmitteln. Erlaß des Kultusministers vom 18.6.1980, abgedr. in: Mbl. 30, 1980, S. 408-410, Zitat S. 408 f. – Mit der Art der Literatur für den höheren spezialisierten Bedarf beschäftigte sich eine besondere Arbeitsgruppe der Arbeitsgemeinschaft der Großstadtbüchereien (Werner Plewe, Hans Martin Sonn, Ulrich Thiem). Sie legte am 16.4.1980 das Papier „Charakterisierung der Medien für den spezialisierten höheren Bedarf" vor (Abdruck in: Kommissionsarbeiten zur Definition und Aufgabenbestimmung von Bibliotheken der allgemeinen Literatur- und Informationsversorgung. Stand: September 1980. Kommission „Bibliotheken 2. Stufe" der Arbeitsgemeinschaft der Großstadtbibliotheken.

[6] Zeitschriftenverzeichnis der kommunalen Bibliotheken und Büchereien in Nordrhein-Westfalen (ZVNW). Köln 1962. Vgl. Werner Krieg: Verband, 1989, S. 218.

tonte der Vorsitzende des Verbandes Wilhelm Bayer (Aachen) in seinem Referat die „allgemeine Wichtigkeit der wissenschaftlichen Zeitschriften" für die kommunalen Bibliotheken, besonders in den Großstädten.[7] Die von Bayer vorgenommenen Vergleiche zeigten die Zurückhaltung der Öffentlichen Büchereien beim Aufbau des Zeitschriftenbestands, ein Mangel, den Johannes Colshorn (Mülheim) auf der Verbandstagung zwei Jahre später, 1965, nochmals betonte, als er sagte, „dass die kommunalen Öffentlichen Büchereien, von Ausnahmen abgesehen, sich der Arbeit mit der wissenschaftlichen Zeitschrift noch nicht gestellt" hätten.[8] Von den damals in den kommunalen Bibliotheken des Landes gehaltenen Zeitschriften entfielen zwei Drittel auf nur 5 Bibliotheken, und zwar auf Dortmund, Düsseldorf, Aachen, Essen, Wuppertal, also auf wissenschaftliche Stadtbibliotheken bzw. Einheitsbüchereien.

Durch den plötzlichen Tod Wilhelm Bayers kamen die Überlegungen zu einer Aufstockung des Zeitschriftenbestandes in den Großstadtbüchereien, ggf. zu einem Sondersammelgebietsprogramm für Zeitschriften zunächst nicht weiter voran, aber die Zeitschriftenfrage blieb auf der Tagesordnung der Verbandsarbeit. So stellte Hans Moritz Meyer (Dortmund) auf der Sitzung der Großstadtbüchereien am 3. November 1966 eine Modell-Liste deutschsprachiger geisteswissenschaftlicher Zeitschriften vor, die – erarbeitet für Landes- und Stadtbibliotheken – nach Meinung Meyers auch für den Kreis der Großstadtbüchereien manche Anregungen bieten könne. Hartwig Lohse (Dortmund) präsentierte auf der gleichen Tagung eine Modell-Liste naturwissenschaftlicher und medizinischer Zeitschriften.[9] Angesichts der jährlichen Kosten – bei den geisteswissenschaftlichen Zeitschriften rd. 17 000 DM, bei den naturwissenschaftlichen Zeitschriften rd. 11 600 DM – waren freilich Zweifel angebracht, ob sich die Kommunen zur Finanzierung bereitfinden würden, auch wenn der Deutsche Städtetag in seinen Empfehlungen ein Jahr zuvor die Wissenschaftsförderung durch die Städte betont hatte.

Die Aussagen der Bibliothekspläne über die Zahl der zu haltenden Zeitschriften in den Bibliotheken der 2. Stufe für den lokalen Bedarf und die Versorgung ihres „Verflechtungsbereichs" differierten: im „Bibliotheksplan I" (1969) mindestens 500 deutsche Zeitschriften, in den „Empfehlungen für Nordrhein-Westfalen" mindestens 300 wissenschaftliche Titel, im „Bibliotheksplan 1973" mindestens 1 000 Zeitschriften, allerdings mit der Einschrän-

[7] Wilhelm Bayer: Wissenschaftliche Zeitschriften in kommunalen Bibliotheken und Büchereien. In: Mbl. 14, 1964, S. 32-43, Zitat S. 32.

[8] Johannes Colshorn: Zeitschriftenauswertung aus der Sicht der Kommunalen Öffentlichen Büchereien. In: Mbl. 16, 1966, S. 26-33, Zitat S. 27.

[9] Die Vorträge von Hans Moritz Meyer und Hartwig Lohse mit den Modell-Listen sind abgedr. in: Mbl. 17, 1967, S. 65-90.

kung, dass 300 Titel ausreichend erschienen, wenn entsprechende Dienste die Zeitschriften erschließen und vermitteln würden. Eine von der Arbeitsstelle für das Büchereiwesen 1972 vorgelegte Zeitschriftenliste für Großstadtbibliotheken führte rd. 600 Titel auf.[10]

In Nordrhein-Westfalen bemühte man sich um eine kooperative Lösung der Zeitschriftenfrage. Die Arbeitsgemeinschaft der Großstadtbüchereien bzw. ihre Zeitschriftenkommission beschäftigte sich zu Anfang der 70er Jahre mit „einer ökonomischen Verbesserung der Zeitschriftenversorgung“ und griff das alte Vorhaben auf: die „Einbeziehung deutschsprachiger Zeitschriften in die Sondersammelgebietsaktion“.[11] Diese Bemühungen, die Heinz Emunds (Münster) in seinem Grundsatzpapier „Zur Revision der kommunalen Sondersammelgebiete Nordrhein-Westfalen (SSG)“ von 1976 wiederum zur Sprache brachte, führten schliesslich im Jahr 1983, jetzt allerdings unter dem Druck der Haushaltskrise, zum „SSG-Zeitschriftenprogramm“.[12]

Auch mit dem in den Bibliotheksplänen angeschnittenen Thema der Erschließung der Zeitschrifteninhalte hat sich der Verband schon früh beschäftigt. So stand das Problem der Zeitschriftenauswertung im Mittelpunkt der Jahrestagung 1965, auf der Johannes Colshorn über die Arbeiten bei den „mittleren Großstadtbüchereien“ des Deutschen Büchereiverbandes berichtete.[13] Sie führten zur Gründung des Zeitschriftendienstes (ZD), dessen redaktionelle Bearbeitung von einer Kommission der Arbeitsstelle für das Büchereiwesen unter der Leitung von Rudolf Röder (Solingen) übernommen wurde.

Es war in den 60er und 70er Jahre viel vom Wandel der Öffentlichen Bücherei zur Informationsbibliothek, von der Bibliothek als Informationszentrum, die Rede, auch in den Bibliotheksplänen, wo ein umfassender Informationsdienst in der Form von Sach- und Literaturauskünften als notwendig angese-

[10] Zeitschriftenliste für Großstadt-Bibliotheken. Hrsg. vom Deutschen Büchereiverband und der Arbeitsstelle für das Büchereiwesen. Berlin 1972 (Bibliotheksdienst, Beih. 83).

[11] Heinz Emunds: Die Tätigkeit der Arbeitsgemeinschaft, in: Mbl. 23, 1973, S. 153. Hier der Bericht über die „SSG-Zeitschriftenkommission mit Hugo Ernst Käufer und Heinz Martin Werhahn als Mitglieder. Der Tätigkeitsbericht der Arbeitsgemeinschaft der Großstadtbüchereien für die Zeit von 1970 bis 1972, erstattet von Heinz Emunds (S. 152-155), dokumentiert eindrucksvoll die Rolle der Kommissionen in der Verbandsarbeit. Es bestanden in diesen Jahren innerhalb der Arbeitsgemeinschaft neben der erwähnten SSG-Zeitschriftenkommission, die Lektoratskommission, die Statistik-Kommission, die Kommission Auskunftsmittel für Bibliotheken der 2. Stufe, dazu als Verbandskommissionen: die SSG-Kommission, die Leihverkehrskommission, des weiteren die vom Verband übernommenen Ausbildungskommission und die Gesamtschulbibliothekskommission.

[12] Heinz Emunds: Zur Revision der SSG, in: Mbl. 26, 1976, S. 119-121; Ulrich Thiem: SSG-Zeitschriftenprogramm, in: Mbl. 33, 1983, S. 114-131. Vgl. zum SSG-Zeitschriftenprogramm Kap. IX, Abschn. 1.

[13] Vgl. Anm. 8 in diesem Kapitel.

hen wurde. In der Praxis war freilich der Auskunfts- und Informationsdienst in Deutschland im Vergleich zum anglo-amerikanischen Bibliothekswesen noch wenig entwickelt. Etwas günstiger sah es in Nordrhein-Westfalen aus, wo wissenschaftliche Stadtbibliotheken und Einheitsbüchereien mit einem ausgebauten, wenn auch nicht immer zeitgemäßen Informationsbestand vorhanden waren.

So war es denn nicht ungewöhnlich, wenn von den nordrhein-westfälischen Bibliotheken eine Initiative ausging, die sich die Verbesserung der Informationsfunktion der Öffentlichen Bibliothek zum Ziele setzte: die Erstellung von Modell-Listen von Nachschlagewerken für die Bibliotheken der 2. Stufe als Voraussetzung für den Aufbau und Ausbau von Informationsabteilungen. Bereits 1970 regte Heinz Emunds als Vorsitzender der Arbeitsgemeinschaft der Großstadtbüchereien die Gründung einer Kommission „Auskunftsmittel“ an, ein Projekt, das er auf der Sitzung der Arbeitsgemeinschaft im September 1972 nochmals aufgriff: „Unsere Arbeitsgemeinschaft drängt sich selbstverständlich nicht dazu, Arbeiten in Gang zu setzen, die auch schon anderswo getan werden. Nachdem aber nun feststeht, dass weder die Berliner Arbeitsstelle noch die Sektion II im DBV, noch die Stadtbücherei Duisburg etwas Entsprechendes durchführen können, sind wir von der Sektion II anläßlich ihrer letzten Sitzung in Osnabrück gebeten worden, unseren zurückgestellten Plan möglichst bald wieder aufzugreifen und aus der projektierten Kommission eine dauernde, ständig verbessernde Einrichtung zu machen. Dies ist so ein Punkt, an dem nicht nur unser eigenes Interesse, sondern eine gewisse bundesweite Verpflichtung unserer relativ potenten nordrhein-westfälischen Großstadtbibliotheken angesprochen wird. Ich schlage deshalb vor, das Projekt gemäß unserem Beschluß vom 30.4.1970 erneut zu verfolgen.“[14]

Die im Oktober auf Vorschlag der Arbeitsgemeinschaft der Großstadtbibliotheken vom Vorstand berufene „Informationsmittel-Kommission“ unter Leitung von Gisela Heinrich (Köln) legte 1975 als erste Publikation ein Verzeichnis „Allgemeine Informationsmittel. Modell-Verzeichnis der Nachschlagewerke für Bibliotheken der 2. Stufe“ mit 125 Titeln vor. Es erschien wegen der starken Nachfrage auch als Sonderdruck, und der Vorsitzende des Verbandes Hans Joachim Kuhlmann benutzte die Gelegenheit, im Vorwort auf die Bedeutung der Veröffentlichung auch für die Bibliotheken des übrigen Bundesgebiets hinzuweisen. „Sie ist“, so Kuhlmann, „ein gutes Beispiel für die Möglichkeiten überörtlicher Kooperation, die im ‚Bibliotheksplan ’73‘ gefordert wird. Sie zeigt aber auch die Möglichkeiten, die unser Verband auf Grund

[14] Heinz Emunds: Die Tätigkeit der Arbeitsgemeinschaft, in: Mbl. 23, 1973, S. 153 f. Emunds gab den Rückblick auf die Tätigkeit der Arbeitsgemeinschaft der Großstadtbüchereien in den Jahren 1970-1972 auf der Sitzung am 7.9.1972 (Mbl. 23, 1973, S. 71).

seiner Struktur und der Potenz seiner Mitglieder besitzt; diese gilt es weiter und womöglich noch intensiver auszuschöpfen.“[15]

Entsprechend der im „Bibliotheksplan 1973“ vorgesehenen Rahmenkonzeption war als Bezugspunkt für die Größenordnung der Informationsbestand einer mittleren Großstadt mit 100 000 bis 350 000 Einwohner vorgesehen und unter Verzicht auf maximale Normen ein stufenweise zu realisierender Minimumbestand von spezifischen Nachschlagewerken verzeichnet; besonders markierte Titel sollten zum Grundbestand gehören und auch für Mittelstadtbüchereien eine Grundlage für die Anschaffung sein.

In den Jahren 1975 bis 1977 wurden 5 Modell-Verzeichnisse von allgemeinen und fachlichen Nachschlagewerken vorgelegt und zwar wie erwähnt – für allgemeine Nachschlagewerke mit 125 Titeln, des weiteren für Sprachwissenschaft mit 90 Titeln, für Sozialwissenschaften mit 65, für Wirtschaftswissenschaften mit 65 und für Literaturwissenschaften mit 102 Titeln.[16] Ende der 70er Jahre zeigte es sich jedoch, dass die Kommissionsarbeit „aus eigener Kraft“ nicht fortgesetzt werden konnte, „weil sich die Bearbeiter außerstande sahen, die Arbeiten weiterhin nebenamtlich zu leisten“.[17] Der Verband regte eine Fortführung der Arbeit beim Deutschen Bibliotheksinstitut an, wo eine Kommission „Auskunftsdienst“ bestand, in der Nordrhein-Westfalen durch Franz Rakowski als Vorsitzendem und Horst Ernestus (Wuppertal) vertreten war.

Ende der 70er Jahre galt es Bilanz zu ziehen über die Realisierung der im „Strukturplan“ von 1973 genannten Aufgaben, dazu Vorschläge für die zukünftige Verteilung der Landesmittel zu machen und gegebenenfalls eine Neubestimmung des Kreises von Bibliotheken der 2. Stufe vorzunehmen. Die Kommission „Bibliotheken 2. Stufe“ der Arbeitsgemeinschaft der Großstadtbibliotheken untersuchte auf Anregung des Kultusministeriums seit Herbst 1978 diese Fragen und legte zur gemeinsamen Tagung des Verbandes und des Deutschen Bibliotheksverbandes 1980 in Bielefeld eine Broschüre vor, in der die verschiedenen Papiere mit den entsprechenden Anlagen abgedruckt waren.[18]

Die „Gutachtliche Stellungnahme zu Situation, Aufgaben und Effizienz der Bibliotheken 2. Stufe in NW“ untersuchte im einzelnen die im „Strukturplan“

[15] Allgemeine Informationsmittel. Modell-Verzeichnis der Nachschlagewerke für Bibliotheken der 2. Stufe. Sonderdruck, Zitat Kuhlmann S. 2. Das Modell-Verzeichnis der allgemeinen Nachschlagewerke ist abgedr. in: Mbl. 25, 1975, S. 324-338.

[16] Veröffentlicht in: Mbl. 25, 1975, S. 323-338; 26, 1976, S. 121-134; 26, 1976, S. 193-201; 27, 1977, S. 12-34; 27, 1977, S. 26-34.

[17] So der Vorsitzende des Verbandes Severin Corsten auf der Mitgliederversammlung 1979 (Mbl. 30, 1980, S. 55).

[18] Kommissionsarbeiten. Vgl. Anm. 5 in diesem Kapitel.

von 1973 aufgelisteten Aufgaben im Hinblick auf ihre Realisierung, u.a. auch die hier als Indikatoren herangezogenen Bereiche des Zeitschriftenbestands und der Informationsabteilung.[19] Was die Zahl der abonnierten Zeitschriften betrifft, so ergab die Erhebung der Kommission „Bibliotheken 2. Stufe“, dass außer den Titeln des Zeitschriftendienstes (ZD) – in den 70er Jahren waren es über 100, freilich nicht nur wissenschaftliche Titel – die im „Strukturplan“ geforderte Norm von 300 wissenschaftlichen Zeitschriften noch nicht in allen Bibliotheken erfüllt war. Auffallend ist die Diskrepanz zwischen den einzelnen Bibliotheken: der Bestand reichte von Bonn mit 98 und Hagen mit 123 Titeln bis zu Duisburg mit 1 019 und Dortmund mit 3 080 Titeln.

Eine Informationsabteilung bestand nach der Erhebung „in der Regel“ in den Bibliotheken der 2. Stufe. Einige waren noch im Aufbau, und die als notwendig erachtete Bestandsgröße von 8 000 bis 15 000 Bänden dürfte wohl nicht überall erreicht worden sein. Erkennbar waren auch noch gewisse Vorbehalte der Informationsfunktion der Öffentlichen Bibliothek, und deutlich wurden die personellen Schwierigkeiten bei der Einrichtung von Informationsabteilungen, nicht nur was die Zahl der notwendigen Bibliothekare betraf, sondern auch in Hinblick auf die für den Auskunftsdienst erforderlichen Kenntnisse der Mitarbeiter.

Die Bibliotheken der 2. Stufe sollten entsprechend dem „Strukturplan“ und der darauf basierenden Landesförderung ihre Dienste vor allem auch den Bibliotheken ihres „Verflechtungsbereichs“, den Bibliotheken der 1. Stufe, erbringen. Hier wurden, wie die Erhebung zeigte, vor allem im Leihverkehr beachtliche Leistungen erbracht, aber hinsichtlich des Informationsdienstes erwies sich die Situation als wenig befriedigend. Zwar waren die Bibliotheken der 2. Stufe bereit, ihre zentralen Dienste den Bibliotheken der 1. Stufe zur Verfügung zu stellen, die schon 1974 in einem Memorandum diese Leistungen angemahnt hatten,[20] aber es zeigte sich, dass diese Bibliotheken „von diesem

[19] Gutachtliche Stellungnahme zu Situation, Aufgaben und Effizienz der Bibliotheken 2. Stufe in Nordrhein-Westfalen. In: Mbl. 30, 1980, S. 505-525. Abdruck auch in: Kommissionsarbeiten (Anm. 5), S. 1-32. Die „Kommission Bibliotheken 2. Stufe“ war auf Anregung des Kultusministeriums im Herbst 1978 von der Arbeitsgemeinschaft der Großstadtbibliotheken mit der Erarbeitung der „Gutachtlichen Stellungnahme“ beauftragt worden; federführend in der Kommission war Hansjörg Süberkrüb.

[20] Möglichkeiten zentraler Dienste der Bibliotheken 2. Stufe für Bibliotheken 1. Stufe. In: Mbl. 25, 1975, S. 97-101; auch in: biblio 24, 1975, S. 45-49. Das Papier wurde von der Arbeitsgruppe „Zentrale Dienste“ der Arbeitsgemeinschaft der Großstadtbüchereien am 30.7.1974 vorgelegt. Grundlage war das Memorandum der Mittelstadt- und Kreisbibliotheken Nordrhein vom 19.2.1974. – Als Beispiel für die Zusammenarbeit zwischen Bibliotheken verschiedener Stufen: Erna Pawlack: Realisierungsversuch der „Empfehlungen zum Ausbau des Bibliothekswesens in Nordrhein-Westfalen 1973“ im Arbeitsbereich der Staatlichen Büchereistelle Köln. In: Mbl. 25, 1975, S. 366-370.

Angebot keinen breiten Gebrauch“ machten. Es gab Kommunikationsschwierigkeiten, beispielsweise durch unzureichende Telefonverbindungen, aber es musste auch festgestellt werden, dass die Informationsstellen außerhalb des eigenen Bibliothekssystems nicht bekannt waren, ja dass bei den Bibliotheken der 1. Stufe teilweise geringes Interesse an Informationsvermittlung bestand, alles in allem ein Beweis, wie wenig die Informationsfunktion der Öffentlichen Bibliothek zu dieser Zeit Eingang in die bibliothekarische Arbeit gefunden hatte.

Wenn es bei den von den Bibliotheken der 2. Stufe zu erbringenden Leistungen für ihr Umland noch Defizite gab, dann lag es in der Sicht der Kommission an der unzulänglichen Förderung durch das Land. Die Hauptlast des Ausbaus der überörtlichen Funktionen lag – so der Kommissionsbericht – „zum weit überwiegenden Teil bei den diese Bibliotheken unterhaltenden Kommunen“. Den Fördermitteln des Landes von ursprünglich 100 000, dann 80 000 DM je Bibliothek, standen im Jahr 1978 105,1 Millionen der Kommunen für ihre Bibliotheken der 2. Stufe gegenüber. Die im „Strukturplan“ für jede Bibliothek vorgesehenen 150 000 DM zur „Verstärkung des für die zentralen Dienste erforderlichen Personals“ waren ausgeblieben, die ebenfalls projektierten Modellvorhaben nicht realisiert worden. Der Vorsitzende der Arbeitsgemeinschaft der Großstadtbibliotheken Johannes Schultheis (Bochum) demonstrierte in einem Referat vor dem Kulturausschuss des Städtetags Nordrhein-Westfalen das Missverhältnis zwischen der Landesförderung und den kommunalen Leistungen an einem Beispiel: „20 % der Duisburger Benutzer kommen von außerhalb. Mit den Landesmitteln sollen vor allem überörtliche Belastungen ausgeglichen werden. Der Gesamtetat der Stadtbibliothek Duisburg beträgt 15 Millionen DM, der Landeszuschuss 300 000 DM, also 2 % für 20 % der Leistungen. Hinzu kommt, dass oft die Landesmittel nicht zu echten Zwecken auf der Ausgabenseite führen.“[21]

Es gab Überlegungen in der Kommission „Bibliotheken 2. Stufe“ für eine Neuverteilung der Landesmittel – Grundbetrag und zusätzliche Honorierung für besondere Leistungen, z.B. im aktiven Leihverkehr, – und Vorschläge für eine Neubestimmung des Kreises von Bibliotheken der 2. Stufe. Darüber wurde in den Sitzungen der Arbeitsgemeinschaft der Großstadtbibliotheken zu Anfang des Jahres 1981 lebhaft diskutiert, ohne dass es zu grundsätzlichen

[21] Johannes Schultheis: Zur Lage des Öffentlichen Bibliothekswesens in Nordrhein-Westfalen. Kurzreferat, gehalten am 20. August 1980 in der Kulturausschußsitzung des Städtetages NW in Duisburg. In: Mbl. 31, 1981, S. 1-3, Zitat S. 2. Die Angaben zur Landesförderung für Duisburg beziehen sich nicht nur auf die Förderung als Bibliothek 2. Stufe, sondern umfassen weitere Landesmittel, z.B. für SSG. – Die vorhergehenden Zitate und Zahlen sind dem Kommissionsbericht entnommen (s. Anm. 5 in diesem Kapitel).

Änderungen gekommen wäre.[22] Diese Gespräche standen allerdings schon unter dem Eindruck der sich abzeichnenden Finanzkrise. Zwar zählte der Bibliotheksreferent des Kultusministeriums Günter Solle auf der Verbandstagung 1981 „die Beschaffung von Literatur des gehobenen und des höheren spezialisierten Bedarfs“ zu den Prioritäten der Landesförderung, die weiterhin entsprechend den „Empfehlungen“ von 1973 erfolgten. Er musste gleichwohl schon Kürzungen ankündigen, die dann in den folgenden Jahren auch eintraten: von dem anfangs gewährten Zuschuss von 100 000 DM pro Bibliothek der 2. Stufe verblieben im Jahre 1995 noch 50 000 DM.[23]

2. Probleme der „Grundversorgung“ mit Literatur

Die Jahresversammlung 1974 des Verbandes in Münster hatte in der Thematik einen Schwerpunkt in der Literaturversorgung im ländlichen Raum, eine wenig präzise Bezeichnung für das Büchereiwesen außerhalb der Großstädte, das im Verband durch die regional gegliederten Arbeitsgemeinschaften der Mittelstadt- und Kreisbibliotheken und durch die Staatlichen Büchereistellen in den fünf Regierungsbezirken vertreten war. Mit dem Thema „Ländliches Büchereiwesen“ reagierte der Vorstand auf die Kritik an den „Empfehlungen zum Ausbau des Bibliothekswesen in Nordrhein-Westfalen“ von 1973, wie sie auf der Tagung im Jahr zuvor von den Staatlichen Büchereistellen und den freien Trägern als Sprecher des ländlichen und mittelstädtischen Büchereiwesen geäußert worden war: Prioritätensetzung bei den Bibliotheken der 2. Stufe in den Großstädten und unzureichende Problematisierung der Bibliotheken der 1. Stufe.[24] Auch dem Verband wurde der Vorwurf gemacht, er befasse sich nur mit den Problemen der großen Städte.

Die Akzentverschiebung der staatlichen Förderpolitik auf das großstädtische Bibliothekswesen, auf die Bibliotheken der 2. Stufe, wird deutlich, wenn man sich vergegenwärtigt, dass die staatliche Förderung sich ursprünglich fast ausschließlich auf das sog. ländliche Büchereiwesen beschränkte und dass auch der Verband sich in seiner Frühzeit schwerpunktmäßig „mit der besonderen Notlage des ländlichen Büchereiwesens“ befaßt hatte.[25] Zu erwähnen ist hier

[22] Sitzungen im Februar und März 1981, in: Mbl. 31, 1981, S. 314.

[23] Günter Pflaum: Bibliotheksförderung in Nordrhein-Westfalen. Eine Zwischenbilanz. In: ProLibris 3, 1998, S. 40-42.

[24] Die Kritik richtete sich vor allem gegen Süberkrübs Ausführungen auf der Jahresversammlung 1973. Vgl. Hansjörg Süberkrüb: Ergebnisse der Bibliotheksplanung, in: Mbl. 24, 1974, S. 27-34.

[25] Werner Krieg: Verband, 1989, S. 72. – Die Staatlichen Büchereistellen gründeten eine „Arbeitsgemeinschaft für das ländliche Büchereiwesen“.

das vom Verband auf Wunsch des Kultusministeriums erstellte „Gutachten zur Förderung des mittelstädtischen Büchereiwesens" von 1961, das ab dem Jahr 1962 zur Einrichtung von „Technischen Buchabteilungen" bei den Mittelstädten und zur Gründung der „Technischen Zentralbücherei in Nordrhein-Westfalen" bei der Stadtbibliothek Duisburg als Koordinierungsstelle führte. Der Kreis der Mittelstädte mit „Technischen Buchabteilungen" erhöhte sich in den folgenden Jahren; 1973 waren es 43 Abteilungen, für die 212.000 DM Landesmittel zur Verfügung standen. Die fachliche Vorschlagsstelle für die Verteilung der Mittel war der Verband und die Staatlichen Büchereistellen.[26]

Als Siegfried Kuhlmann, Leiter der Staatlichen Büchereistelle Detmold, auf der Jahresversammlung 1974 mit dem Schwerpunktthema „Ländliches Büchereiwesen" in seinem Referat die „Literaturversorgung im nichtgroßstädtischen Bereich" behandelte, tat er dies zurecht vor dem Hintergrund eines Themas, das in den Jahren 1967 bis 1975 die Diskussion beherrschte: das Thema „Gebietsreform". Sie sollte einheitliche Lebensverhältnisse in den Regionen und in Stadt und Land schaffen, ein Ziel, das nach dem „Strukturplan" von 1973 auch für die Literaturversorgung gelten sollte. Die Probleme, die sich aus der Reform für das Büchereiwesen ergaben, werden deutlich, wenn man sich die zahlenmäßigen Veränderungen vor Augen hält: Vom 1. Januar 1975 an existierten im Land Nordrhein-Westfalen mit seiner so unterschiedlichen Siedlungsstruktur von den bis dahin bestehenden 2992 kreisangehörigen Gemeinden (Dörfer und kleine Städte) nur noch 369; von den 57 Landkreisen gab es nur noch 31, und die Zahl der kreisfreien Städte reduzierte sich aus 23.[27]

Kuhlmann begrüßte in seinem Referat die Reform, blieb freilich hinsichtlich den baldigen günstigen Auswirkungen auf das Büchereiwesen skeptisch, wenn er sagte: „In kaum mehr als zwei Monaten wird die kommunale Neugliederung für unser gesamtes Land Wirklichkeit. Dann ist NW in rund 400 Gemeinden politisch und verwaltungsmäßig organisiert. Keiner wird behaupten wollen, dass damit nicht ein erheblicher Schritt voran getan worden ist, um zu einer notwendig besseren Effektivität in allen Lebensbereichen zu gelangen.... Die Probleme, die sich hieraus ergeben, sind in den ländlich strukturierten Räumen weitaus größer als in den Städten. Auf dem Sektor der Literaturversorgung tritt in den seltensten Fällen eine kurzfristig absehbare Verbesserung

26 Werner Krieg: Verband, 1989, S. 223-226; Ders.: Landesbibliotheksaufgaben, 1979, S. 29 f. – Über die „Technischen Buchabteilungen" und die „Technische Zentralbücherei", über die Landesförderung in diesem Bereich, über Fortbildungslehrgänge und Veröffentlichungen wurde im „Mitteilungsblatt" und auf den Mitgliederversammlungen des Verbandes z.T. sehr ausführlich berichtet: Mbl. 16 (1966) – 24 (1974).

27 Anstelle von zahlreichen Veröffentlichungen zum Thema Gebietsreform: Gerhard Brunn und Jürgen Reulecke: Kleine Geschichte von Nordrhein-Westfalen, 1996, S. 171-175; Literaturangaben zu den Gesetzen und Gutachten, in: Bibliotheken '93, 1994, S. 172-175.

ein, sondern weit eher eine Verschlechterung. Unsere bibliothekarisch berechtigten Hoffnungen werden vielfach auf später vertagt, weil es zunächst gilt, die durch den Zusammenschluß von Gemeinden entstehende Kostenlawine aufzufangen.“[28]

Es lag auf der Hand, dass angesichts der Gebietsreformen und der regionalen Planungen auf die Staatlichen Büchereistellen als Planungs-, Beratungs- und Arbeitsstellen für das Öffentliche Bibliothekswesen vermehrte Aufgaben zukamen. Basierend vor allem auf den „Richtlinien für die Arbeit der Staatlichen Büchereistellen“ vom 12. März 1971 als den rechtlichen Grundlagen,[29] erfuhr ihr Tätigkeitsbereich durch entsprechende Erlasse in der Folgezeit eine erhebliche Ausweitung: Bewirtschaftung der Fördermittel des Landes für alle Bibliotheken außerhalb der Hochschulen, Realisierung des in den „Empfehlungen“ von 1973 vorgegebenen gestuften Bibliotheksnetzes, einschließlich der Sonderformen des Büchereiwesens, insbesondere der Schulbibliotheken, verstärkte Bemühungen in der Fortbildung, insbesondere für die Mitarbeiter in kleineren und mittleren Büchereien. Zur Abstimmung ihrer Arbeit im Lande hatten sie sich zur Landeskonferenz der Staatlichen Büchereistellen Nordrhein-Westfalen zusammengeschlossen, die bis zum Jahre 1995 ein eigenes Mitteilungsblatt, die Zeitschrift „biblio“ herausbrachte. Ihre enge Zusammenarbeit mit den Arbeitsgemeinschaften des Verbandes und mit den Kirchlichen Fachstellen ergab sich aus den vielfältigen, alle Bereiche des Öffentlichen Büchereiwesens berührenden Aufgaben, die auf Bundesebene in verschiedenen, wiederholt aktualisierten Selbstdarstellungen dokumentiert wurden.

Ein Schwerpunkt in der Arbeit der Staatlichen Büchereistellen blieb indessen die Förderung des ländlichen, besser: nichtgroßstädtischen Büchereiwesens, dessen unzulänglicher Entwicklungsstand im Vergleich zum Bibliothekswesen der Großstädte Siegfried Kuhlmann in seinem Referat auf der Jahresversammlung 1974 anhand von Zahlen nachwies. Deshalb wandte er sich auch gegen die im „Bibliotheksentwicklungsplan“ von 1973 intendierte Prioritätensetzung auf die Bibliotheken der 2. Stufe und gegen Hansjörg Süberkrübs Ansicht, man solle, um in der Bibliotheksentwicklung überhaupt voranzukommen, vorläufig weiße Flecken im ländlichen Literaturversorgungsbereich hinnehmen zugunsten überörtlich funktionierender Bibliothekssysteme in den

[28] Siegfried Kuhlmann: Zur Literaturversorgung im nichtgroßstädtischen Bereich des Landes Nordrhein-Westfalen. In: Mbl. 25, 1975, S. 13-18, Zitat S. 16 f.

[29] Erlaß des Kultusministers vom 12.3.1971, abgedr. in: Mbl. 21, 1971, S. 224-226 (Richtlinien für die Arbeit der Staatlichen Büchereistellen); Sigrid Wagner: Das Bibliothekswesen im Lande Nordrhein-Westfalen. Sachstandsbericht 1976. In: biblio 25, 1976, S. 27-29. – Von den von der Fachkonferenz der Staatlichen Büchereistellen der Bundesrepublik Deutschland herausgegebenen Dokumentationen sei wenigstens die zuletzt erschienene genannt: Die Staatlichen Fachstellen in Deutschland. Strukturen, Aufgaben, Leistungen. Berlin 1997 (dbi-Materialien 153).

Großstädten. Kuhlmann wörtlich auf der Jahresversammlung 1974: „Eine landeseinheitlich gewollte flächendeckende Literaturversorgung, auf die Bildungsgesamtplan, Bibliotheksplan ’73 und der Bibliotheksentwicklungsplan NW abstellen, kann nicht von oben nach unten, sondern muss von unten nach oben praktiziert werden. Es gilt doch: zumindest muss die Grundversorgung hergestellt und gesichert werden in eben dem Maße, in dem Finanzen für die höhere Versorgung notwendig sind! Von dieser prioren Forderung kann sich keiner ausschließen, der sich ernsthaft um eine umfassende gleichwertige flächendeckende Literaturversorgung in unserem Lande bemüht..“[30]

Der Vorstand des Verbandes beschränkte sich nicht darauf, auf den Jahresversammlungen die Probleme des nichtgroßstädtischen Büchereiwesens einer breiteren bibliothekarischen Öffentlichkeit vorzustellen. Er setzte auch eine spezielle Kommission ein, die sich mit Fragen des „Ländlichen Büchereiwesens“ befassen sollte, mit Themen, die vor allem in den Arbeitsgemeinschaften der Mittelstadt- und Kreisbibliotheken auf der Tagesordnung standen. Neben Fragen, die auch in der Arbeitsgemeinschaft der Großstadtbibliotheken behandelt wurden – Bibliotheksplan, Bibliotheksgesetz, Leihverkehr, die Bibliothek als Informationszentrum, Bibliotheksassistent – ging es vor allem auch darum, die Perspektiven der Kooperation mit den Bibliotheken der 2. Stufe zu untersuchen, wie es in den „Empfehlungen zum Ausbau des Bibliothekswesens“ von 1973 vorgesehen war. So diskutierte die Arbeitsgemeinschaft der Mittelstadt- und Kreisbibliotheken auf ihrer Sitzung am 23. Januar 1974 die Frage, in welchen Bereichen eine Zentralisierung der Arbeiten sinnvoll erscheinen kann. Eine Liste zentralisierbarer Dienste wurde zusammengestellt, die in der Arbeitsgemeinschaft der Großstadtbibliotheken besprochen wurde und zu dem Papier „Möglichkeiten zentraler Dienste der Bibliotheken 2. Stufe für Bibliotheken 1. Stufe“ führte.[31]

Einen Schwerpunkt der Verbandsarbeit im Bereich der Öffentlichen Bibliotheken in den Jahren 1974 und 1975 bildeten die Bemühungen um eine Einbeziehung der Kreise in die Literaturversorgung im ländlichen Raum. Eine dafür eingesetzte Kommission unter der Federführung von Wilhelmine Hirsch (Aachen) und Lothar Pfau (Kempen-Krefeld) sowie der Mitarbeit von Johannes Traub (Unna) und Franz Rakowski (Duisburg), der Beteiligung von Erich Ho-

[30] Vgl. Anm. 28 in diesem Kapitel, Zitat S. 18. – Ähnliche Ansichten wie Siegfried Kuhlmann auch: Joachim Mentzel: Bibliotheksplanung – im Bereich der Büchereistellen. Zu den drei Gutachten des Jahres 1973. In: BuB 26, 1974, S. 587-596.

[31] Über die Sitzung der Arbeitsgemeinschaft Bericht in: Mbl. 24, 1974, S. 175 f. – Zum Papier „Möglichkeiten zentraler Dienste“ vgl. Anm. 20 in diesem Kapitel. – Berichte über die Sitzungen der Arbeitsgemeinschaften der Mittelstadt- und Kreisbibliotheken in den Jahren 1973 bis 1978: Mbl. 23, 1973, S. 72, 278, 382, 445; 24, 1974, S. 85, 175, 257, 329; 25, 1975, S. 63, 178, 264, 382; 27, 1977, S. 72, 181, 284, 420; 28, 1978, S. 71.

dick als Vertreter des kirchlichen Büchereiwesens und des Vorsitzenden Hartwig Lohse als Gesprächsleiter erarbeitete ein Papier, das unter dem Titel „Die Aufgaben der Kreise in der Literaturversorgung“ als Empfehlung des Verbandes in Abstimmung mit dem Landkreistag Nordrhein-Westfalen im Oktober 1975 verabschiedet wurde. Die Zielsetzung war einleitend folgendermaßen beschrieben: „Um eine flächendeckende Literaturversorgung zu erreichen, ist es notwendig, dass im offenen Siedlungsbereich normgerechte Öffentliche Bibliotheken eingerichtet, bzw. entwickelt werden, die Leistungen erbringen, die denen der Bibliotheken in den Ballungsgebieten vergleichbar sind. Das ist nur zu verwirklichen, wenn sich neben den Gemeinden die Kreise in starkem Maße an den Aufgaben beteiligen. Das geschieht, indem sie insbesondere für die Gemeinden, die zu klein, zu dünn besiedelt oder zu finanzschwach sind, die Aufgaben der Literaturversorgung übernehmen oder in ausreichendem Maße sicherstellen. Das kann durch eigene Einrichtungen und/oder durch Mitfinanzierung der Bibliotheken in den Gemeinden geschehen.“[32]

Trotz vielfältiger Bemühungen des Vorstandes durch schriftliche und persönliche Kontakte mit dem Landkreistag Nordrhein-Westfalen fand das sogenannte Kreispapier des Verbandes wenig Resonanz, wie der Vorsitzende des Verbandes Kuhlmann auf der Jahresversammlung 1976 berichten musste: „Der Schul- und Kulturausschuß des Landkreistages hat im Verlauf der ersten Diskussion das Papier lediglich zur Kenntnis genommen und zunächst darauf verzichtet, den Kreisen eine entsprechende Empfehlung zu geben. Auch die Diskussionen in weiteren Sitzungen dieses Ausschusses haben bisher zu keinem anderen Ergebnis geführt. Wohl wird die Zielsetzung des Papiers, zu einer flächendeckenden Literaturversorgung und damit zum Abbau des Bildungsgefälles zwischen Stadt und Land zu gelangen, gutgeheißen; aber die im Zusammenhang mit der kommunalen Neugliederung fast überall entstandenen Anlaufprobleme und die schwierige Finanzsituation...scheinen die Kreise daran zu hindern, sich zum gegenwärtigen Zeitpunkt in der in unserem Kreispapier vorgeschlagenen Weise zu engagieren.“[33]

Nach Gesprächen des Verbandsvorsitzenden Severin Corsten und Wilhelmine Hirsch, der Leiterin der Fachstelle Aachen, und nachdem man allgemein

[32] Die Aufgaben der Kreise in der Literaturversorgung. Empfehlungen des Verbandes der Bibliotheken des Landes Nordrhein-Westfalen, erarbeitet von seiner Kommission „Die Aufgaben der Kreise in der Literaturversorgung“...In: Mbl. 25, 1975, S. 317-323, Zitat S. 317, abgedr. auch in: biblio 24, 1975, S. 61-67. Vgl. dazu auch Reinhard Meyer: Aufgabe der Kreise im Bibliothekswesen. In: biblio 24, 1975, S. 1-6. – Schon bei den Vorarbeiten zum „Bibliotheksplan 1973“ wurde gewünscht, dass die grundsätzlichen Aufgaben der Kreise stärker hervorgehoben werden möge (Sitzung der Arbeitsgemeinschaft der Kreisbüchereien am 6.9.1972 mit Beteiligung der Staatlichen Büchereistellen, in: Mbl. 23, 1973, S. 72-73).

[33] Mbl. 27, 1977, S. 6.

den Eindruck gewonnen hatte, die Landkreise würden generell ein wachsendes Interesse an der Literaturversorgung zeigen, hielt es der Vorstand für opportun, das Thema zum Gegenstand einer Jahrestagung zu machen. Die Ansichten der Referenten zum Generalthema „Literaturversorgung in den Kreisen" der Aachener Tagung 1981 – Leo Peters, Kulturdezernent des Kreises Viersen, Hans Mattner von Nordrhein-westfälischen Gemeindebund, Klaus Cummerl, Beigeordneter der Stadt Lüdenscheid – waren kontrovers. Zwei Themen wurden angesprochen: einmal ein neuer Bibliothekstyp, wenn man so will: die Mittelpunktbibliotheken, zum anderen und wohl zum ersten Mal recht ausführlich auf einer Jahresversammlung des Verbandes: die Rolle der kirchlichen Büchereien in der Literaturversorgung der Bevölkerung.[34]

Schon bald nach der Veröffentlichung der „Empfehlungen zum Ausbau des Bibliothekswesens in Nordrhein-Westfalen" von 1973 stellte sich heraus, dass der Abstand von Bibliotheken der 1. Stufe, also von den von Bibliotheken der Grundversorgung zu den Bibliotheken der 2. Stufe in den großstädtischen Oberzentren, zu groß war. Es war notwendig, „im Bibliotheksnetz NRW weitere Knoten auf mittlerer Ebene zu knüpfen, die sog. Mittelpunktbibliotheken, um damit das Netz dichter und leistungsfähiger zu gestalten. Die Mittelpunktbibliotheken sollten darüber hinaus eine Mittlerfunktion in der Zusammenarbeit mit den Bibliotheken 2. Stufe wahrnehmen."[35] In Abstimmung mit den Staatlichen Büchereistellen ernannte das Kultusministerium im Jahr 1978 vorläufig 60 Bibliotheken in Mittelzentren zu Mittelpunktbibliotheken, zu Bibliotheken der 1. Stufe, die Teilfunktionen der 2. Stufe übernehmen sollten. Eine Kommission aus Vertretern der Arbeitsgemeinschaften der Mittelstadt- und Kreisbibliotheken des Verbandes und der Staatlichen Büchereistellen erarbeitete ein Papier mit Beschreibung der Aufgaben und Kriterien, das dann im Fördererlass des Kultusministeriums vom 18. Juni 1980 Berücksichtigung fand. Die anfängliche Förderung betrug je Bibliothek DM 30 000 –, die u.a. für folgende Aufgaben vorgesehen waren: Leihverkehr für andere Bibliotheken, die nicht zum Deutschen Leihverkehr zugelassen waren, Bereitstellung eines bibliographischen Apparats und eines über die Grundversorgung hinausgehenden gehobenen und differenzierten Literaturbestandes, Kooperation mit der zuständigen Bibliothek der 2. Stufe und mit Bibliotheken anderer Träger.[36]

[34] Die Referate sind abgedr. in: Mbl. 32, 1982, S. 16-45, auch in: biblio 30, 1981, S. 81-111. – Der Landkreistag Nordrhein-Westfalen hatte 1979 ein Positionspapier veröffentlicht: „Kulturelle Aufgaben im Kreisbereich", ergänzt durch das Papier „Literaturversorgung in den Kreisen", Schul- und Kulturausschuß des Landkreistages NRW (biblio 31, 1982, S. 17-18).

[35] Zitat aus Günter Pflaum: Durchs Netz gefallen, in: ProLibris 1, 1996, S. 41.

[36] Ausführliche Darstellung der Kommissionsarbeiten in: Mittelpunktbibliotheken – Aufgaben und Kriterien (biblio 29, 1980, S. 73-75); Beiträge zum Thema Mittelpunktbibliotheken von Hans-Joachim Stiller und Inge Hempel, in biblio, 28, 1979, S. 25-32. – Der Fördererlaß des Kultusminis-

Ein zweiter, auf der Jahrestagung 1981 angeschnittener Aspekt der Literaturversorgung galt nicht von ungefähr den kirchlichen öffentlichen Büchereien. Waren sie doch gerade in ländlich strukturierten Gebieten in manchen Orten die einzigen allgemein zugänglichen Büchereien. Ihre große Bedeutung betonte Hans Mattner vom Nordrhein-westfälischen Städtebund in seinem Referat „Literaturversorgung in den Kreisen. Aus der Sicht der kreisangehörigen Gemeinden“: „Kirchliche Öffentliche Bibliotheken gibt es in 345 Städten und Gemeinden des Landes, wobei in allen Gemeinden, in denen keine gemeindlichen öffentlichen Bibliotheken vorhanden sind, in jedem Fall eine kirchliche öffentliche Bibliothek besteht. Somit wird in 95 Gemeinden des Landes Nordrhein-Westfalen die bibliothekarische Versorgung einzig und allein von diesen Bibliotheken wahrgenommen. Dabei ist häufig festzustellen, dass in diesen Fällen die Bibliotheken oftmals nicht in alleiniger kirchlicher Aufwandsträgerschaft stehen, vielmehr kann der Aufwand im Wege kooperativer Zusammenarbeit teilweise oder überwiegend von der Gemeinde getragen werden oder auch die öffentliche Bibliothek in gemeinsamer Trägerschaft stehen. Wo kirchliche und gemeindliche öffentliche Bibliotheken in einer Gemeinde bestehen, haben sich in den vergangenen Jahren vermehrt die Träger zu einer engen Kooperation zusammengefunden ....“[37]

Die hier angesprochenen Kooperationsmöglichkeiten zwischen kommunalen und kirchlichen Öffentlichen Büchereien hatten sich erst allmählich, erst seit den 60er Jahren entwickelt, als die kirchlichen Bibliotheken ihren Öffentlichkeitsanspruch anmeldeten und einen eigenständigen Beitrag zur allgemeinen Literaturversorgung der Bevölkerung leisten wollten. Das neue Selbstverständnis – dokumentiert auch in der Namensänderung, z.B. von katholischer Pfarrbücherei zur Katholischen Öffentlichen Bücherei im Jahr 1968 – betonte nicht wie bisher die Unterschiede zur kommunalen Einrichtung, sondern „vorrangig die gemeinsame Aufgabe aller Träger“.[38]

ters vom 18.6.1980 – Förderung des Bibliothekswesens, hier: Zuwendungen an Bibliotheken 2. Stufe und Mittelpunktbibliotheken aus Landesmitteln – ist abgedr. in: Mbl. 30, 1980, S. 408-411. – Ausführlich über die Arbeit der Kommission „Mittelpunktbibliotheken“ in den Jahren 1979 bis 1981: Inge Hempel: Die Mittelpunktbibliotheken in Nordrhein-Westfalen. In: biblio 31, 1982, S. 21-44. Inge Hempel war Vorsitzende der Kommission. Vgl. auch ihren Projektbericht, Nordrhein-Westfalen berücksichtigend, in: DBV-Info Nr. 9, T. 2 (1982), S. 21-31.

[37] Hans Mattner: Literaturversorgung in den Kreisen. Aus der Sicht der kreisangehörigen Gemeinden. In: Mbl. 32, 1982, S. 21-28, Zitat S. 26.

[38] Siegfried Schmidt: Katholische öffentliche Büchereien, in: Bibliothek 21, 1997, S. 307-325, Zitat S. 316. Nachweis von Dokumenten und Literatur in: Kirchliche Büchereiarbeit, 1982, und in: Ludwig Kirsch: Büchereiarbeit, 1990; Bausteine für eine lesende Kirche, 1996; für die evangelische Büchereiarbeit in Nordrhein-Westfalen: Evangelische Büchereiarbeit in Rheinland und Westfalen, 1977; Evangelische Büchereiarbeit (Westfalen), 1982.

Entsprechend dieser Konzeption bemühten sich die konfessionellen Büchereien um die Einbeziehung in die seit Mitte der 60er Jahre einsetzenden Planungen der (kommunalen) Öffentlichen Bibliotheken, beispielsweise bei der Erarbeitung des Bibliotheksplans von 1969, wobei sich hier und auch bei späteren bibliothekarischen Planungsvorhaben Erich Hodick als Vertreter der Arbeitsgemeinschaft der kirchlichen Büchereiverbände mit Nachdruck für die Anerkennung der kirchlichen Büchereien als Teil des gesamten Öffentlichen Büchereiwesens einsetzte. Konflikte in den Fachgremien waren unausweichlich, so auch beim „Bibliotheksentwicklungsplan Nordrhein-Westfalen“ von 1973, dessen vorgesehene Mindestanforderungen für die Bibliotheken der 1. Stufe – u.a. 10 000 Bände, fachliche hauptamtliche Leitung – die kleineren, überwiegend ehrenamtlich geführten kirchlichen Büchereien von der Förderung ausgeschlossen hätte. Nicht zuletzt auf deren Druck wurden in den nordrhein-westfälischen Bibliotheksentwicklungsplan auch Büchereien unter 10 000 Bänden als sogenannte Bibliotheksstützpunkte aufgenommen, zum Missbehagen der Großstadtbibliotheken oder doch wenigstens von Hansjörg Süberkrüb, der sie mit den ein- und zweiklassigen Zwergschulen verglich.

Eine Präzisierung der Aufgaben von Bibliothekarstützpunkten in kirchlicher Trägerschaft erfolgte im Erlass des Kultusministeriums vom 1. Oktober 1979 „Förderung allgemein zugänglicher Bibliotheken der Kirchen“, in dem drei Kategorien von zu fördernden kirchlichen Büchereien genannt waren: Bibliotheken der 1. Stufe, Bibliotheksstützpunkte (u.a. Leitung durch einen Assistenten, Mindestbestand von 5 000 Medien), und allgemein zugängliche Büchereien der Kirchen, soweit sie von einem bibliotheksfachlichen ausgebildeten Erwachsenen geleitet wurden und einen Mindestbestand von 3 500 Medien besassen. Als Förderungsmittel für die kirchlichen Öffentlichen Bibliotheken, und für die in Nordrhein-Westfalen besonders zahlreichen in kirchlicher Trägerschaft befindlichen Krankenhaus(Patienten)büchereien waren für 1979 DM 750 000 veranschlagt.[39] Die Förderung wurde 1982 eingestellt, später allerdings, wenn auch nicht in gleicher Höhe, wieder aufgenommen.

Die Förderrichtlinien waren in Zusammenarbeit mit den Staatlichen Büchereistellen und den Kirchlichen Fachstellen entwickelt worden. Vereinbarungen gab es seit 1971 im Regionalen Leihring, eine Zusammenarbeit auch in der Öffentlichkeitsarbeit oder in Fragen der Ausbildung, auch mit dem vom Borromäusverein getragenen Bibliothekar-Lehrinstitut in Bonn, der späteren Fachhochschule für das öffentliche Bibliothekswesen. Kirchliche Büchereien und die Kirchlichen Fachstellen sind Mitglieder des Verbandes, in dem sie eine

[39] Erlaß des Kultusministers vom 1.10.1979 „Förderung allgemein zugänglicher Bibliotheken der Kirchen“, abgedr. in: Mbl. 29, 1979, S. 410-412, abgedr. auch in: biblio 29, 1980, S. 17-19.

eigene Arbeitsgemeinschaft bilden, die „Arbeitsgemeinschaft der Kirchlichen öffentlichen Büchereien“. Seit 1977 haben sie als Vertreter der „sonstigen Unterhaltsträger“ Sitz und Stimme im Vorstand des Verbandes, wahrgenommen von Anfang bis 1996 von Erich Hodick, der auch „Ständiger Gast“ in der Arbeitsgemeinschaft der Großstadtbibliotheken war.[40]

Solche Formen der Zusammenarbeit und Vereinbarungen über die Beziehungen zwischen kommunalen und kirchlichen Büchereiträgern – genannt seien auf Bundesebene die „Tutzinger Erklärung“ von 1964 oder der 1969 ins Leben gerufene „Essener Gesprächskreis für Büchereiarbeit“ der „Arbeitsgemeinschaft Öffentliche Bücherei“ und der „Arbeitsgemeinschaft kirchlicher Büchereiverbände Deutschlands“[41] – dürfen nicht darüber hinwegtäuschen, dass es immer wieder zu Auseinandersetzungen zwischen den kommunalen Bibliotheken und der kirchlichen Büchereiarbeit kam. Sie waren z.T. grundsätzlicher Art und wurden in den Gremien des Verbandes und im „Mitteilungsblatt“[42] ausgetragen, sie waren z.T. lokal bedingt, da „vor Ort“ nicht selten eine Konkurrenzsituation herrschte. Allerdings scheint unter dem Eindruck der tiefgreifenden, sowohl die kommunalen als auch die kirchlichen Bibliotheken treffende Struktur- und Finanzkrise das Konkurrenzdenken zurückzutreten und der Gedanke der Kooperation aller Beteiligten als Partner der öffentlichen Literatur- und Informationsversorgung an Boden zu gewinnen.

3. Schulbibliotheken – Neue Aufgabenfelder für Bibliotheken

Die relativ ausführliche Behandlung der Schulbibliotheken im „Bibliotheksentwicklungsplan Nordrhein-Westfalen“ mit Zielvorstellungen für die Primarstufe, die Sekundarstufe I und II, für Gesamtschulen und Schulzentren ist auf dem Hintergrund des in den 60er Jahren einsetzenden Kurswechsels in der Schulpolitik in Nordrhein-Westfalen zu sehen. Sie führte u.a. zur Einführung der Gesamtschule, im Jahr 1969 zunächst als Schulversuch, seit 1981 als zusätzliche Regelschule neben den traditionellen Schulformen. Die pädagogische

[40] Seit 1958 besteht die Landesarbeitsgemeinschaft für die kirchlichen Büchereien in Nordrhein-Westfalen. Vgl. dazu Siegmund Schramm: 30 Jahre Landesarbeitsgemeinschaft, in: Mbl. 38, 1988, S. 351, und Erich Hodick: Mit neugierigem Vertrauen in die Zukunft. 40 Jahre Landesarbeitsgemeinschaft, in: ProLibris, 3, 1998, S. 233-235.

[41] Zur „Tutzinger Erklärung“: Hans Joachim Kuhlmann: Weg zum kritischen Bürger, 1989, S. 100 f.; Essener Gesprächskreis für Büchereiarbeit. In: Mbl. 19, 1969, S. 216, auch Kuhlmann: Weg zum kritischen Bürger, S. 139, S. 145.

[42] Als Beispiel: Heinrich Obberg: Die Katholische Öffentliche Bücherei – bibliothekspolitisch im Blick. In: Mbl. 42, 1992, S. 119-127. Dazu die Erwiderung von Erich Hodick: Absichtsvolle Auslassungen, vermischt mit polemischem Erbe. In: Mbl. 42, 1992, S. 349-353.

Konzeption und die Größe des neuen Schultyps schienen eine Chance zu sein, die bisher unzulängliche Zusammenarbeit zwischen Öffentlicher Bücherei und Schule zu verbessern, ein Ansatz für die Realisierung der „modernen Schulbibliothek“, wie sie z.B. in der viel diskutierten, auch im „Mitteilungsblatt“ besprochenen Veröffentlichung des Frankfurter Instituts für Jugendbuchforschung vorgestellt worden war.[43]

Mit den Fragen der bibliothekarischen Versorgung des neuartigen Schultyps Gesamtschule befasste sich seit 1970 die Kommission Gesamtschulbibliotheken der Arbeitsgemeinschaft der Großstadtbüchereien. Die Kommission der unter der Leitung von Günter Solle (Leverkusen) Bibliothekare und Lehrer von Gesamtschulen angehörten, legten „Zehn Leitsätze zur Planung von Gesamtschulbibliotheken“ vor, die als Stellungnahme des Verbandes an die zuständigen Ministerien, Ausschüsse und Institutionen versandt wurde. Die „Leitsätze“ gingen von der zentralen Stellung der Bibliothek in der Gesamtschule aus als einem „Arbeitsinstrument für den Unterricht in allen Fachbereichen“ und ihrer Aufgabe in der „allgemeinen Information und der freien Lektüre ihrer Benutzer (Lehrer, Schüler verschiedener Altersstufen, ggf. Öffentlichkeit)“. Im einzelnen wurden Angaben gemacht über die Organisation, den Buchbestand, den Raum- und Personalbedarf und eine zusätzliche Nutzung der Schulbibliothek als Zweigstelle der Öffentlichen Bibliothek empfohlen.[44]

Die Bedeutung der Gesamtschulbibliotheken in der Arbeit des Verbandes zeigte sich darin, dass auf der Jahresversammlung 1971 das Thema zum Gegenstand eines Referats wurde, das Günter Solle als Vorsitzender der Kommission Gesamtschulbibliotheken hielt. Ausgehend von diesem neuartigen Schultyp sah Solle eine Möglichkeit für einen Neuanfang in der schulbibliothekarischen Arbeit der Öffentlichen Bibliothek, wenn er am Schluss seines Vortrags sagte: „Noch nie war das Thema Schule – Öffentliche Bibliothek so aktuell und die Lösung der Schulbibliotheksfrage so dringend. Wir sollten uns freuen, endlich eine echte Möglichkeit zu haben, an zentraler Stelle im primären Bildungsbereich mitzuarbeiten. Wenn man will, kann man darin die pädagogische Aufgabe der modernen Öffentlichen Bibliothek sehen. Wir sollten uns dieser gesellschaftspolitischen Aufgabe mit aller Kraft widmen.“[45] Der Vorsitzende des Verbandes Günther Pflug sah im Engagement des Verbandes für die Gesamtschul-

[43] Besprechung von Günter Solle von: Die moderne Schulbibliothek. Bestandsaufnahme und Modell. Hrsg. von Klaus Doderer. Hamburg 1970. In: Mbl. 20, 1970, S. 399.

[44] Zehn Leitsätze zur Planung von Gesamtschulbibliotheken. In: Mbl. 21, 1971, S. 210-211. – Die Initiative zur Gründung einer „Arbeitsgruppe Gesamtschulbibliotheken“ ging vom Direktor der Stadtbücherei Dortmund Fritz Hüser aus. Vgl. dazu: Astrid Lauster: Der Arbeitskreis Gesamtschulbibliothek und -mediothek in Nordrhein-Westfalen. In: biblio 28, 1979, S. 77-78.

[45] Günter Solle: Öffentliche Bibliotheken und Gesamtschulen. In: Mbl. 22, 1972, S. 28-32, Zitat S. 32.

bibliothek eine Chance für eine Erweiterung durch Konzeptionen für die allgemeinen Schulbibliotheken.[46] Es war deshalb konsequent, wenn die Kommission für Gesamtschulbibliotheken in eine Kommission für Schulbibliotheken umfunktioniert und durch Vorstandsbeschluss in den Verband übernommen wurde.

Die Konzentration im Schulwesen durch Zusammenfassung zu größeren Schuleinheiten, zu Gesamtschulen oder Schulzentren, aber auch die steigenden Anforderungen an die Bestände der Schulbibliotheken veranlassten den Deutschen Städtetag 1972 zu einer Empfehlung zur Neuorganisation der Schulbibliotheken. Auch hier wurde die Schulbibliothek als einheitliche Arbeitsbibliothek für Lehrer und Schüler und eine Zusammenarbeit und auch die Kombination von Schulbibliothek und Öffentlicher Bibliothek angeregt, wo für die spezifischen bibliothekarischen Aufgaben der Schulen zentrale Arbeitsstellen eingerichtet werden sollten.[47]

Die verschiedenen Pläne, Gutachten und Empfehlungen zum Bibliothekswesens – „Bibliotheksplan 1973“, „Gutachten der Kommunalen Gemeinschaftsstelle für Verwaltungsvereinfachung“ (1973) oder die „Empfehlungen zum Ausbau des Bibliothekswesen in Nordrhein-Westfalen“ (1973) – wiederholten mehr oder weniger ausführlich die Forderungen nach dem Ausbau der Schulbibliotheken mit der Akzentsetzung auf Zentralisierung der Medienbestände und auf Kooperation, ggf. Integration von Schul- und Öffentlicher Bibliothek mit einer Koordinierungsstelle. Der gleiche Tenor auch in amtlichen Verlautbarungen, die sich speziell mit den Schulbibliotheken befassten, so die „Empfehlung der Kultusministerkonferenz zur Zusammenarbeit von Schulbibliotheken und Öffentlichen Bibliotheken“ von 1979 oder – darauf basierend – für Nordrhein-Westfalen die vom Kultusministerium, dem Städtetag Nordrhein-Westfalen und dem Nordrhein-westfälischen Städte- und Gemeindebund 1981 vorgelegte „Gemeinsame Empfehlung zur Zusammenarbeit von Schulbibliotheken und Öffentlichen Bibliotheken in Nordrhein-Westfalen“.[48]

Um die Realisierung dieser Empfehlung bemühten sich auf Bundesebene zentrale Einrichtungen des Bibliothekswesens, wie sie die Großstadtbibliotheken Nordrhein-Westfalens schon 1971 angeregt hatten und die zur Beratungsstelle für Schulbibliotheken und einer entsprechenden Kommission bei der Arbeits-

[46] Tätigkeitsbericht 1971, in: Mbl. 22, 1972, S. 6.

[47] Empfehlung des Deutschen Städtetages zur Neuorganisation der Schulbibliotheken, abgedr. in: Mbl. 23, 1973, S. 164-165.

[48] Empfehlung der Kultusministerkonferenz, Beschluß vom 14.9.1979, abgedr. in: Mbl. 29, 1979, S. 407-410; Gemeinsame Empfehlung zur Zusammenarbeit von Schulbibliotheken und Öffentlichen Bibliotheken in Nordrhein-Westfalen. RdErl. des Kultusministers vom 20.2.1981, abgedr. in: Mbl. 31, 1981, S. 201-207. – Zur Förderung von Schulbibliotheken durch das Land vgl. Erl. des Kultusministers vom 29.8.1979, abgedr. in: Mbl. 30, 1980, S. 92-93.

stelle für Bibliothekswesen bzw. beim Deutschen Bibliotheksinstitut führten. Auf Landesebene war die erwähnte Kommission für Schulbibliotheken des Verbandes tätig, die im Verlauf der Jahre wiederholt ihre Bezeichnung änderte und als Arbeitskreis Schulbibliotheken und Mediotheken mit dem Verband verbunden ist. Wenn sich die Kommission zeitweise in zwei Gruppen teilte – Mitglieder reiner Schulbibliotheken (Lehrer) und Mitglieder integrierter Schul- und Stadtteilbibliotheken (Bibliothekare) – ist eines von zahlreichen Problemen angedeutet: die verschiedenen Organisationsformen im Bereich der Schulbibliotheken: Kombinierte Schul- und Öffentliche Bibliotheken, reine Schulbibliotheken, Bibliotheken in Schulzentren, Schulbibliothekarische Arbeitsstellen. Noch nicht überall überwunden waren die jahrelangen Kontroversen zwischen Pädagogen und Bibliothekaren über eine sinnvolle Abgrenzung ihrer Kompetenzen, und es gab Fachleute, die der Schulbibliothek einen überwiegend fachlich-pädagogischen Arbeitsauftrag für den Unterricht zuwiesen, während das allgemeine Leseinteresse der Kinder und Jugendlichen von der Öffentlichen Bücherei befriedigt werden sollte. Das Hauptproblem war indessen die Finanzierung des bibliothekarischen Personals, die entsprechend dem Schulverwaltungsgesetz vom Schulträger, meistens also von den Kommunen, übernommen werden musste; das Land war ausschließlich für die Besoldung der Lehrer zuständig.

Der Vorstand des Verbandes hat sich nach anfänglichem Interesse zu Beginn der 70er Jahre vergleichsweise wenig mit den Problemen der Schulbibliotheken beschäftigt. In den Rechenschaftsberichten der Vorsitzenden jedenfalls fand der Arbeitskreis der Schulbibliotheken und Mediotheken selten Erwähnung, wohl auch wegen seiner besonderen Struktur, auf die der Verbandsvorsitzende Schultheis auf der Mitgliederversammlung 1982 zu sprechen kam: „Nun gibt es aber noch eine Gruppe, die in kein Schema hineinpaßt und bei der die Nichtmitgliedschaft im Verband programmiert ist, der Arbeitskreis Schulbibliotheken und Mediotheken im Verband der Bibliotheken des Landes NW, ein z.Zt. höchst aktiver Arbeitskreis unter der Leitung von Frau Lauster/Bielefeld. Soweit ich sehen kann, wird man Mitglied dieses Gremiums von Bibliothekaren und Lehrern immer dann, wenn man sich für schulbibliothekarische Arbeit interessiert und bereit ist, Engagement zu investieren.“[49]

[49] Mbl. 33, 1983, S. 40. Ausführlich berichtete Schultheis auf der nächsten Mitgliederversammlung, im Jahr 1983, über den Arbeitskreis Schulbibliotheken und Mediotheken (Mbl. 34, 1984, S. 71). – Mochte im Vorstand auch zeitweise eine gewisse Zurückhaltung gegenüber der schulbibliothekarischen Arbeit bestanden haben, der „Arbeitskreis“ entfaltete eine lebhafte Tätigkeit, über die die Vorsitzende Astrid Lauster berichtete (Mbl. 32, 1982, S. 167-168). Schulbibliothekarische Themen standen auf der Tagesordnung in den Sitzungen der Arbeitsgemeinschaften der Mittelstadt- und Kreisbüchereien) und bildeten einen Schwerpunkt in der Arbeit der Staatlichen Büchereistellen, deren Zeitschrift „biblio“ auch ein Sonderheft vorlegte: Schulbibliotheken in Nordrhein-Westfalen (biblio 28, 1979, H. 2/3).

Mit Beginn der Finanzkrise zu Anfang der 80er Jahre geriet auch die schulbibliothekarische Arbeit in eine Stagnation, die Astrid Lauster am Beispiel der Entwicklung der Gesamtschulbibliotheken zeigte: Von 1969 bis 1980 entstanden in Nordrhein-Westfalen 31 Gesamtschulen, davon 27 mit Schulbibliotheken; von 1981 bis 1986 wurden weitere 52 Gesamtschulen errichtet, von denen aber nur sechs eine Schulbibliothek besassen.[50] Günter Solle musste denn auch im Bericht des Kultusministers über die Förderung der Schulbibliotheken im Kulturausschuss des Landtags 1990 mit gebotener Zurückhaltung zusammenfassend feststellen: „Gegenwärtig kann die Entwicklung der Schulbibliotheken in Nordrhein-Westfalen als nur teilweise befriedigend angesehen werden. Personelle, organisatorische und finanzielle Probleme der Schulen und ihrer Träger stehen wünschenswerten Lösungen häufig entgegen.“[51]

Zwar gab es im Jahr 1990 ca. 60 Schulbibliotheken mit hauptamtlicher Besetzung und bei 13 Stadtbüchereien Schulbibliothekarische Arbeitsstellen zur Betreuung einer größeren Anzahl von Schulbibliotheken, zwar standen 1990 nach jahrelanger Unterbrechung wieder Fördermittel des Landes für Schulbibliotheken zur Verfügung, aber alles in allem gelten wohl die Aussagen zur Situation des Bibliothekswesens in den Schulen, die für Nordrhein-Westfalen in einer Veröffentlichung des Verbandes vom Jahre 1992 und in der Denkschrift des Deutschen Bibliotheksverbandes von 1986 gemacht wurden.[52] In der vom Verband herausgegebenen Broschüre „Bibliotheken in Nordrhein-Westfalen“ heißt es im Abschnitt Schulbibliotheken: „Gemessen an bibliothekarischen Erkenntnissen und modernen pädagogischen Anforderungen befinden sich die Mehrzahl der Bibliotheken in Schulen – vor allem in den traditionellen Schulformen in einem äußerst unbefriedigendem Zustand. Vielfach sind Einrichtungen, die den Namen Bibliothek verdienen, nicht vorhanden. Diesen Zustand haben bedauerlicherweise auch die zahlreichen Empfehlungen und Entwicklungsplanungen der vergangenen Jahrzehnte nicht zu ändern vermocht.“[53]

Neben der Kooperation mit den Schulen wurde in den „Empfehlungen zum Ausbau des Bibliothekswesens“ von 1973 die Notwendigkeit einer Zusam-

[50] Astrid Lauster: Das Schulbibliothekswesen in Nordrhein-Westfalen – derzeitiger Stand und Entwicklung in den letzten fünf Jahren. In: biblio 36, 1987, S. 27-33, hier S. 28.

[51] Günter Solle: Förderung der Schulbibliotheken in Nordrhein-Westfalen. Bericht des Kultusministers in der Sitzung des Kulturausschusses des Landtags NRW am 24.10.1990. In: Mbl. 40, 1990, S. 441-443, Zitat S. 442. Solle musste berichten, dass die „Gemeinsame Empfehlung“ (vgl. Anm. 48 in diesem Kapitel) nicht verhindern konnte, dass sich die Haushaltskrise ab 1980/1981 auch auf die begonnene Förderung von Schulbibliotheken ausgewirkt habe. „Erst seit 1989 konnte das Kultusministerium“, so Solle, „mit der Förderung wenigstens einiger, modellartiger Schulbibliotheken wieder einsetzen.“ (S. 441).

[52] Zur Entwicklung der Schulbibliotheken in der Bundesrepublik Deutschland. Eine Denkschrift des Deutschen Bibliotheksverbandes. Berlin 1987.

[53] Bibliotheken in Nordrhein-Westfalen, 1992, S. 19.

menarbeit mit anderen Bildungseinrichtungen betont und Kooperationsmöglichkeiten aufgezeigt, die sich aus dem Wandel der Öffentlichen Bibliothek und der Ausweitung ihrer Aufgaben ergaben. Als Beispiele für gemeinsame Aktivitäten waren folgende Institutionen aufgeführt: Volkshochschule und sonstige Weiterbildungseinrichtungen, Archive und Theater. Durch die Entwicklung der audiovisuellen Medien und ihrer Einbeziehung in die Bibliotheksarbeit kam der Zusammenarbeit mit den Bildstellen eine besondere Bedeutung zu. Die „Empfehlungen“ widmeten diesem Problem einen besonderen Abschnitt; eine Modellförderung zur Kooperation von Bibliothek und Bildstelle wurde vorgeschlagen und auch der Deutsche Städtetag empfahl in zwei Papieren in den Jahren 1971 und 1972 ein Zusammenwirken der beiden Institute, das vom Vorsitzenden des Verbandes Günther Pflug auf der Jahrestagung 1971 doch wohl zu optimistisch begrüßt wurde, wenn er meinte: „Hier zeichnet sich eine zukunftsweisende Entwicklung der Bibliotheken auf eine umfassende Sammelstelle aller auditiven und visuellen Medien ab. Die vom Deutschen Städtetag zur Diskussion gestellten Gedanken zeigen eine realistische Einschätzung dieser Entwicklung und eine für die Bibliothek durchaus erfreuliche Grundhaltung.“[54]

In der Praxis ergab sich freilich ein anderes Bild: Es blieb häufig entsprechend dem Widerstand der Bildstellen gegenüber der Integration bei einer Arbeitsteilung: Die Bildstellen richteten sich in erster Linie auf den Unterrichtsbedarf der Schulen und der Einrichtungen der Erwachsenenbildung oder auf die Gruppenarbeit mit Jugendlichen aus, während die Bibliotheken mit ihrem Netz bürgernaher Ausleihstellen überwiegend auf den Einzelbenutzer zielten.[55]

Anliegen des Verbandes war es, seine Mitglieder über diese neuen auf die Bibliotheken zukommenden Aufgaben und über Kooperationsmöglichkeiten zu informieren, beispielhafte Initiativen vorzustellen, die vielfach von einzelnen Bibliotheken bzw. Bibliothekaren ausgingen und nicht selten zu bundesweiten Projekten der Arbeitsstelle für das Bibliothekswesen bzw. des Deutschen Bibliotheksinstituts führten. Diese Unterrichtung der Verbandsmitglieder erfolgte durch Vorträge auf den Jahresversammlungen und in den Arbeitsgemeinschaften des Öffentlichen Bibliothekswesens, in Fortbildungsveranstaltungen und Seminaren und durch Veröffentlichungen im „Mitteilungsblatt“. So stellte – um einige Beispiele anzuführen – Horst Ernestus in den Arbeitsgemeinschaf-

[54] Mbl. 22, 1972, S. 7.

[55] Auf der anderen Seite kam es auf örtlicher und regionaler Ebene verschiedentlich zu einer Zusammenarbeit zwischen Bibliothek und Bildstelle. Vgl. z.B. den Bericht von Inge Hempel: Kooperation von Bibliotheken und Kreisbildstellen in den Kreisbibliothekssystemen des Arbeitsbereichs der Staatlichen Büchereistelle Köln. In: biblio 29, 1980, S. 66-69.

ten der Großstadtbibliotheken und der Mittelstadt- und Kreisbüchereien die audiovisuellen Medien vor und betonte ihre Bedeutung für die Öffentliche Bibliothek, wenn sie in Zukunft ihre Informations-, Bildungs- und Freizeitfunktion erfüllen wolle. Hansjörg Süberkrüb berichtete über die Beziehungen von Bibliothek und Volkshochschule auf der Jahrestagung 1971, Johannes Rogalla von Bieberstein (Bielefeld) 1975 über das Verhältnis von Bibliothek und Archiv. Einen Überblick über die Kooperationsmöglichkeiten der Bibliothek mit der Schule, der Volkshochschule und Bildstelle gab aus der Sicht der Kulturpolitik der Beigeordnete des Deutschen Städtetags Dieter Sauberzeig auf der Tagung des Verbandes im Jahre 1975.

Ein neues Feld bibliothekarischer Arbeit mit Möglichkeiten der Zusammenarbeit mit anderen Institutionen stellte Franz Rakowski auf einer Sitzung der Arbeitsgemeinschaft der Großstadtbibliotheken im September 1974 vor: die Betreuung ausländischer Mitbürger mit Literatur, ein Bereich der sozialen Bibliotheksarbeit, die im weiteren Verlauf vor allem von Hugo Ernst Käufer (Gelsenkirchen), auch in einem Projekt des Deutschen Bibliotheksinstituts, weitergeführt wurde. Über die ersten Erfahrungen mit der Elektronischen Datenverarbeitung, die am 14. Mai 1966 bei der Ausleihe in der Stadtbücherei Duisburg eingeführt worden war, berichteten Franz Rakowski und Wilhelm Schmitz-Veltin auf der Jahrestagung des Verbandes 1966, über die weitere Entwicklung im Rahmen der Arbeitsgemeinschaft Kommunaler Datenverarbeitung (AKD) auf verschiedenen Sitzungen und Tagungen Johannes Schultheis und Gertrud König aus Bochum. Diskutiert wurde in den Arbeitsgemeinschaften über die von Heinz Emunds entwickelte neue Präsentationsform der sog. dreigeteilten Bibliothek, über neue Formen und Methoden der Werbung für Bibliotheken, die Horst Ernestus vorstellte. Besichtigungen von neuen Bibliotheken standen auf dem Arbeitsprogramm der Arbeitsgemeinschaften, ebenso Berichte von kompetenten Referenten über die Entwicklung des ausländischen Bibliothekswesens – Beispiele für die Vielfalt der Themen, die in den 70er Jahren im Bereich der Öffentlichen Bibliotheken behandelt wurden.[56]

Man wird der Jahresversammlung des Verbands am 9. Oktober 1981 in Aachen einen denkwürdigen Charakter nicht absprechen können. Auf der einen Seite konnte Wilhelmine Hirsch in ihrem, alle Bereiche des Öffentlichen Bibliothekswesens einbeziehenden Rückblick auf die letzten 11 Jahre von beachtlichen Erfolgen berichten. Danach waren z.B. die Entleihungen in diesem Zeitraum von 7,1 Millionen auf 41,2 Millionen, die finanziellen Aufwendun-

[56] Einen guten Überblick über den Stand von wichtigen Arbeitsbereichen der Bibliotheken in Nordrhein-Westfalen gaben Sonderhefte von biblio, dem Mitteilungsblatt der Staatlichen Büchereistellen; z.B. über EDV: 30, 1981, H. 3; 39, 1990, H. 2; 41, 1992, H. 1; über die soziale Bibliotheksarbeit: 31, 1982, H. 3/4.

gen des Landes, von 1,2 Millionen DM auf 10,1 Millionen DM gestiegen.[57] Auf der anderen Seite stand die Jahresversammlung 1981 schon ganz unter dem Eindruck der sich abzeichnenden Finanzkrise der öffentlichen Hand, die – so war zu befürchten – den Aufbau des Öffentlichen Bibliothekswesens gefährden würde. Ein Bibliotheksgesetz sollte den Bibliotheken eine kontinuierliche finanzielle Absicherung garantieren und sie von konjunkturellen Schwankungen unabhängiger machen. Ein solches Gesetz war in den „Empfehlungen zum Ausbau des Bibliothekswesens" von 1973 zu den sofort in Angriff zu nehmenden Maßnahmen gezählt worden; die Vorbereitungen dazu bildeten einen Schwerpunkt der Verbandsarbeit in den 70er Jahren. Darüber soll im folgenden Kapitel berichtet werden.

[57] Wilhelmine Hirsch: Literaturversorgung in den Kreisen. Situation, Probleme, Lösungsmöglichkeiten. In: Mbl. 32, 1982, S. 34-45, Zahlen S. 37. – Dies. mit Beispielen aus Nordrhein-Westfalen auf dem Bibliothekskongress 1983: Bibliotheksplan '73. Die ländlichen Bibliotheken (Bibliotheken der 1. Stufe), in: Die gesellschaftspolitische Aufgabe, 1983, S. 53-63.

V. Das Ringen um ein Bibliotheksgesetz für Nordrhein-Westfalen

Auf der Mitgliederversammlung des Jahres 1980 begann der Vorsitzende Severin Corsten seinen Rechenschaftsbericht mit einer kurzen historischen Bemerkung. Er sagte: „Schon ein flüchtiger Blick in die jüngere Geschichte unseres Verbandes lehrt, dass es vor allem *ein* Ziel gewesen ist, dem während der letzten Jahre unsere ausdauerndsten und hartnäckigsten Bemühungen gewidmet waren. Ich meine das ‚Bibliotheksgesetz', das ‚die Grundlage zur Errichtung eines leistungsfähigen Stufensystems von Bibliotheken im Lande und für ihre finanzielle Förderung' bieten soll."[1] Der Vorsitzende hätte in seinem Bericht noch zwei Jahrzehnte zurückgehen können, denn schon auf der 1. Mitgliederversammlung des Verbands am 17. März 1948 stand das Thema „Büchereigesetz" auf der Tagesordnung mit dem Ergebnis, dass der bisherige Satzungsausschuss mit der Vorbereitung eines Bibliotheksgesetzes beauftragt wurde. Auf weiteren Jahresversammlungen des Verbandes und auf Tagungen überregionaler bibliothekarischer Vereine in den Jahren 1949 und 1950 standen gesetzliche Regelungen für das Büchereiwesen zur Diskussion, wobei damals wie auch bei späteren Überlegungen zwei Grundtypen von Büchereigesetzen erörtert wurden: ein Gebots- bzw. Pflichtgesetz, das den Gemeinden die Errichtung und Unterhaltung einer Bücherei zwingend vorschreibt, oder ein Angebots- oder Fördergesetz, das bestimmte Leistungen des Staates zusichert, wenn die Gemeinde eine Bücherei unterhält.[2]

Die Frage des Büchereigesetzes in Nordrhein-Westfalen trat dann allerdings in den folgenden Jahren in den Hintergrund, einmal weil es bei den Kommunen und beim Kultusministerium auf Widerstand stieß, zum anderen war es entscheidend – so Werner Krieg in seiner Verbandsgeschichte – dass der langjährige Vorsitzende des Verbandes Josef Kroll (Köln) gegenüber gesetzlichen Regelungen erhebliche Bedenken hatte. Nach seiner Ansicht, sollte sich der Verband darauf beschränken, seine Bemühungen um eine Erhöhung der staatlichen Zuschüsse für die Büchereien fortzusetzen.[3]

Erneut ins Blickfeld der Diskussion geriet die Frage der Büchereigesetzgebung, als seit Mitte der 60er Jahre die Empfehlungen und Gutachten zum Aus-

1 Mbl. 31, 1981, S. 77.
2 Werner Krieg: Verband 1989, S. 44, S. 71 f.
3 Werner Krieg: Verband 1989, S. 73 ff., S. 129.

bau des Bibliothekswesens vorgelegt wurden und die Arbeiten für einen Bibliotheksplan für die Bundesrepublik begannen. Die Zurückhaltung staatlicher Instanzen gegenüber gesetzgeberischen Maßnahmen zeigte sich allerdings von Anfang an, so in den „Empfehlungen der Kultusministerkonferenz zur Erwachsenenbildung und zum Büchereiwesen" von 1964. Zwar wurde „eine verstärkte Bereitstellung von Mitteln auch für das Büchereiwesen" als notwendig erachtet, aber es erschien der Kultusministerkonferenz „weder möglich noch nötig, einheitliche Richtlinien zu empfehlen", und zur Gesetzgebung hieß es in den Empfehlungen eher distanziert: „Wenn auch über die Zweckmäßigkeit einer besonderen Regelung für die Erwachsenenbildung wie für das Büchereiwesen noch keine übereinstimmende Auffassung besteht, so ist es doch zu begrüßen, dass in einigen Ländern Vorarbeiten für eine etwaige gesetzliche Regelung geleistet werden. Die Kultusminister werden sich gegenseitig über den Fortgang dieser Vorarbeiten unterrichten."[4]

Die Bibliothekare erstrebten eine möglichst weitgehend bundesweite Einheitlichkeit der Büchereigesetzgebung in den einzelnen Bundesländern mit allgemeingültigen Grundlagen und Normen, wobei der „Bibliotheksplan I" von 1969 als Ausgangsbasis dienen sollte. Diese Absicht war im Referat von Hansjörg Süberkrüb, Vorsitzender des Deutschen Büchereiverbandes, zu erkennen, als er auf der gemeinsamen Tagung des Vereins der Bibliothekare an Öffentlichen Büchereien und des Deutschen Büchereiverbandes in Bremen (1969) am Schluss seiner Ausführungen sagte: „Planende und ordnende Bemühungen sind gut und sie sind bis heute noch das einzige, was wir tun können. Gesetzliche Regelungen wären bei einem so langfristigen Vorhaben besser und sie sind nötig....Hinter dem Plan steht das Bibliotheksgesetz. Eine Kommission des Vereins der Bibliothekare an Öffentlichen Büchereien und des Deutschen Büchereiverbandes ist am Werk. Sie greift auf die fachlichen Normen zurück, die der ‚Bibliotheksplan' setzt. Sie muss darüber hinausgreifen, wo es um den rechtlichen Normenrahmen geht."[5]

In der von Süberkrüb erwähnten Kommission „Büchereigesetzgebung" war Nordrhein-Westfalen gut vertreten, und zwar mit Franz Rakowski als Vorsitzendem und Erich Hodick und Heinz Martin Werhahn (Aachen) als weiteren Mitgliedern. Die von der Kommission erarbeiteten und 1970 vorgelegten „Grundsätze und Normen für die Büchereigesetzgebung" verstanden sich als

[4] Beschluß der Kultusministerkonferenz vom 16./17.1.1964, in: Mbl. 14, 1964, S. 64-66, Zitat S. 66.

[5] Hansjörg Süberkrüb: Die öffentlichen Bibliotheken stehen von einer neuen Phase ihrer Entwicklung. Zum „Bibliotheksplan". In: BuB 21, 1969, S. 189-199, Zitat S. 199. Weiteres über die Bremer Tagung, u.a. über den von Franz Rakowski vorgestellten „Grundsatz- und Normenkatalog" in: BuB 21, 1969, S. 200-206, S. 214-215.

„Inventar der in der Büchereigesetzgebung in jedem Falle zu berücksichtigenden Materien, deren Regelung die Einheitlichkeit und Gleichwertigkeit des Literatur- und Informationsdienstes an der Bevölkerung in allen Ländern der Bundesrepublik Deutschland gewährleisten“ sollte. Entsprechend der Kulturhoheit der Länder hieß es in dem Papier, das auf dem Prinzip von Förderungsgesetzen („Anreiz-Gesetze“) basierte: „Abschließend muss mit Nachdruck darauf hingewiesen werde, dass nunmehr in den einzelnen Bundesländern die Konstituierung entsprechender Gremien zur Vorbereitung der Büchereigesetzgebung erfolgen muss.“[6]

Zu den Ländern, die sich seit geraumer Zeit mit der Frage der gesetzlichen Sicherung des Öffentlichen Bibliothekswesens beschäftigten, gehörte neben Hessen das Land Nordrhein-Westfalen. Von Bedeutung war eine Verlautbarung der SPD vor allem deshalb, weil die Partei zusammen mit der FDP seit dem 8. Dezember 1966 die Regierung unter Heinz Kühn als Ministerpräsidenten bildete. Im Papier des SPD-Landesvorstandes von 1966 hieß es: „Es ist ein Büchereigesetz vorzubereiten, das die Unabhängigkeit der einzelnen Büchereien in fachlicher und finanzieller Hinsicht sicherstellt. Dabei muss die Frage der Landesbeihilfen für die Schaffung zweckentsprechender Räume und Bauten ebenso geregelt werden wie die Besoldung der in Büchereien und Bibliotheken Beschäftigten.“[7] Das von der Landesregierung am 3. März 1970 beschlossene „Nordrhein-Westfalen Programm 75“ erwähnte zwar nicht ausdrücklich ein Bibliotheksgesetz, aber die Tatsache, dass zur Förderung der Öffentlichen Büchereien und für das nichtstaatliche wissenschaftliche Bibliothekswesen für die Zeit von 1971 bis 1975 Globalmittel in Höhe von 22,7 Millionen DM vorgesehen waren, veranlasste den Bibliotheksreferenten des Kultusministeriums Heinz Kaspers zu einer optimistischen Einschätzung des Programms, das „von seiner Verbindlichkeit her als eine Art Vorstufe zu einem Bibliotheksgesetz“ bezeichnet werden könne.[8]

Aktivitäten entfalteten vor allem die kommunalen Spitzenverbände Nordrhein-Westfalens. In einer Stellungnahme des Städtetags zum Nordrhein-Westfalen-Programm der Landesregierung wurde für den Bereich der Bibliotheken und Öffentlichen Büchereien eine gesetzliche Regelung als notwendig angesehen. In der Stellungnahme war zu lesen: „Ihrer vorrangigen Bildungsaufgabe entsprechend sind die Bibliotheken zu leistungsstarken Informations-

[6] Grundsätze und Normen für die Büchereigesetzgebung in den Ländern der Bundesrepublik Deutschland. Berlin 1970. Zitat aus den Vorbemerkungen.

[7] Bildungspolitik 1966 in Nordrhein-Westfalen. Hrsg. vom SPD-Landesvorstand. Düsseldorf 1966. Besprechung von Günther Pflug in: Mbl. 17, 1967, S. 49-50, Zitat S. 49.

[8] Heinz Kaspers: Öffentliche Bibliothek und Gesetzgebung. In: Öffentliche Bibliothek, Bildungsplanung und Gesetzgebung. 4 Vorträge. Berlin 1971 (Bibliotheksdienst, Beih. 62), S. 27-39, Zitat S. 35.

und Dokumentationszentralen für jeden Bürger auszubauen. Dazu eignet sich nach Auffassung des Städtetags am besten ein Finanzierungsgesetz, das den Trägern allgemeiner öffentlicher Bibliotheken, Staat, Gemeinden und Gemeindeverbänden und gemeinnützigen freien Vereinigungen unter bestimmten Mindestvoraussetzungen Zuschüsse zu den Gesamtausgaben gewährt."[9]

In seinem eher in Moll gestimmten Referat zur regionalen und überregionalen Literaturversorgung in Nordrhein-Westfalen auf der Jahresversammlung 1970 konnte Franz Rakowski von einer Initiative der kommunalen Spitzenverbände in Sachen Bibliotheksgesetz berichten. Er sagte am Schluss seiner Ausführungen: „...ein Referat an einem solch festlichen Versammlungstag sollte ja nicht mit Forderungen und Unzufriedenheit enden. Es gibt auch einige Entwicklungen, die uns etwas hoffnungsfroh stimmen können. Seit einigen Wochen gibt es Bemühungen um den Entwurf eines Förderungsgesetzes für das Büchereiwesen in NRW. Der Entwurf hat in einer 3. Fassung seine vorerst letzte Form gefunden. Bemerkenswert und hervorzuheben ist, dass er in gemeinsamen Beratungen von einer Kommission der kommunalen Spitzenverbände unter Einbeziehung der Bibliothekare erarbeitet wurde und dass der Vertreter des Kultusministeriums Mitglied der Kommission war."[10]

Der Bibliotheksgesetz-Entwurf der kommunalen Spitzenverbände war in den Jahren 1970 und 1971 mehrfach Gegenstand von Beratungen bei den Arbeitsgemeinschaften der Großstadtbüchereien und Mittelstadt- und Kreisbüchereien sowie bei den Staatlichen Büchereistellen, wobei die angesichts der sich verschlechternden Finanzlage der Gemeinden verständliche, aber auch nicht ungefährliche Aktivität der kommunalen Spitzenverbände in Sachen Bibliotheksgesetz zur Sprache kam. Der Vorsitzende des Verbandes Günther Pflug ging in seinem Tätigkeitsbericht 1971 auf diesen Sachverhalt ein, wenn er eine völlige Neuordnung der Lastenverteilung zwischen dem Land und den Gemeinden für erforderlich hielt und fortfuhr: „Der Entwurf zu einem Bibliotheksgesetz der kommunalen Spitzenverbände strebt diesen Weg an. Doch muss den Gemeinden unmißverständlich gesagt werden, dass dieses Gesetz nicht nur auf eine finanzielle Verpflichtung des Landes hinauslaufen darf.

[9] Stellungnahme des Städtetages Nordrhein-Westfalen zum Nordrhein-Westfalen-Programm 1975, Teilabdruck in: Mbl. 21, 1971, S. 54.

[10] Mbl. 21, 1971, S. 20-22, Zitat S. 22. Dazu auch Franz Rakowski: Bibliotheksentwicklungsplanung, in: Dienst an Büchern, 1973, S. 37 f.: „Am Entwurf eines Gesetzes arbeitet inzwischen ein ‚Ausschuß zur Vorbereitung eines Bibliotheksgesetzes' beim Kultusminister. Auch in diesem Ausschuß arbeiten die Vertreter der kommunalen Spitzenverbände, das Kultusministerium und die Bibliothekare an einem Text. Ergebnisse liegen hier noch nicht vor. Es ist aber anzunehmen und zu hoffen, daß Grundlage der Erörterung der dritte revidierte Entwurf ‚Gesetz zur Förderung des Öffentlichen Bibliothekswesens' sein wird, der von den Kommunalen Spitzenverbänden in Nordrhein-Westfalen vorgelegt wurde.."

Auch die Gemeinden müssen Pflichten zu einem kontinuierlichen und angemessenen Unterhalt ihrer Bibliotheken übernehmen. Dies ist jedenfalls der Grundtenor aller bibliothekarischen Stellungnahmen zu dem genannten Entwurf. Diese Sorgen unserer Kollegen in den Kommunen verdienen Beachtung und Unterstützung seitens des Verbandes."[11]

In den im Jahre 1970 beim Kultusministerium gebildeten „Landesausschuß zur Vorbereitung eines Bibliotheksgesetzes" wurden auch Vertreter des Verbandes berufen (Werner Krieg, Heinz Emunds, Günter Solle), die in dem Gremium die Stellungnahmen des Verbandes und seiner Arbeitsgemeinschaften zum geplanten Bibliotheksgesetz vertreten sollten.[12] Aber auf der Sitzung der Arbeitsgemeinschaft der Großstadtbüchereien im September 1971 war dann zu hören, dass der Ausschuß zunächst „den Bibliotheksentwicklungsplan für Nordrhein-Westfalen als Vorstufe für das Bibliotheksgesetz" vorantreiben werde.[13] Es gab nicht nur zeitliche Verzögerungen, der Bibliotheksreferent des Kultusministeriums Heinz Kaspers glaubte auf der Jahrestagung des Verbandes 1971 auf grundsätzliche Schwierigkeiten bei der Realisierung des Bibliotheksgesetzes hinweisen zu müssen: „Allgemein darf ich zu den dabei anstehenden Fragen bemerken, dass – wie schon das allerjüngste Beispiel Baden-Württemberg nach dem Vorgang von Hessen zeigt, wo eine entsprechende Gesetzgebungsinitiative aus finanziellen Gründen zurückgestellt werden musste – es nicht leicht sein wird, in dem in allen Ländern nach wie vor gesetzesfreien Raum eine gesetzliche Regelung der Förderung und Organisation des Bibliothekswesens zu erreichen und durchzusetzen. Hier kann, wobei die positive Einstellung und die Bemühungen unseres Hauses außer Frage stehen, nur ein gutfundierter und realistischer Bibliotheksentwicklungsplan mit einem gleichzeitig vorzulegenden Finanzierungsplan die erforderlichen Grundlagen schaffen."[14]

Der lang erwartete „Bibliotheksentwicklungsplan", die „Empfehlungen zum Ausbau des Bibliothekswesens in Nordrhein-Westfalen", lag schließlich und endlich im August 1973 vor. In den beigefügten „Zusätzlichen Empfehlungen für sofortige Maßnahmen" stand an erste Stelle das Bibliotheksgesetz: „Es wird vorgeschlagen, aufgrund der Empfehlungen des Ausschusses, ein Bibliotheksgesetz zu erarbeiten, das die Grundlage zur Errichtung eines funktio-

[11] Mbl. 22, 1972, S. 7 f. – Berichte über die Behandlung des Bibliotheksgesetzes in den das Öffentliche Bibliothekwesen betreffenden Arbeitsgemeinschaften des Verbandes, vor allem der Großstadtbüchereien und der Mittelstadtbüchereien, in: Mbl. 21, 1971, S. 148, S. 150, S. 219; 22, 1972, S. 78.

[12] Die Berufung erfolgte aufgrund von Vorschlägen des Verbandes (Landesausschuß zur Vorbereitung eines Bibliotheksgesetzes), in: Mbl. 22, 1972, S. 75.

[13] Mbl. 22, 1972, S. 78.

[14] Mbl. 22, 1972, S. 14.

nierenden Stufensystems von Bibliotheken im Land Nordrhein-Westfalen sowie für ihre finanzielle Förderung durch das Land bietet. Der Ausschuß gibt einem Förderungsgesetz gegenüber einem Pflichtgesetz der besseren Entwicklungsmöglichkeiten wegen den Vorzug....“[15]

Der im „Bibliotheksentwicklungsplan“ geforderte, auch mit Vertretern des Verbandes zu bildende „Landesbeirat für Bibliotheksfragen beim Kultusminister“ sollte das Ministerium beraten, u.a. auch bei gesetzgeberischen Maßnahmen. Der Beirat trat nie in Tätigkeit, und so blieb es wiederum beim Verband, ermutigt durch die Verabschiedung des „Weiterbildungsgesetzes“[16], die Realisierung des Bibliotheksgesetzes voranzutreiben.

Auf mehreren Sitzungen der Arbeitsgemeinschaft der Großstadtbibliotheken des Jahres 1975 waren die Fassungen des Arbeitsentwurfs zum Bibliotheksgesetz Gegenstand von Beratungen; es gab wiederholt Änderungsvorschläge und eine ad-hoc-Kommission wurde gebildet. Mit den Gesetzesentwürfen befassten sich auch die Arbeitsgemeinschaften der Mittelstadt- und Kreisbibliotheken, wo Befürchtungen über negative Auswirkungen des Gesetzes laut wurden, die zu einer, an den Verband zugeleiteten Resolution führten. Die verschiedenen Stellungnahmen und Änderungswünsche der Arbeitsgemeinschaften und Kommissionen behandelte der Vorstand auf seiner Sitzung am 21. November 1975. Die „vom Vorstand zu verantwortende Fassung des Entwurfs“ wurde Anfang Dezember 1975 dem Kultusministerium zugeleitet.[17]

Während auf ministerieller Ebene durch den Tod des Bibliotheksreferenten Heinz Kaspers am 17. Dezember 1975 einige Verzögerungen eintraten, bemühte sich der Vorsitzende des Verbandes Hans Joachim Kuhlmann im parlamentarischen Bereich intensiv um einen Fortgang der Verbandsinitiative in Sachen Bibliotheksgesetz. Nach Gesprächen mit Abgeordneten der im Landtag vertretenden Parteien hatte er im Oktober 1976 den Eindruck, dass die Frage des Bibliotheksgesetzes wahrscheinlich im Laufe des Jahres 1977 aufgegriffen und womöglich 1978 zu einer Entscheidung gebracht werde.

Erneut aufgenommene Kontakte mit den Landtagsfraktionen im Jahre 1977 bestärkten den Vorstand, an die Öffentlichkeit zu treten „und damit womöglich den Anstoß für die nötigen Aktivitäten im politischen Raum zu geben“.[18] Das geschah auf der Jahresversammlung des Verbandes am 7. Oktober 1977 in Hamm, die unter dem Generalthema „Forderungen an ein Bi-

[15] Empfehlungen Nordrhein-Westfalen, 1973, S. 222 f.

[16] Das „Erste Gesetz zur Ordnung und Förderung der Weiterbildung“ trat 1975 in Kraft.

[17] Mbl. 26, 1976, S. 55. – Über den weiteren Fortgang berichtete der Vorsitzende des Verbandes Hans Joachim Kuhlmann im Tätigkeitsbericht 1976, in: Mbl. 27, 1977, S. 6.

[18] Kuhlmann im Tätigkeitsbericht 1977, in: Mbl. 28, 1978, S. 5.

bliotheksgesetz" stand. Im „Arbeitsentwurf Gesetz zur Förderung des Öffentlichen Bibliothekswesens. Stand 1.1.1976" waren, basierend auf dem „Bibliotheksentwicklungsplan" von 1973, die Grundsätze der allgemeinen Literaturversorgung und die Notwendigkeit einer finanziellen Beteiligung des Landes für die Bibliotheken im 3-gestuften Bibliothekssystem beschrieben, wobei der prozentuale Landesanteil an den Gesamtausgaben der Bibliotheken der 1. und 2. Stufe im Entwurf noch offenblieb, während die Finanzierung der Bibliotheken der 3. Stufe (Landesbibliotheken) zu 100 % vom Land übernommen werden sollte.

Konkreter wurde Hansjörg Süberkrüb auf der Hammer Tagung in seinen Erläuterungen zum Gesetzentwurf, in denen er nach einem historischen Rückblick auf die Bibliotheksplanung im vergangenen Jahrzehnt die Notwendigkeit von gesetzlichen Regelungen für das Öffentliche Bibliothekswesen wie folgt begründete: „Über die geringere Verbindlichkeit von Plänen, Empfehlungen und Gutachten hinaus kann nur eine gesetzliche Regelung bewirken, dass mit der nötigen Gleichmäßigkeit, Beharrlichkeit und Regeltreue ein brauchbares Netz bibliothekarischer Allgemeinversorgung entsteht und unterhalten wird." Die von Jahr zu Jahr schwankende Höhe der Landeszuschüsse sei ein Grund, ein Bibliotheksgesetz zu fordern, das in die Entwicklung des Bibliothekswesens Stetigkeit hineinbringe. Unter Hinweis auf die weit höheren Aufwendungen für die wissenschaftlichen Bibliotheken und für die Volkshochschulen – jeweils über 100 Millionen – bezifferte Süberkrüb den Landeszuschuss auf insgesamt 32 Millionen DM jährlich. Für die Unterstützung von Bibliotheken der 1. Stufe sollten 20 % der Gesamtaufwendungen vom Land übernommen werden (18 Millionen), für die überörtlichen Aufgaben der Bibliotheken der 2. Stufe 50 % (5 Millionen), für andere überörtliche Aufgaben 5 Millionen. Für die landesbibliothekarischen Aufgaben der 3. Stufe war ein Betrag von 5 Millionen vorgesehen, der ganz vom Land erstattet werden sollte.[19]

So ganz irreal waren die von Süberkrüb genannten Zahlen nicht. Immerhin näherte sich im Jahr 1977, als der Bibliotheksgesetz-Entwurf vorgelegt wurde, die Landesförderung der 10 Millionen-Grenze, davon für Bibliotheken der 2. Stufe 1 360 000 DM, für Sondersammelgebiete 430 000 DM, für Landesbibliotheksaufgaben 100 000 DM, als Globalmittel für Bibliotheken der 1. Stufe und regionale Maßnahmen durch die Staatlichen Büchereistellen 4 110 000, insgesamt also 6 Millionen als Förderung der kommunalen Bibliotheken. Die

[19] Zitate und Zahlenangaben aus dem Referat von Hansjörg Süberkrüb auf der Hammer Tagung 1977: Forderungen an ein Bibliotheksgesetz. Der Gesetzentwurf und seine Notwendigkeit für das Land NRW. In: Mbl. 28, 1978, S. 16-23. – Der „Arbeitsentwurf Gesetz zur Förderung des Öffentlichen Bibliothekswesens. Stand: 1.1.1976" ist abgedr. in: Mbl. 28, 1978, S. 370-374.

Bibliotheken freier Träger erhielten 1 350 000 DM; die Staatlichen Büchereistellen 2 286 000 DM. Und es schien, als würden sich die Landesmittel weiter steigern: 1978 betrugen sie 11,4 Millionen.[20]

Die Tagung des Verbandes in Hamm im Jahre 1977 stand ganz unter dem Eindruck des Terrors, der in diesem Jahr einen Höhepunkt erreichte: Ermordung des Generalbundesanwalts Siegfried Buback, des Vorstandssprechers der Dresdner Bank Jürgen Ponto und am 5. September 1977 die Entführung des Präsidenten der Bundesvereinigung der Deutschen Arbeitgeberverbände und Präsidenten des Bundesverbandes der Deutschen Industrie Hanns-Martin Schleyer. Die Gegenmaßnahmen des Staates – u.a. Änderung des Strafgesetzbuches mit neuen Strafbestimmungen gegen verfassungsfeindliche Befürwortung von Straftaten, Datenschutzgesetz – führten unter Bibliothekaren zu heftigen Kontroversen um die Zensur in Bibliotheken, die z.B. auf dem Bibliothekskongress im Mai 1978 in Stuttgart ausgetragen wurden und die auch den Verbandsvorsitzenden Kuhlmann auf der Jahresversammlung 1978 zu einer Stellungnahme zum Thema „Freiheit und Bindung des Bibliothekars bei der Informationsvermittlung" veranlassten.

Vor dem Hintergrund dieser in diesen Jahren geführten Diskussionen ist es verständlich, wenn Süberkrüb in seinem Referat auf der Hammer Tagung sich nachdrücklich gegen die Instrumentalisierung der Bibliotheken für politische Ziele wandte und ausführlich auf jenen Paragraphen des geplanten Bibliotheksgesetzes einging, der dieses Thema behandelte. Es hieß im Entwurf: „Der Bestandsaufbau erfolgt durch die Bibliotheken nach sachlichen Gesichtspunkten in eigener Verantwortung. Der Rat von Sachkennern außerhalb der Bibliothek wird dabei genutzt. Die Bibliotheken müssen im Rahmen der gesetzlichen Bestimmungen und ihrer Aufgaben auf Anforderung jede Art von Literatur und Information vermitteln."

Süberkrüb sah in den aktuellen politischen Auseinandersetzungen einen weiteren Grund für ein Bibliotheksgesetz. Er sagte: „Nach den gesellschaftspolitischen Kontroversen etwa um den § 218 oder die Diskussion um die Nutzung der Atomkraft hat uns die breit wuchernde, völlig kontroverse Auseinandersetzung um Terroristenbekämpfung und Sympatisantenbefehdung schmerzhaft deutlich gemacht, wie sehr jeder Parteiung darin liegt, die öffentlichen Bibliotheken auf ihre Seite zu ziehen und gegenteilige Meinungen in den Bibliotheken zu unterdrücken. So wie die Lehrer ihre gesetzlich gesicherte pädagogische Freiheit dringend und existenziell brauchen, so brauchen auch die Bibliothekare die gesetzlich abgesicherte Kompetenz für ausgewoge-

20 Zahlenangaben für 1977 in: Bibliotheken in Nordrhein-Westfalen, 1979, S. 48, für 1978 in einem Referat von Brigitte Klein, Leiterin der Staatlichen Büchereistelle Köln, auf der Sitzung der Arbeitsgemeinschaft der Großstadtbibliotheken am 5.9.1996 (Anlage zum Protokoll, S. 3).

nen Bestandsaufbau in einer öffentlichen Bibliothek der pluralistischen Gesellschaft."[21]

Angesichts der Bedeutung, die der Verband dem Bibliotheksgesetz beimaß und für dessen Vorarbeiten der Vorstand einen großen Teil seiner Aktivitäten gewidmet hatte, musste es enttäuschend sein, dass die Landesregierung der Tagung in Hamm wenig Beachtung schenkte. Im Tagungsbericht hieß es denn auch: „Keiner der beiden Minister bewies durch persönliches Kommen seine Wertschätzung für die Arbeit der Bibliotheken seines Landes."[22] Immerhin: der Landtag war durch mehrere Abgeordnete vertreten, voran der Oberbürgermeister von Hamm, Günter Rinsche, der in seiner Begrüßungsrede unter Hinweis auf das Vorbild des „Weiterbildungsgesetzes" seine Unterstützung im Landtag versprach.

Die Zeit drängte, wenn man das Bibliotheksgesetz zur Halbzeit der bis 1980 laufenden Legislaturperiode ins Parlament bringen wollte. Es kam in dieser Phase vor allem darauf an, die Abgeordneten für das Gesetz zu gewinnen. In diesem Sinne äußerte sich auch der neue Bibliotheksreferent im Kultusministerium Günter Solle, als er sagte, der Verband möge nun auf die politische Entscheidung dringen und Landtagsabgeordnete von der Bedeutung des Gesetzes überzeugen.[23] Hansjörg Süberkrüb sandte als Vorsitzender der Arbeitsgemeinschaft der Großstadtbibliotheken an die Mitglieder „Argumentationshilfen" für persönliche Gespräche mit den örtlichen Landtagsabgeordneten und appellierte an die Bibliotheksleiter: „Wir sollten jetzt die Abgeordneten von Aachen bis Minden ansprechen. Bitte, helfen Sie dabei."[24] Eine an die Repräsentanten des Landtags gerichtete Resolution der Mitgliederversammlung in Hamm betonte noch einmal die Notwendigkeit der Realisierung des Gesetzes, auch wenn das Gesetzgebungsprogramm der Landesregierung für die laufende Legislaturperiode eine entsprechende Initiative nicht vorsehe. Es wurde die Bitte geäußert, „sich dem Wunsch des Verbandes nach einer gesetzlichen Regelung zu eigen zu machen und im Interesse der sachgemäßen Ergänzung des Weiterbildungsgesetzes die Landesregierung zu bitten, die notwendigen gesetzlichen Vorarbeiten aufzunehmen."[25]

[21] Vgl. Anm. 19 in diesem Kapitel, S. 19; im Arbeitsentwurf des Gesetzes, S. 371. – Bericht des Verbandsvorsitzenden Kuhlmann über den Stuttgarter Bibliothekskongress, insbes. über die Podiumsdiskussion „Freiheit und Bindung des Bibliothekars bei der Informationsvermittlung", in: Mbl. 29, 1979, S. 39; Ders.: Weg zum kritischen Bürger, 1989, S. 252.

[22] Mbl. 28, 1978, S. 1.

[23] Nach dem Tagungsbericht, in: Mbl. 28, 1978, S. 1.

[24] Schreiben an die Direktoren der Großstadtbibliotheken vom 13.7.1977 (Ms.).

[25] Abdruck der Resolution, in: Mbl. 28, 1978. Der Vorschlag zur Resolution kam von Wilhelm Wahlers, Mitglied des Vorstandes des VBNW, Kanzler der Universität Bonn.

Die eher zaghafte Resolution von Hamm bewirkte immerhin, dass sich der Landtagsausschuss für Schule und Kultur auf seiner Sitzung am 14. Juni 1978 mit dem Bibliotheksgesetz beschäftigte. In Übereinstimmung mit allen drei Fraktionen wurde vom Vorsitzenden des Ausschusses, Reinhard Grätz (SPD), eine Grundsatzerklärung zur öffentlichen Kulturförderung abgegeben, in der es unter Berücksichtigung von Vorschlägen des Kultusministeriums für die Bibliotheken u.a. hieß: „Eine wesentliche Verbesserung ist sowohl durch die Aufstockung der Förderungsmittel als auch durch eine gesetzliche Festlegung der Literaturversorgung in einem eigenständigen Bibliotheksgesetz zu erreichen." Für „eine sinnvolle gesetzliche Regelung der Literaturversorgung" wurde in einer fünfjährigen Aufbauphase eine durchschnittliche Jahresförderung von rd. 30 Millionen DM veranschlagt,[26] eine Summe, wie sie in etwa auch in den Vorstellungen des Verbandes vorgeschlagen worden war.

So war denn auch der Bericht des Verbandsvorsitzenden Hans Joachim Kuhlmann auf der Mitgliederversammlung 1978 recht optimistisch, als er von der Sitzung des Ausschusses berichtete und als Ergebnis mitteilte: „Der Kultusminister wurde aufgefordert, die Arbeiten an einem entsprechenden Gesetz aufzunehmen bzw. weiterzuführen und mit anderen zu beteiligenden Ressorts abzustimmen, damit zu gegebener Zeit im Ausschuss die Beratungen darüber aufgenommen werden können." Allerdings musste er einschränkend auch zugeben, dass es natürlich unbestimmt sei, ob die entscheidenden letzten Schritte zur Verabschiedung eines Bibliotheksgesetzes noch in dieser Legislaturperiode getan werden.[27] Trotz dieser Unsicherheiten konnte Kuhlmann, der sich mit Vehemenz um eine Realisierung des Bibliotheksgesetzes im politischen Raum eingesetzt hatte, in einem Rückblick auf seine Amtszeit als Vorsitzender des Verbandes mitteilen: „... wir können doch mit einer gewissen Befriedigung feststellen, dass die Bemühungen unseres Verbandes, in der politischen Öffentlichkeit das Bewußtsein der Notwendigkeit eines Gesetzes wachzurufen oder wachzuhalten und einen fachlichen Beitrag zu den einzelnen Stadien des Arbeitsentwurfs zu leisten, aufs ganze gesehen erfolgreich waren."[28]

Das klang fast schon ein wenig nach einem Schlusswort, nach Abschied vom Bibliotheksgesetz. Tatsächlich machte sich auf der Jahresversammlung des folgenden Jahres, 1979, in Köln Pessimismus hinsichtlich der Realisierung des Bibliotheksgesetzes breit. Während der neue Verbandsvorsitzende Severin Corsten „gewisse Anzeichen für eine Verschlechterung der öffentlichen Meinung" bemerkte und es als äußerst ungewiss ansah, ob das Bibliotheksgesetz in dieser Legislaturperiode noch behandelt und verabschiedet werden könne,

26 Kulturpolitik des Landes Nordrhein-Westfalen. In: Mbl. 28, 1978, S. 367-370, Zitat S. 368.
27 Mbl. 29, 1979, S. 33.
28 Ebd.

stellte der Bibliotheksreferent des Kultusministeriums Günter Solle unmissverständlich klar, dass zur Zeit keine Aussicht auf Verwirklichung bestehe. Als einer der Gründe für das Scheitern wurde die Ablehnung weiterer gesetzlichen Regelungen, vor allem im Kulturbereich, genannt: „Unter dem Stichwort ‚Gesetzesflut' mehren sich Stimmen gegen weitere gesetzliche Regelungen, die dem ‚freien Spielraum', der den Städten und Gemeinden noch verblieben ist, noch stärker einzuengen geeignet sind", so Corsten in der Mitgliederversammlung des Jahres 1979.[29]

Den Widerstand der Städte und Gemeinden hatten Corsten und Kuhlmann bei einer Besprechung mit dem geschäftsführenden Vorstandsmitglied des Städtetags Nordrhein-Westfalen Bruno Weinberger im Juni 1979 zu spüren bekommen, und Kuhlmann musste auf der Jahrestagung der Landesgruppe Nordrhein-Westfalen des Vereins der Bibliothekare an Öffentlichen Bibliotheken in Ennepetal am 1. März 1980 den Stimmungsumschwung zur Kenntnis nehmen. Zwar sprachen sich auf einer Podiumsdiskussion die beiden Landtagsabgeordneten der SPD und der FDP „eindeutig für ein Bibliotheksgesetz" aus, aber mit einer wichtigen Einschränkung: gegen den Widerstand der Gemeinden, vor allem des Städtetags, würden von ihren Parteien in dem neu zu wählenden Landtag voraussichtlich keine Initiativen in Richtung auf ein Bibliotheksgesetz ergriffen werden. Der Vertreter der CDU auf dem Podium machte – so Kuhlmann in seinem Tagungsbericht – „in seinen Ausführungen klar, dass seine Fraktion von der anfänglich positiven Einstellung zu einem Gesetz allmählich abgerückt sei. Seine Partei lehne eine gesetzliche Regelung jetzt rundweg ab, um den Gemeinden ihren eigenverantwortlichen Spielraum nicht weiter einzuengen."[30]

Man wird das Jahr 1980 als das Jahr des Abschieds vom Bibliotheksgesetz bezeichnen können. Nachdem schon in einer Umfrage der Zeitschrift „Buch und Bibliothek" bei den Kultusministerien deutlich geworden war, dass in keinem Bundesland ernsthaft Bibliotheksgesetze in Vorbereitung waren,[31] machte Dieter Sauberzweig, Senator für Kulturelle Angelegenheiten in Berlin und ehemaliger stellvertretender Hauptgeschäftsführer des Deutschen Städtetags auf der Jahrestagung des Vereins der Bibliothekare an Öffentlichen Bibliotheken im Mai 1980 jede Hoffnung auf ein Bibliotheksgesetz in den Bundesländern zunichte, und er nannte auch den eigentlichen Grund für das Scheitern: „Größtes Hindernis ist nicht die kulturelle Eigenständigkeit ... Das größte

[29] Zitate von Corsten, in: Mbl. 30, 1980, S. 51, von Solle: a.a.O., S. 33.

[30] Hans Joachim Kuhlmann: Es geht nicht ohne Bibliotheksgesetz! In: BuB 32, 1980, S. 494-497, Zitate S. 496 f. – Kuhlmann nahm als ehemaliger Vorsitzender des VBNW an der Podiumsdiskussion teil.

[31] Abdruck der Stellungnahmen der Kultusminister, in: BuB 32, 1980, S. 343 – 348 und S. 478-481.

Hindernis stellt die allgemeine finanzielle Situation der Länder und Kommunen dar. Und dies nicht erst seit heute."[32]

Unter ausführlicher Zitierung aus Sauberzweigs Berliner Referat kam der Vorsitzende des Verbandes Severin Corsten nicht um die „nüchterne Feststellung herum: „Die Bemühungen um ein Bibliotheksgesetz müssen vorerst als gescheitert angesehen werden. Alle, die in dieser Sache ein Wort mitzureden haben – die Politiker *aller* Parteien ebenso wie die Kommunalen Spitzenverbände, die Medien und die von ihnen beeinflußte Öffentlichkeit sind gegen zusätzliche gesetzliche Regelungen oder halten es zumindest für geraten, im Augenblick in dieser Hinsicht zurückhaltend zu taktieren. Das Schlagwort von der ‚Gesetzesflut', gefühlsbetont und schreckerregend wie es ist, wirft gute und notwendige Gesetze mit überflüssigen in einen Topf. Aber es kann nicht bestritten werden, dass es im Augenblick die Szene beherrscht."[33]

Gab es Alternativen zum gescheiterten Bibliotheksgesetz? Die Arbeitsgemeinschaft der Großstadtbibliotheken diskutierte im Juni 1980 über das Für und Wider eines neuen Vorstoßes unter Berücksichtigung des Ergebnisses der Landtagswahl vom 11. Mai 1980, die der SPD erstmals die absolute Mehrheit gebracht hatte. Der Vorstand des Verbandes suchte nach einem Ausweg, „nach neuen Möglichkeiten". „Eine solche Möglichkeit ist", so der Vorsitzende Corsten, „wenn die aus verschiedenen Quellen rührenden Verlautbarungen nicht trügen, darin zu sehen, dass man nicht mehr um jeden Preis auf ein Gesetz hinarbeitet. Statt dessen wäre eine Regelung anzustreben, die unterhalb dieser Schwelle bleibt und das Reizwort ‚Gesetz' sorgsam meidet. Eine solche Regelung könnte beispielsweise unter der Bezeichnung ‚Richtlinien' laufen. Auch mit Richtlinien läßt sich etwas für die finanzielle Absicherung und verbesserte sonstige Förderung der Bibliotheken tun!"[34]

Die Bemühungen des Verbandes um eine solche Lösung konzentrierten sich auf Kontakte mit den Kommunalen Spitzenverbänden. Ein Schritt in dieser Richtung war, dass der stellvertretende Verbandsvorsitzende Johannes Schultheis vor dem Kulturausschuss des Städtetags Nordrhein-Westfalen über die Lage der Bibliotheken berichten und die Vorstellungen des Verbandes zu den zukünftigen Entwicklungen erläutern konnte.[35] Hoffnungen setzte man auf die geplanten Empfehlungen des Deutschen Städtetags „Bibliotheken in der Kulturarbeit der Städte"[36] und auf Ernst Pappermann, Ständiger Vertreter des

[32] Dieter Sauberzweig: Bibliotheksplanung – Anspruch und Wirklichkeit. In: BuB 32, 1980, S. 678-687, Zitat S. 682.

[33] Tätigkeitsbericht des Vorsitzenden Corsten in der Mitgliederversammlung 1980, in: Mbl. 31, 1981, S. 78.

[34] Mbl. 31, 1981, S. 78.

[35] Mbl. 31, 1981, S. 1-3.

[36] Die Empfehlungen des Städtetages wurden erst 1987 verabschiedet (Abdruck in BuB 39, 1987, S. 650-654).

Hauptgeschäftsführers des Deutschen Städtetags, der auf der gemeinsamen Tagung von VBNW und DBV 1980 in Bielefeld zum Präsidenten des Deutschen Bibliotheksverbandes gewählt worden war. Pappermann ging in seiner Rede in Bielefeld besonders auf das Problem eines Bibliotheksgesetzes ein, das als Verpflichtungsgesetz nicht erforderlich sei. Im Rahmen der kommunalen Entwicklungsplanung habe sich das Bibliothekswesen auch ohne Gesetz zu einer kommunalen Pflichtaufgabe entwickelt.[37] In mehreren Aufsätzen und Referaten, so auch auf der Tagung des Deutschen Bibliotheksverbandes 1981 in Bremen,[38] begründete er die Selbstverpflichtung der Gemeinden zur Erstellung von lokalen Bibliotheksentwicklungsplänen, die allerdings angesichts der zu Beginn der 80er Jahre einsetzenden Finanzkrise der Gemeinden zu „Bibliotheks-Sparplänen“ zu werden drohten.

Günter Solle kam in einem Rückblick auf seine Amtszeit als Bibliotheksreferent im Kultusministerium im Jahre 1991 in Dortmund auch auf die Bemühungen um ein Bibliotheksgesetz in den 70er Jahren zu sprechen. „Damals“, so meinte Solle, „hätte vielleicht eine Chance bestanden, das Land durch ein Gesetz in eine entwicklungspolitisch sinnvolle Strukturförderung der Öffentlichen Bibliotheken ähnlich der Erwachsenenbildung einzubinden.“ Als Hauptgründe für das damalige Scheitern führte er neben der „Abwehr der kommunalen Spitzenverbände gegenüber einem Gesetz im Kulturbereich“ „die traditionelle Zurückhaltung der Bibliothekare gegenüber Politikern“ an.[39]

Wenn man sich die Aktivitäten des Vorstandes im politischen Bereich – persönliche Kontakte, Telefongespräche, Papiere – vergegenwärtigt, wird man dieser Aussage Solles nicht ohne weiteres zustimmen können. Es hat auch nicht an Bemühungen, ja z.T. leidenschaftlichen Appellen des Vorstandes an die Mitglieder gefehlt, sich „vor Ort“, bei den Politikern für das Bibliotheksgesetz zu werben. Es scheint allerdings, dass diese Anstrengungen, wie die ständige Wiederholung zeigt, nicht immer die nötige Resonanz gefunden haben. Das zeigte sich sogar auf der für das Bibliotheksgesetz so wichtigen Mitgliederversammlung in Hamm, wo zu erkennen war, „dass der in allen Gremien diskutierte Entwurf der Berufsöffentlichkeit noch wenig bekannt war.“[40]

Eine Tatsache sollte freilich in diesem Zusammenhang nicht übersehen werden, die Tatsache nämlich, dass die Aufgaben und Leistungen der Bibliotheken der breiten Öffentlichkeit schwer zu vermitteln sind, ein Nachteil, der die Po-

[37] Mbl. 31, 1981, S. 30.

[38] Ernst Pappermann: Bibliotheken als Pflichtaufgabe der Kommunen. In: DBV-Info Nr. 7, T. II, S. 1-18, auch in: BuB 34, 1982, S. 32-42.

[39] Günter Solle in seiner Begrüßungsansprache auf der Jahresversammlung 1991, zugleich Eröffnungsveranstaltung der 3. Bibliotheca in Dortmund, in: Mbl. 42, 1992, S. 25.

[40] Mbl. 28, 1978, S. 2.

litiker veranlasst, die Anliegen der Bibliotheken zu vernachlässigen. Dieter Sauberzweig hat auf der Berliner Tagung des Vereins der Bibliothekare an Öffentlichen Bibliotheken 1980 im Kontext der Bibliotheksgesetzgebung auf dieses Faktum hingewiesen. Er beklagte den geringen Kenntnisstand über die breiten Aufgabenfelder der Bibliotheken und meinte: „Solange dies nicht von der Mehrheit der Bevölkerung – und damit auch der Politiker – begriffen ist, werden Länder und Kommunen schwerlich zur Errichtung, zum Unterhalt und zur Förderung von Bibliotheken gesetzlich zu verpflichten sein."[41] Wie schwierig es ist, die Öffentlichkeit und damit auch die Politik für die Anliegen der Bibliotheken zu mobilisieren, hat der Verband oft genug erfahren müssen, vor allem als er in den 80er Jahren angesichts der finanziellen Krisen eine verstärkte Öffentlichkeitsarbeit betrieb und sich als bibliothekspolitische Lobby zu profilieren suchte.

[41] Vgl. Anm. 32 in diesem Kapitel, S. 680.

VI. Bibliotheksarbeit im Kontext der Hochschulpolitik der 70er Jahre

1. Alte und neue Bibliotheksstrukturen

Wenn im folgenden in aller Kürze die Entwicklung der Hochschulbibliotheken in den 70er Jahren skizziert wird, dann ist es angezeigt, noch einmal auf die grundsätzlichen Unterschiede in der Bibliotheksplanung und ihrer Realisierung zwischen dem Öffentlichen Bibliothekswesen und dem Bereich der Hochschulbibliotheken hinzuweisen. Auf der einen Seite: der mühselige, sich über ein Jahrzehnt hinziehende Arbeit an den „Empfehlungen" zum Ausbau des Öffentlichen Bibliothekswesens, die unter starkem Engagement des Verbandes vorangetriebenen Bemühungen um eine Realisierung dieser „Empfehlungen" und um ein Bibliotheksgesetz. Auf der anderen Seite, im Bereich der Hochschulbibliotheken: auf der Grundlage von Gesetzen die mehr oder weniger bindenden, oft in wenigen Wochen erstellten Empfehlungen von ministeriellen Planungsgruppen zur Realisierung der gesetzlichen Vorgaben, ohne dass die Gremien des Verbandes wesentlich beteiligt gewesen wären.

Die entscheidende Rolle beim Aufbau der universitären Bibliothekssysteme spielte die bereits erwähnte, im Oktober 1971 gebildete Planungsgruppe „Bibliothekswesen im Hochschulbereich Nordrhein-Westfalen"[1], die sich aus Hochschullehrern, Bibliothekaren, Beamten der Hochschulverwaltungen, des Wissenschaftsministeriums und des Finanzministeriums, sowie aus Sachverständigen aus anderen Bundesländern zusammensetzte. Nach den in Form eines Zwischenberichts im Juni 1972 vorgelegten „Empfehlungen für das Bibliothekswesen an den fünf Gesamthochschulen des Landes Nordrhein-Westfalen" folgten u.a. „Empfehlungen für die Aufgabenverteilung zwischen den Gesamthochschulbibliotheken und dem Hochschulbibliothekszentrum" (August 1972), „Empfehlungen für den Einsatz der Datenverarbeitung" (Januar 1974), für die Bibliothek der als Gesamthochschule konzipierten Fernuniversität Hagen (Mai 1974), ein Ergänzungsbericht für die Gesamthochschulbibliotheken (Dezember 1974).[2]

[1] Vgl. Kapitel II.

[2] Die Empfehlungen der Planungsruppe sind als Anhang abgedr. in: Bibliotheksverbund, 1976, S. 251-398; vgl. auch Literaturverzeichnis; Antonius Jammers: Zur Lage der Hochschulbibliotheken des Landes Nordrhein-Westfalen im Jahre 1975. In: Mbl. 25, 1975, S. 130-144.

Einen Schritt weiter gingen die „Allgemeinen Zielvorstellungen für das Bibliothekswesen in den Gesamthochschulbereichen des Landes Nordrhein-Westfalen",[3] die am 20. März 1973 dem Minister für Wissenschaft und Forschung Johannes Rau überreicht wurden, nachdem ihnen die Direktorenkonferenz der Hochschulbibliotheken zugestimmt hatte. Sie wurden anschließend den Hochschulen zur Diskussion und Stellungnahme übersandt.

Die „Zielvorstellungen" der Planungsgruppe waren eine Konsequenz aus den das Bibliothekswesen betreffenden Bestimmungen des Gesamthochschulentwicklungsgesetzes vom 30. Mai 1972: Außer den Gesamthochschulen Duisburg, Essen, Paderborn, Siegen und Wuppertal wurden entsprechend § 24 des Gesetzes zum 1. August 1972 acht Gesamthochschulbereiche gebildet, und zwar in Aachen, Bielefeld, Bochum, Bonn, Düsseldorf, Dortmund, Köln und Münster. Um deren jeweiligen Kern – Technische Hochschule Aachen und die sieben Universitäten – gliederten sich die verbleibenden Abteilungen der Pädagogischen Hochschulen und Fachhochschulen. Zum Gesamthochschulbereich Köln gehörten z.B. die Universität, die Abteilung Köln und die Abteilung Heilpädagogik Köln der Pädagogischen Hochschule Rheinland, die Deutsche Sporthochschule Köln, die Fachhochschule in Köln und das Bibliothekar-Lehrinstitut.[4]

Wie bei den neuen Gesamthochschulbibliotheken ging die Planungsgruppe bei ihren „Zielvorstellungen" von dem Grundsatz aus, dass „die gemeinsamen und gleichartigen Aufgaben der bibliothekarischen Einrichtungen eines Gesamthochschulbereichs und die Notwendigkeit einer bedarfsgerechten Literatur- und Informationsversorgung bei wirtschaftlichen Mitteleinsatz" ... „ein einheitliches Bibliothekssystem" erfordern. Es hieß in die Zielvorstellungen über die Gesamthochschulbereichsbibliothek (= GHB-Bibliothek): „Alle bibliothekarischen Einrichtungen eines Gesamthochschulbereiches bilden ein einheitliches, auf alle Informationsbedürfnisse dieses Bereiches hin konzipiertes System, die GHB-Bibliothek. Die GHB-Bibliothek ist für den Gesamthochschulbereich eine zentrale Einrichtung im Sinne des Hochschulgesetzes. Die GHB-Bibliothek hat einen einheitlichen Personalstellenplan und Sachmitteletat. Sämtliche Buchbestände des Gesamthochschulbereiches bilden eine allen Hochschulangehörigen zugängliche Einheit. Die GHB-Bibliothek wird von einem Direktor geleitet. Er hat die bibliotheksfachliche Aufsicht über alle im Hochschulbereich bibliothe-

[3] Allgemeine Zielvorstellungen für das Bibliothekswesen in den Gesamthochschulbereichen des Landes Nordrhein-Westfalen. In: Mbl. 23, 1973, S. 111-119.

[4] Gesetz über die Errichtung und Entwicklung von Gesamthochschulen im Lande Nordrhein-Westfalen (Gesamthochschulentwicklungsgesetz – GHEG) vom 30.5.1972. Teilabdruck in: Mbl. 22, 1972, S. 360-362.

karisch tätigen Kräfte und ist Vorgesetzer des im Stellenplan ausgewiesen Bibliothekspersonals.“[5]

Die Notwendigkeit einer einheitlichen Bibliotheksstruktur in den zu errichtenden Gesamthochschulbereichen betonte der Bibliotheksreferent des Wissenschaftsministeriums Antonius Jammers in einem für breitere Leserkreise gedachten, auch im „Mitteilungsblatt“ abgedruckten und auf der Jahresversammlung des Verbandes 1974 empfohlenen Beitrag. Unter Bezugnahme auf das Gutachten von Gerhart Lohse von 1970[6] wies er auf das unkoordinierte Nebeneinander von zentraler Ausleihbibliothek und oft mehr als 100 völlig selbständigen Instituts- und Lehrstuhlbibliotheken hin und schrieb: „Diese sehr starke Aufsplitterung der Literaturbestände in den Hochschulen wirkt sich zunehmend nachteilig aus: es gibt keinen Überblick über die an der Hochschule vorhandenen Bestände; vielfach zählt nur der Bestand der eigenen Institutsbibliothek, Erwerbungsabsprachen gibt es nur selten. Im Zuge der sich ständig stärker verflechtenden Wissenschaften häufen sich unnötige Mehrfachbeschaffungen, während andere notwendige Literatur nicht beschafft werden kann, weil dafür dann die Mittel fehlen. Viele kleine Institutsbibliotheken sind nur unzulänglich verwaltet, und die vorhandene Literatur wird nur notdürftig nachgewiesen. Wegen der geringen Betriebsgröße ist die Einführung moderner Arbeitsmethoden vielfach nicht möglich, Fachpersonal steht nicht ausreichend zur Verfügung. Jede zweite Institutsbibliothek war noch 1968 nur für Institutsangehörige, für andere Interessenten nur sehr eingeschränkt zugänglich. Genügend lange Öffnungszeiten sind nicht durchsetzbar, da der Personalaufwand zu groß wäre. Häufig ist für die Bücher keine Stellfläche mehr vorhanden, so dass ein Teil des Bestandes in Neben- und Abstellräumen ausgelagert werden muss und damit weitgehend unbenutzbar wird.“[7]

Über die Lösung dieser von Jammers aufgezeigten Probleme gab sich die Planungsgruppe keinen Illusionen hin. Es hieß in dem Papier: „Die unterschiedlichen Hochschularten in einem Gesamthochschulbereich und die gegenwärtigen Bibliotheksstrukturen an den älteren Universitäten mit ihrer Vielzahl verschiedenartiger Instituts-, Seminar- und Lehrstuhlbibliotheken setzen der Verwirklichung eines einheitlichen Bibliothekssystems beträchtliche Schwierigkeiten entgegen. Mit Vorbehalten von Seiten der Benutzer und auch der Bibliothekare und großen Übergangsproblemen muss zunächst gerechnet werden.“[8]

[5] Vgl. Anm. 3 in diesem Kapitel, S. 112.
[6] Gerhart Lohse: Bibliothekswesen, 1970.
[7] Antonius Jammers: Die Hochschulbibliotheken im Umbruch. In: Mbl. 24, 1974, S. 203-208, Zitat S. 205 f.
[8] Vgl. Anm. 3 in diesem Kapitel, S. 118.

Die Vorbehalte und Widerstände gegenüber einem einheitlichen Bibliothekssystem kamen denn auch in Stellungnahmen verschiedener Hochschulen zum Ausdruck, die in der im Juni 1975 vorgelegten Neufassung der „Zielvorstellungen“ abgedruckt waren. Dabei konnten sich die Hochschulen auf das ihnen verfassungsrechtlich gesicherte Satzungsrecht berufen, wonach für wesentliche Änderungen der Bibliotheksstruktur „zunächst die Selbstverwaltungsorgane der Hochschule, nicht die Bibliothekare und auch nicht zunächst das Ministerium“ zuständig war.[9]

Trotz Kritik am vorgesehenen einheitlichen Bibliothekssystem blieb die Planungsgruppe in ihrer Stellungnahme zu den Voten der Hochschulen bei ihren Grundsätzen der prinzipiellen Einheit des Bibliothekssystems: insbesondere einheitlicher Personal- und Sachmitteletat, Verantwortlichkeit des Direktors der Hochschulbibliothek für das gesamte bibliothekarisch tätige Personal, Bildung von gemeinsamen (d.h. mehrere Fächer versorgenden) Fachbibliotheken. Die „Zielvorstellungen“ enthielten auch den heiß umstrittenen sogenannten Koordinierungserlass – „Koordinierung von Literaturbeschaffungen an den Hochschulen“ – vom 29. August 1973, der eine Stärkung der zentralen Hochschulbibliothek gegenüber den sonstigen bibliothekarischen Einrichtungen der Hochschule zum Inhalt hatte, vor allem bei der Verteilung der „Literaturbeschaffungsmittel“, aber auch bei der Organisation, beim Betrieb und Personaleinsatz.[10]

Die Bedenken der Hochschulen bezogen sich freilich nicht allein auf eine Änderung der Bibliotheksstruktur. Ihr Widerstand war grundsätzlicher Art und wandte sich gegen die Eingliederung der Pädagogischen Hochschulen und der Fachhochschulen in die bestehenden Universitäten, so dass die Landesregierung von Errichtung von Gesamthochschulbereichen zunächst absah. Lediglich die Pädagogischen Hochschulen mit ihren Bibliotheken wurden 1978 in die Universitäten eingegliedert; die Fachhochschulen und sonstigen Hochschulen blieben selbständig.

Zwar hielt das neue Hochschulgesetz vom 20. November 1979 am Endziel der Bildung von Gesamthochschulen fest, machte jedoch ihre Errichtung von der Entwicklung entsprechender Studiengänge abhängig. Was das Bibliothekswesen betraf, so nahm das Gesetz Tendenzen auf, die sich an den fünf Gesamthochschulen entwickelt hatten. Das hier realisierte einheitliche Bibliothekssys-

[9] Zitat aus: Engelbert Plassmann: Alte und neue Bibliotheksstruktur, in: Bibliothekar, 1986, S. 145.

[10] Empfehlungen Planungsgruppe NRW 1975 (Zielvorstellungen und Vorschläge für die Gesamthochschulbereiche), 1975. Hier auch Abdruck des „Koordinierungserlasses“: Koordinierung von Literaturbeschaffungen an den Hochschulen, Erlaß des Ministers für Wissenschaft und Forschung vom 29.8.1973 (Mbl. 23, 1973, S. 455-456).

tem wurde auch für die anderen Bibliotheken festgelegt. Es hieß im ersten Abschnitt des Bibliotheksparagraphen: „Die Hochschulbibliothek ist eine zentrale Betriebseinheit. Sie besteht aus den bibliothekarischen Einheiten innerhalb der Hochschule. ... Sie gliedert sich in eine Zentraleinheit und ihr zugehörige Fachbibliotheken." Die im Vergleich zum Gesetz von 1970 erheblich erweiterten Abschnitt zum Bibliothekswesen schrieben u.a. vor: die Einbeziehung der Dienstleistungen des Hochschulbibliothekszentrums bei der Datenverarbeitung, die Leitung der Bibliothek durch einen hauptamtlichen Bibliothekar des höheren Dienstes, dem die bibliotheksfachliche Aufsicht sowie die Koordinierung der Beschaffungen oblag.[11]

Es war vorauszusehen, dass die im neuen Hochschulgesetz geforderte einheitliche Bibliotheksstruktur „nicht auf die volle Zustimmung weder der Bibliothekare noch der Professoren" rechnen konnte, wie Günther Pflug in einer Interpretation des Gesetzentwurfs zurückhaltend bemerkte.[12] Der Minister für Wissenschaft und Forschung Reimut Jochimsen übte denn auch anlässlich der Eröffnung der neuen Universitätsbibliothek Düsseldorf am 26. November 1979 unter lobender Erwähnung der koordinierten Systeme in Düsseldorf, Bielefeld und an den Gesamthochschulen Kritik an der unzulänglichen Koordinierung der Literaturbeschaffung an den „alten" Universitäten. Er sagte: „Wenn an diesen Hochschulen in Aachen, Bonn, Köln und Münster für die vielen dezentralen Bibliotheken Jahr für Jahr mit etwa 16 Mio. DM rund 240.000 Bände beschafft werden, so ist es für mich bedrückend, dass beispielsweise noch keine dieser Hochschulen bisher auch nur über ein Verzeichnis dieser kleinen und großen Bibliotheken für ihre eigenen Hochschulangehörigen verfügt und dass auch die Frage der Zugänglichkeit zu diesen Bibliotheken hier bisher noch nicht abschließend geklärt ist, meist ganz zu schweigen vom alle Bibliotheken umfassenden jedermann stets zugänglichen Gesamtkatalog, der ja erst den Bestand der dezentral vorhanden ist, erschließen kann."[13]

Verständlicherweise stieß die Ministerrede bei den „alten" Universitätsbibliotheken auf Kritik, so beispielsweise auf der Sitzung der Arbeitsgemeinschaft der Hochschulbibliotheken am 5. März 1980, auf der auch der „Forschungsbericht Nordrhein-Westfalen" zur Sprache kam. Hier war ebenfalls „das vielfach auch heute noch beziehungslose Nebeneinander von Zentralbi-

[11] Gesetz über die wissenschaftlichen Hochschulen des Landes Nordrhein-Westfalen (WissHG) vom 20.11.1979. In: Gesetz- und Verordnungsblatt NRW vom 20.12.1979, S. 926-962, § 33, Hochschulbibliothek, S. 935.

[12] Günther Pflug: Die bibliothekarischen Konsequenzen der Neuordnung des Hochschulwesens in Nordrhein-Westfalen. In: Mbl. 19, 1991, S. 113-124, Zitat S. 116.

[13] Ansprache des Ministers für Wissenschaft und Forschung des Landes NW, Professor Dr. Reimut Jochimsen, anläßlich der Eröffnung der neuen Universitätsbibliothek Düsseldorf am 26. November 1979. In: Mbl. 30, 1980, S. 64-73, Zitat S. 70.

bliothek und bei den vier älteren Hochschulen von jeweils mehr als 100 dezentralen Bibliotheken" beanstandet worden.[14] Auf der Sitzung der Arbeitsgemeinschaft sahen sich die Vertreter der traditionellen Universitätsbibliotheken bei allem Verständnis für die angestrebte Zusammenfassung der Bibliotheksressourcen" durch die Ministerrede in Düsseldorf und den Bibliotheksteil des Forschungsberichts „zu Unrecht kritisiert und verfrüht in die neue Richtung gedrängt".[15]

Hans Limburg (Köln) setzte sich im „Mitteilungsblatt" in einem Aufsatz „Das zweischichtige Bibliothekssystem in der Kritik des Ministers für Wissenschaft und Forschung" mit der Rede Jochimsens auseinander. Er verwies „auf die beiden wichtigsten Gründe", die für den Mangel, den auch die Bibliothekare an den gescholtenen Bibliotheken durchaus kennen würden, anzuführen seien: „Zum einen ist die rechtliche Situation gerade in diesen Standorten bis dato doch so, dass die genannten Desiderate nicht zu erfüllen waren. So lange der Direktor der zentralen Hochschulbibliothek kraft Amtes nicht das Recht hat, eine Institutsbibliothek in bibliothekarischen Fachfragen anzusprechen und das System insgesamt selbst zu organisieren, ist jedwede Koordination allein auf den guten Willen der Beteiligten gestellt... Zum anderen ist das Personalproblem nicht zu unterschätzen. Angesichts der hohen Auslastung der zentralen Hochschulbibliotheken .. können personalbelastende Maßnahmen .. für den dezentralen Bereich nicht übernommen werden. Hier denke ich an den sicherlich erforderlichen Zentralkatalog für Monographien. Die ministerielle Vorstellung, dass die Hochschule insgesamt Personalreserven habe, mag möglicherweise der Rechenstift am grünen Tisch aufs Papier bringen, doch die Hochschulwirklichkeit ist auch künftig weit davon entfernt, zugunsten bibliothekarischer Einrichtungen Überhänge zu ermitteln und Stellen umzuwidmen.."[16]

Die z.T. heftigen Reaktionen von Bibliotheken und Hochschulen auf die Rede Jochimsens, deren politische Bedeutung dadurch unterstrichen wurde, dass ihr Text an die Hochschule verschickt worden war, veranlasste seinen Nachfolger im Amt des Wissenschaftsministers, Hans Schwier, nochmals öffentlich

[14] Bericht und Leitvorstellungen (Forschungsbericht NW 1980), 1980, S. 135.

[15] Berichte über Sitzungen der Arbeitsgemeinschaft der Hochschulbibliotheken, in: Mbl. 30, 1980, S. 322-323 (Zitat S. 322) und Mbl. 31, 1981, S. 158-160, mit Anlage: Forschung und Literaturversorgung. Stellungnahme der Arbeitsgemeinschaft der Hochschulbibliotheken...(zum Forschungsbericht des Ministers für Wissenschaft und Forschung, 1980), in: Mbl. 31, 1981, S. 160-164).

[16] Mbl. 30, 1980, S. 119-125, Zitat S. 123 f. – Zur „Ministerschelte" und zum „Forschungsbericht NW 1980" auch Hartwig Lohse in einem „Besprechungsaufsatz": Zu Forderungen nach einer Neustrukturierung der Bibliotheksverhältnisse an den 5 „alten" Universitäten (TH) des Landes Nordrhein-Westfalen. In: Mbl. 30, 1980, S. 493-498.

Probleme der Koordinierung zu behandeln. Das geschah auf der gemeinsamen Jahrestagung von DBV und VBNW in Bielefeld am 7. Oktober 1980. Die Ratschläge, die der Minister den Bibliothekaren für eine Verbesserung der Zusammenarbeit gab, waren freilich nicht gerade neu, wenn er meinte: „Es muss zu regelmäßigen Kontakten zwischen den Fachreferenten der Bibliotheken und den für die Literaturwerbung in den Fachbereichen zuständigen Wissenschaftlern kommen." An die Fachreferenten der Bibliotheken appellierte er: „Überwinden Sie etwaige Scheu und suchen Sie den Kontakt zu den Gesprächspartnern in den Fächern und Fakultäten."[17]

Schwier ging auch auf die rechtlichen Fragen der Kooperation zwischen Zentralbibliothek und Institutionsbibliotheken ein. Er verwies auf die Grenzen staatlicher Weisungen und auf die eigene Zuständigkeit der Hochschulen bei der Lösung der anstehenden Bibliotheksaufgaben. Entsprechend klare und für alle Hochschulangehörige .. verbindliche Organisationsstrukturen müssten deshalb zunächst von der Hochschule selbst entwickelt werden. Auch hier war die Aktivität der Bibliothek gefragt: „Die Initiative zu einem solchen Konzept sollte", so der Minister, „vom Bibliotheksdirektor ausgehen, zu dessen Aufgaben es auch gehört, die Hochschulleitung und die zuständigen Gremien auf etwaige strukturelle Schwachstellen aufmerksam zu machen und Verbesserungsvorschläge vorzulegen." Unter Hinweis auf die sich im Jahre 1980 abzeichnende Haushaltskrise würden die knapper werdenden Ressourcen einen Umdenkungsprozeß alsbald in Gang setzen, auch bei Professoren, glaubte der Minister voraussagen zu können.

Die finanzielle Situation hat sich in den 90er Jahren weiter verschlechtert, ohne dass es bei den zwei-schichtigen Bibliothekssystemen zu einer grundlegenden Änderung der Bibliotheksstruktur gekommen wäre. Gewiss, es gab Fortschritte in Teilbereichen; auch glaubte der Bibliotheksreferent im Wissenschaftsministerium Antonius Jammers „an den großen Universitäten des Landes ... zunehmend ein produktives Miteinander" feststellen zu können[18], aber „ein geregelter kooperativer Bestandsaufbau im Campus findet" – zumindest in der Sicht des nordrhein-westfälischen Bibliotheksverbundes – „deshalb immer noch nicht statt, ebensowenig eine gleichmäßige Erschließung der diversen Literatur-, Informations- und Medienbestände nach einheitlichen benutzerfreundlichen Standards.." Neue Möglichkeiten der Zusammenarbeit ergeben sich durch den Einsatz der Elektronischen Datenverarbeitung, durch das geplante neue Verbundsystem, das die Beteiligung zwei-schichtiger Bibliotheken unter Einbeziehung aller Institute

[17] Hans Schwier: Zusammenarbeit, in: Mbl. 31, 1981, S. 36.

[18] Antonius Jammers: Einige Gedanken zur Zusammenarbeit, in: Bücher für die Wissenschaft, 1994, S. 392; Erwin Hardeck: Zur Teilnahme der zweischichtigen Hochschulbibliotheken, in: De officio bibliothecarii, 1998, S. 155 (für das weitere Zitat).

vorsieht. Auf der anderen Seite scheint es nicht ausgeschlossen, dass sich nach Einführung des Globalhaushalts im Verteilungswettbewerb die dezentralen Tendenzen in der Literatur- und Informationsversorgung auf Kosten der zentralen Universitätsbibliothek wieder verstärken könnten.

2. *Die Bibliotheken der Pädagogischen Hochschulen*

Am 16. Dezember 1977 beschäftigte sich die Arbeitsgemeinschaft der Hochschulbibliotheken mit einem Thema, das seit langem Gegenstand der Hochschulpolitik des Landes war. Auf der Tagesordnung der Sitzung stand der Status der Pädagogischen Hochschulen, die nach dem Willen der Landesregierung nach dem Scheitern der Gesamthochschulbereiche mit den anderen wissenschaftlichen Hochschulen zusammengeführt werden sollten.[19] Mit dem der Arbeitsgemeinschaft vorliegenden Entwurf des „Fusionsgesetzes“ schien sich ein Schlusspunkt einer Entwicklung abzuzeichnen, die in den 60er Jahren begonnen hatte. Nach der Umbenennung der bisherigen Pädagogischen Akademien in Pädagogische Hochschulen im Jahre 1962 erfolgte 1965 durch das sogenannte Statusgesetz ihre Umwandlung in wissenschaftliche Hochschulen und eine Neugliederung: die vorhandenen Hochschulen wurden als Abteilungen drei Regionalhochschulen zugeordnet: in die Pädagogische Hochschule Rheinland mit Sitz in Köln, die Pädagogische Hochschule Ruhr mit Sitz in Dortmund und in die Pädagogische Hochschule Westfalen-Lippe in Münster. In einem grundlegenden Aufsatz im „Mitteilungsblatt“ beschrieb Hans Limburg am Beispiel der Pädagogischen Hochschule Rheinland die Situation dieser Bibliotheken, deren Unzulänglichkeiten er in drei Bereichen sah: „1. in der fehlenden bibliotheksfachlichen Organisation, 2. in den unzulänglichen Mitteln für den Bestandsaufbau, 3. in der fehlenden oder zumindest äußerst mangelhaften Kooperation und Koordination mit anderen Bibliotheken am Ort.“[20]

Die Organisationsstruktur der drei Pädagogischen Hochschulen Ruhr, Westfalen-Lippe und Rheinland war nicht von Dauer: Nach der Errichtung der neuen Gesamthochschulen Duisburg, Essen. Paderborn, Siegen und Wuppertal wurden Abteilungen der Pädagogischen Hochschulen samt ihren Bibliotheken in diese Gesamthochschulen eingegliedert. Was aber sollte mit den

[19] Auf der Sitzung der Arbeitsgemeinschaft der Hochschulbibliotheken am 16.12.1977 wurde unter TOP 1 behandelt: „Bibliothekarische Konsequenzen resultierend aus der Zusammenführung der Pädagogischen Hochschulen mit den anderen Hochschulen des Landes NRW“ (Mbl. 28, 1978, S. 158).

[20] Hans Limburg: Zur Situation des Bibliothekswesens an der Pädagogischen Hochschule Rheinland. Situationsanalyse und Strukturentwurf. In: Mbl. 21, 1971, S. 112-127, Zitat S. 114.

Pädagogischen Hochschulen an den anderen Hochschulorten geschehen? Entsprechend dem „Gesamthochschulentwicklungsgesetz" waren in Aachen, Bielefeld, Bochum, Bonn, Dortmund, Düsseldorf, Köln und Münster unter Einbeziehung der Pädagogischen Hochschulen Gesamthochschulbereiche zu errichten, die an den Hochschulorten vorhandenen Bibliotheken zu einheitlichen Systemen zusammenzuführen. Wiederum war es Hans Limburg, der in einer im „Mitteilungsblatt" veröffentlichten Materialsammlung die Probleme aufzeigte, die sich für die Pädagogischen Hochschulbibliotheken in den angestrebten Gesamthochschulbereichen ergaben.[21]

Der von Limburg und anderen Autoren beschriebene durch Ein- und Ausgliederung von Teilbibliotheken und mehrfach erforderlichen Umstrukturierungen unbefriedigende Ist-Zustand der Bibliotheken an den drei Pädagogischen Hochschulen fand auch in der 2. Fassung der erwähnten „Zielvorstellungen und Vorschlägen für die Gesamthochschulbereiche" (1975) der Planungsgruppe Bibliothekswesen im Hochschulbereich ihren Niederschlag. Es hieß dort über die Bibliotheksverhältnisse: „Organisatorisch bestehen bei jeder Abteilung einer Pädagogischen Hochschule zwei Ebenen: die der zentralen Abteilungsbibliothek, die zugleich Ausleihbibliothek ist, und die der dezentralen Bibliotheken (Seminar-, Instituts-, Fachbereichs- oder Fächerbibliotheken) deren Bestände präsent gehalten werden sollen. Sie bilden zur Zeit noch kein einheitliches Bibliothekssystem unter der fachlichen Leitung des Bibliotheksdirektors, da die dezentralen Bibliotheken vielfach noch den Fachbereichen unterstellt sind. Dieser Zustand hemmt vereinheitlichende Maßnahmen, die den Arbeitsablauf wirtschaftlicher und die Benutzung gleichzeitig wirkungsvoller gestalten könnten. Die Kompetenz der Bibliotheksleitung ist rechtlich nicht eindeutig geregelt. Daher kann sie die Arbeitsabläufe nicht verbindlich und einheitlich festlegen; auch kann die Mittelbewirtschaftung nicht vereinheitlicht und überschaubar gemacht und das Personal nicht immer so eingesetzt werden, wie es arbeitsökonomisch erforderlich wäre. ...Eine Bestandserschließung (Führung von Sachkatalogen) erfolgt nur ansatzweise, weil die Bibliotheken der Pädagogischen Hochschulen nur in sehr bescheidenem Umfang über die hierfür notwendigen Fachkräfte verfügen. Mit Ausnahme der Abteilung Dortmund und der Abteilung Köln sind die Bibliotheken der Pädagogischen Hochschulen dem Leihverkehr noch nicht angeschlossen..."[22]

Angesichts dieser hier beschriebenen Situation konnte kein Zweifel darüber

[21] Hans Limburg: Materialien zum Bibliothekswesen der Pädagogischen Hochschulen des Landes Nordrhein-Westfalen. In: Mbl. 23, 1973, S. 224-239; Ders.: Die Literaturversorgung, in: Bibliothekarische Kooperation, 1974, S. 43-61.

[22] Empfehlungen Planungsgruppe NRW 1975 (Zielvorstellungen und Vorschläge für die Gesamthochschulbereiche), 1975, S. 19.

bestehen, dass auf die Bibliotheken große Probleme, ja Aufgaben „gigantischen Ausmaßes“[23] zukamen, als die Landesregierung die Zusammenführung der Pädagogischen Hochschulen mit den anderen wissenschaftlichen Hochschulen beschloss. Dabei war im Referentenentwurf wie später auch im Gesetz vom 19. Dezember 1978 von den Bibliotheken überhaupt nicht die Rede.[24] Die Arbeitsgemeinschaft der Hochschulbibliotheken beschäftigte sich wiederholt mit dieser Problematik und setzte auf Anregung der Bibliotheken der Pädagogischen Hochschulen eine Arbeitsgruppe ein, die ein Papier erarbeitete, das an das Ministerium weitergeleitet wurde: „Die bibliothekarische Versorgung für den Fall einer Zusammenführung der Pädagogischen Hochschulen mit den anderen wissenschaftlichen Hochschulen.“ Damit sollte der hochschulpolitischen Entwicklung keineswegs vorgegriffen, „vielmehr sollte auf die evtl. eintretenden Folgen für das Bibliothekswesen hingewiesen werden.“ Im Vorstandsbericht 1978 heißt es weiter: „... insbesondere wurde auf die Gefahr aufmerksam gemacht, dass bei der vorgesehenen Planung die Literaturversorgung nicht hinreichend berücksichtigt wird, die mit der Neustrukturierung zusätzlich anfallenden Arbeiten nicht bedacht werden und die erforderlichen sachlichen, räumlichen und personellen Voraussetzungen außer acht gelassen werden.“[25]

Die Sorgen des Verbandes über die Neustrukturierung der Bibliotheken trug der Vorsitzende Severin Corsten in seiner Begrüßung auf der Jahresversammlung 1979 sehr ausführlich vor. Er sagte: „In diesen Tagen steht das Gesetz über die Zusammenführung der Pädagogischen Hochschulen des Landes (vom 19. Dezember 1978) vor seiner praktischen Durchführung. Bekanntlich ist dafür die das Prinzip der Fach-zu-Fach-Zuordnung von maßgeblicher Bedeutung. Auf die Bibliotheken der betroffenen Hochschulen, von denen im Gesetz überhaupt nicht die Rede ist, muss dieses Prinzip, wird es allzu genau genommen, nachteilige Folgen haben. Nachteilig auch deshalb, weil nicht ausgeschlossen werden kann, dass Bibliotheken, d.h. funktionierende Einrichtungen der Informationsversorgung mit in langen Jahren sorgsam aufgebauten Beständen auseinandergerissen und als Fragmente verteilt werden sollen. Es kann uns auch

[23] So Valentin Wehefritz, Direktor der Universitätsbibliothek, der angesichts der Größe der Bibliothek der Pädagogischen Hochschule vor besonders schwierigen Problemen stand (1965-1990. Die Universitätsbibliothek als Planungsaufgabe. Zum 25jährigen Bestehen der Universitätsbibliothek Dortmund. Dortmund 1990, ohne Seitenzählung, Zitat im Abschnitt „Eingliederung der Bibliotheken der ehemaligen Pädagogischen Hochschule Ruhr“).

[24] Gesetz über die Zusammenführung der Pädagogischen Hochschulen mit den anderen wissenschaftlichen Hochschulen des Landes Nordrhein-Westfalen. Vom 19.12.1978. In: Gesetz- und Verordnungsblatt NRW vom 29.12.1978, S. 650-654.

[25] Aus dem Tätigkeitsbericht 1978 des Verbandsvorsitzenden Kuhlmann, in: Mbl. 29, 1979, S. 34.

nicht gleichgültig lassen, dass die an den betroffenen Bibliotheken tätigen Kollegen fürchten müssen, in diesen Umverteilungsprozeß mit einbezogen zu werden. Es ist doch sehr fraglich, ob so die Intentionen des Gesetzes, die auf eine Verbesserung der bisherigen Verhältnisse zielen, erreicht werden können."

Corsten ging dann auf die Aktivitäten der Arbeitsgemeinschaft der Hochschulbibliotheken ein, auf ihre Bereitschaft zur konstruktiven Zusammenarbeit mit dem Wissenschaftsministerium und den Hochschulen und sagte: „Ich möchte das hier noch einmal ausdrücklich im Namen des Verbandes wiederholen und die Erwartung aussprechen, dass die zu treffenden Maßnahmen nicht vom bloßen Buchstaben des Gesetzes, sondern von seinem Geiste geprägt sein werden und dass die Bibliotheken Gelegenheit finden, ihren fachkundigen Rat dazu beizusteuern. Immerhin steht einiges auf dem Spiele, und es wird nicht einfach sein, die den jeweiligen örtlichen Verhältnissen am besten entsprechende Lösungen, die vor der Zukunft und natürlich auch vor dem heutigen Steuerzahler verantwortet werden müssen, zu finden."[26]

Auch Günter Solle, der Vertreter der beiden Ministerien, musste auf der Jahresversammlung 1979 die anstehenden Schwierigkeiten zugeben, wobei er auch die personellen Probleme betonte, die sich aus der Fusion ergaben. In seiner Begrüßungsansprache sagte er: „Nur in vertrauensvoller Zusammenarbeit und viel guten Willen bei allen Beteiligten lassen sich die vor uns liegenden, nicht immer einfachen und manchmal auch menschlich schwierigen Probleme lösen; schließlich müssen in einem mehrjährigen Prozeß rund 200 Bibliothekare der Pädagogischen Hochschulen in andere Bibliotheken eingegliedert werden. Jeder dieser Bibliothekare wird auch in Zukunft ganz dringend benötigt, denn seine bisherigen Aufgaben der Literaturversorgung für 30 000 Studenten und 1 600 Professoren und Wissenschaftler bleiben in vollem Umfang erhalten, und zusätzlich werden insgesamt rund 2 Mio Bände in andere Bibliotheken integriert werden müssen; was dies bedeutet, das brauche ich Ihnen als den Fachleuten nicht zu erklären."[27]

Bei der Lösung dieser Probleme, die sich durch die eingangs skizzierte wiederholte Umstrukturierung der Pädagogischen Hochschulen ergaben, konnte der Verband, konkret die Arbeitsgemeinschaft der Hochschulbibliotheken, nur Anregungen geben und Zeichen setzen, während die konkreten Entscheidungen von Arbeitsgruppen jeweils am Ort getroffen werden mussten. So heißt es z.B. im Bericht über die Tagung der Arbeitsgemeinschaft am 29.3.1979 in Dortmund: „Da die Bildung der vorgesehenen Organisationskommissionen und der fakultativen Unterkommissionen an den Hochschulen uneinheitlich

[26] Mbl. 30, 1980, S. 31.
[27] Mbl. 30, 1980, S. 34.

verläuft, die Bibliotheken dagegen nicht von plötzlichen administrativen Entscheidungen (z.B. Fach-zu-Fach-Zuordnung auch der PH-Bibliotheken) überrascht werden wollen, wurde die Mitarbeit in der jeweils örtlichen Unterkommission für Bibliotheksfragen angeregt und die Bildung einer besonderen Arbeitsgruppe der Direktorenkonferenz beschlossen."[28]

In der Sitzung am 5.3.1980 wurde die Frage erörtert, welche Bestände und Mittel den übergeleiteten Hochschullehrern an die neuen Hochschulen folgen sollten. Die Arbeitsgemeinschaft sprach sich dafür aus, „die Bestände der zentralen PH-Bibliotheken nicht anzutasten, die Seminarbibliotheken dagegen und die speziellen Literaturmittel den abwandernden Hochschullehrern an ihre neue Hochschule mitzugeben."[29]

Die Schwierigkeiten und die sich über Jahre erstreckenden Arbeiten bei der Integration beschrieb Michael Waltener am Beispiel der Universitätsbibliothek Dortmund. Hier galt es, zwei Bibliotheken etwa derselben Größenordnung – jeweils ca. 500 000 Bände – zusammenzuführen. Zu den lösenden Aufgaben gehörten u.a.: „Neustrukturierung der ehemaligen Fachbereichsbibliotheken entsprechend der neuen Abteilungsstruktur der Universität sowie Überführung und Einarbeitung derjenigen Bestände, die aufgrund der Fach-zu-Fach-Zuordnung in bereits bestehende Bereichsbibliotheken integriert werden mussten; Übertragung des eingliedrigen Bibliothekssystems der UB auf das zweigliederige der PHB; Einordnung der drei Alphabetischen Kataloge der ehemaligen Zentralbibliothek der PH in den Alphabetischen (Gesamt-) Katalog der UB; Vereinheitlichung der inhaltlichen Erschließung der Bestände der UB und derjenigen der ehemaligen Zentralbibliothek der PH; Aufarbeitung der Katalogisierungsrückstände der ehemaligen Zentralbibliothek der PH sowie der in den ehemaligen Fachbereichsbibliotheken nicht bearbeiteten Bücher in einer Größenordnung von zusammen etwa 70 000 Bänden; Durchführung einer redaktionellen Überarbeitung der von Nichtfachkräften geführten Alphabetischen Kataloge der ehemaligen Fachbereichsbibliotheken sowie deren sukzessive Einarbeitung in den Alphabetischen und in die beiden Systematischen Kataloge der UB..."[30]

[28] Sitzung der Arbeitsgemeinschaft der Hochschulbibliotheken am 29.3.1979, in: Mbl. 29, 1979, S. 360.

[29] Sitzung der Arbeitsgemeinschaft der Hochschulbibliotheken am 5.3.1980, in: Mbl. 30, 1980, S. 323.

[30] Michael Waltener: Die Integration der bibliothekarischen Einrichtungen der ehem. Pädagogischen Hochschule Ruhr, in: Bibliothek 13, 1989, S. 315-345. Dabei waren die Voraussetzungen für die Integration noch vergleichsweise günstig: *ein* Gebäude für die Zentralbibliotheken der beiden Hochschulen, eine gemeinsame Benutzungsabteilung. – Über die Situation bei einem zwei-schichtigen Bibliothekssystem berichtet Klaus Hilgemann: Kurze Geschichte der Zweigbibliothek Scharnhorststraße der Universitätsbibliothek Münster. In: Bibliothek in vier Jahrhunderten. Jesuitenbibliothek, Bibliotheca Paulina, Universitätsbibliothek in Münster 1588-1988. Hrsg. von Helga Oesterreich u.a. Münster 1988 (Schriften der UB Münster, 2). S. 137-152, hier S. 149 ff.

3. Ein neuer Bibliothekstyp: die Fachhochschulbibliothek

Am 9. Juni 1972 trafen sich in der Stadtbibliothek Mönchengladbach zum ersten Mal die Bibliotheksleiter der Fachhochschulen, die zum 1. August 1971 errichtet worden waren. Eine erste Bestandsaufnahme zeigte die Schwierigkeiten, die durch die Zusammenführung der überwiegend bescheidenen Büchersammlungen der Vorgängereinrichtungen bestanden, der Ingenieurschulen, Werkkunstschulen und höheren Wirtschafts- und Sozialfachschulen. Zwar war durch die vorläufigen Verfassungen der Fachhochschulen die Grundkonzeption des Bibliothekswesens festgelegt worden – die Bibliothek als zentrale Einrichtung, ihre Gliederung in Bereichsbibliotheken und Bibliothekszentrale, Verwaltung durch den Bibliotheksleiter und dem übrigen Bibliothekspersonal, Bibliothekskommission für die Auswahl der Literatur und Koordinierung der Anschaffungen – aber in der Praxis der ersten Aufbauphase gab es noch zahlreiche Probleme, die auf dieser ersten Sitzung zur Sprache kamen und auch in den folgenden Jahren immer wieder Anlass zur Diskussion war. Ungeklärt blieb zunächst die Frage, wem die Aufgabe der Buchauswahl obliege und wer die Befugnis habe, verbindlich zu bestimmen, was erworben wird. Die vorgesehene Bibliothekskommission sah sich als Kollegialorgan außerstande, die regelmäßig anfallende Arbeit der Literaturauswahl zu bewältigen. Die Diskussion zeigte denn auch, dass an den einzelnen Fachhochschulen die Aufgabe der Buchauswahl sehr verschiedenartig wahrgenommen wird.

Als schwierig erwies sich die zentrale Verwaltung der für die Bucherwerbung zur Verfügung stehenden Mittel, bei routinemäßig anfallenden Verwaltungsarbeiten, so bei der Rechnungsbearbeitung und der Etat-Überwachung, die noch vielfach durch bibliotheksfremde Kräfte in den Außenstellen vorgenommen wurde. „Allgemein ganz unbefriedigend“ war die Personalsituation. Im Bereich der fachlich nicht vorgebildeten Mitarbeitern fehlte es an genügend Stellen, im Bereich der Diplom-Bibliothekare an Bewerbungen. Schwierigkeiten traten auf, als die Mitarbeiter, die bisher in den Büchereien der Vorgängereinrichtungen tätig waren, in die zentrale Verwaltung überführt werden sollten. Auf der Sitzung wurde berichtet, dass viele Fachbereiche diese Mitarbeiter als Mitarbeiter des Fachbereichs ansahen. Die Bibliotheksleiter waren der Ansicht, dass die Bibliothekare auf diesem Gebiet noch ein großes Stück Arbeit vorhaben, bis die in Bibliotheken tätigen Mitarbeiter allgemein als Mitarbeiter der zentral geführten Bibliotheken gelten würden.[31]

Grundlage für die weitere Entwicklung der Fachhochschulbibliotheken bil-

[31] Engelbert Plassman: Der Aufbau der Fachhochschulbibliotheken in Nordrhein-Westfalen. In: Mbl. 23, 1973, S. 60-64. – Bericht über die 2. Sitzung der Arbeitsgemeinschaft: Ders.: Arbeitsgemeinschaft der Fachhochschulbibliotheken. In: Mbl. 23, 1973, S. 169-174.

deten die wenige Monate vor der Sitzung in Mönchengladbach, im April 1972, vorgelegten „Empfehlungen für das Bibliothekswesen an den Fachhochschulen des Landes Nordrhein-Westfalen", erarbeitet von einer im Mai 1971 vom Minister für Wissenschaft und Forschung berufenen Arbeitsgruppe Fachhochschulbibliotheken. Die Empfehlungen enthielten neben Daten der Erhebung des Ist-Zustandes an den Vorläufereinrichtungen konkrete Zahlen für die fachlich notwendige Bibliotheksentwicklung (Sachetat, Raum, Ausstattung, Personal) und Einzelempfehlungen für jede der 10 Fachhochschulen, die nicht zum 1.8.1972 in die Gesamthochschulen einbezogen wurden. Bei der Funktionsbeschreibung der neuen Fachhochschulbibliotheken wurde von den Aufgaben des neuen Hochschultyps ausgegangen, wie sie im Fachhochschulgesetz niedergelegt waren: „Die Fachhochschulen vermitteln durch praxisbezogene Lehre eine auf wissenschaftlicher oder künstlerischer Grundlage beruhende Bildung, die zu selbständiger Tätigkeit im Beruf befähigt. Sie betreiben auch Fortbildung und Weiterbildung. Sie können im Rahmen ihres Bildungsauftrags eigene Untersuchungen durchführen sowie Forschungs- und Entwicklungsaufgaben wahrnehmen."[32]

Als die Empfehlungen für die die Fachhochschulbibliotheken im April 1972 erschienen, entsprachen die Verhältnisse an den Bibliotheken verständlicherweise noch „in keiner Weise" den Vorstellungen der Arbeitsgruppe, die davon ausgehen musste, dass die Empfehlungen trotz aller Erwartungen seitens der Bibliotheksbenutzer sich nur nach und nach verwirklichen lassen würden. Eine erste, für das Wissenschaftsministerium verfasste Bilanz für die Aufbauphase 1971-1973 ließ denn auch die Schwierigkeiten erkennen, die bei der neuen Bibliotheksstruktur aufgetreten waren. Bemerkbar machte sich das Missverhältnis zwischen personeller und sächlicher Ausstattung: Als Folge des Mangels an ausgebildeten Bibliothekaren des gehobenen Dienstes war es nicht überall möglich, die vergleichsweise hohen Mittel für die Buchbeschaffung sinnvoll zu bewirtschaften. Beklagt wurde die bisherige mangelhafte Unterbringung der Bibliotheken, und es war zu befürchten, dass sich dieser Zustand noch für längere Zeit bestehen bleiben würde. Trotz der hier nur andeutungsweise angeführten Schwierigkeiten kam der Bericht zu einer positiven Bilanz. In kurzer Zeit sei eine beachtliche Aufbauleistung erbracht worden, die den planerischen und finanziellen Aufwand der letzten Jahre schon jetzt in hohem Maße gelohnt habe.[33]

[32] Empfehlungen Arbeitsgruppe Fachhochschulbibliotheken NRW, 1972. – Über die hier zitierten Aufgaben der Fachhochschulen: Gesetz über die Fachhochschulen im Lande Nordrhein-Westfalen (Fachhochschulgesetz – FGH) vom 29.7.1969, (Gesetz- und Verordnungsblatt NRW, S. 572).

[33] Engelbert Plassmann: Überblick über den Aufbau der Fachhochschulbibliotheken in Nordrhein-Westfalen. Eine Bilanz der ersten Aufbauphase in den Jahren 1971 bis 1973. In: ZfBB 22, 1975, S. 1-11.

Auch der zweite, ebenfalls auf der Grundlage von Berichten der Bibliotheken an das Ministerium erstellte Rückblick auf die Jahre 1973 bis 1975 kam trotz nach wie vor vorhandener Unzulänglichkeiten zu einer positiven Einschätzung des neuen Bibliothekstyps: „Die Fachhochbibliotheken haben sich als leistungsfähige, effektiv und sparsam arbeitende Einrichtungen erwiesen; die bei der Gründung getroffene Entscheidung für das ‚einschichtige' System hat sich in der Praxis bewährt. Die von der Arbeitsgruppe Fachhochschulbibliotheken seinerzeit vorgelegten ‚Empfehlungen' haben ihren Wert in der täglichen praktischen Arbeit der Bibliotheken bewiesen. Inzwischen macht die Entwicklung allerdings eine Fortschreibung der Zahlen und Daten erforderlich... Für die nordrhein-westfälischen Fachhochschulen bleibt im Interesse einer qualifizierten Ausbildung zu hoffen, dass ihre Bibliotheken die in den Aufbaujahren bewiesene Leistungsfähigkeit bewahren können. Das setzt auf lange Sicht eine Konsolidierung der Literaturetats in ihrer gegenwärtigen Höhe und einen Personalzuwachs voraus, der vor allem dem Bereich Benutzung zugute käme."[34]

Allerdings blieb ungewiss, wie lange die Fachhochschulen und damit ihre Bibliotheken ihren selbständigen Status behalten würden. Sollten sie doch nach dem Willen der Landesregierung wie bei den bereits bestehenden fünf Gesamthochschulen zusammen mit den Universitäten und den Pädagogischen Hochschulen in Gesamthochschulbereiche überführt werden. Entsprechend diesen gesetzlichen Vorgaben hatte die Arbeitsgruppe in ihren Empfehlungen für die Fachhochschulbibliotheken versucht, in einem besonderen Kapitel über Verbund- und Integrationsprobleme Vorschläge für den Aufbau von Fachhochschulbibliotheken unter dem Gesichtspunkt der Gesamthochschule zu erarbeiten. Die Probleme die sich dabei ergeben, hat Engelbert Plassman auf dem Bibliothekskongress 1973 in Hamburg geschildert, so z.B. die unterschiedliche Struktur der zu vereinigenden Bibliotheken („eingleisiges" System bei den Fachhochschulbibliotheken, „zweigleisiges" System bei den Universitätsbibliotheken), des weiteren die großen räumlichen Entfernungen im Gesamthochschulbereich, der unterschiedlich qualifizierte Personalbestand, die unterschiedlichen Verwaltungsbräuche in den beteiligten Hochschulen und vor allem die unterschiedliche Interessenlage und Vorbildung der Benutzer der Universitäts- und der Fachhochschulbibliotheken.[35]

Die bis 1976 terminierte Errichtung von Gesamthochschulbereichen wurde

[34] Annegret Glang-Süberkrüb: Zur Situation der Literaturversorgung an den staatlichen Fachhochschulen des Landes Nordrhein-Westfalen. In: Mbl. 77, 1977, S. 366-378, Zitat S. 378. (Bericht über den Zeitraum 1973-1975).

[35] Engelbert Plassmann: Fachhochschulbibliotheken im Gesamthochschulbereich, in: Bibliothekarische Kooperation, 1974, S. 62-72.

nach dem Widerstand der Universitäten zurückgestellt; die Fachhochschulen mit ihren Bibliotheken blieben selbständige Institutionen, wie es scheint zur Genugtuung der Fachhochschulbibliotheken, die nach dem Ende der Übergangsphase ein neues Selbstbewusstsein entwickelten und erst jetzt die Lösung von Aufgaben in Angriff nehmen konnten, die bisher zurückgestellt worden waren, z.B. die Sacherschließung, der Anschluss an den Leihverkehr, oder die Einführung der Datenverarbeitung. Die Berichte aus den Fachhochschulbibliotheken betonten den besonderen Charakter dieser Bibliotheken, wenn es z.B. hieß: „Mit den Fachhochschulbibliotheken sind Bibliotheken eines völlig neuen Typs entstanden, deren Struktur im Laufe der Jahre immer deutlicher ersichtlich wird. Charakteristisch sind der praxisbezogen aufgebaute aktuelle Buchbestand mit einem hohen Anteil an Mehrfachexemplaren und die hohe Ausleihe." In einem Bericht hieß es: „Die Öffentlichkeit hat das Angebot der Fachschulbibliotheken als eines neuen und leistungsstarken Bibliothekstyps angenommen, wie die steigende Benutzung zeigt." Und in einem Rückblick im Jahre 1986 war zu lesen: „Obwohl seit der Gründung der Fachhochschulbibliotheken in NRW im Jahre 1971 erst fünfzehn Jahre vergangen sind, hat sich in dieser relativ kurzen Zeitspanne der Bibliothekstypus Fachhochschulbibliothek als eine anerkannte und allgemein akzeptierte Institution etabliert. Vergessen sind die einstigen Pläne, die Fachhochschulen und damit ihre Bibliotheken zusammen mit den Pädagogischen Hochschulen nach einer Übergangsphase in die am Ort oder in der Nähe befindlichen Universitäten zu integrieren."[36]

Unsicherheit über den Status der Fachhochschulen und ihrer Bibliotheken, ihre vorgesehene Eingliederung in Gesamthochschulen, mag der Grund gewesen sein, warum sich der VBNW gegenüber den neuen Bibliotheken zunächst in Zurückhaltung übte. Sie hatten sich, wie erwähnt, bereits ein Jahr nach der Errichtung der Fachhochschulen zu einer ersten Tagung in Mönchengladbach am 9. Juni 1972 getroffen, auf der entsprechend den Empfehlungen des Ministeriums eine Institutionalisierung beschlossen wurde, die am 20. Oktober 1972 in Bochum als Arbeitsgemeinschaft der Fachhochschulbibliotheken erfolgte. Als erste Vereinigung von Bibliotheken dieses Typs in der Bundesrepublik wurde die Arbeitsgemeinschaft zum Vorbild für ähnliche Gruppierungen in den anderen Bundesländern, auch „erster Nukleus" für eine „Arbeitsgemeinschaft der Fachhochschulbibliotheken" auf

[36] Gesine Scheider: Die Entwicklung der Fachhochschulbibliotheken in Nordrhein-Westfalen 1976-1978. In: Mbl. 30, 1980, S. 290-300, Zitat S. 290; Dietrich Wachler: Die Entwicklung der staatlichen Fachhochschulbibliotheken in Nordrhein-Westfalen 1979-1981. In: Mbl. 33, 1983, S. 267-273, Zitat S. 273; Christian Benz: Die Entwicklung der staatlichen Fachhochschulbibliotheken in Nordrhein-Westfalen 1982-1984. In: Mbl. 36, 1986, S. 180-187, Zitat S. 180.

Bundesebene,[37] deren Gründung dann im Jahre 1982 innerhalb der Sektion 4 des Deutschen Bibliotheksverbandes (Wissenschaftliche Universalbibliotheken) erfolgte. Zum Vorsitzenden der nordrhein-westfälischen Arbeitsgemeinschaft wurde Hermann Seidel von der Fachhochschulbibliothek Köln gewählt, das Ministerium für Wissenschaft und Forschung war als Gast beteiligt. Auf der Sitzung am 20. Oktober 1972 wurde der Beitritt aller Fachhochschulen zum VBNW beschlossen und eine Zusammenarbeit mit der Direktorenkonferenz in der Form angestrebt, dass der Vorsitzende der Arbeitsgemeinschaft der Fachhochschulbibliotheken regelmässig an den Sitzungen der Direktorenkonferenz der Universitätsbibliotheken teilnehmen sollte und umgekehrt ein Vertreter der Direktorenkonferenz an den Sitzungen der Fachhochschulbibliotheken.

Die Fachhochschulbibliotheken waren nun Mitglieder des Verbandes, aber ihre Probleme fanden in der Verbandsarbeit der 70er Jahre zunächst noch wenig Berücksichtigung; weder auf den Jahresversammlungen in Referaten und in den Rechenschaftsberichten der Vorsitzenden noch in der Berichterstattung über die Sitzungen der Arbeitsgemeinschaft im „Mitteilungsblatt", wie es bei den Arbeitsgemeinschaften des Öffentlichen Bibliothekswesens und seit 1976 auch bei der Arbeitsgemeinschaft der Hochschulbibliotheken der Fall war. Lediglich in der Gründungsphase war von den Fachhochschulbibliotheken die Rede, so auf der Jahresversammlung des Verbandes 1971 mit einem Referat von Antonius Jammers über Bibliotheken und Fachhochschulen oder – in größerem Zusammenhang – auf der Verbandstagung 1973 mit einem Vortrag von Paul Kaegbein (Berlin) „Zur Struktur nordrhein-westfälischen Hochschulbibliotheken".

Breiteren Raum nahmen die Fachhochschulbibliotheken im „Mitteilungsblatt" ein. Auf der Grundlage von Berichten an das Wissenschaftsministerium informierten die Vorsitzenden der Arbeitsgemeinschaft regelmäßig über die Entwicklung ihrer Bibliotheken: Annegret Glang-Süberkrüb (Lemgo) über die Jahre 1973-1975, Gesine Scheider (Krefeld) über die Jahre 1976-1978, Dietrich Wachler (Münster) über 1979-1981 und Christian Benz (Köln) über die Zeit von 1982 bis 1984.[38] Auch spezielle Themen aus dem Bereich der Fachhochschulbibliotheken wurden seit Mitte der 70er Jahre im „Mitteilungsblatt" erörtert, z.B. „Organisations- und Führungsprobleme dezentral aufgebauter

[37] Manfred Walter: Zur Geschichte der Arbeitsgemeinschaft der Fachhochschulbibliotheken, in: Bibliothekspolitik, 1998, S. 180. – Bemerkenswert ist, dass in neuerer Zeit in vermehrtem Maße Rückblicke auf die Entwicklung der Fachhochschulbibliotheken vorgelegt werden. Neben dem erwähnten Beitrag von Walter vom gleichen Verfasser: Staatliche Fachhochschulbibliotheken, in: Nur was sich ändert, 1999, S. 64-79; für Nordrhein-Westfalen: Gesine Scheider: 25 ans après, in: De officio bibliothecarii, 1998, S. 132-138.

[38] Vgl. die in Anm. 34 und 36 (in diesem Kapitel) angeführten Beiträge.

Fachhochschulbibliotheken", „Bibliothekarische Tätigkeit außerhalb einer Bibliothek. Erfahrungen an einer Fachhochschulbibliothek (FHB)" oder „Anmerkungen zum Benutzerverhalten an einer Fachhochschulbibliothek". Die Arbeitsgruppe Sacherschließung der Arbeitsgemeinschaft veröffentlichte 1980 einen Bericht zum Stand der Sacherschließung an den nordrhein-westfälischen Fachhochschulbibliotheken.[39]

Zu Beginn der 80er Jahre fanden endlich auch die Fachhochschulbibliotheken in den Rechenschaftsberichten des Vorsitzenden Erwähnung. Johannes Schultheis musste in seinem Bericht 1983 allerdings zugeben, dass die nun seit 11 Jahren bestehende Arbeitsgemeinschaft der Fachhochschulbibliotheken „bislang etwas im Schatten der anderen Arbeitsgemeinschaften" gestanden habe. Schultheis berichtete von den Leistungen der Bibliotheken, deren Zahl inzwischen auf 11 angewachsen war: Kurz vor Jahresmitte 1983 wurde beim Gesamtbestand die Ein-Millionen-Bandgrenze überschritten; die Nutzung der Bibliotheken, die für die Literaturversorgung von nahezu 60 000 Studenten zuständig waren, stieg auf fast 1,5 Millionen.[40]

Trotz dieser Leistungen und obwohl in der Satzung des Verbandes vorgesehen war, dass die Vorstandsmitglieder verschiedene Typen des Bibliothekswesens vertreten sollten, hatten die Fachhochschulbibliotheken noch keinen Sitz im Vorstand. Erst auf der Mitgliederversammlung 1984 wurde mit Gesine Scheider (Mönchengladbach) eine Vertreterin der Fachhochschulbibliotheken in dieses Gremium gewählt. Allerdings war es zunächst üblich, dass die Fachhochschulbibliotheken nur dann im Vorstand vertreten waren, wenn der Verbandsvorsitzende aus dem Bereich der wissenschaftlichen Bibliotheken kam. Nach erneutem Druck auf eine angemessene Vertretung sind die Fachhochschulbibliotheken seit dem Jahre 1991 ständig im Vorstand vertreten.

Die Integration der Fachhochschulbibliotheken in die Verbandsarbeit zeigte sich auch durch die laufende Berichterstattung über die Tätigkeit der Arbeitsgemeinschaft, seit 1984 im „Mitteilungsblatt", später in den Rechenschaftsberichten der Verbandsvorsitzenden auf den jährlichen Mitgliederversammlungen. Hier wie auch in größeren Abhandlungen im „Mitteilungsblatt" wurde nun ausführlich über neue Entwicklungen in den Fachhochschulbibliotheken informiert, die sich zum großen Teil mit den gleichen Fragen zu beschäftigen hatten wie die Universitätsbibliotheken: Weiterentwicklung der Datenverarbeitung, Online-Recherchen, CD-ROM- und Internet-Arbeitsplätze, Katalogisierung im HBZ-Verbund, Anpassung der Personalstruktur entsprechend dem Wandel der Fachhochschulen in den 90er Jahren, Folgen der Haushaltsre-

[39] Beiträge in: Mbl. 27, 1977, S. 262-270; 27, 1977, S. 51-58; 31, 1981, S. 265-275; 30, 1980, S. 300-304.

[40] Rechenschaftsbericht 1983 des Vorsitzenden Johannes Schultheis, in: Mbl. 34, 1984, S. 70.

striktionen mit dem Rückgang der Buchanschaffungen und der Reduzierung des Zeitschriftenbestandes seit Beginn der 80er Jahre.

Als Ende der 70er Jahre die Minister für Wissenschaft und Forschung Reimut Jochimsen und Hans Schwier in der Öffentlichkeit zu Bibliotheksfragen im Hochschulbereich Stellung nahmen, konnten sie im Rückblick auf die letzten 15 Jahre eine stolze Bilanz ziehen. Jochimsen nannte in seiner Rede anlässlich der Eröffnung der neuen Univeristätsbibliothek Düsseldorf am 26. November 1979 folgende Zahlen: „Die Zahl der Großbibliotheken z.B. im Hochschulbereich unseres Landes wuchs von 4 Hochschulbibliotheken auf 15 an. Für fast alle sind seither neue zweckmäßige Gebäude errichtet worden. Der jährliche Buchzugang bei den damals schon bestehenden Bibliotheken hat sich in diesem kurzen Zeitraum etwa verdoppelt, die Zahl der laufend abonnierten Zeitschriften wächst ständig, und die erfreulich steigende Inanspruchnahme der Bibliotheken macht den Leitern der Benutzungsabteilungen sicher nicht nur Freude... Das Land tut sehr viel für die Literaturbeschaffung. Rund 60 Millionen wurden 1978 an unseren Hochschulen in Nordrhein-Westfalen für Buchkauf und -einband ausgegeben. 1,2 Millionen Bände konnten erworben werden. Jahr für Jahr eine solche stattliche Zahl...“[41]

Ein Jahr später, auf der gemeinsamen Tagung des DBV und des VBNW in Bielefeld am 2. Oktober 1980, musste Minister Schwier angesichts der Krise in den öffentlichen Haushalten Einsparungen ankündigen,[42] die in den folgenden Jahren auch die Universitäts- und Fachhochschulbibliotheken trafen. Darüber soll im nächsten Kapitel berichtet werden.

[41] Vgl. Anm. 13 in diesem Kapitel, Zitat S. 68, S. 69.

[42] Vgl. Anm. 17 in diesem Kapitel, hier S. 32 (Leistungen), S. 33 (Einsparungen).

TEIL B
HERAUSFORDERUNGEN DURCH FINANZKRISEN UND NEUE TECHNOLOGIEN:

ÖFFENTLICHKEITSARBEIT UND KOOPERATION: DIE 80ER UND 90ER JAHRE

VII. Haushaltskrisen – gestern und heute

Als der Vorstand des Verbandes für die Jahresversammlung 1981 das Programm „Literaturversorgung in den Kreisen" festlegte, war noch nicht abzusehen, dass „schon sehr bald ein anderes Thema alles Übrige in den Schatten stellen" würde:[1] die Finanzkrise der öffentlichen Hand und ihre Auswirkungen auf die Bibliotheken. Über die Stimmung auf dieser Jahresversammlung war im „Mitteilungsblatt" zu lesen: „Die Sorge um die Zukunft des nordrhein-westfälischen Bibliothekswesens, hervorgerufen durch Kürzungen und drastische Sparmaßnahmen im Haushalt, zog sich wie ein roter Faden durch alle Beiträge, schien gelegentlich zum eigentlichen Hauptthema zu werden und fand ihren Höhepunkt in einer an Unterhaltsträger und Öffentlichkeit gerichteten Resolution des Verbandes in der Mitgliederversammlung am Nachmittag, bei allen Sparbeschlüssen die Folgen für die Bibliotheken und ihre Benutzer sorgfältig abzuwägen und sich des Rates der Bibliothekare rechtzeitig zu bedienen".[2]

Man spürte zu Beginn der 80er Jahre, dass ein tiefer Einschnitt in der Entwicklung der Bibliotheken bevorstand, dass es sich erst um den Anfang einer langandauernden Krise handelte. Seine Befürchtungen fasste der Vorsitzende des Verbandes Severin Corsten in der Mitgliederversammlung des Jahres 1981 so zusammen. „Es bedarf keiner besonderen Sehergabe zu erkennen, dass diese Krise, deren Anfänge in den Etatkürzungen und anderen Einschränkungen eben erst spürbar werden, nicht mit jenen Geschehnissen zu vergleichen ist, derer wir verhältnismäßig schnell und ohne mehr als ein paar Federn zu lassen Herr geworden sind. Nein, da braut sich Schlimmeres zusammen, wahrscheinlich sogar noch nie Erhörtes."[3]

Auch die Begrüßungen von Seiten .der Ministerien ließen wenig Zuversicht erkennen, so von Antonius Jammers, dem Vertreter des Wissenschaftsministeriums, auf der Jahresversammlung 1982 oder von Günter Solle aus dem Kultusministerium, der auf der Jahresversammlung 1983 voraussagte: „Man muss wohl annehmen, dass die Schwierigkeiten der öffentlichen

[1] Der Verbandsvorsitzende Severin Corsten in seiner Begrüßungsansprache auf der Jahresversammlung 1981, in: Mbl. 32, 1982, S. 10.

[2] Mechtild Dilger im Tagungsbericht 1981, in: Mbl. 32, 1982, S. 7.

[3] Mbl. 32, 1982, S. 52.

Haushalte nicht so bald überwunden werden und auch in den nächsten Jahren noch harte Einschnitte zu erwarten sind. Es geht an die Substanz."[4]

Man erinnerte sich jetzt an die Krisen der 60er und 70er Jahre, die wiederholt zu Rückschlägen in der Literaturversorgung der Öffentlichen Bibliotheken geführt hatten und für den Verband immer wieder Anlass zu Interventionen bei den Unterhaltsträgern und beim Kultusministerium waren.

1. Konjunkturschwankungen und Bibliotheken in den 60er und 70er Jahren

Nach einem seit 1950 andauerndem Wirtschaftswachstum erfolgte im Jahr 1965 eine erste gesamtwirtschaftliche Rezession in der Bundesrepublik, die im Ruhrgebiet durch die Kohlekrise verschärft wurde und im Jahre 1966 durch die Schließung von 13 Zechen einen ersten Höhepunkt erreichte. Auch die Stahlkrise deutete sich bereits an. Die Auswirkungen der sich aus der wirtschaftlichen Entwicklung ergebenden finanziellen Schwierigkeiten des Landes und der Kommunen zeigten sich bereits auf der Jahresversammlung des Verbandes 1965, als der Vorsitzende Werner Krieg angesichts der Kürzungen des Landes für das Büchereiwesen und für die nichtstaatlichen wissenschaftlichen Bibliotheken, d.h. der kommunalen wissenschaftlichen Stadtbibliotheken, ein düsteres Bild vom nordrhein-westfälischen Bibliothekswesen geben musste.

Im Hinblick auf die zu dieser Zeit von verschiedenen Gremien vorgelegten Empfehlungen zum Ausbau des Bibliothekswesens sprach Werner Krieg von einer Enttäuschung, „wie sie bitterer kaum gedacht werden kann", einer Enttäuschung auch deshalb, weil der Haushalt des Kultusministeriums erheblich ausgeweitet und die Kürzung – so Krieg – „bei dem immer schon unterdotierten Bibliotheks- und Büchereiwesen" vorgenommen worden war. Krieg fand denn auch deutliche Worte auf der Mitgliederversammlung, als er sagte: „Es ist klar, dass damit die bisherige Büchereipolitik nicht weitergeführt werden kann und wichtige Vorhaben zum Erliegen kommen werden." Und er schloss seinen Rechenschaftsbericht mit Zweifeln am Sinn einer Weiterführung der begonnenen Bibliotheksplanung im Lande, wenn er sagte: „Diese Haushaltspolitik steht in flagrantem Gegensatz zu all den Kundgebungen und Verlautbarungen, die die Kultusminister, der Deutsche Städtetag und die politischen Parteien in den letzten Jahren über die Notwendigkeit einer verstärkten Förderung der

[4] Günter Solle in seiner Begrüßungsansprache auf der Jahresversammlung 1983, in: Mbl. 34, 1984, S. 43.

wissenschaftlichen Bibliotheken und der Öffentlichen Büchereien veröffentlicht haben: Man muss sich fragen, ob es unter diesen Umständen überhaupt einen Sinn hat, die Mühe der Aufstellung eines Strukturplanes für das nordrhein-westfälische Bibliothekswesen auf sich zu nehmen. Dies vor der bibliothekarischen Öffentlichkeit des Landes mit aller Deutlichkeit auszusprechen, hielt ich für meine Pflicht."[5]

Eine Entschließung der Mitgliederversammlung 1965 zu den Haushaltskürzungen wurde an die drei Fraktionen und an den Haushalts- und Kulturausschuss übermittelt und Gespräche mit einflussreichen Abgeordneten geführt. Der Verband konnte einen Teilerfolg verbuchen, aber neue Gefahr drohte im folgenden Jahr von den Städten, die z.T. einschneidende Kürzungen an den Etats ihrer Bibliotheken vornahmen, bei den Großstädten 33,3 %. Wiederum war der Verband gefordert: In Schreiben an den Städtetag Nordrhein-Westfalen und an den Nordrhein-westfälischen Städtebund wies der Vorstand auf die schweren Gefahren hin, die durch das Ausmaß der von manchen Städten vorgenommenen Kürzungen nicht nur dem einzelnen Institut sondern dem ganzen Bibliothekswesen des Landes drohten. Beide Verbände wurden gebeten, ihren Einfluss auf die Mitgliedstädte zugunsten einer angemessenen Dotierung der Bibliotheken und Büchereien geltend zu machen.

Große Sorgen bereiteten dem Verband neben der Auflösung etlicher Werkbibliotheken die Zukunft der nichtstaatlichen wissenschaftlichen Bibliotheken, der kommunalen Stadt- und Landesbibliotheken, die als eigenständiger Bibliothekstyp auch im Vorstand vertreten waren. Durch die vorgesehene radikale Kürzung der Landesmittel im Haushalt 1967, die einer Einstellung der Förderung gleichkam, war nach Meinung des Vorsitzenden Werner Krieg die Befürchtung nicht von der Hand zu weisen, dass das Land beabsichtige, sich von diesem Sektor der Kulturpolitik ganz zurückzuziehen. Wiederum intervenierte der Vorsitzende, unterstützt von Mitgliedern des Verbandes, mit Erfolg: die Zuschüsse für diese Bibliotheken erreichten mit 700 000 DM den höchsten Stand seit 1963. Auch die Zukunft schien gesichert zu sein: Bei den Beratungen im Kulturausschuss erklärten die Vertreter aller Parteien, dass sie in der Förderung der nichtstaatlichen wissenschaftlichen Bibliotheken auch künftig eine wichtige Aufgabe des Landes sehen würden.

Gefahr drohte indessen von den Städten als den Unterhaltsträgern dieser Bibliotheken. „Dem Vernehmen nach", hieß es im Tätigkeitsbericht 1967, trugen sich einige Großstädte mit dem Gedanken, „ihre wissenschaftlichen Bibliotheken abzustoßen, als seien diese ein Luxus, auf den man gut verzichten könne. Hier droht nicht nur dem kulturellen Leben dieser Städte und ih-

[5] Zitate aus dem Tätigkeitsbericht 1965, in: Mbl. 16, 1966, S. 20 und 21.

res Umlandes, sondern dem ganzen Bibliothekswesen von Nordrhein-Westfalen, in dem diese Bibliotheken bislang eine wichtige Funktion auch als Träger überörtlicher Aufgaben wahrgenommen haben, eine ernste Gefahr."[6]

Als die Pläne über die Abtretung der Landes- und Stadtbibliothek Düsseldorf an die dortige Universität bekannt wurden, nahm der Verband in Eingaben an das Kultusministerium und an den Oberstadtdirektor von Düsseldorf zu dieser Entwicklung Stellung, und in der Mitgliederversammlung 1968 gab der Vorsitzende Krieg eine grundsätzliche Erklärung zu dieser Frage ab, in der er u.a. ausführte: „Die Landes- und Stadtbibliothek Düsseldorf und die Stadt- und Landesbibliothek Dortmund, die beide bisher fast gänzlich von ihren Städten getragen worden sind, sind neben den Hochschulbibliotheken, die schon durch ihre Aufgaben im Rahmen ihrer Hochschulen voll ausgelastet sind, bisher die stärksten Stützen des auswärtigen Leihverkehrs gewesen. Jede Schwächung der überörtlichen Leistungen dieser Bibliotheken, auf welchem Wege sie auch immer eintreten mag, muss bei der eigenartigen Struktur des nordrhein-westfälischen Bibliothekswesens zu einer erheblichen Verschlechterung der Versorgung der Bevölkerung außerhalb der Hochschulstädte mit wissenschaftlicher Literatur führen."[7]

Wieder einmal kam das Thema Landesbibliothek auf die Tagesordnung, so auch auf der Jahrestagung des Verbandes in Detmold im Jahr 1969, auf der das Problem „Die Landesbibliothek und ihre Aufgaben im Bibliothekssystem des Landes" in mehreren Referaten behandelt wurde. Zu diesem Zeitpunkt war in Düsseldorf die Entscheidung für eine Fusion mit der Universitätsbibliothek bereits gefallen. In anderen Städten kam es zur Vereinigung mit der Öffentlichen Bibliothek, so dass es den Typ der selbstständigen wissenschaftlichen Stadtbibliothek bald nicht mehr gab.[8] Der Bedeutungsverlust dieser Bibliotheken dokumentierte sich im Verband dadurch, dass dieser Bibliothekstyp seit den Wahlen des Jahres 1972 nicht mehr wie bisher im Vorstand vertreten war.

Unterstützt durch einen Regierungswechsel in Nordrhein-Westfalen (SPD-FDP-Regierung) und im Bund (Große Koalition) erfolgte durch Maßnahmen in der Wirtschaftspolitik, vor allem durch Strukturpolitik – Konjunkturprogramm der Bundesregierung (1967), Entwicklungsprogramm Ruhr (1968) – eine Besserung der wirtschaftliche Lage, die sich auch auf das Bibliothekswesen positiv auswirkte. Die Bibliotheksetats stabilisierten sich sowohl beim Land

[6] Tätigkeitsbericht des Verbandsvorsitzenden Werner Krieg auf der Jahresversammlung 1967, in: Mbl. 18, 1968, S. 10.

[7] Mbl. 19, 1969, S. 9.

[8] Vgl. Kapitel XI, Abschnitt 1 (Landesbibliothek).

als auch bei den Städten. Aber bereits wenige Jahre später erfolgte durch die Ölkrise des Herbstes 1973, die das Ende der wirtschaftlichen Wachstumsphase 1948-1973 markierte, ein neuer Rückschlag in der Bibliotheksentwicklung. Zu der Weltwirtschaftskrise und der allgemeinen Rezession im ganzen Bundesgebiet kam in Nordrhein-Westfalen die strukturelle Krise der Altindustrien Kohle und Stahl.

Die zu erwartenden Auswirkungen der Rezession auf die Bibliotheken klangen im Tätigkeitsbericht 1974 des Vorsitzenden Hartwig Lohse an, als er sagte, das ganze Jahr sei erfüllt gewesen von der nicht abzuweisenden Sorge, was denn die Zukunft wohl bringen werde. Lohse fuhr fort: „Denn dass der Wind auch uns Bibliothekaren bei schwieriger werdenden Wirtschaftsverhältnissen, offener Antipathie gegenüber dem öffentlichen Dienst, verkürzter Arbeitszeit und steigenden Anforderungen an unsere Dienstleistungsfunktion offen ins Gesicht weht, haben wir wohl alle inzwischen bemerkt.“[9]

Die befürchteten personellen und finanziellen Restriktionen im Verlauf der Finanzkrise erfolgten dann vor allem 1976 und trafen besonders die Öffentlichen Bibliotheken, deren Etats in einzelnen Fällen um mehr als die Hälfte zusammengestrichen wurden. Die Zuschussmittel des Landes zur Förderung des Bibliothekswesens sanken von 7 Millionen (1975) auf 5 Millionen (1976). Die Arbeitsgemeinschaft der Großstadtbibliotheken beschäftigte sich auf ihren Sitzungen der Jahre 1975/76 denn auch vor allem mit Themen, die sich aus den Sparmaßnahmen der Städte ergaben: Einstellungssperren, Einsparung von Personal, Verkürzung der Öffnungszeiten, Privatisierung öffentlicher Dienstleistungen, Sparempfehlungen des Städtetags, vor allem aber und wiederholt mit dem Thema der Benutzungsgebühren. In dieser Angelegenheit wandte sich der Vorsitzende des Verbandes Hans Joachim Kuhlmann auch an den Kultusminister, der ebenfalls die Einführung von Lesegebühren aus fachlichen und kulturpolitischen Gründen ablehnte. Anliegen der Arbeitsgemeinschaft war es, die „Aktivitäten in Richtung auf eine einheitliche Haltung der Bibliotheken zu den entstandenen Problemen zu lenken – bei allen örtlichen Verschiedenheiten – zugleich mit dem Ziel einer sachlichen Unterrichtung der Unterhaltsträger bzw. ihrer Verbände.“ Unter dem Leitbegriff „Zur Strategie des Mangels“ such-

[9] Mbl. 25, 1975, S. 7. – Ähnliche Befürchtungen äußerte der Beigeordnete beim Deutschen Städtetag Dieter Sauberzweig auf der Jahresversammlung 1975 (Informationsversorgung am Ort: Aufgabenverteilung und Zusammenarbeit, in: Mbl. 26, 1976, S. 10-21). An die Ausführungen Sauberzweigs erinnerte der Verbandsvorsitzende Kuhlmann auf der Jahresversammlung 1976, als er sagte: „Er gab darin der Befürchtung Ausdruck, daß bei den Bemühungen der Kommunen, angesichts ihrer Finanznot die Etats auszugleichen, in erster Linie die Kulturhaushalte, und hier besonders die Buchanschaffungsetats der Bibliotheken, so stark in Anspruch genommen würden, daß diese Institute nicht mehr lebensfähig genug bleiben, um ihre Aufgaben für die Bürger wahrzunehmen...“ (Mbl. 27, 1977, S. 4).

te man nach neuen Wegen, nach Arbeitsmöglichkeiten der Bibliotheken unter dem Zwang des Sparens.[10]

Zwar war in den Jahren 1977 und 1978 unter dem Einfluss der staatlichen Maßnahmen zur Konjunkturbelebung wiederum eine gewisse Stabilisierung der Etats bei den Öffentlichen und wissenschaftlichen Bibliotheken festzustellen, aber es blieb die jährlich wiederkehrende von Konjunkturschwankungen abhängige Sorge und Ungewißheit um Etat und Stellenpläne. Vor diesem Hintergrund verstärkten sich in diesen Jahren die Bemühungen des Verbandes um ein „Bibliotheksgesetz" zur Sicherung der Kontinuität in der Arbeit der Öffentlichen Bibliotheken.[11] Als man 1980 das Scheitern eines solchen Gesetzes konstatieren musste, zeichnete sich bereits eine neue, eine verschärfte Krise der öffentlichen Haushalte ab. Auf der Bielefelder Tagung 1980, die gemeinsam mit dem Deutschen Bibliotheksverband durchgeführt wurde, konnte der Wissenschaftsminister des Landes, Hans Schwier, zwar von der ständigen Zunahme des Informationsbedürfnisses der Bevölkerung berichten, musste aber gleichzeitig eine neue Sparwelle ankündigen, als er sagte: „Auf der anderen Seite ist Ihnen allen bekannt, dass bei Bund, Ländern und Gemeinden in den nächsten Jahren ganz erhebliche Probleme bestehen, die öffentlichen Haushalte in Ordnung zu halten. Es wird gespart werden müssen, auch in Nordrhein-Westfalen. Trotz der anerkannt großen Bedeutung der Bibliotheken wird es auch für diese Einsparungsnotwendigkeiten geben müssen."[12]

2. *„Rettet unsere Bibliotheken jetzt!": der finanzielle Einbruch 1981/1982*

Die von Wissenschaftsminister Schwier auf der Bielefelder Tagung des Jahres 1980 angekündigten Sparmaßnahmen wurden im folgenden Jahr Realität. „Schrecken und Unruhe" breiteten sich unter den Bibliothekaren aus, als durch Fernschreiben und Schnellbriefe Haushaltsperren verhängt und die für 1982 vorgesehenen Sparmaßnahmen bekannt wurden.[13] Für Günter Solle war

[10] Zitate aus dem Tätigkeitsbericht 1976 des Verbandsvorsitzenden Kuhlmann, in: Mbl. 27, 1977, S. 5. – Zu den Benutzungsgebühren die Antwort auf ein Schreiben des Vorsitzenden Kuhlmann vom 6.11.1978: Brief des Kultusministers des Landes Nordrhein-Westfalen zur Frage der Ausleihgebühren in Öffentlichen Bibliotheken. In: Mbl. 29, 1979, S. 75-76. Die Frage der Benutzungsgebühren blieb auch in den folgenden Jahren auf der Tagesordnung in den Sitzungen der Arbeitsgemeinschaften der Öffentlichen Bibliotheken. Die Arbeitsstelle für das Bibliothekswesen bzw. der Deutsche Bibliotheksverband veröffentlichte dazu Gutachten: Benutzungsgebühren in öffentlichen Bibliotheken? (1976), Zur Frage der Benutzungsgebühren in Bibliotheken (1994).

[11] Vgl. Kapitel V.

[12] Hans Schwier: Zusammenarbeit, in: Mbl. 31, 1981, S. 33.

[13] So der Verbandsvorsitzende Severin Corsten in seiner Begrüßung auf der Jahresversammlung 1981, in: Mbl. 32, 1982, S. 11.

es gewiss keine angenehme Aufgabe, in Anbetracht dieser Entwicklung die Grüße der beiden für das Bibliothekswesen zuständigen Ministerien zu überbringen: Er sagte auf der Jahresversammlung 1981: „Während in den Grußworten früherer Jahre meist von erfreulicher Aufbauarbeit und teilweise erheblichem Zuwachs die Rede war, muss heute wohl oder übel von drohenden Einbrüchen, von Stillstand, ja sogar Rückschritt gesprochen werden ... Das Thema Benutzungsgebühren kommt wieder auf die Tagesordnung. Reduzierung der Ansätze für Literaturbeschaffung bis zu 50 % und Kürzungen im Stellenplan zeigen den Ernst der Lage. Damit bahnt sich eine teilweise existenzbedrohende Entwicklung an, die jahrzehntelange Aufbauarbeit in Frage stellen kann und die Verantwortlichen zur Aktivität herausfordert."[14]

Das ganze Ausmaß der Finanzmisere zeigte sich dann im Jahr 1982. Die Hochschulbibliotheken erwarben 1981 über 20 % weniger Bücher; über 6 000 Zeitschriften mussten im Verlauf des Jahres abbestellt werden; 1982 betrug die Etatminderung 13 %, dazu Haushaltssperren von rd. 11 %, also fast ein Minus von einem Viertel gegenüber dem ohnehin knappen Jahr 1981. Auch bei den kommunalen Bibliotheken war ein Rückgang der Erwerbungsmittel um durchschnittlich 20 % zu konstatieren; einige Großstadtbibliotheken mussten Kürzungen der Ankaufsmittel um 50 % hinnehmen. Die Zuschüsse des Landes für die Öffentlichen Bibliotheken erreichten 1982 mit 3,29 Millionen DM (1978: 11,4 Millionen DM) einen Tiefstand; die Landesmittel für die kirchlichen Büchereien, für Büchereien in Krankenhäusern und Altenheimen, wurden ganz gestrichen. Auch wenn in der folgenden Zeit wieder eine Besserung der Haushaltssituation zu verzeichnen war, im ganzen wird man feststellen müssen, dass sich die Öffentlichen und wissenschaftlichen Bibliotheken vom Schock der damals erfolgten Restriktionen nicht wieder erholt haben, dass „das goldene Jahrzehnt der Bibliotheken", das man für die Zeit von 1964 bis 1974 datiert hat, Anfang der 80er „wirklich zu Ende" ging.[15]

Die Tagungen der bibliothekarischen Verbände des Jahres 1982 standen denn ganz unter dem Eindruck der Etatkürzungen: die Jahrestagungen des Deutschen Bibliotheksverbandes in Mannheim,[16] des Vereins der Biblio-

[14] Mbl. 32, 1982, S. 13, S. 14.

[15] Elmar Mittler, in: Bundesvereinigung Deutscher Bibliotheksverbände (BDB). Jahresbericht 1989/90. Bibliotheken im zusammenwachsenden Deutschland. Berlin 1991, S. 8. – Die Bedeutung der Finanzkrise 1981/82 auch in der Eröffnungsansprache von Roswitha Poll auf dem Deutschen Bibliothekartag 1992: „Von den finanziellen Einbrüchen 1981/82 um bis zu 20 % haben sich die Etats der Bibliotheken niemals richtig erholt." (Bibliotheken in alten und neuen Hochschulen, 1993, S. 12)

[16] Motto: „Bibliotheken-Investitionen für die Zukunft" („Leitlinien einer mittelfristigen Bibliothekspolitik für den Bereich der Wissenschaftlichen Bibliotheken", „Etatkürzungen in Öffentlichen Bibliotheken") In: DBV-Info Nr. 8 (1982), Nr. 9 T. 1, T. 2 (1982).

thekare an Öffentlichen Bibliotheken in Sindelfingen mit einer Schlußveranstaltung unter dem Motto „Rettet unsere Bibliotheken jetzt!",[17] der Deutsche Bibliothekartag in Darmstadt mit dem Themenkreis „Bibliotheken im Zeichen von Etatkürzungen"[18] und natürlich auch die Jahrestagung des VBNW am 1. Oktober in Paderborn mit dem sprachlich nicht gerade glücklich formulierten Thema „Bücher für – trotz – in Krisen".

Der Vorsitzende des Verbandes Johannes Schultheis sprach von einer „Trauerversammlung" und schilderte anhand von Zahlenmaterial in seiner Begrüßungsansprache, wie die Bibliotheken bei einschneidenden Etatkürzungen und rapide steigenden Buchpreisen in eine „mehr als bedrohliche Lage" gerieten. Sein „Klagelied" wollte er nicht als Pflichtübung verstanden wissen, „sondern als eine eher untertriebene Schilderung der Situation". Zwar müssten auch die Bibliotheken sparen, aber – so Schultheis weiter – zur Zeit drohe „der Übergang vom Einsparen zum Kaputtsparen. Nichtgekaufte Bücher und Zeitschriften in den Universitäten erschweren und verhindern Forschung und Lehre, Ausleihgebühren erschweren vor allem der Jugend den Vorstoß zu den Büchern und liefern sie ganz den Massenmedien aus. Werden Zweigbüchereien geschlossen, wird ein Teil der Kulturlandschaft zerstört, kaputtgemacht."[19]

Der „Durchblick auf das, was noch kommt", wie er von den Referenten der Tagung erhofft wurde, konnte die Bibliothekare wenig zukunftsfroh stimmen. Der Wuppertaler Oberbürgermeister Gottfried Gurland, Vorstandsmitglied des Städtetags Nordrhein-Westfalen, machte das Land für die Notlage der Bibliotheken verantwortlich, als er die „auf's höchste besorgniserregend(e)" Finanznot der Kommunen schilderte, die sich „vom Land auf der ganzen Linie im Stich gelassen" fühlten. Die Reduzierung der Landesmittel für Öffentliche Bibliotheken um bis zu 60 % bezeichnete er als „unverantwortlich und schlicht rechtswidrig".[20] Reinhard Fiege, Leitender Ministerialrat im Wissenschaftsministerium, gab einen ausführlichen Überblick über die schwierige Finanzlage des Landes und musste bei seinem Blick in die Zukunft voraussagen, dass eine Wende in den nächsten Jahren nicht in Sicht sei, „dass die Finanzenge den Bibliotheken noch schlimmer zusetzen" werde.[21]

Die wichtige Funktion der Arbeitsgemeinschaften des Verbandes als Forum für einen Erfahrungsaustausch zwischen den beteiligten Bibliotheken wurde

[17] Literatur braucht Bibliotheken. Bibliotheken brauchen Geld. In: BuB 34, 1982, S. 591-611, bes. S. 603-605.

[18] Etatkürzungen und Öffentlichkeitsarbeit, 1983.

[19] Begrüßungsansprache des Verbandsvorsitzenden Schultheis, Zitate in: Mbl. 33, 1983, S. 22, 23.

[20] Gottfried Gurland: Bücher (für – trotz -)in Krisen – Kommunale Bibliotheksförderung bei knappen Kassen. In: Mbl. 33, 1983, S. 26-31, Zitate S. 27, 31, 30.

[21] Reinhard Fiege: Auswirkungen der Finanzlage des Landes Nordrhein-Westfalen auf die Hochschulbibliotheken. In: Mbl. 33, 1983, S. 31-37, Zitat S. 34.

angesichts der z.T. überstürzten Sparmaßnahmen von Land und Städten einmal mehr deutlich. In der Arbeitsgemeinschaft der Großstadtbibliotheken wurden Umfragen zur Haushaltssituation in den einzelnen Städten zu einem festen Bestandteil der Tagesordnung in den Sitzungen im ersten Quartal des Jahres. Die Gebührenfrage blieb in diesen Jahren ein ständig wiederkehrendes Thema mit dem sich die Arbeitsgemeinschaften zu beschäftigen hatten. Eine Umfrage 1982 ergab, dass nur eine Minderheit der Großstadtbibliotheken ohne Benutzungsgebühren – in welcher Form auch immer – war. Das Jahr 1983 wurde geradezu zu einem „Jahr der Benutzungsgebühren“. Eine Umfrage ergab, dass jetzt Dreiviertel der Großstadtbibliotheken und fast die Hälfte der Klein- und Mittelstadtbibliotheken Benutzungsgebühren erhoben, die einen Rückgang der Ausleihe um 15 – 20 % zur Folge hatten. Stelleneinsparungen führten zur Schließung von Bibliotheken – im Herbst 1983 waren es bereits 32 – und zur „unglückliche(n) Erfindung der Tandembibliotheken“,[22] d.h. die Öffnungszeiten von zwei Bibliotheken wurden auf die Hälfte reduziert, so dass beide Bibliotheken von *einem* Team betreut werden konnten.

„Der Abschied von Wachstumsträumen“ (Ulrich Thiem) warf Grundsatzfragen der Bibliotheksarbeit auf. Auf einer Sondersitzung der Arbeitsgemeinschaft der Großstadtbibliotheken im November 1982 wurden unter dem Motto „Sparen – möglichst nicht an der Substanz“ Sparstrategien entwickelt, nach Prioritäten im Bestandsaufbau gesucht und über zentrale und dezentrale Lösungen nachgedacht.

Die Arbeitsgemeinschaften wurden jetzt noch mehr als bisher zu Informationsbörsen mit Berichten aus den überregionalen Gremien, in denen Mitglieder des Verbandes mitarbeiteten. Sachstandsberichte gab es über das Papier des Deutschen Bibliotheksverbandes „Etatkürzungen in Öffentlichen Bibliotheken“ (1982), das sowohl als Argumentshilfe im bibliothekspolitischen Raum gedacht war als auch der praktischen Anwendung in der täglichen Bibliotheksarbeit dienen sollte. Die Sitzung der Arbeitsgemeinschaft der Großstadtbibliotheken im April 1983 beschäftigte sich mit dem Bericht 6/1983 der Kommunalen Gemeinschaftsstelle für Verwaltungsvereinfachung (KGSt) „Maßnahmen zur Haushaltskonsolidierung bei der Aufgabengruppe 42-Bibliothek“: ein Katalog möglicher Maßnahmen zur Einsparung mit Gegenüberstellung der Vor- und Nachteile der Einzelmaßnahmen.[23]

Bei den wissenschaftlichen Bibliotheken ging es nicht nur um die drastische

[22] Der Verbandsvorsitzende Schultheis in seiner Begrüßung auf der Jahresversammlung 1983, in: Mbl.34, 1984, S. 40.

[23] Als Beispiel auch für die übrigen Arbeitsgemeinschaften der Öffentlichen Bibliotheken die Tagungsberichte der Großstadtbibliotheken in der Zeit von März 1981 bis April 1983, in: Mbl. 31, 1981, S. 314; 32, 1982, S. 55, 168, 388; 33, 1983, S. 43, 131, 300, 377.

Kürzung der Haushaltmittel, gegen die schon die Hochschulen ergebnislos protestiert hatten, die Kritik richtete sich auch gegen „die wechselnden ministeriell verordneten Ausgabenregelungen". Im Bericht über die Sitzung der Arbeitsgemeinschaft der Hochschulbibliotheken vom 28. Januar 1982 hieß es dazu: „Effektive Bibliotheksarbeit erfordert kontinuierliche Bestellabwicklung über das ganze Jahr hin. Demgegenüber war bis Ende Sept. 1982 eine Mittelbindung von nur 55 % verfügt worden, was zur Folge hat, dass bei den einzelnen Bibliotheken wegen der gerade zu Jahresbeginn vorliegenden Zeitschriftenrechnungen nur noch sehr begrenzter Manövrierraum für Monographienbestellung bleibt und kaum noch an den nötigen Buch- und Zeitschrifteneinband gedacht werden kann. In nächster Erlaßstufe wurden dann die Fortsetzungsverpflichtungen von der Beschränkung auf 55 % ausgenommen, die Bibliotheken erhielten also etwas mehr Spielraum eingeräumt. Und neuerdings ist von ‚nur' noch 10 % die Rede, die als Reserve von allen Bibliothekstiteln (außer 813) zurückzuhalten sind. Gewiß eine Verbesserung, aber auch Ausdruck der großen Unsicherheiten, mit denen die Bibliotheken gegenwärtig leben müssen."[24]

Den Unmut der Bibliothekare über die unüberschaubar gewordenen Bewirtschaftungsvorschriften bekam der Vertreter des Wissenschaftsministeriums, Reinhard Fiege, nach seinem Referat auf der Jahresversammlung 1982 zu spüren, vor allem vom Vorsitzenden der Arbeitsgemeinschaft der Hochschulbibliotheken Walter Barton (Siegen), der sich „tief enttäuscht" darüber äußerte, „dass Reinhard Fiege nicht einmal in der Frage der Haushaltsbewirtschaftungs-Maßnahmen, die über die Etatkürzungen hinaus die Arbeit der Bibliotheken in unerträglicher Weise erschwerten, ein Entgegenkommen des Ministeriums signalisiert habe."[25]

Verunsicherungen gab es 1982 auch über die Konsequenzen aus dem neuen „Hochschulbibliotheksgebührengesetz", ein Beispiel für die Hektik dieser Zeit: Am 16. Dezember 1981 beschlossen, im Gesetz- und Verordnungsblatt vom 30. Dezember 1981 verkündet, trat es bereits am 1. Januar 1982 in Kraft. Der vollständige Wortlaut erschien dann erst im Gesetz- und Verordnungsblatt vom 25. Februar 1982 mit Zitierdatum Januar 1982. Es folgten Änderungen und Erweiterungen mit dem Erlass vom 4. März 1982 und mit dem Erlass vom 27. Oktober 1982, der die Einführung von Gebühren für den Auswärtigen Leihverkehr verfügte. Mit einer gewissen Resignation wurde aus der Arbeitsgemeinschaft zur Einführung der Gebühren berichtet: „Die ministerielle Entscheidung ... bereitete dem Teilnehmerkreis keine sachliche Überraschung

[24] Mbl. 32, 1982, S. 169.
[25] Bericht über die Jahresversammlung 1982, in: Mbl. 33, 1983, S. 17-20. Zitat S. 19.

mehr, stand sie doch am Ende eines Prozesses, in dem ein großer Teil der Bibliotheksvertreter sich für Gebührenfreiheit im Fernleihbereich eingesetzt hatte."[26]

Auf die bildungspolitischen Aspekte der Gebühren im Leihverkehr wurde in einem Diskussionsbeitrag im „Mitteilungsblatt" am Beispiel Bochums hingewiesen. Bei Zustimmung für Gebühren für Leihfristüberschreitung und bei Verlust des Benutzerausweises hieß es: „Wenn aber die normalen allgemeinen Leistungen der Bibliotheken zur Geldschöpfung herangezogen werden und dies auch noch zu Lasten der finanzschwächsten Gruppe der Benutzer einer Universitätsbibliothek, nämlich der Studenten, geht, während gleichzeitig die finanziell in der Regel besser ausgestatteten Universitätsangehörigen ausgenommen sind, so stellt sich doch die Frage nach dem Sinn bzw. Unsinn solcher Maßnahmen. Zur Aufgabe einer jeden Universität gehört es, den wissenschaftlichen Nachwuchs, also die Studenten, auszubilden, und dies heißt auch, die Versorgung mit der dazu erforderlichen Literatur sicherzustellen. Das aber ist ganz gewiß nicht gewährleistet, wenn durch die geschilderten Maßnahmen jede zweite studentische Fernleihbestellung verhindert wird; wie oben am Beispiel der UB Bochum gezeigt wurde, und dies auch noch zu einer Zeit, wo durch knappe Anschaffungsetats den Bibliotheken eine ausreichende Selbstversorgung vor Ort kaum mehr möglich ist . Die Frage, ob die nunmehr im Zeitschriftenschwerpunktprogramm eingenommenen rund sechseinhalbtausend Mark im Jahr die Reduzierung des Nutzens dieses Sonderdienstes auf ein Drittel rechtfertigen, mag jeder für sich beantworten."[27]

Wie bei den kommunalen Bibliotheken wurde auch bei den Hochschulbibliotheken die Personalsituation kritisch, mochten auch die Auswirkungen nach außen hier nicht so gravierend erscheinen wie bei den Öffentlichen Bibliotheken, die sich zu Schließung von Zweigstellen gezwungen sahen. Allerdings: Auch bei den Hochschulbibliotheken war der Stellenabbau beträchtlich. Die Arbeitsgemeinschaft sandte am 23. Juli 1987 einen Bericht an das Wissenschaftsministerium, aus dem u.a. hervorging: „Die 16 wissenschaftlichen Hochschulbibliotheken des Landes verloren seit 1982 87,5 Stellen (= durchschnittlich 5,2 ihrer damaligen Stellen). Ihre personellen Ausfälle durch Sperrfristen und sonstige besondere Umstände (natürlich ohne Urlaube) betrugen

[26] Sitzung der Arbeitsgemeinschaft der Hochschulbibliotheken am 11.11.1982, in: Mbl. 33, 1983, S. 45. – Das Hochschulbibliotheksgebührengesetz vom 26.1.1982 ist abgedr. in: Mbl. 33, 1983, S. 67 f.; es erfolgten wiederholt Änderungen bzw. Erweiterungen.

[27] Gunter Dokter: Die Auswirkungen der Kostenerstattung im Leihverkehr auf das Benutzerverhalten. Folgen des neuen Hochschulbibliotheksgebührengesetzes in Nordrhein-Westfalen ... In: Mbl. 35, 1985, S. 448-462, Zitat S. 458, S. 462.

1986 ganze 175 Mannjahre oder gut 200 Stellen; sie konnten somit durchschnittlich 12,1 % ihrer Stellen nicht nutzen."[28]

Wie bei den Hochschulgebühren gab es auch im Personalbereich immer wieder Unsicherheit in den ministeriellen Erlassen, die zu Beginn der 80er Jahre, bedingt durch die Haushaltssituation des Landes, in rascher Folge erschienen und die Arbeit der Bibliotheken stark beeinflussten, wie ein Bericht der Arbeitsgemeinschaft der Hochschulbibliotheken verdeutlicht: „Die Zeit, in der die Arbeitsgemeinschaft eigene Initiativen in bibliothekarische Effizienz umzusetzen und gemeinsam mit anderen Kräften planvoll kooperative Fortschritte im Hochschulbereich bewirken konnte, scheint erst einmal vorbei zu sein. Wie die Sitzung am 11.11.1982 in Siegen (Leitung: Dr. Barton) zeigte, werden die Bibliotheken jetzt mehr und mehr zur bloßen Reaktion auf Vorgaben des Ministeriums für Wissenschaft und Forschung des Landes NW gedrängt, deutliche Zeichen für die haushaltsbedingt gewandelte Situation im Lande."[29]

Als ein „Zeichen für die haushaltsbedingt gewandelte Situation" wird man auch die Diskussion um die Existenz einer traditionell als unentbehrlich angesehenen zentralen Einrichtung des Öffentlichen Bibliothekswesens sehen müssen: die Diskussion um die Zukunft der Staatlichen Büchereistellen, ein Problem, mit dem sich der Verband und insbesondere die Arbeitsgemeinschaften der Mittelstadt- und Kreisbibliotheken immer wieder beschäftigen mussten. Am Beginn steht die mit Erlass des Kultusministers vom 16. November 1982 verfügte Schließung der seit 1935 bestehenden Außenstelle Aachen der Staatlichen Büchereistelle für den Regierungsbezirk Köln. Es war die letzte Dienststelle des 1972 aufgelösten Regierungsbezirks Aachen, und entsprechend lautete die Begründung, nämlich „aus Gründen der Einheitlichkeit und Einräumigkeit der Verwaltung innerhalb der Regierungsbezirke". Im Vorstand war man geteilter Meinung: Während die Vertreter der Unterhaltsträger Verständnis für die Maßnahme zeigten, waren einige Vorstandsmitglieder über die Begründung entsetzt . „Der gesamte Vorstand aber hatte kein Verständnis für die Art und Weise oder besser das Wie, die Form, in der jetzt die Außenstelle Aachen geschlossen" wurde.[30]

Im Namen des Kultusministers bedauerte Günter Solle diese Entwicklung, die durch Untersuchungen des Landesrechnungshofes begonnen hatte. Der

[28] Sitzung der Arbeitsgemeinschaft der Hochschulbibliotheken am 1.7.1987, in: Mbl. 37, 1987, S. 473.

[29] Mbl. 33, 1983, S. 44.

[30] Zitate aus der Begrüßungsansprache des Verbandsvorsitzenden Schultheis auf der Jahresversammlung 1982, in: Mbl. 33, 1983, S. 23.

Vorsitzende des Verbandes Johannes Schultheis konnte auf der „Verabschiedungsfeier“ deutlicher werden, wenn er von einer „Verarmung der Bibliothekslandschaft“ sprach und die Auflösung mit der „Anlage von Monokulturen“ verglich, „die erst Gewinn versprechen, letztlich aber die Vielfalt beschneiden und zur Verödung beitragen“.[31]

Die Schließung der Büchereistelle Aachen schien zeitweise nur der Anfang vom Ende der Staatlichen Büchereistellen in Nordrhein-Westfalen zu sein. Entsprechend den Vorschlägen des Landesrechnungshofes und analog zu ähnlichen Überlegungen in anderen Bundesländern sollten die Staatlichen Büchereistellen unter Reduzierung ihrer Leistungen in die Bezirksregierungen eingegliedert werden. In einer gemeinsamen Stellungnahme der drei, die kleinen und mittleren Bibliotheken vertretenden Arbeitsgemeinschaften des Verbandes wurden die „Dienstleistungen der Staatlichen Büchereistellen zum Nutzen der kommunalen öffentlichen Bibliotheken“ betont und „mit Nachdruck leistungsstarke und gut ausgestattete Büchereistellen“ als „wichtige und unverzichtbare Schlüsselstellung“ in einem Bibliotheksnetz gefordert.[32] Der Vorstand des Verbandes setzte sich in mehreren „Dringlichkeitsschreiben“ für den Erhalt und Weiterführung der Leistungen dieser Institutionen ein. Auf der Jahresversammlung des Verbandes 1986 konnte der Bibliotheksreferent des Kultusministeriums Günter Solle unter Hinweis auf die Bemühungen des Verbandes und seiner Arbeitsgemeinschaften mitteilen, dass es gelungen sei, „die drohende Auflösung und auch die organisatorische Verlagerung mit Reduzierung des Personals der Staatlichen Büchereistellen zu verhindern“.[33] Allerdings: es gab auch hier erhebliche Personaleinsparungen mit der Folge von Einschränkungen in der ohnehin noch unzureichenden flächendeckenden Literaturversorgung.

Auch in den folgenden Jahren war die Existenz der Staatlichen Büchereistellen weiterhin gefährdet, so Mitte der 90er Jahre, als im Zusammenhang mit den Bemühungen um einen „schlanken Staat“ eine Organisationsuntersuchung für neue Unruhe sorgte. Es gab Anzeichen dafür, die Staatlichen Büchereistellen in

[31] Angelika Kossel, Marita Kämmerer: Schließung der Staatlichen Büchereistelle in Aachen. In: Mbl. 33, 1983, S. 300-302, Zitat S. 301; Günter Solle: Auflösung der Staatlichen Büchereistelle Aachen. In: biblos 32, 1983, I, S. 36.

[32] Stellungnahme der Arbeitsgemeinschaft Mittelstadt- und Kreisfahrbüchereien Ostwestfalen, der Arbeitsgemeinschaft Mittelstadt- und Kreisbibliotheken Rheinland und der Arbeitsgemeinschaft Stadt- und Kreisbibliotheken Westfalen. In: Mbl.36, 1986, S. 193-196, Zitat S. 194, S. 193. Das Papier wurde an die kommunalen Spitzenverbände sowie an alle Mitglieder des Kulturausschusses im Landtag versandt. Bericht und Text des Papiers auch in: BuB 38, 1986, S. 598-599. Dazu auch die Berichte der Arbeitsgemeinschaften der Großstadtbibliotheken (in: Mbl. 35, 1985, S. 517 und 36, 1986, S. 123) und der Mittelstadt-und Kreisbibliotheken Rheinland (in: Mbl. 35, 1985, S. 293 f.).

[33] Mbl. 37, 1987, S. 73.

ihren bisherigen Funktionen drastisch zu beschneiden oder sie gar überhaupt in Frage zu stellen, für den Vorstand wiederum Anlass, die Bedeutung dieser Einrichtungen im Bibliothekswesen des Landes deutlich zu machen: beim Ministerpräsidenten, bei den Fraktionsvorsitzenden im Landtag, bei der Ministerin für Stadtentwicklung, Kultur und Sport, bei den kommunalen Spitzenverbänden, und hier besonders beim Nordrhein-westfälischen Städtebund. Die Geschäftsführung dieses Verbandes hatte versucht, „den Kulturausschuß auf eine Reduzierung der Aufgaben der Staatlichen Büchereistellen auf die Förderfunktion und auf deren Eingliederung in die Landschaftsverbände einzustimmen."[34]

3. *„Der Wind bläst den Bibliotheken ins Gesicht": die 90er Jahre*

In der zweiten Hälfte der 80er Jahre schien sich eine Stabilisierung der Haushaltslage abzuzeichnen. Auf der Jahresversammlung 1986 glaubte der Vorsitzende des Verbandes Hartwig Lohse feststellen zu können, dass die Talsohle in den Erwerbungsetats durchschritten sei, und auf der gemeinsamen Tagung des Verbandes und des Deutschen Bibliotheksverbandes anlässlich der zum zweiten Mal durchgeführten Fachausstellung „Bibliotheca" in Dortmund im Jahre 1989 zeichnete Kultusminister Hans Schwier ein eher optimistisches Bild von der Lage der Bibliotheken. Im Bereich der Öffentlichen Bibliotheken stelle sich nach seiner Einschätzung die Situation nicht mehr so bedrohlich dar wie vor einigen Jahren. Er konnte auf eine Erhöhung der Landesmittel hinweisen, auf die Wiederaufnahme der Förderung von Schulbibliotheken und von kirchlichen Öffentlichen Bibliotheken. Immerhin hatte sich die Landesförderung von rd. 4,6 Millionen im Jahre 1987 auf rd. 7 Millionen im Jahre 1989 erhöht, wenn sie auch noch weit von der Höhe vor dem Einbruch der Jahre 1981/82 entfernt war; 1978 betrug sie 11,4 Millionen.

Auch bei den Hochschulbibliotheken besserte sich die Lage, vor allem durch Sonderprogramme, insbesondere durch das Bund-Länder-Programm zur Milderung der „Überlast" an den Hochschulen. „Mit Stolz" trug Minister Schwier „der bibliothekarischen Öffentlichkeit einige beachtliche Ergebnisse" vor: „30 neue Stellen haben unsere Hochschulbibliotheken in diesem Jahr zusätzlich erhalten. Ferner für Personalaushilfen, insbesondere zur Verbesserung der Öffnungszeiten, einen Betrag von 1,6 Mio. DM. Ende Juni konnten den Hochschulbibliotheken für Literaturerwerb zusätzlich 6,7Mio. DM zugewie-

[34] Tätigkeitsbericht des Vorsitzenden Brenner auf der Jahresversammlung 1995, in: ProLibris 1, 1996, S. 28. – Die Staatlichen Büchereistellen wurden zum 1.1.1999 unter Reduzierung ihres Personals von bisher 44 auf 18 Planstellen für die verbleibenden Aufgaben in die Bezirksregierungen eingegliedert.

sen werden. Dieser Beitrag muss in Relation zu den knapp 3 Mio. DM gesehen werden, die den Bibliotheken im ordentlichen Haushalt für dieses Jahr für die Lehrbuchsammlung zur Verfügung stehen. Für die technische Erneuerung konnte allein in diesem Jahr neben der üblichen Großgerätebeschaffung ein zusätzlicher Betrag von 3,8 Mio. DM den Bibliotheken gewährt werden."[35]

Aber schon zu Beginn der 90er Jahre drohte eine neue, sich vor allem auf die kommunalen Bibliotheken auswirkende Finanzkrise, als die Arbeitslosigkeit weiter zunahm und damit die Sozialausgaben stiegen, als neue Kosten aus der „deutschen Einheit" und durch die Öffnung der Grenzen in Osteuropa mit Versorgung von Aussiedlern und Flüchtlingen auf die öffentlichen Haushalte zukamen. Während die Landesmittel für Öffentliche Bibliotheken zunächst noch stiegen, verschlechterte sich die finanzielle Situation der kommunalen Bibliotheken, wenn auch keineswegs einheitlich, von Jahr zu Jahr, wie die Berichte von den Jahresversammlungen des Verbandes zeigten. Noch recht zurückhaltend hieß es 1990: „Es sieht so aus, als würde sich die Lage der Öffentlichen Bibliotheken in den großen Städten unseres Landes nicht verbessern in nächste Zeit."[36] Ein Jahr später musste aufgrund der jährlichen Haushaltsumfrage bei den Großstadtbibliotheken berichtet werden: „Vor allem im Ruhrgebiet, aber auch darüber hinaus, greift das Konsolidierungsfieber erneut um sich und hat hier und da zwischenzeitlich bereits zu Etat- und Stellensperren sowie, parallel dazu, zu Gebührenerhöhungen geführt. Es spricht vieles dafür, dass sich diese negative Entwicklung in den kommenden Jahren drastisch verschärfen wird. In der Tat ist die Haushaltssituation der Kommunen zur Zeit angespannter denn je und es steht zu befürchten, dass in dem drohenden Verteilungskampf die kommunalen Bibliotheken wie der gesamte Kulturbereich erneut einen schweren Stand haben werden."[37]

Auf der Jahresversammlung 1995 schließlich musste der Vorsitzende des Verbandes Reinhard Brenner (Essen) in seiner Begrüßung feststellen: „... der Wind bläst den Bibliotheken ins Gesicht; nicht erst seit gestern, aber seit gestern droht dieser Wind zum Sturm zu werden, der große Standfestigkeit und Widerstandskraft erfordern wird. In Nordrhein-Westfalen sind allein von 1993 auf 1994 48 öffentliche Bibliotheken von der Bildfläche verschwunden, meist Fahrbibliotheken und Zweigstellen in Bibliothekssystemen. Seit 1988 wurden in diesem Bundesland 116 Bibliotheken geschlossen, das sind über 13 %! Und der Trend scheint sich fortzusetzen. Die Umfragen der Arbeitsgemeinschaften

[35] Mbl. 40, 1990, S. 29-31, Zitat S. 30 f.

[36] Der Verbandsvorsitzende Ulrich Moeske in seiner Begrüßungsansprache auf der Jahresversammlung 1990, in: Mbl. 41, 1991, S. 31.

[37] Bericht der Arbeitsgemeinschaft der Großstadtbibliotheken im Tätigkeitsbericht des Verbandsvorsitzenden Bernhard Adams 1991, in: Mbl. 42, 1992, S. 43.

des Verbandes lassen in dieser Hinsicht zumindest keinen großen Optimismus zu. Angesichts der leeren Kassen sind vor allem öffentliche Bibliotheken ganz schnell zum beliebten Sparobjekt geworden. Schließungen, Teilschließungen, massiver Stellenabbau, drastische Kürzungen der Etats für Neuerwerbungen sind, teilweise trotz heftiger Proteste der Bevölkerung an der Tagesordnung."[38]

Angesichts dieser Entwicklung der kommunalen Bibliotheksetats war es bedauerlich, dass auch die Landesförderung, die 1990 wieder auf 7,6 Millionen DM angestiegen war, gekürzt wurde, sowohl beim Sondersammelgebietsprogramm als auch bei den Zuschüssen, die nach den Richtlinien der „Empfehlungen zum Ausbau des Bibliothekswesens," von 1973 gewährt wurden. Die Landesfördermittel für Öffentliche Bibliotheken sanken im Jahr 1995 auf 6,36 Millionen; 1996 waren es nur noch 5,47 Millionen. Die Auswertung einer Fragebogenaktion aus dem Jahre 1994 kam denn auch zu folgendem Ergebnis: „Durch den Rückgang der Förderbeträge besteht die Gefahr, dass die Landesförderung mehr eine rein symbolische, denn eine die Entwicklung der Bibliotheken und des Bibliothekswesens fördernde Bedeutung erlangt."[39]

Weiter ging eine Initiative des Nordrhein-westfälischen Städte- und Gemeindebundes, die darauf abzielte, die sich am „Strukturplan" orientierte Förderpraxis des Landes überhaupt aufzugeben, da sich immer weniger Gemeinden in der Lage sähen, die geforderten Mindeststandards für die Förderung – mindestens 10.000 Medieneinheiten, Öffnungszeiten 20 Stunden pro Woche, hauptamtliche Leitung – zu halten oder zu erreichen. Wiederum war der Verband gefordert, der keine Veranlassung sah, von den Normzahlen abzuweichen, gleichwohl bereit war, an einer Überarbeitung der „Empfehlungen" mitzuwirken.

Hintergrund dieser Initiative des Städte- und Gemeindebunds waren Bestrebungen zu einer Privatisierung Öffentlicher Bibliotheken in kleineren Gemeinden und ihre Fortführung durch ehrenamtliche Mitarbeiter, wobei gewiss mancherorts die Arbeit der kirchlichen Öffentlichen Büchereien als Vorbild diente. Privatisierungstendenzen und Ehrenamt waren freilich nicht auf Kleinstädte beschränkt, wie sich auf dem Bibliothekskongress in Dortmund 1994 zeigte, als der Oberbürgermeister der Stadt, Günter Samtlebe, in seiner Begrüßungsansprache den versammelten Bibliothekaren das Ehrenamt zur Sicherung einer flächendeckenden Literaturversorgung empfahl.

[38] ProLibris 1, 1996, S. 13.

[39] Daten bei Brigitte Klein: Landesfördermittel für öffentliche Bibliotheken (Ms., Referat auf der Sitzung der Arbeitsgemeinschaft der Großstadtbibliotheken am 5.9.1996). Nicht ganz übereinstimmend die Daten bei Günter Pflaum: Bibliotheksförderung in Nordrhein-Westfalen, in: ProLibris 3, 1998, S. 41; Ders.: Durchs Netz gefallen. Mittelpunktbibliotheken und Bibliotheken 2. Stufe in Nordrhein-Westfalen. Auswertung einer Fragebogenaktion aus dem Jahr 1994. In: ProLibris 1, 1996, S. 41-45, Zitat S. 45. Daten auch in den jährlichen Gesamtübersichten über das kommunale Öffentliche Bibliothekswesen in NRW, in: biblio.

Die Arbeitsgemeinschaft der Großstadtbibliotheken hatte sich schon vor der Dortmunder Tagung mit dem Thema „Ehrenamt“ beschäftigt und eine Arbeitsgruppe eingesetzt, in der alle Größenordnungen Öffentlicher Bibliotheken repräsentiert waren. Der Zweck des im „Mitteilungsblatt“ veröffentlichten Papiers „Ehrenamtliche Kräfte in Bibliotheken – Eine Chance in der Krise?“ erläuterte der Vorsitzende des Verbandes Reinhard Brenner folgendermaßen: „Um von den unkritischen Befürwortern der ehrenamtlichen Tätigkeiten, die häufig genug kommunalpolitische Entscheidungsträger sind, ernst genommen zu werden, war es unumgänglich, sich mit deren Argumenten zu befassen. Angesichts der Vielzahl von konkreten Beispielen ehrenamtlicher oder wenigstens nichtprofessioneller Arbeit in Bibliotheken konnte es im wesentlichen nur darum gehen, in der Auseinandersetzung mit den Argumenten pro Ehrenamtlichkeit implizit, aber deutlich Voraussetzungen und Grenzen für den Einsatz ehrenamtlicher Kräfte zu definieren, um den Kolleginnen und Kollegen ein Grundgerüst für entsprechende Auseinandersetzungen vor Ort zu liefern.“[40]

Nach kontroversen Diskussionen in den Arbeitsgemeinschaften, insbesondere der Mittelstadt- und Kreisbibliotheken, im Vorstand und im „Mitteilungsblatt“ und nachdem sich auch der Deutsche Bibliotheksverband das nordrhein-westfälische Papier zu eigen gemacht hatte, verabschiedete der Vorstand die Stellungnahme am 28. September 1995 „als offizielle Verlautbarung des VBNW“ „in der Überzeugung, dass diese Stellungnahme für die Argumentation vor Ort eine brauchbare Grundlage darstellt, die allerdings jeweils entsprechend den individuellen Bedürfnissen und Verhältnissen konkretiert werden muss.“[41]

Konnte bei einem Einsatz von ehrenamtlichen Mitarbeitern der Bibliotheksbetrieb, wenn auch unzulänglich, aufrechterhalten werden, so ging ein anderer Sparvorschlag einen Schritt weiter, der zeigte, wie sehr die Öffentliche Bibliothek unter Legitimationsdruck geraten war. Der Bund der Steuerzahler Nordrhein-Westfalen stellte in seinem „Kommunalkompass“ – gedacht für Kommunalpolitiker als „konkretes Handlungskonzept für die notwendige Neuorientierung in der kommunalen Haushalts- und Finanzpolitik“ – die Existenz von Öffentlichen Bibliotheken überhaupt zur Disposition. Es sei grundsätzlich zu fragen, so war zu lesen, ob das Betreiben Öffentlicher Bibliotheken überhaupt noch als öffentliche Aufgabe im allgemeinen bzw. als kommunale Aufgabe im besonderen

[40] Reinhard Brenner: Ehrenamtliche Kräfte in Bibliotheken – (K) eine Chance in der Krise?; Abdruck des Papiers der Arbeitsgruppe, in: Mbl. 45, 1995, S. 46-51.

[41] Der Verbandsvorsitzende Brenner im Tätigkeitsbericht 1995, in: ProLibris 1, 1996, S. 28. – Diskussionsbeiträge, das Ehrenamt überwiegend ablehnend, in: Mbl. 45, 1995, S. 145-156; lebhafte Diskussionen auch in den Arbeitsgemeinschaften der Mittelstadt- und Kreisbibliotheken und bei den kirchlichen Büchereien.

angesehen werden müsse. „Aufgrund der insgesamt deutlich verbesserten Einkommensverhältnisse der Bevölkerung dürfte es heute" – so wurde argumentiert – „nicht mehr erforderlich sein, durch das Vorhalten öffentlicher Bibliotheken breiten Schichten überhaupt den Zugang zu Druckwerken zu ermöglichen. Da der Kauf von Büchern für große Teile der Bevölkerung kein wirtschaftliches Problem mehr ist, kann daher die Berechtigung dieser bisher kommunalen Aufgabe grundsätzlich in Frage gestellt werden."[42]

Verständlicherweise gab es Unruhe, ja Empörung unter den Bibliothekaren nicht nur in Nordrhein-Westfalen. Der Verband nahm in einem Brief an den Steuerzahler-Bund Stellung, insbesondere zu seiner Argumentation,[43] die „aber auch schon – nur unwesentlich abgeschwächt – aus dem Munde von kommunalen Kulturpolitikern zu hören" war, wie Jochen Dieckmann, Präsident des Deutschen Bibliotheksverbandes und Geschäftsführendes Präsidialmitglied des Deutschen Städtetags auf der Jahrestagung 1995 des Deutschen Bibliotheksverbandes mitteilen musste.[44]

Im Vergleich zu den z.T. in ihrer Existenz gefährdeten kommunalen Bibliotheken wirkten sich die Sparmaßnahmen seit Anfang der 90er Jahre auf die Hochschulbibliotheken weniger dramatisch aus. Sie beeinträchtigen jedoch in massiver Weise ihre Funktions- und Leistungsfähigkeit. Bescheidene Etaterhöhungen und Sondermittel konnten mit den Preissteigerungen, insbesondere bei den ausländischen Zeitschriften, nicht Schritt halten. So stiegen z.B. im Zeitraum 1988-1992 die Preise der in den USA und Großbritannien verlegten unverzichtbaren „Kernzeitschriften" in den Natur- und Ingenieurwissenschaften, Medizin und Mathematik um durchschnittlich 66,5 %.[45] Die Folge: Die Abbestellungswelle von Zeitschriften seit Anfang der 80er Jahre, die zu einem massiven Einbruch in der Literarurversorgung der Universitäten mit Zeitschriften geführt hatte, ging in den 90er Jahre schleichend weiter. „Wegen der explodierenden Preise auf diesem Sektor und der nicht in ausreichendem Maße steigenden Etats in Hochschulbibliotheken" mussten, so war aus dem Tätigkeitsbericht des Verbandes 1993/94 zu entnehmen, „Zeitschriftenabonnements in zum Teil dreistelliger Höhe abbestellt und Monographienkäufe eingeschränkt werden."[46]

Ein Bericht aus der Arbeitsgemeinschaft der Hochschulbibliotheken aus

[42] Kommunalkompaß. Ausgabe 1994. Bund der Steuerzahler NordrheinWestfalen, Zitate S. 2, S. 59.

[43] Reinhard Brenner: Kompaß mit Irritationen. In: Mbl. 45, 1995, S. 291-294.

[44] DBV-Info Nr. 19, 1995, S. 7.

[45] Wissenschaftliche Bibliothek, 1993. S. 27. – Vgl. dazu die jährliche Berichterstattung über die Etatsituation der wissenschaftlichen Bibliotheken in der Bundesrepublik von Rolf Griebel in der ZfBB.

[46] Tätigkeitsbericht 1993/94 des Vorsitzenden Brenner, in: Mbl. 44, 1994, S. 304.

dem Jahr 1993 verdeutlicht die Schwierigkeiten im Bereich der Erwerbung: „Anlaß zur größten Sorge und zur Suche nach Auswegen aus diesem Dilemma gibt nach wie vor die rapide Preisentwicklung namentlich bei den ausländischen Zeitschriften aus den Gebieten Naturwissenschaften, Technik und Medizin – eine Entwicklung, die durch steigende Kosten für die Bereitstellung der mittlerweile unverzichtbar gewordenen CD-ROM und die etatbelastende steuerliche Behandlung des Erwerbs von Literatur aus Ländern des europäischen Binnenmarkts noch verstärkt wird. Ein Versuch der Arbeitsgemeinschaft durch Einschaltung der Landesrektorenkonferenz eine Verstärkung der betreffenden Haushaltsansätze zu erreichen, blieb erfolglos. Immerhin kam es nicht zu einer Reduktion.“[47]

Die gleichen Sorgen plagten auch die Fachhochschulbibliotheken, ja sie waren z.T. noch größer, weil bei einigen Bibliotheken die Bereiche Technik und Naturwissenschaften 100 % des Sammelgebiets ausmachten. Und auch hier das Problem der Mehrausgaben für neue Medien, über die die Arbeitsgemeinschaft der Fachhochschulbibliotheken berichtete: „Steigende Kosten für inzwischen unverzichtbare CD-ROM-Anwendungen – neben Datenbanken und lexikalischen Werken im zunehmenden Maße auch multimediale Anwendungen – reduzieren den jährlichen Medienzugang zusätzlich.“[48]

Problematisch blieb Mitte der 90er Jahre die Personalsituation der Universitätsbibliotheken, die schon in den 80er Jahren eine beträchtliche Zahl von Stellen eingebüßt hatten. Zwar gab es durch Sonderprogramme zeitlich befristete Stellen, auch Aushilfen zur Verbesserung der unzulänglichen Öffnungszeiten, aber sie konnten keinen Ersatz für den durch Stellenabbau und Wiederbesetzungssperren bedingten Personalabbau sein, geschweige denn den erhöhten Personalbedarf decken. Dieser ergab sich dadurch, dass sich durch den Einsatz von EDV die Ausleihe steigerte und dass der Auskunfts- und Beratungsdienst wegen der verbesserten, aber auch komplizierteren Recherchemöglichkeiten in CD-ROM-Systemen und Datenbanken eine stärkere personelle Besetzung erforderte. Die ohnehin kritische Situation ließ – so wurde aus der Arbeitsgemeinschaft berichtet – „die Lösung des Problems, in Bibliotheken zunehmend auch EDV-Spezialisten einzusetzen, kaum zu. Der Personalbestand wird nicht erweitert werden können, demzufolge sind Personalumschichtungen unumgänglich. Bisher gesicherte konventionelle Serviceleistungen müssen u.U. vermindert werden.“[49]

Ein weiteres, die Personalwirtschaft betreffendes Problem beschäftigte die Arbeitsgemeinschaft auf mehreren Sitzungen: das Thema „Frauen in nord-

[47] Tätigkeitsbericht 1993 des Vorsitzenden Adams, in: Mbl. 44, 1994, S. 96.
[48] Vgl. Anm. 46 in diesem Kapitel, S. 309.
[49] Ebd., S. 308.

rhein-westfälischen Hochschulbibliotheken".[50] Ein von einer Arbeitsgruppe vorgelegtes Papier beschrieb die Auswirkungen der Frauenförderung des Landes auf die Bibliotheken mit ihrem hohen Anteil an weiblichen Mitarbeitern: Häufung von Beurlaubungen und Teilzeitarbeit, Mangel an Leerstellen und den daraus resultierenden Zwang zu zeitlich befristeten Arbeitsverträgen und den daraus ergebenden Problemen. Die Stellungnahme mit einem Forderungskatalog zur Abhilfe wurde den zuständigen Ministerien, dem Wissenschaftsministerium und dem Ministerium für die Gleichstellung von Mann und Frau zugeleitet; ein Erfolg blieb der Initiative versagt.

Die personelle Ausstattung der Fachhochschulbibliotheken hatte mit der stürmischen Entwicklung dieser Hochschulen seit ihrer Gründung zu Beginn der 70er Jahre nicht Schritt gehalten. Die Studentenzahlen waren erheblich gestiegen und erreichten in manchen Fällen diejenigen von Gesamthochschulen; Professoren der jüngeren Generation und die von einem neuen Berufsbild und geänderten schulischen Voraussetzungen geprägten Studenten stellten höhere Ansprüche an ihre Bibliotheken, die zur Verbesserung ihrer Dienstleistungen Auskunfts- und Fernleihstellen eingerichtet und mit der Online-Literaturvermittlung begonnen hatten. Unverändert war dagegen von geringfügigen Ausnahmen abgesehen die Personalausstattung geblieben.

In einer Vorlage der Arbeitsgemeinschaft „Anpassung der Personalstruktur der Fachhochschulbibliotheken in Nordrhein-Westfalen an die Erfordernisse der 90er Jahre", die über die Landesrektorenkonferenz im Herbst 1992 an das Wissenschaftsministerium ging, wurde auf den eklatanten Personalmangel hingewiesen, der sich aus der veränderten Rolle der Fachhochschulen und den damit verbundenen qualitativen und quantitativen Anforderungen an ihre Hochschulbibliotheken ergab. Ein weiterer, als Diskussionspapier bezeichneter Text der Arbeitsgemeinschaft beschrieb den konkreten Bedarf, erste Ansätze und grundsätzliche Überlegungen zur Realisierung.[51] Die Zuweisung von jeweils zwei Stellen des höheren Dienstes an zunächst drei Fachhochschulbibliotheken wurde als Ergebnis dieser Bemühungen gewertet.

Bei der Lektüre dieses zusammenfassenden, nur an Beispielen aufgezeigten Überblicks über die Sparmaßnahmen könnte der Eindruck entstehen, als habe es der Verband und seine Arbeitsgemeinschaften mit Klagen über die Sparentscheidungen bewenden lassen. Das war gewiss nicht der Fall. Im Gegenteil: Seit Beginn der 80er Jahre, als der Einbruch in die Bibliotheksetats erfolgte,

[50] Frauen in nordrhein-westfälischen Hochschulbibliotheken. Organisationsprobleme durch Beurlaubungen und Teilzeitbeschäftigungen. In: Mbl. 42, 1992, S. 376-378.

[51] Anpassung der Personalstruktur der Fachhochschulbibliotheken in Nordrhein-Westfalen an die Erfordernisse der neunziger Jahre. In: Mbl. 42, 1992, S. 364-372; Teil II: Der konkrete Bedarf, erste Ansätze und grundsätzliche Überlegungen zur Realisierung. In: Mbl. 45, 1995, S. 52-54.

wurden vielfältige „Strategien in Zeiten des Wandels“ entwickelt: Neue Initiativen in der Kooperation der Bibliotheken zur Sicherung und Verbesserung der Literatur- und Informationsversorgung, neue Wege in der Öffentlichkeitsarbeit zur Aufklärung der Öffentlichkeit über die Funktion der Bibliotheken und ihrer Rolle in Gesellschaft, Wissenschaft und Forschung. Darüber wird in den folgenden Kapiteln berichtet.

VIII. „Bürger brauchen Bibliotheken": die Öffentlichkeitsarbeit des Verbandes

Wenn die Tagungen des Verbandes in den Jahren 1982 und 1983 auch ganz unter dem Eindruck der einschneidenden Sparmaßnahmen standen, so wurde auf der anderen Seite auch deutlich, dass die Bibliothekare gewillt waren, neue Akzente in ihrer Arbeit zu setzen, auch in Bereichen, die zwar nicht neu, aber jetzt in den Vordergrund rückten. Dazu gehörten die Bemühungen um eine Intensivierung der Öffentlichkeitsarbeit für ein positives Meinungsklima für Bibliotheken und die Bestrebungen, dem Verband ein deutlicheres Profil als bibliothekspolitische Interessenvertretung, als bibliothekarische Lobby, zu geben. In diese Richtung wiesen auch die Ausführungen des Referenten im Wissenschaftsministerium Antonius Jammers, der auf der Jahresversammlung 1982 die Notwendigkeit einer verstärkten Informationsarbeit betonte: „Die Öffentlichkeit, die Hochschulen und Kommunen und auch die Landesregierung sind zu informieren über die Notlage, über die voraussichtlichen Konsequenzen, die sich aus der veränderten Haushaltssituation ergeben."[1] Ein Jahr später ermahnte der Bibliotheksreferent des Kultusministeriums Günter Solle die Bibliothekare, sich nicht mit Schließungen, Stellensperrungen und Etatmittelkürzungen abzufinden, vielmehr sei es „nötiger denn je, dass sich die Bibliotheken mit ihren Leistungen der Öffentlichkeit präsentieren."[2]

Öffentlichkeitsarbeit wurde bundesweit zum Leitthema bibliothekarischer Tagungen des Jahres 1982. Der Deutsche Bibliotheksverband regte bei seinen Landesverbänden an, durch Selbstdarstellung in ihrer Region zur Imagepflege beizutragen und Aktionswochen durchzuführen. Öffentlichkeitsarbeit als Reaktion zu den Sparmaßnahmen war ein Thema der Jahrestagung 1982 des Vereins der Bibliothekare an Öffentlichen Bibliotheken, und selbst die bisher eher zurückhaltenden wissenschaftlichen Bibliotheken beschäftigten sich mit diesem Gebiet: der Deutsche Bibliothekartag 1982 stand unter dem Motto „Etatkürzungen und Öffentlichkeitsarbeit". Und im gleichen Jahr begann auch der nordrhein-westfälische Bibliotheksverband mit seinen Aktivitäten.

[1] Mbl. 33, 1983, S. 25.
[2] Mbl. 34, 1984, S. 43.

1. Öffentlichkeitsarbeit landesweit: die Bibliothekstage in Nordrhein-Westfalen

Auf der Jahresversammlung 1982 in Paderborn konnte von der ersten öffentlichkeitswirksamen Aktion des Verbandes berichtet werden: Der „Tag des Buches“ am 10. Mai 1982, in Erinnerung an die Bücherverbrennung 1933, war Anlass zu einer landesweit durchgeführten Veranstaltung, organisiert vom VBNW, dem Verband der Verlage und Buchhandlungen und dem Verband der Schriftsteller, Landesbezirk Nordrhein-Westfalen. Auf der Eröffnungsveranstaltung in Lüdenscheid, wo die Stadtbücherei ihr 125jähriges Bestehen feierte, sprachen neben Vertretern der Stadt der Vorsitzende des Verbandes Johannes Schultheis und der Schriftsteller Jo Pestum, der auch auf der Paderborner Tagung des Verbandes das Schlussreferat hielt und unter Verzicht auf Ausgewogenheit zum Protest aufrief „gegen die Verstümmelung vieler öffentlicher Bibliotheken, denen die Zweigstellen wegrationalisiert, das Personal reduziert, die Etats erschreckend zusammengestrichen werden.“[3]

Das an sich begrüßenswerte ungewöhnlich lebhafte Presseecho dieses Jahres über die Etatkürzungen zeigten die grundsätzliche Problematik der Öffentlichkeitsarbeit des Verbandes, der als Trägerverein von Einrichtungen der Städte und des Landes sich von polemischen Formulierungen distanzieren musste, wie sie in den Presseberichten und auch in den Reden von Pestum zu finden waren. Der Vorsitzende des Verbandes Johannes Schultheis verwahrte sich denn auch in der Mitgliederversammlung 1982 dagegen, „dass Bücherverbrennung und Etatminderung in einem Atemzug genannt und damit zu Ausdrucksformen ein- und desselben Geistes gestempelt werden. Die Bibliotheken haben“, so Schultheis, „zwar Grund zu großer Sorge, aber damit muss die gedankliche Parallele zu 1933 schon beendet sein, alles darüber hinaus ist falsch und schädlich.“[4] Auch der Vertreter des Wissenschaftsministeriums Antonius Jammers warnte vor unnötiger Polemik, auch wenn sie von bibliothekarischer Seite komme, als er auf der Paderborner Tagung 1982 in seiner Begrüßung sagte: „Schlagworte wie ‚Bücherverbrennung ohne Feuer‘, ‚Schande für eine Kulturnation‘ oder ‚Wegnahme des Handwerkszeuges für den Forscher‘ oder ‚Mundtotmachen der Wissenschaft‘ sollten im Interesse der Sache besser vermieden werden. So notwendig es vielleicht sein mag, sich einmal Luft zu verschaffen, so sollte doch nicht vergessen werden, dass mit solchen Äußerungen nichts gewonnen wird.“[5]

[3] Die Rede Jo Pestums auf der Jahresversammlung 1982 ist – vielleicht bezeichnenderweise – nicht im „Mitteilungsblatt“ abgedruckt worden, sondern in: BuB 25, 1984, S. 194-204, Zitat S. 200.

[4] Mbl. 33, 1983, S. 37.

[5] Mbl. 33, 1983, S. 25.

Eine wiederholt angemahnte positive Darstellung der bibliothekarischen Arbeit mit der entsprechenden Berichterstattung bot die Aktionswoche des Verbandes „Jugend und Bibliothek", die – vorbereitet durch eine Projektgruppe unter Beteiligung von Buchhändlern, Schriftstellern und des Friederich-Bödecker-Kreises – vom 12. bis 18. September 1983 landesweit durchgeführt wurde. Die Eröffnung, u.a. mit dem Minister für Arbeit, Gesundheit und Soziales Friedhelm Farthmann und dem Schriftsteller Max von der Grün, war in Oberhausen; über 60 Bibliotheken mit 300 Veranstaltungen beteiligten sich. Der Verband konnte einen „Achtungserfolg" verbuchen, wenn es sich auch erwiesen hatte, dass es schwierig war, die eigentliche Zielgruppe, die Jugendlichen, zu erreichen. Der Leiter des Projekts, Ronald Schneider (Oberhausen), sah noch einen anderen Aspekt: „Als positives Fazit ist aus der nordrhein-westfälischen Jugendbibliothekswoche festzuhalten, dass allein schon die Ermutigung der vor Ort oft von Resignation bedrohten Bibliothekare durch ein gemeinsames Vorgehen den Versuch lohnte." Und: „Wenn die öffentlichen Bibliotheken unseres Landes durch diese Woche auch nur graduell an öffentlichem Rückhalt gewonnen haben, so hat sich der Aufwand allemal gelohnt."[6]

Die „Jugendbibliothekswoche" galt als „Probelauf" für die Aktionswoche des Verbandes, die unter dem Motto „Bürger brauchen Bibliotheken" vom 7. bis 13. Mai 1984, also um den „Tag des Buches", veranstaltet wurde. Über 550 Bibliotheken in 235 Städten fanden sich dieses Mal zusammen, die nicht weniger als 1 400 Veranstaltungen anboten, gewiss eine beachtliche Koordinationsleistung der Projektgruppe, nicht zuletzt auch deshalb, weil erstmals alle Bibliothekstypen, auch die wissenschaftlichen Bibliotheken und die kirchlichen Büchereien, beteiligt waren. Die Diskussionsrunde auf der zentralen Veranstaltung in Gladbeck wies prominente Namen auf: Kultusminister Schwier, der Schirmherr der Bibliothekswoche, Kulturpolitiker des Landtags, u.a. Eugen Gerritz, Kulturpolitischer Sprecher der SPD-Landtagsfraktion, Ernst Pappermann, stellvertretender Hauptgeschäftsführer des Deutschen Städtetags und Präsident des Deutschen Bibliotheksverbands, die Vorsitzenden der mit dem Buch verbundenen Verbände, der Buchhändler (Norbert Brockmeyer), der Schriftsteller (Volker W. Degener), der Bibliothekare (Johannes Schultheis vom VBNW, Karl-Heinz Pröve vom Verein der Bibliothekare an Öffentlichen Bibliotheken). Zu den positiven Ergebnissen dieser Bibliothekswoche ist zu zählen, dass bei der Vorbereitung und Durchführung „vor Ort" es nicht selten zum ersten Mal zu Kontakten zwischen den verschiedenen Bibliotheken kam, dass sich so etwas wie ein „Wir-Gefühl" unter den Bibliothekaren der verschiedenen Sparten entwickelte.

[6] Irmgard Schmidt, Ronald Schneider: „Jugend und Bibliothek". Erfahrungen aus einer Aktionswoche in Nordrhein-Westfalen. In: BuB 35, 1983, S. 841-843, Zitat S. 843.

Die ursprünglich zur Bibliothekswoche im Mai vorgesehene Wanderausstellung „Bibliotheksland Nordrhein-Westfalen“ konnte erst im Herbst, am 20. September 1984, anlässlich der Jahresversammlung des Verbandes in Bochum, eröffnet werden. Sie war ein Beitrag des Verbandes zu der landesweiten Kulturpräsentation „Kultur NRW 84“, einer Aktion des Kultusministeriums, von der sowohl die Bibliothekswoche als auch die Ausstellung durch die finanzielle Förderung aus Landesmitteln profitierte, ja diese Form der Öffentlichkeitsarbeit erst ermöglichte. Die Ausstellung war bis Ende 1985 nach Bochum in folgenden Städten zu sehen: Gelsenkirchen, Dorsten, Wuppertal, Aachen, Bielefeld und Bonn. Passend zur Ausstellung hatte der Vorstand für die Jahresversammlung in Bochum das Thema „Werbung für Bibliotheken“ gewählt. Die provozierenden Thesen des Pressereferenten des Deutschen Bibliotheksinstituts Peter Borchardt, über den „Tod der bürgerlichen Bibliothek“ und sein Plädoyer für eine marktorientierte Bibliothek zur Gewinnung neuer Leser durch Stadtteilkulturarbeit, in der alternativen Szene, in Rand- und Außenseitergruppen führte verständlicherweise zu einer kontroversen Diskussion über das Selbstverständnis der Öffentlichen Bibliothek.

Mit den 3. Bibliothekstagen in Nordrhein-Westfalen vom 14. bis 20. September 1987 unter dem Motto „Bürger brauchen Bibliotheken – Bibliotheken für die Zukunft“ war die 1. „Bibliotheca“, Fachmesse für die Ausstattung und den Betrieb von Bibliotheken, in Dortmund verbunden, deren Eröffnung zugleich die Auftaktveranstaltung der Aktionswoche bildete. Die über 1 500 Veranstaltungen hatten einige bemerkenswerte regionale Schwerpunkte, z.B. das Projekt „Literatur unterwegs“, das vom Westfälischen Literaturbüro in Unna in Zusammenarbeit mit der Staatlichen Büchereistelle Hagen und mit Unterstützung des Kultursekretariats Gütersloh realisiert wurde. Bekannte Autoren bereisten innerhalb einer Woche in einem Bus die Schulen und Bibliotheken der Städte Brilon, Lippstadt, Lüdenscheid, Schwerte und Werne. Wieder gab es über die Bibliothekstage eine erfreuliche Presseresonanz, die allerdings weitgehend auf die lokalen Zeitungen beschränkt blieb. „Selten aber wurden“, hieß es in einem Resümee, „die landesweiten Bibliothekstage dafür genutzt, um auch auf die landesweiten Probleme der Bibliotheken aufmerksam zu machen. Zu wenig spielten (!) sich in den Artikeln der örtlichen und überörtlichen Presse die Probleme unserer Bibliotheken wider ... und dies zu einer Zeit, in der viele Bibliotheken, insbesondere an der Ruhr/Emscher-Zone, in eine düstere Zukunft blicken.“[7]

„Bibliotheken – Partner für's Leben/Partner für's Lesen“ hieß der Slogan der 4. Bibliothekstage vom 17. – 23. September 1990. Entsprechend dem für

[7] Gunter Riemers: „Bürger brauchen Bibliotheken – Bibliotheken für die Zukunft“. Resümee der nordrhein-westfälischen Bibliothekstage '87. In: BuB 40, 1988, S. 66-67, Zitat S. 67.

das Jahr 1990 ausgerufenen UNESCO-Jahr des Lesens und Schreibens wurde die Rolle der Bibliotheken in der Informationsbeschaffung und in der Lese- und Literaturförderung herausgestellt, und passend zu dieser Thematik hörte man auf der Eröffnungsveranstaltung in Lüdenscheid, die mit der Jahresversammlung des Verbandes verbunden war, einen Vortrag über „Deutsche Sprache und Literatur – Gegenwart und Zukunft in Vereinigungszeiten", gab es ein Hearing zum Thema Schulbibliotheken in Düsseldorf und je eine „Nacht der Poeten" in Oberhausen und Dortmund. Als Novum für Nordrhein-Westfalen erschien in einer Auflage von 300.000 Exemplaren eine Bibliothekszeitung mit Nachrichten, Fakten, Reportagen, Kommentaren, Interviews und Glossen.[8]

Schwerpunkt der Öffentlichkeitsarbeit im Verband wurde in den 90er Jahren die „Bibliotheca", deren Vorbereitung und Durchführung die personellen Ressourcen des Verbandes weitgehend erschöpfte. Auch die zur Entlastung des Vorstandes gegründete Kommission für Öffentlichkeitsarbeit litt unter personellen Schwierigkeiten, die der Vorsitzende Ulrich Moeske (Dortmund) in seinem Tätigkeitsbericht 1990 ansprach: „Hier zeigt sich generell ein Kernproblem von Verbandsarbeit: Die Rekrutierung von aktiven Kolleginnen und Kollegen für die Arbeit außerhalb ihrer Bibliothek. Die Gründe für diesen Mangel liegen meiner Ansicht nach nicht in der mangelnden Bereitschaft von Kolleginnen und Kollegen, sich überregional zu engagieren. Es dürften vielmehr die landauf, landab zu beklagenden Personalengpässe sein, die es, gepaart mit aktuellen Problemen vor Ort, offenbar immer weniger möglich erscheinen lassen, sich überregionalen Problemstellungen zu widmen."[9]

Anstelle von landesweiten Bibliothekstagen mit ihrem großem Koordinierungsaufwand traten in der Folgezeit lokale und regionale Veranstaltungen, wobei die Bibliothekstage in Ostwestfalen-Lippe als Beispiel besonderer Erwähnung bedürfen. Erstmals im Herbst 1992 von der Arbeitsgemeinschaft der Mittelstadt- und Kreisbibliotheken Ostwestfalen-Lippe und der Staatlichen Büchereistelle Detmold organisiert und vom VBNW und dem Kultusministerium unterstützt, nahmen 42 Öffentliche Bibliotheken mit über 230 Veranstaltungen teil, die von mehr als 13.000 Personen besucht wurden. Bemerkenswert war die große Zahl von Prominenten, die sich aktiv an den Bibliothekstagen beteiligten, u.a. Hans Schwier, Marion Gräfin Dönhoff, Josef Reding, Dieter Kronzucker, Dieter Zimmer, Horst Teltschik, Walter Momper, Wolf Wondratschek.

[8] Ronald Schneider: 17.-23. September 1990. Vierte nordrhein-westfälische Bibliothekstage. In: BuB 42,1990, S. 604-605.

[9] Mbl. 41, 1991, S. 35.

2. Eine neue Form der Imagewerbung: die bibliothekarische Fachmesse „Bibliotheca"

Die Durchführung der Bibliothekstage war von Anfang an mit personellen und finanziellen Problemen belastet. Schon 1984, als nach den erstmals landesweit veranstalteten Bibliothekstagen und der Wanderausstellung „Bibliotheksland Nordrhein-Westfalen" die Öffentlichkeitsarbeit des Verbandes einen ersten Höhepunkt erreicht hatte, musste sich der Vorstand fragen, ob und wie oft solche Aktionswochen wiederholt werden sollten. Während die Großstadtbibliotheken für eine jährliche Wiederholung plädierten, hatte „der Vorstand große Bedenken, derartige Aktionen so oft zu starten, nicht zuletzt aus finanziellen Überlegungen."[10]

Angesichts der begrenzten finanziellen und personellen Möglichkeiten des Verbandes musste das Angebot eines professionellen Veranstalters zumindest diskutiert werden: Die Westfalenhallen Dortmund boten eine Veranstaltung in Form einer Messe an, auf der auch die Jahresversammlung des Verbandes stattfinden konnte. Der Vorstand stimmte nach langer, die unterschiedlichen Meinungen artikulierenden Diskussion diesem Vorhaben zu und ein entsprechender Vertrag für 1987 wurde unterzeichnet. Die „Bibliotheca", Fachausstellung für Ausstattung und den Betrieb von Bibliotheken, die erste Bibliotheksmesse in der Bundesrepublik, war geboren.

„Die ‚Bibliotheca' in Dortmund war ein Erfolg." So lautete der erste Satz eines durchaus kritischen Berichts in der Zeitschrift „Buch und Bibliothek" über die Messe,[11] die vom 10. bis 12. September 1987 stattfand und den Rahmen bot für die Jahresversammlung des VBNW und die zugleich die Auftaktveranstaltung der 3. nordrhein-westfälischen Bibliothekstage war. Prominenz war zur Eröffnung erschienen: der Kultusminister des Landes Hans Schwier, der Vorsitzende des Deutschen Bibliotheksverbandes Gustav Rottacker, der Direktor des Deutschen Bibliotheksinstituts Günter Beyersdorf. Der Generaldirektor der Deutschen Bibliothek Günther Pflug, früher einmal Geschäftsführer und Vorsitzender des VBNW, hielt den Festvortrag „Die Bibliothek als Wirtschaftsfaktor". 70 Aussteller präsentierten 85 Firmen und Institutionen in zwei Messehallen, eine Reihe von regional arbeitenden bibliothekarischen Vereinen hielt ihre Jahresversammlungen ab, Tagungen auch von Kommissionen des Deutschen Bibliotheksinstituts und des Nordrhein-westfälischen Städtebunds. An die 3.500 Besucher wurden gezählt, nicht nur Bibliothekare der verschiedenen Sparten, auch Vertreter von Gremien der Gemeinden und Kreise. Lob gab

[10] Tätigkeitsbericht 1984 des Vorsitzenden Schultheis, in: Mbl. 35, 1985, S. 5.

[11] Die Bibliotheca. In: BuB 39, 1987, S. 997-1000, Zitat 997.

es von neutraler Seite über die Vorbereitung und Durchführung der Messe: „Schon im Vorfeld der Bibliotheca fiel positiv auf, dass die Organisation einer bibliothekarischen Großveranstaltung gemeinsam mit einem kommerziellen Partner Vorteile bringt. Die Werbung war vergleichsweise professionell, das gleiche gilt auch für den Ablauf."[12]

Die Hoffnung des Verbandsvorsitzenden Hartwig Lohse ein Jahr zuvor, 1986, war – so scheint es – weitgehend in Erfüllung gegangen: „hier für *alle* Bibliotheken eine große Veranstaltung mit großer öffentlicher Wirksamkeit und Breite stattfinden zu lassen, bei der *alle* finanziellen Belastungen (und organisatorischen Vorbereitungen) von der Betreiberin getragen werden."[13] Der Verband hatte wieder einmal eine Initiative von bundesweiter Bedeutung ergriffen, über die die Vorsitzende des Vereins der Bibliothekare an Öffentlichen Bibliotheken Birgit Dankert urteilte: „Die nordrhein-westfälischen Kollegen, die diese Idee gehabt haben, kann ich dazu nur ganz herzlich beglückwünschen. Sie haben für uns alle eine Weiterentwicklung erdacht, die wirklich etwas Neues für das Bibliothekswesen bringt."[14]

Aber es gab auch schon jetzt skeptische Stimmen hinsichtlich der Zukunft der „Bibliotheca": Auf der Mitgliederversammlung während der „Bibliotheca" war von Spannungen innerhalb des bibliothekarischen Verbandswesen die Rede, und in „Buch und Bibliothek" war – die zukünftige Problematik ankündigend – zu lesen: „Was richtet so eine Bibliotheca, wenn sie sich denn etablieren sollte, im wohlgeordneten (?) bibliothekarischen Tagungsgefüge an? Schadet sie den anderen Veranstaltungen, wertet sie diese ab? Wer, außer vielleicht den Großkopfeten, kann es sich leisten, noch einen zusätzlichen Dienstreiseantrag guten Gewissens auszufüllen? Und, nicht unwichtig: Werden die Firmenaussteller, was man ihnen kaum verdenken könnte, nicht die Gelegenheit beim Schopfe packen, und ihre aufwendigen Aktivitäten künftig konzentrieren?"[15]

Die 2. „Bibliotheca" vom 30. August bis 2. September 1989, wiederum mit dem VBNW als ideellem Träger,[16] gewann jene vom Vorstand angestrebte Bedeutung für das gesamte deutsche Bibliothekswesen. Zwei Verbände hielten während der Messe ihre Jahrestagungen ab: der Deutsche Bibliotheksverband, der seinen Publizistenpreis, den Helmut-Sontag-Preis, an Irmela Brender verlieh, und der Verein der Bibliothekare an Öffentlichen Bibliotheken, der sein

12 BuB 39, 1987, S. 999.

13 Tätigkeitsbericht 1986, in: Mbl. 37, 1987, S. 98 f.

14 Grußworte auf der 2. „Bibliotheca" (1989). in: Mbl. 40, 1990, S. 32.

15 Die Bibliotheca. In: BuB 39, 1987, S. 999.

16 Bibliothekarische Berater der 2. „Bibliotheca" waren: Irmgard Mämecke (Bochum), Ulrich Moeske (Dortmund), Ronald Schneider (Oberhausen) und Johannes Traub (Hagen). Ausführlicher Bericht in: BuB 41, 1989, S. 968-998: Partnerschaft macht stark. Bibliotheca '89 und Jahrestreffen bibliothekarischer Verbände.

40jähriges Bestehen feiern konnte. Es fehlten nur noch die wissenschaftlichen Bibliothekare; sonst hätte man von einem Bibliothekskongress sprechen können. In diese Richtung zielten denn auch die Bemühungen aus Nordrhein-Westfalen, so wenn der Vorsitzende des Verbandes Ulrich Moeske auf der Mitgliederversammlung 1990 appellierte: „Das Angebot des Verbandes an alle deutschen Kolleginnen und Kollegen steht: Ich rufe auf zu einer fairen Diskussion über die Möglichkeiten, dem deutschen Bibliothekswesen einen regelmäßigen Messe- und Veranstaltungsplatz zu schaffen, dessen infrastrukturelle Möglichkeiten sich mit Hilfe intensiver Diskussion problemlos verbessern lassen."[17]

Die Diskussion um die Integration der „Bibliotheca" in das Tagungsgefüge der bibliothekarischen Verbände war bei den Vorbereitungen für die 3. „Bibliotheca" noch nicht abgeschlossen.[18] Sie war – vom 26. bis 28. September 1991 mit den Jahrestagungen des VBNW und der Landesgruppe Nordrhein-Westfalen des Vereins der Bibliothekare an Öffentlichen Bibliotheken durchgeführt – eine weitgehend nordrhein-westfälische Angelegenheit, teils weil sich die bundesweiten Verbände längerfristig festgelegt hatten, teils „aus dem Wunsch nach einem regel- oder unregelmäßigen Wechsel des Tagungsorts der Verbände".[19]

Unter diesen Umständen musste es ein Anliegen des Verbandes sein, eine Verbesserung des Tagungsgefüges mit Einbeziehung der „Bibliotheca" zu erreichen. In diesem Sinne schrieb Ronald Schneider, einer der bibliothekarischen Berater der „Bibliotheca", in „Buch und Bibliothek": „Eine engere Kooperation und stärkere Bündelung der Vereins- und Verbandstagungen aller Bibliotheksformen und aller Bibliothekssparten muss auch weiterhin eine Zielsetzung der Diskussion um das ‚Tagungsgefüge' bleiben. Die Bibliotheksmesse als zeitgemäße Form öffentlichkeitswirksamer Selbstdarstellung bietet sich dabei geradezu an als Alternative zu dem bibliothekarischen Tagungsseparatismus der für Außenstehende – seien es zuständige Gremien und Geldgeber, Mäzene, aber auch Geschäftspartner und Interessierte aller Arten und Formen – nahezu undurchschaubar ist."[20]

Ein Erfolg dieser Bemühungen war die Entscheidung der im Herbst 1989 gegründeten Bundesvereinigung Deutscher Bibliotheksverbände (BDB), die „Bibliotheca" – zunächst für drei Jahre – mit dem Bibliothekskongress aller Verbände zu verbinden. Für den Verband als Urheber und ideellen Träger der

[17] Mbl. 41, 1991, S. 34 f.

[18] Bei der Diskussion um das Tagungsgefüge spielte auch das sog. Sontag-Papier eine Rolle, in dem eine Konzentration der bibliothekarischen Verbände und Tagungen angemahnt worden war. Vgl. Kapitel XII.

[19] Ronald Schneider: Die dritte „Bibliotheca". Auf dem Weg zu einer Institution? In: BuB 43, 1991, S. 215.

[20] BuB 43, 1991, S. 215.

„Bibliotheca“ hatte diese Entscheidung weitreichende Konsequenzen, die der Vorsitzende Bernhard Adams (Bochum) auf den Mitgliederversammlungen der Jahre 1992 und 1993 bekannt gab: An die Stelle des VBNW trat stellvertretend für die noch nicht rechtsfähige Bundesvereinigung Deutscher Bibliotheksverbände der Deutsche Bibliotheksverband, mit dem vertraglich vereinbart wurde, dass „a) alle grundlegenden die ‚Bibliotheca‘ betreffenden Nachfolgeverträge unter Bezug auf den Vertrag des VBNW mit der Westfalenhallen Dortmund GmbH vom 04.07.1988 abgeschlossen werden, b) der VBNW durch ein vom Vorstand benanntes Mitglied mit Sitz und Stimme im Ortskomitee der ‚Bibliotheca‘ und des jeweiligen Bibliothekskongresses vertreten ist, c) der DBV und ein eventueller Nachfolger in der Trägerschaft der ‚Bibliotheca‘ bemüht sein werden, die Urheberschaft des VBNW und dessen Mitarbeit an der ‚Bibliotheca‘ zu würdigen, d) der VBNW auf einen eigenen Anteil am finanziellen Gewinn der Messe zugunsten der BDB prinzipiell verzichtet.“[21]

Entsprechend dieser Vereinbarung fand die „Bibliotheca“ neuer Prägung, die 4. seit ihrer Etablierung, 1987, verbunden mit dem 6. Deutschen Bibliothekskongress vom 24. bis 27. Mai statt. Mit 133 Ausstellern und über 4 000 Besuchern, davon die Hälfte von außerhalb Nordrhein-Westfalens, war sie „fraglos die bislang erfolgreichste“. Der Verband hatte allen Grund, seine Verdienste um die „Bibliotheca“, die er „nicht ganz leichten Herzens“ abgegeben hatte, hervorzuheben. Ronald Schneider wiederholte noch einmal die Vorteile der „Bibliotheca“, damit um eine Kontinuität werbend, wenn er schrieb: „Eine Bibliotheksmesse, verbreitert und intensiviert den Informationsfluß zwischen Anbietern und Kunden im Marktsegment ‚Bibliotheken‘; sie stellt ein ideales Forum für Verbands- und Fachtagungen bereit und sie bietet ganz neue Chancen für die Öffentlichkeitsarbeit und die Imagewerbung für Bibliotheken.“[22]

Die Sorge um die Kontinuität von Verbindung der „Bibliotheca“ mit Bibliothekskongress als Gemeinschaftsveranstaltung aller bibliothekarischen Verbände kam nicht von ungefähr. Es mehrten sich Stimmen aus den wissenschaftlichen Bibliotheken, die sich gegen die alle drei Jahre stattfindende zentrale Veranstaltung in Dortmund aussprachen. Der Verbandsvorsitzende Reinhard Brenner mahnte in der Mitgliederversammlung auf der „Bibliotheca“ 1994: „Die Bundesvereinigung Deutscher Bibliotheksverbände sollte unbedingt darauf achten, dass dieses bibliothekarische Großereignis in unse-

[21] Der Vertrag zwischen DBV und VBNW vom 22.12.1992 zitiert aus dem Tätigkeitsbericht 1993 des Vorsitzenden Adams, in: Mbl. 44, 1994, S. 58.

[22] Ronald Schneider: Im Schatten des Kongresses? Die 4. Bibliotheca in Dortmund. In: BuB 46, 1994, S. 765-768, Zitate S. 768, S. 765.

rem Bundesland durch unangemessene Forderungen einzelner Mitgliedsverbände oder interner Spannungen nicht ernsthaft gefährdet wird."[23]

Zwar konnte die Sprecherin der Bundesvereinigung Deutscher Bibliotheksverbände Birgit Dankert nach der 5. „Bibliotheca" und dem gleichzeitig durchgeführten Bibliothekskongress (20.-24. Mai 1997) resümieren: „Es war ein erfolgreicher Kongreß, es war eine beeindruckende Fachmesse, es gab eine gute Zusammenarbeit", aber auf der anderen Seite musste sie auch mitteilen: „Ob beide Veranstaltungen im Jahr 2000 wieder gemeinsam organisiert werden können, hängt von vielen Faktoren ab und erscheint fraglich."[24] Die Entscheidung des Koordinationsgremiums der Bundesvereinigung vom August 1997, den Bibliothekskongress nicht mehr in Verbindung mit der „Bibliotheca" durchzuführen, überraschte nicht mehr: Der Vertrag mit den Westfalenhallen wurde gekündigt.

3. Kommission für Öffentlichkeitsarbeit, Pressekontakte, Veröffentlichungen

Die Erfahrungen aus den Bibliothekstagen und der 1. „Bibliotheca" zeigten, dass die Bemühungen des Vorstandes und der für die landesweiten Aktionen gebildeten Ad-hoc-Arbeitsgruppen nicht ausreichten, um eine Kontinuität in der Öffentlichkeitsarbeit zu gewährleisten. Probleme gab es bei der Koordination der Veranstaltungen, bei der Vorbereitung und Durchführung von Pressekonferenzen. Geklagt wurde auch über die mangelnde Mitarbeit der Verbandsmitglieder bei derartigen Gemeinschaftsaktionen. Schon nach den ersten Bibliothekstagen musste der Vorsitzende Schultheis in der Mitgliederversammlung 1984 feststellen: „Nein, man kann sich wirklich ärgern: die großen Bibliotheken fordern Aktionen, die kleinen Bibliotheken machen mit großem Engagement mit und stellen etwas auf die Beine, und die großen halten sich bedeckt. Man glaubt, sie sind zu fein dazu. Aber nein, es wird nicht gescholten! Nur werbend möchte ich bitten, bei künftigen Aktionen nicht beiseite zu stehen, sondern mitzumachen. Daß sich derartige Aktionen nicht sofort auszahlen, das wissen wir. Aber das Klima ist verbessert worden. Öffentlichkeitsarbeit ist ein mühseliges Geschäft!"[25]

Das „mühselige Geschäft" verlangte eine Institutionalisierung der Öffentlichkeitsarbeit. Sie erfolgte im Oktober 1988 durch die Gründung einer Kom-

[23] Mbl. 44, 1994, S. 303.

[24] Birgit Dankert: Von Gutenberg zum Internet. 7. Deutscher Bibliothekskongreß vom 20. bis 24. Mai 1997 in Dortmund, 5. Fachmesse Bibliotheca. In: ProLibris 2, 1997, S. 178-179, Zitate S. 179.

[25] Mbl. 35, 1985, S. 52.

mission für Öffentlichkeitsarbeit, in der unter Vorsitz von Ronald Schneider und dem Verbandsvorsitzenden alle wichtigen Gremien des Verbandes vertreten waren. Die Ziele waren weitgesteckt: die „Initiierung und Koordination aktueller Öffentlichkeitsarbeit", z.B. landesweite Presseverlautbarungen zu aktuellen Anlässen, die „langfristige Planung und Koordination landesweiter Aktionen" wie den Bibliothekstagen, die „konzeptionelle und organisatorische Betreuung der Bibliotheca" und schließlich auch die „Ausarbeitung von innovativen Konzepten und Modellen von Öffentlichkeitsarbeit sowohl vor Ort als auch in regionaler und landesweiter Kooperation."[26]

Allerdings zeigte sich bald, dass die Kommission bei der Vielfalt ihrer Aufgaben überfordert war, so dass eine Arbeitsteilung vorgenommen wurde, und zwar in der Form, dass die Durchführung von Großveranstaltungen wie der „Bibliotheca" oder der Bibliothekstage eigenständigen Arbeitsgruppen vorbehalten blieb, während sich die Kommission mit Grundsatzfragen, mit Konzepten und Modellen der Öffentlichkeitsarbeit beschäftigen sollte. Während die für die „Bibliotheca" zuständige Arbeitsgruppe in Zusammenarbeit mit der Messegesellschaft gute Arbeit leistete, geriet die Tätigkeit der neugebildeten Kommission – die alte war Ende 1990 zurückgetreten – bald ins Stocken, offenbar deshalb, weil der Kommissionsvorsitzende Ulrich Pflugk (Duisburg), „sich wegen anderweitiger Belastungen nicht in der Lage sah, die notwendigen Impulse zu geben und diese in fruchtbare Teamarbeit weiterzuentwickeln." Zwar waren einige Kommissonsmitglieder auch nach dem Rücktritt des Vorsitzenden im Frühjahr 1994 zur Weiterarbeit bereit, aber nach dem verheißungsvollem Start der Kommission Ende der 80er Jahre musste der Vorsitzende Bernhard Adams auf der Mitgliederversammlung des Jahres 1993 feststellen: „Der Versuch, die Öffentlichkeitsarbeit zu institutionalisieren, stand unter einem unglücklichen Stern."[27]

Die neugebildete Kommission (Leitung: Ingrid Tönges, Hagen) betonte in einem Grundsatzpapier die Notwendigkeit der Professionalisierung der Öffentlichkeitsarbeit, insbesondere in einem Bereich, dessen Bedeutung dem Vorstand immer bewusst war: in der Zusammenarbeit mit der Presse. Schon in der Frühzeit des Verbandes bemühte sich der Vorstand um gute Kontakte zu Presse, Rundfunk und Fernsehen, auch um die Mitwirkung im Programmbeirat des Westdeutschen Rundfunks. Bemerkenswert ist, wie häufig es dem Verband in den 60er und 70er Jahren gelungen ist, Rundfunk und Fernsehen, vor allem

[26] Ronald Schneider: Öffentlichkeitsarbeit im Verband der Bibliotheken des Landes Nordrhein-Westfalen seit dem 24. Okt. '88 „Kommissionsaufgabe". In: Mbl. 39, 1989, S. 342-343. Zitate S. 343; Ders.: Öffentlichkeitsarbeit im Verband der Bibliotheken des Landes Nordrhein-Westfalen. In: BuB 41, 1989, S. 309-310.

[27] Zitate aus dem Tätigkeitsbericht 1993 des Vorsitzenden Adams, in: Mbl. 44, 1994, S. 98.

den Westdeutschen Rundfunk, aber auch das Zweite Deutsche Fernsehen, für Probleme des Bibliothekswesens zu interessieren. Gewiss standen dabei die immer wiederkehrenden Etatkürzungen in den Öffentlichen Bibliotheken im Vordergrund der Berichterstattung, aber auch Fragen der Bibliotheksplanung, des Bibliotheksgesetzes, das Problem einer Landesbibliothek in Nordrhein-Westfalen, die Leistungen des Sondersammelgebietsprogramms der Öffentlichen Bibliotheken wurden angesprochen. Die regelmäßige Berichterstattung, für die im „Mitteilungsblatt"' die Rubrik „Informationen in Rundfunk und Fernsehen" eingerichtet worden war, lassen die Vermutung zu, dass damals die Massenmedien für Probleme des Bibliothekswesens aufgeschlossener waren als das heute der Fall ist.

Pressebesprechungen fanden gewöhnlich im Zusammenhang mit der Jahresversammlung statt, und schon in den 60er Jahren gab es in den Gremien des Verbandes Überlegungen zur Errichtung einer bibliothekarischen Pressestelle, so auf der Vorstandssitzung am 9. Februar 1967, zu einem Zeitpunkt also, als die erste ernstzunehmende Haushaltskrise die Bibliotheken traf. Wiederholt beschäftigte sich die Arbeitsgemeinschaft der Großstadtbibliotheken mit Fragen der Öffentlichkeitsarbeit, wenn auch der Begriff noch selten Verwendung fand, so im Januar 1974 nach einem Referat von Horst Ernestus mit Rundfunk und Fernsehen, und im Jahr 1971 war das Thema Pressestelle wieder auf der Tagesordnung gestanden.[28]

Die Intensivierung der Pressearbeit seit der Finanzkrise 1981/82 führte zur Einrichtung einer Jahrespressekonferenz, die im Mai 1989 in den Räumen der Stadtbüchereien Düsseldorf zum ersten Mal stattfand. Sie zeigte erhebliche Mängel im Ansatz und in der Durchführung. Trotzdem war man im Vorstand überrascht über die relativ umfassende Berichterstattung. Nach wiederholt vorgetragenen Forderungen nach einer effektiven Pressearbeit und entsprechend dem Vorschlag der Kommission für Öffentlichkeitsarbeit berief der Vorstand mit dem freien Journalisten Wolfgang Brosche einen Pressereferenten. Im Rahmen eines Werkvertrags sollte Brosche, der bereits als Redakteur der Bibliothekszeitung zu den Bibliothekstagen 1990 für den Verband tätig gewesen war, die Pressearbeit koordinieren und ein landesweites Kontaktnetz im Pressebereich aufbauen. Zu den Aufgaben des Pressereferenten sollte es nach den Vorstellungen des Vorstandes weiter gehören, „bibliothekarische Themen laufend auf ihre Eignung für eine pressegerechte Aufbereitung" zu überprüfen und ggf. entsprechende Artikel vorzubereiten und zu plazieren.[29]

Die Neuordnung der Pressearbeit des Verbandes schien sich gut anzulassen.

[28] Hinweise u.a. in: Mbl. 17, 1967, S. 105; 24, 1974, S. 174 f.; 18, 1968, S. 327; 22, 1972, S. 79.
[29] Tätigkeitsbericht 1993/94 des Vorsitzenden Brenner, in: Mbl. 44, 1994, S. 304.

Über „die gemeinsam intensiv vorbereitete“ Jahrespressekonferenz am 4. Mai 1994 in Essen berichtete der Vorsitzende Brenner, wobei er auch einige grundsätzliche Bemerkungen über die bibliothekarische Pressearbeit machte: „Zwar war die unmittelbare Präsenz von Journalisten in der Pressekonferenz gering, doch gab es aufgrund der versandten Einladungstexte und der verteilten Unterlagen relativ zahlreiche zusätzliche Pressekontakte, so dass sich das Ergebnis doch sehr erfreulich gestaltete: Insgesamt waren 4 Rundfunksendungen, darunter 2 Interviews mit dem Vorsitzenden, in überregionalen WDR-Magazinen und eine Fülle von mehr oder weniger ausführlichen Presseartikeln in den überregionalen Feuilletons aller wichtigen und weniger wichtigen Zeitungen des Landes zu verzeichnen, die sich vornehmlich mit den Auswirkungen der drohenden Schließungswelle und der drastischen Etatkürzungen im ÖB-Bereich befaßten, häufig aber genau so umfangreich auf die Probleme der wissenschaftlichen Bibliotheken eingingen. Sicherlich darf man nicht verkennen, dass den drohenden oder bereits vollzogenen Einsparungen im Bibliotheksbereich in einem früher nie geahnten Ausmaße etwas Sensationelles anhaftet, das sich in der Presse natürlich immer gut verkaufen läßt. Ob dies mit alltäglicheren Bibliotheksthemen in gleicher Weise gelungen wäre, ist fraglich. Immerhin zeigte die Reaktion auf die Pressekonferenz, dass es durchaus auch Bibliotheken gelingen kann, eine breitere Presseöffentlichkeit zu mobilisieren und für ihre Belange zu interessieren.“[30]

Der Versuch, durch Berufung eines Journalisten eine Professionalisierung zu erreichen, scheiterte. Trotz wiederholter Appelle zur Mitarbeit ging „letztlich doch kein einziger brauchbarer Themenvorschlag aus den Bibliotheken“ ein. Auf der anderen Seite blieb der Pressereferent „trotz mancher Anregungen aus dem Vorstand den Nachweis einer eigenständigen professionellen Kreativität in bezug auf die übernommene Aufgabe schuldig“, so die Begründung des Vorstands für die Nichtverlängerung des Werkvertrages.[31] So blieb es denn weiterhin dem durch häufigen Wechsel in der Geschäftsführung ohnehin überlasteten Vorstand vorbehalten, Kontakte zur Presse zu pflegen und sich um die Mitarbeit von Kollegen zu bemühen, wie dies auf einem anderen Gebiet der Öffentlichkeitsarbeit schon Tradition war: im Bereich der Publikationstätigkeit des Verbandes.

Zu den Veröffentlichungen zählen neben dem im folgenden Abschnitt zu behandelnden „Mitteilungsblatt“ die Jahreskataloge der Sondersammelgebiete, die über Jahre von Günther Pflug betreut wurden. Von Kollegen in verschiedenen Mitgliedsbibliotheken wurden u.a. erarbeitet: die Systematischen Kataloge

[30] Ebd., S. 304 f.

[31] Tätigkeitsbericht 1994/95, in: ProLibris 1, 1996, S. 26.

der Sondersammelgebiete, die Kataloge der Musica Practica, das Zeitschriftenverzeichnis der kommunalen Büchereien und Bibliotheken Nordrhein-Westfalen (ZVNW, 3. Aufl. 1980), Sonderdrucke von Modellverzeichnissen der Nachschlagewerke für Bibliotheken der 2. Stufe, Veröffentlichungen zum Leihverkehr, samt und sonders unentbehrliche Hilfsmittel für die tägliche Arbeit, Serviceleistungen des Verbandes für seine Mitglieder.

An einen größeren Leserkreis wandte sich das 186 Seiten umfassende Auswahlverzeichnis „Nordrhein-Westfalen“, das von Christa Erpf und Günther Pflug nach langer Vorarbeit im Jahr 1971 vorgelegt wurde. Eine Informationsschrift aus dem Jahr 1977 berichtete über die Organisation und Arbeitsweise des Verbandes, über Ergebnisse der Verbandsarbeit und Ziele der künftigen Tätigkeit; die Schrift war für Werbezwecke bestimmt und richtete sich an Behörden, Politiker und andere Außenstehende. Auf Vorschlag der Arbeitsgemeinschaft der Großstadtbibliotheken gab der Verband die Schrift „Zur Aufgabe und Funktion der Öffentlichen Bibliothek der Stadt“ mit drei Referaten von Hansjörg Süberkrüb heraus (1977). Erwähnt sei schließlich neben anderen Werbemitteln die von Wilhelmine Hirsch redaktionell betreute Begleitbroschüre zur Ausstellung „Bibliotheksland NRW“ (1984).

Eine besondere Hervorhebung verdient die auf Anregung des Kultusministeriums vom Verband veröffentlichte Schrift „Bibliotheken in Nordrhein-Westfalen“, die unter der redaktionellen Leitung von Horst Ernestus unter Mitwirkung von zahlreichen Kollegen im Jahr 1979 erschien. Hier wurde neben dem Verzeichnis der in Nordrhein-Westfalen vorhandenen Bibliotheken ein Überblick über die Struktur des gesamten Bibliothekswesens im Land gegeben, die zentralen Einrichtungen vorgestellt, die Kooperation der verschiedenen Bibliotheken untereinander und in einem nach Stufen geordneten Bibliotheksnetz sowie ihre Zusammenarbeit mit anderen Kulturinstituten am Ort beschrieben. Auch die Möglichkeiten und Notwendigkeiten im Hinblick auf die zukünftige Entwicklung wurde aufgezeigt. Im Gegensatz zu den Bibliothekenführern von 1951 und 1964 war die Veröffentlichung ausdrücklich als Mittel der Öffentlichkeitsarbeit konzipiert und in erster Linie für Landespolitiker und für Gremien von Institutionen, Verwaltungen und Verbänden bestimmt, um bei diesen das Verständnis für die Arbeit der Bibliotheken, ihre Aufgaben und Probleme, zu fördern. Es entsprach dieser Konzeption, wenn die Veröffentlichung in zwei Pressekonferenzen, in Wuppertal und Düsseldorf, der Öffentlichkeit vorgestellt wurde. Eine 2. Auflage, ebenfalls von Horst Ernestus redaktionell bearbeitet, erschien im Jahre 1992.[32]

[32] Bibliotheken in Nordrhein-Westfalen, 1979, 1992.

Vergangenheit und Gegenwart des Verbandes dokumentieren zwei Veröffentlichungen des Jahres 1989: die vom Vorstand veranlasste Geschichte des Verbandes von seiner Gründung bis zum Sommer 1964 von Werner Krieg, dann die Selbstdarstellung „Verband der Bibliotheken des Landes Nordrhein-Westfalen“, in der neben der Beschreibung der Aufgaben und Ziele, sowie der organisatorischen Gliederung sehr deutlich die bibliothekarische Interessenvertretung bei kulturellen und wissenschaftlichen Vorhaben und Planungen auf der Ebene der Unterhaltsträger und die „öffentlichkeitswirksame Darstellung bibliothekarischer Belange“ als Anliegen des Verbandes herausgestellt wurden.[33]

Ein Problem initiierte den Vorstand zu Aktivitäten, die man als „innerverbandliche Öffentlichkeitsarbeit“ bezeichnen könnte. Anlass waren die seit Anfang der 80er Jahre sich aus finanziellen Gründen häufenden Überprüfungen der Mitgliedschaft durch die Unterhaltsträger, zu denen nicht nur Gemeinden, sondern auch Firmen wie die Bayer AG mit ihrer Kekulé-Bibliothek gehörten. Zwar konnten Kündigungen in vielen Fällen durch Intervention des Vorstandes vermieden oder wieder rückgängig gemacht werden, aber für die Bibliotheken fehlte eine Argumentshilfe zur Verteidigung der Mitgliedschaft. Das Papier „VBNW: Die Mitgliedschaft lohnt sich“, das neben der Veröffentlichung im „Mitteilungsblatt“ auch allen Interessierten zur Verfügung stand, stellte die Leistungen des Verbandes vor und machte deutlich, „dass nur die Mitgliedschaft im VBNW die Einbindung der einzelnen Bibliothek in das landesweite Informations- und Kooperationsgefüge der Bibliotheken“ gewährleistet.[34]

Zu den in den Jahren 1994/95 vom Vorsitzenden Reinhard Brenner vorangetriebenen Aktivitäten im Bereich der Öffentlichkeitsarbeit gehörten die Bemühungen um ein einheitliches Erscheinungsbild des Verbandes im Sinne der „Corporate Identity“ durch einheitlich gestaltete Briefköpfe, Formulare und Druckschriften, vor allem eine Neugestaltung des „Mitteilungsblattes“ als Medium der Öffentlichkeitsarbeit „nach außen“ und „nach innen“ für die Mitglieder des Verbandes.

[33] Werner Krieg: Verband, 1989. – Verband der Bibliotheken des Landes Nordrhein-Westfalen. Redaktion: Ulrich Moeske, Ronald Schneider. 1989, Zitat S. 4.

[34] Tätigkeitsbericht 1993/94, in: Mbl. 44, 1994, S. 305 f. – Abdruck des Papiers „VBNW: Die Mitgliedschaft lohnt sich!“ in: Mbl. 44, 1994, S. 228-232.

4. Vom „Mitteilungsblatt" zu „ProLibris": zur Entwicklung des publizistischen Organs des Verbandes

Das am 1. Dezember 1948 zum ersten Mal – zunächst im DIN-A 4-Format – erschienene, vom Geschäftsführer des Verbandes Werner Krieg redigierte „Mitteilungsblatt" hatte zunächst wie auch im Namen zum Ausruck kam, den Charakter eines Nachrichtenblattes und veröffentlichte hauptsächlich Berichte des Vorstandes, der Fachausschüsse und einschlägige Erlasse. Verbandsnachrichten blieben auch nach der Erweiterung zu einer bibliothekarischen Fachzeitschrift ein fester Bestandteil: das Protokoll der Jahresversammlung, das ab dem Jahrgang 1981 in einer neuen, klaren Gliederung vorgelegt wurde: Bericht über die Jahrestagung, Begrüßungsansprachen, Referate, Tätigkeitsbericht des Vorsitzenden, Protokoll der Mitgliederversammlung. Zur Verbandsarbeit gehörten die später in den Tätigkeitsbericht des Vorsitzenden integrierten Berichte der Arbeitsgemeinschaften, die auch ihre Empfehlungen und Gutachten veröffentlichten, des weiteren Veränderungen in der Mitgliederschaft und das in Abständen vorgelegte Verzeichnis der Mitglieder. Ergänzend zu den Verbandsmitteilungen traten in einer besonderen Rubrik Nachrichten „Aus der Arbeit der Bibliotheken des Landes", Beiträge über den Zentralkatalog mit dem jährlichen Bericht über den Auswärtigen Leihverkehr, über das Bibliothekar-Lehrinstitut bzw. die Fachhochschule für Bibliotheks- und Dokumentationswesen und über das Hochschulbibliothekszentrum.

Mit der Übernahme der Schriftleitung durch Heinz Kaspers (1955) und anschließend durch Günther Pflug (1964, ab 1968 zusammen mit Eberhard Herf) und der damit verbundenen Verlagerung der Redaktion von Köln nach Bochum erfolgte eine inhaltliche Erweiterung des „Mitteilungsblatts". Breiten Raum nahmen jetzt Rechtsfragen aus dem bibliothekarischen Bereich ein, sei es in Aufsätzen und Gutachten, sei es in den neuen Rubriken „Verordnungen und Erlasse" und „Aus der Rechtssprechung", in der bibliothekarisch relevante Urteile, auch außerhalb Nordrhein-Westfalens, wiedergegeben und kommentiert wurden.

Die Flut der seit Mitte der 60er Jahre vorgelegten Gutachten und Empfehlungen verschiedener Gremien machte die Einrichtung einer neuen Rubrik notwendig, in der kultur-, hochschul- und bibliothekspolitische Dokumente abgedruckt, z.T. auch kommentiert wurden. Gerade mit diesen Veröffentlichungen, zusammen mit einer aktuellen Berichterstattung und der freimütigen Diskussion kontroverser Themen, wurde das „Mitteilungsblatt" seit 1958 zu einer bibliothekarischen Fachzeitschrift, die im weiteren Verlauf überregionale Bedeutung erlangte und einen Vergleich mit anderen bibliothekarischen Zeitschriften nicht zu scheuen brauchte. Es war deshalb konsequent, wenn der Vorstand den Verkauf an Nichtmitglieder ermöglichte und 1973 dem Verlag Dokumentation bzw. dem K. G. Saur Verlag (Pullach, später München) den Vertrieb und die Anzeigenverwaltung übertrug.

Am Anfang der „Ära Lohse" – so wird man die fast zwanzigjährige Tätigkeit Hartwig Lohses als Herausgeber, von 1976-1995, nennen dürfen – standen einige Neuregelungen in der Verantwortlichkeit für das „Mitteilungsblatt". Im Zusammenhang mit den Bemühungen um eine stärkere Integration von Öffentlichen und wissenschaftlichen Bibliotheken nach der Krise des Jahres 1972, verbunden mit der Absicht, den Öffentlichen Bibliotheken mehr Gehör im Verbandsorgan zu verschaffen, trat ein Vertreter dieser Sparte als Mitherausgeber ein: 1978 Ernst-Martin Reinke (Düsseldorf), nach dessen frühem Tod im gleichen Jahr Günter Röttcher (Bonn, 1978-1986), dann Heinrich Obberg (Bonn, 1986-1995). Nach dem Rücktritt Eberhard Herfs wurde die Redaktion von Bochum an die Universitätsbibliothek Bonn verlegt (1978), wo Renate Schoene die Leitung übernahm, gefolgt von Hans Bernd Lüssem im Jahr 1993.

Auch im „äußeren Gewand" und in der redaktionellen Gestaltung gab es Veränderungen: 1979 in einer neuen Gliederung der Beiträge, 1988 mit einem verbesserten und übersichtlichen Layout in einem neuen Verlag, im Bock + Herchen Verlag (Bad Honnef), der den Vertrieb und die Adressenverwaltung übernahm, während das Anzeigengeschäft über die Zeitschrift „Buch und Bibliothek" (Reutlingen) erfolgte. Die vier Hefte eines Jahrgangs waren seit dem Jahr 1979 wie folgt gegliedert: Aufsätze und Vorträge, Aus der Verbandsarbeit (Berichte, Nachrichten, Tagungen), Aus der bibliothekarischen Arbeit in Nordrhein-Westfalen, Sonstige Tagungen, Nachrufe, Personalnachrichten, Kleinere Mitteilungen, Aus der Rechtssprechung, Verordnungen und Erlasse, Buchbesprechungen, Literaturhinweise.

Der von Heinz Kaspers und Günther Pflug begonnene Ausbau des „Mitteilungsblatts" zu einer bedeutenden bibliothekarischen Fachzeitschrift ist von Hartwig Lohse und seinen Mitherausgebern Günter Röttcher und Heinrich Obberg erfolgreich fortgeführt worden. Es gelang Lohse, Autoren von Rang, auch außerhalb Nordrhein-Westfalens zu gewinnen, die in theoretischen Untersuchungen und Berichten aus der Praxis Grundsatzfragen des Bibliothekswesens behandelten. Lohse selbst war dank seiner fundierten Kenntnisse in vielen Spezialbereichen trotz seiner Arbeitsbelastung als Direktor der Universitätsbibliothek Bonn und seiner Tätigkeit in zahlreichen bibliothekarischen Gremien einer „der wichtigsten Autoren", wobei er „nie vor heißen Eisen zurückschreckte. Was er als Wahrheit erkannt hatte, brachte er" – so der Verbandsvorsitzende Bernhard Adams in einem Nachruf – „in kompromißloser Deutlichkeit auch zum Ausdruck. Dabei war ihm gleichgültig, welche Autoritäten er involvierte. Dass ihm bei solchen Gelegenheiten nicht selten prächtige Polemiken gelangen, ist ebenso festzustellen wie die Tatsache, dass er bei aller Streitbarkeit nie die Grenzen überschritt jenseits deren kein Gespräch mit dem Kontrahenten mehr möglich ist."[35]

Diese „Streitbarkeit" Lohses zeigte sich vor allem in dem unter ihm stark ausgebauten Rezensionsteil und in den von ihm eingeführten, meistens von ihm selbst geschriebenen umfangreichen „Besprechungsaufsätzen", allesamt mit Vergnügen zu lesende Rezensionen, wie sie in anderen bibliothekarischen Zeitschriften kaum zu finden waren. Neu in der „Ära Lohse" waren die als Festgaben erschienenen Sonderhefte für Hansjörg Süberkrüb (1981), für Hans Joachim Kuhlmann (1984) und für ihn selbst (1994). Vorgelegt wurden Generalregister für die Jahrgänge 1948-1959 (1. Folge), 1950-1960 (N.F.) (1962), 1961-1970 (1976), 1971-1980 (1982) und 1981-1990 (1991).

Über die Entwicklung des „Mitteilungsblatts" zu einer über die Landesgrenzen hinaus renommierten Fachzeitschrift herrschte verständlicherweise im Vorstand Genugtuung und die Jahresberichte der Vorsitzenden waren voll des Lobes über die Zeitschrift, so beispielsweise Johannes Schultheis 1982: „Überhöht wird die Arbeit des Verbandes in Vorstand, Kommissionen, Arbeitsgemeinschaften und Arbeitskreisen durch eine Einrichtung, die auch nicht in der Satzung erwähnt ist, die aber unseren Verband in sehr renommierter Weise nach innen und außen vertritt, nämlich durch das Mitteilungsblatt."[36]

Trotz des Lobes und der hohen Wertschätzung ergaben sich zu Anfang der 90er Jahre eine Reihe von Problemen, die eine Neugestaltung der Zeitschrift nahelegten. Zwar hatte sich Lohse bereiterkärt, auch nach seiner Pensionierung als Herausgeber zu fungieren, aber er musste sich zunehmend über die mangelnde Mitarbeit der Bibliotheken und Bibliothekare beklagen. Es gab kaum eine Mitgliederversammlung, auf der nicht an die Mitglieder appelliert wurde, sich durch Beiträge an der inhaltlichen Gestaltung des „Mitteilungsblatts" zu beteiligen. Die wiederholten Mahnungen richteten sich vor allem an die Öffentlichen Bibliotheken – mit wenig Erfolg, so dass sich die Herausgeber gezwungen sahen, Assessor- und Diplomarbeiten, z.T. sogar in Fortsetzungen, abzudrucken, um die Hefte zu füllen, ein Notbehelf, der den nicht von der Hand zu weisenden Vorwurf der „Bleiwüste" einbrachte.

Eine weitere Perspektive war zu bedenken: Als Folge der Finanzkrise war nicht mehr sichergestellt, dass das Land Nordrhein-Westfalen bereit war, das Erscheinen des „Mitteilungsblatts" durch Zuschüsse in bisheriger Höhe für al-

[35] Bernhard Adams: Hartwig Lohse, * 11. August 1926, † 24. September 1995. In: Mbl. 45, 1995, S. 424-429, Zitat S. 427.

[36] Tätigkeitsbericht 1982 des Vorsitzenden Schultheis, in: Mbl. 33, 1983, S. 40.

le Zeiten sicherzustellen. Da das Land gewillt war, nur *eine* bibliothekarische Zeitschrift finanziell zu unterstützen, lag es nahe, das „Mitteilungsblatt“ mit „biblio“, dem Mitteilungsblatt der Landeskonferenz der Staatlichen Büchereistellen, zusammenzulegen. Damit – so war zu hoffen – konnte nicht nur ein Rationalisierungseffekt erreicht werden, sondern auch das Defizit der Öffentlichen Bibliotheken im Inhalt des „Mitteilungsblatts“ behoben werden.

Ein dritter Gesichtspunkt kam hinzu: Bei den verstärkten Bemühungen um eine wirksame Öffentlichkeitsarbeit des Verbandes schien das Mitteilungsblatt mit seinem nichtssagenden, auch schon früher kritisierten Titel[37] und der wenig attraktiven Aufmachung kaum geeignet, verwandte Berufsgruppen und die Repräsentanten der Bibliotheksträger anzusprechen. Trotz wiederholter, durchaus positiv zu beurteilenden Veränderungen in Aufmachung und inhaltlicher Gestaltung war das „Mitteilungsblatt“ ein „Insiderblatt“ geblieben.

Auf der Mitgliederversammlung 1994 erläuterte der Vorsitzende Reinhard Brenner diese Überlegungen, mit der sich eine Arbeitsgruppe des Vorstands unter Beteiligung der Staatlichen Büchereistellen Köln und Essen in mehreren Sitzungen beschäftigt hatte. In der Diskussion gab es neben Zustimmung auch Stimmen, die an das Ansehen und an die Tradition erinnerten, die man nicht leichtfertig aufs Spiel setzen dürfe. Auch in einer, wahrscheinlich von Hartwig Lohse verfassten „Redaktionellen Mitteilung“ wurden Bedenken laut. Der Begriff Bleiwüste sei dem Bibliothekar und Herausgeber relativ unbekannt, und er könne ihn auch nicht als Schimpfwort empfinden. Es hieß dann weiter: „Gewiß leben wir in einem Zeitalter optischer, d.h. bildlicher Reize, aber wir können doch nicht in Abrede stellen, dass das Lesen für uns und ebenso für unsere Benutzer die unverzichtbare Basis unseres Tuns ist und dass nur wenige Arbeitsbereiche im weitesten Sinne von Wissenschaft und Kultur schlechter bildlich darstellbar sind als Buch und Bibliothek, abgesehen von Gutenberg-Bibeln oder mittelalterlichen Handschriften.“ „Etwas mehr Pfiff in den Bereichen Layout und Typographie“ wurde zwar bei dem neuen Organ des Verbandes nicht ausgeschlossen, aber der inhaltliche Pfiff werde von den Autoren kommen müssen,“ hieß es in der „Redaktionellen Mitteilung“.[38]

In einem „Editorial“ nahm der Vorsitzende Reinhard Brenner Abschied vom „Mitteilungsblatt“ und stellte die neue Zeitschrift mit dem Titel „ProLibris“ vor, deren Funktionen er so beschrieb: „Sie muss einerseits innerhalb des Berufsstandes identitätsstiftend und -fördernd wirken. Das aber ist nur mög-

[37] So beispielsweise Hansjörg Süberkrüb auf der Sitzung der Arbeitsgemeinschaft der Großstadtbibliotheken am 24.2.1977. Er erbat „Vorschläge für einen neuen Titel für das Mitteilungsblatt, der dem Inhalt und der Bedeutung dieser Zeitschrift besser gerecht wird.“ (Mbl. 27, 1977, S. 181).

[38] Redaktionelle Mitteilung. In: Mbl. 44, 1994, S. 168.

lich, wenn zumindest ein Teil der transportierten Informationen für die überwiegende Mehrzahl der Leserinnen und Leser erkennbaren Bezug zur Berufspraxis hat. Sie sollte andererseits aber auch als Public-Relations-Instrument einsetzbar sein und bei Außenstehenden Interesse für bibliothekarische Belange wecken und damit für die Sache der Bibliotheken werben. Dazu muss sie graphisch attraktiv gestaltet sein und inhaltlich versuchen, ein Spiegelbild des nach wie vor sehr lebendigen Bibliothekswesens in Nordrhein-Westfalen zu bieten."[39]

Das erste, im DIN-A 4-Format vorgelegte und bei Peter Pomp (Bottrop) verlegte Heft erschien zu Anfang des Jahres 1996, herausgegeben von Brigitte Klein (Köln) und Heinrich Obberg für die Öffentlichen Bibliotheken, von Klaus Barckow (Paderborn) und Wolfgang Schmitz (Köln) für die wissenschaftlichen Bibliotheken, redaktionell betreut wie bisher das „Mitteilungsblatt" von Hans Bernd Lüssem.[40] Auf der Jahresversammlung des Verbandes 1996 war zu hören, dass „das zeitgemäße Layout und die veränderte inhaltliche Orientierung" viel positive Resonanz sowohl innerhalb als auch außerhalb des Berufsstandes gefunden habe.[41] Gewiss hat es auch Kritik gegeben, aber die Tatsache, dass das neugestaltete Verbandsorgan aus Nordrhein-Westfalen zum Vorbild für andere bibliothekarische Zeitschriften wurde, zeigt, dass es richtig war, sich den veränderten Seh- und Lesegewohnheiten anzupassen.

5. „Die Anliegen der Bibliotheken öffentlich zur Sprache bringen": die Jahresversammlungen

Einen gewissen Höhepunkt der Öffentlichkeitsarbeit bildete die alljährlich stattfindende Tagung mit der satzungsgemäß vorgeschriebenen Mitgliederversammlung des Verbandes, verbunden mit einer Pressekonferenz. Neben der Information der Mitglieder gewann die Funktion der Jahrestagung als Mittel der Öffentlichkeitsarbeit immer mehr an Bedeutung. Die Tagung war für den Verband eine Gelegenheit, „die Anliegen der Bibliotheken öffentlich zur Sprache zu bringen", wie Werner Krieg formuliert hat.[42] Als Termin für die Tagung wurde ab dem Jahr 1958 der Herbst gewählt, im allgemeinen der September oder Oktober; lediglich 1994 wurde die Mitgliederversammlung im Zusammenhang mit der „Bibliotheca" bzw. dem Bibliothekskongress im Mai durchgeführt.

[39] Reinhard Brenner: Editorial. In: Mbl. 45, 1995, S. 345-346. Zitat S. 345.
[40] Im Impressum heißt es: ProLibris, Mitteilungsblatt, hrsg. vom Verband der Bibliotheken des Landes Nordrhein-Westfalen e.V. und der Landeskonferenz der Staatlichen Büchereistellen NRW.
[41] Tätigkeitsbericht 1995/1996 des Vorsitzenden Brenner, in: ProLibris 1, 1996, S. 252.
[42] Werner Krieg: Verband, 1989, S. 114.

Was den Tagungsort betrifft, so versuchte der Vorstand, im Wechsel sowohl die beiden Landesteile Rheinland und Westfalen als auch die im Verband vertretenen Bibliothekstypen zu berücksichtigen, also abwechselnd die Tagungen in einer Stadtbibliothek und in einer wissenschaftlichen Bibliothek, meistens in einer Universitätsbibliothek, gelegentlich auch in einer Spezialbibliothek, abzuhalten. Ein Augenmerk wurde auch darauf gerichtet, dass nicht nur Großstädte, sondern auch Mittelstädte als Tagungsort ausgesucht wurden. Häufig war die Fertigstellung eines Bibliotheksgebäudes der Anlass für die Wahl des Ortes. Dortmund mit der „Bibliotheca" und den mit der Fachausstellung verbundenen Tagungen bibliothekarischer Verbände war viermal Ort von Jahresversammlungen. Gemeinsame Tagungen gab es außerdem mit dem Deutschen Bibliotheksverband: 1976 in Duisburg, 1980 in Bielefeld, 1985 in Köln.

Problematisch blieb die Struktur und Thematik der Jahrestagungen. Galt es doch sowohl die Interessen der Mitglieder aus verschiedenen Bibliothekstypen und Bibliotheksgrößen zu berücksichtigen, als auch die geladenen Gäste für Grundfragen bibliothekarischer Arbeit zu interessieren. Entsprechend dem Bemühen, wenigstens einmal im Jahr, das Anliegen öffentlich zur Sprache bringen zu können, wurden die Einladungen an alle für Bibliotheken maßgebenden Institutionen und Persönlichkeiten versandt: Kultusministerium, Wissenschaftsministerium, Mitglieder der zuständigen Ausschüsse im Landtag, Kommunale Spitzenverbände, Gewerkschaften, Deutsche Forschungsgemeinschaft, andere bibliothekarische Verbände, Buchhandel, Presse, dazu die Repräsentanten der gastgebenden Stadt bzw. Universität.

Während die ersten Tagungen des Verbandes mehr internen Charakter hatten, versuchte man ab 1951 die Gäste am Vormittag durch Vorträge an Grundfragen bibliothekarischer Arbeit heranzuführen. Ab dem Jahr 1959 ergab sich insoweit eine Änderung, als unter Wegfall der Berichte der Fachausschüsse der Tätigkeitsbericht des Vorsitzenden zeitlich nach den Begrüßungen und vor die Vorträge trat; der Nachmittag war der Mitgliederversammlung vorbehalten. Es war dann Werner Krieg, der in seiner Amtszeit als Vorsitzender (1964 – 1969) seinen Rechenschaftsbericht „zu einem allgemeinen Bibliotheksreport für das Land Nordrhein-Westfalen" umgestaltete, wobei er davon ausging, dass die Aktivitäten des Verbandes, seiner Arbeitsgemeinschaften und Kommissionen nur verständlich seien, wenn man sie im Zusammenhang der Entwicklungen des Landes sehe. Krieg benutzte seinen umfassend konzipierten Rechenschaftsbericht, um gelegentlich scharfe Kritik an den staatlichen und kommunalen Instanzen zu üben. Die zeitliche Plazierung am Beginn der Tagung war günstig: „an einer Stelle, an der das Interesse und die Aufmerksamkeit der Anwesenden noch unbelastet" war, „mancher hohe Gast sich auch noch nicht vorzeitig verabschiedet" hatte.[43]

Trotz dieser Vorteile entschloss sich der Vorstand 1970 zu einer Änderung des Tagungsablaufs. Um mehr Zeit für die Sacherörterungen am Vormittag zu gewinnen, wurde der Rechenschaftsbericht des Vorsitzenden auf den Nachmittag verlegt, dessen Attraktivität dadurch gestärkt werden sollte. Die Vorsitzenden sahen indessen eine andere Möglichkeit, schon zu Beginn der Jahrestagung dringende Anliegen des Verbandes und Grundsätzliches zur Lage des nordrhein-westfälischen Bibliothekswesens zur Sprache zu bringen: anfänglich in den Einführungen zu den Referaten, die das Kernstück der Tagungen bildeten, und dann ab dem Jahr 1973 in den Begrüßungsansprachen, die ausgesprochen bibliothekspolitischen Charakter zeigten.

Man bemühte sich im Vorstand, ein aktuelles Generalthema zu finden, das nach Möglichkeit sowohl aus der Sicht der wissenschaftlichen Bibliotheken als auch der Öffentlichen Bibliotheken, gelegentlich auch der Spezialbibliotheken, behandelt wurde, wobei auch Referenten aus anderen Bundesländern und aus dem Ausland zu Wort kamen. Solche, beide Bibliothekssparten berührende Themen waren z.B. „Tendenzen im Bibliotheksbau der Gegenwart" (1968), „Regionale und überregionale Literaturversorgung in Nordrhein-Westfalen (1970) oder „Ergebnisse der Bibliotheksplanung in Nordrhein-Westfalen" (1973). Einige Jahresversammlungen waren schwerpunktmäßig der Thematik des Öffentlichen Bibliothekswesens gewidmet, so 1977 in Hamm, als das geplante „Bibliotheksgesetz" zu Diskussion stand, oder 1981 in Aachen mit dem Thema „Literaturversorgung in den Kreisen".[44]

Zu Beginn der 90er Jahre zeichnete sich eine Änderung im Ablauf der Jahresversammlungen ab: Anstelle der bibliotheksfachlichen Referate trat ein Vortrag von allgemeinem Interesse. Den Ansatz zu einer Neuerung bildete wohl die „Bibliotheca" und den mit ihr verbundenen Tagungen. Als Redner auf den Eröffnungsveranstaltungen finden sich bekannte Namen: Günther Pflug („Die Bibliothek als Wirtschaftsfaktor", 1987), Alfred Grosser („Politik und Aufklärungsarbeit in der Geschichte der Bundesrepublik Deutschland von 1949-1989", 1989), Siegfried Hummel, Kulturreferent von München („Die Zukunft der Bibliotheken in der kommunalen Infrastruktur", 1991), Klaus Haefner („Die informelle Umwelt des Menschen im Umbruch – Computer statt Bücher?", 1994).

Den eigentlichen Grund für das neue Konzept der Jahresversammlungen erläuterte der Vorsitzende des Verbandes Bernhard Adams im Jahre 1992: „Zum

[43] Günther Pflug: Regionale und überregionale Literaturversorgung in Nordrhein-Westfalen (Einleitung zu den Referaten der Jahrestagung 1970). In: Mbl. 21, 1971, S. 16-19, Zitate S. 16, S. 17.

[44] Vgl. den Überblick über die Jahresversammlungen im Anhang.

einen habe ich die Erfahrung gemacht, dass es immer schwieriger wird, Referenten zu gewinnen. Dies hat nach meiner Einschätzung weniger mit Eignung als mit Bereitwilligkeit zu tun. Zum anderen ist nach meiner Auffassung die Diskussion von Sachthemen im Anschluß an den Tätigkeitsbericht in der Mitgliederversammlung von gleichem Rang wie die vorangehende Vortragsveranstaltung. Hinzu kommt, dass sich viele dieser Themen für eine Behandlung in Form von Referaten nicht eignen."[45] Entsprechend diesen Überlegungen gab es auf den Verbandstagungen seit Beginn der 90er Jahre meistens sogenannte Festvorträge: im Jahre 1990 Professor Klaus Schuhmann (Leipzig) mit einem Vortrag über „Deutsche Sprache und Literatur – Gegenwart und Zukunft in Vereinigungszeiten", 1992: Gottfried Rost (Leipzig), Ständiger Vertreter des Generaldirektors der Deutschen Bibliothek: „Deutsche Einheit aus einer bibliothekarischen Sicht"; 1995: Kurt Rossa, ehemaliger Oberstadtdirektor der Stadt Köln: „Kann und will sich unsere Gesellschaft Öffentliche Bibliotheken noch leisten?"

Mit solchen Vorträgen war gewiß auch die Hoffnung verbunden, die Außenwirkung der Jahresversammlungen zu erhöhen, ein Problem, mit dem sich der Vorstand seit seinem Bestehen beschäftigt hat. Anlass zu kritischen Äußerungen war vor allem die schwache Beteiligung von Bundes-, Landes- und Kommunalpolitikern an den Veranstaltungen des Verbandes. Es wurde zeitweise zu einem Ritual, die Nichtanwesenheit der zuständigen Minister zu beklagen. Bedauert wurde diese Abstinenz insbesondere in Zeiten, in denen es um Grundfragen der Literaturversorgung im Lande ging wie zu Beginn der 70er Jahre. Der Vorsitzende des Verbandes Hartwig Lohse gab in seiner Begrüßung auf der Tagung 1974 dieser Enttäuschung Ausdruck, als er sagte: „Die Tagung findet in einer Zeit statt, die für uns Bibliothekare von einer, wie ich meine, außergewöhnlichen Spannung erfüllt ist. Auf der einen Seite der Bibliotheksplan '73, das Strukturgutachten für unser Land, die Hochschulbibliotheken im Umbruch, Forderungen zur Bewußtseinsänderung der Bibliothekare und an eine Bibliothek der Zukunft, auf der anderen Seite seit Jahren stagnierende Personaletats, verkürzte Arbeitszeit, leerer werdende Kassen, also banalste und uns Bibliothekaren aus Vergangenheit und Gegenwart allzu bekannte Alltagssorgen. Ist nicht auch Tatsache, dass wir wieder einmal nahezu unter uns sind, nachdem noch im vorigen Jahr der Minister für Wissenschaft und Forschung bei uns war, kennzeichnend für die Situation?"[46] Auch auf der

[45] Begrüßungsansprache des Vorsitzenden Adams auf der Jahresversammlung 1992, in: Mbl. 43, 1993, S. 55.

[46] Mbl. 25, 1975, S. 5 f. – Lohse berichtete in seiner Begrüßungsansprache 1974 auch von der Vorstandssitzung am 9.5.1974, auf der „mit Bedauern das geringe Interesse der Politiker an bibliothekarischen Fragen ausdrücklich festgestellt" wurde (Mbl. 25, 1975, S. 6).

Jahrestagung 1977, als es um das „Bibliotheksgesetz" ging, um deren Vorbereitung und Durchsetzung sich der Verband jahrelang bemüht hatte, und auf der Tagung 1978, auf der Probleme der allgemeinen Literaturversorgung in Nordrhein-Westfalen auf der Tagesordnung standen, musste mit Bedauern festgestellt werden, dass aus den beiden für das Bibliothekswesen zuständigen Ministerien keine Minister zugegen waren.[47]

Wenn man von der Tagung des Jahres 1973 absieht, an der Wissenschaftsminister Johannes Rau teilnahm, kamen Minister nur dann, wenn es sich um gemeinsame Tagungen mit dem Deutschen Bibliotheksverband handelte – 1980 Wissenschaftsminister Hans Schwier, 1985 Wissenschaftsministerin Anke Brunn – oder wenn sich die Bibliothekare anläßlich der „Bibliotheca" versammelt hatten: 1987 und 1989 Hans Schwier, jetzt als Kultusminister, 1994 Wissenschaftsministerin Anke Brunn. Im allgemeinen überbrachten die Bibliotheksreferenten der beiden zuständigen Ministerien – abwechselnd auftretend – die Grüße der Landesregierung. Verbunden mit den Grußworten waren fundierte Berichte über die Situation des Bibliothekswesens aus ministerieller Sicht, wobei die Referenten als Bibliothekare für die Sorgen und Nöte des Verbandes und die in ihm vertretenen Bibliotheken stets großes Verständnis zeigten.

Im Mittelpunkt der satzungsgemäß alljährlich vorgeschriebenen Mitgliederversammlung stand neben Regularien wie Kassenbericht, Entlastungen u.ä. und der alle drei Jahre notwendigen Vorstandswahl der Rechenschaftsbericht des Vorsitzenden und den neuerdings nur noch im „Mitteilungsblatt" bzw. in „ProLibris" veröffentlichten Texten der Arbeitsgemeinschaften und Kommissionen. Im Protokoll der Mitgliederversammlungen ist häufig zu lesen: „Es wird keine Diskussion gewünscht". Aber es gab auch immer wieder brisante Themen, sei es im Rechenschaftsbericht, sei es in besonderen Tagesordnungspunkten, die z.T. heftige Diskussionen auslösten. Solche, an anderer Stelle behandelten Themen waren z.B. die bibliothekarische Strukturplanung (1970), die Verbandsstruktur (1972), die Erweiterung des Vorstandes durch die Rechts- bzw. Unterhaltsträger (1975 und 1976), die Kooperationsvereinbarung im Zusammenhang mit der Gründung der Bundesvereinigung Deutscher Bibliotheksverbände (1988), die Krise der Fortbildungstätigkeit und die Beitragserhöhung des Deutschen Bibliotheksverbandes (1991), die Neukonzeption des „Mitteilungsblattes" (1994).

Auf der Mitgliederversammlung 1992 gab es eine Diskussion über ein Problem, mit dem sich der Vorstand wiederholt beschäftigte: der mangelnde Besuch der Jahrestagungen, insbesondere der Mitgliederversammlungen. Die

[47] Mbl. 28, 1978, S. 1; 29, 1979, S. 24.

Teilnehmerzahl schwankte je nach geographischer Lage und Thematik der Veranstaltung von 70 in Rheine im Jahre 1986 mit Themen die Öffentlichen Bibliotheken betreffend bis zu 200 in der neuen Kölner Zentralbibliothek und dem Thema „Fachhochschulgesetz und bibliothekarische Ausbildung". Im ganzen muss wohl eine rückläufige Tendenz festgestellt werden, eine bedenkliche Entwicklung, die gewiss auch nicht ohne Rückwirkung auf die Teilnahme von Repräsentanten des politischen Lebens war.

Es war vor allem der Verbandsvorsitzende Bernhard Adams, der zu Beginn der 90er Jahre eine Aktivierung der Verbandsarbeit versuchte und an die Bedeutung der Mitgliederversammlung erinnerte, über die es in § 5, Absatz 1 heißt: „Die Mitgliederversammlung bestimmt die Richtlinien der Arbeit des Verbandes." Adams machte grundsätzliche Ausführungen zur Arbeit des Verbandes, als diesem der Vorwurf mangelnder Effektivität und Außenwirkung zu Ohren gekommen war. Angesichts der Tatsache, dass sich für die Jahresversammlung 1992 in Münster von 312 Mitgliedsbibliotheken und -institutionen nur 47, d.h. genau 15 %, angemeldet hatten, schloss Adams mit einem, wohl auch heute noch gültigen Appell an die Mitglieder: „Begleiten Sie die Arbeit des Vorstands mit eingreifendem, forderndem, kritischem Interesse! Äußern Sie sich ebenso offen wie konkret! Aktivieren Sie die Richtlinienkompetenz der Mitgliederversammlung!"[48]

6. *Auf der Suche nach Verbündeten: Autoren, Buchhandel, kulturelle Institutionen*

Als es zu Beginn der 80er Jahre infolge der Finanzkrise zu einschneidenden Kürzungen im Buchetat und zu Schließungen von Bibliotheken kam und sich der Verband um die Mobilisierung der Öffentlichkeit bemühte, besann man sich auf die traditionelle Partnerschaft von Autoren, Buchhändlern und Bibliothekaren. Der Vorsitzende des Verbandes Johannes Schultheis gab auf der Jahresversammlung 1982 die Richtung an, wenn er sagte: „Um mehr Gehör zu finden, sah sich der Verband nach Bundesgenossen um, die gleich den Bibliotheken von Einsparungen bedroht sind. Buchhändler und Schriftsteller sind unsere genuinen Verbündeten."[49]

Die landesweiten Veranstaltungen zum „Tag des Buches" 1982, die Aktionswoche „Jugend und Bibliothek" (1983) und die Bibliothekstage der folgenden Jahre wurden denn auch in Zusammenarbeit mit dem Verband der Verleger

[48] Der Verbandsvorsitzende Adams in der Mitgliederversammlung 1992 (TOP 2: Aktivierung der Verbandsarbeit). In: Mbl. 43, 1993, S. 80-81, Zitat S. 81.

[49] Mbl. 33, 1983, S. 37.

und Buchhändler Nordrhein-Westfalen und dem Landesbezirk Nordrhein-Westfalen des Verbandes deutscher Schriftsteller (VS) durchgeführt.[50] Neben diesen zeitlich befristeten Aktionen musste es ein Anliegen des Verbandes sein, in den regionalen Vereinen und Institutionen des Literaturbetriebs vertreten zu sein, um den oft übersehenen Bibliotheken Gehör zu verschaffen. So arbeitete der Verband im Literatur-Rat Nordrhein-Westfalen mit, der 1986 als gemeinsame Interessenvertretung von Schriftstellern, Bibliotheken, Verlagen und Buchhandlungen gegründet worden war, und er gehörte auch zu den Gründungsmitgliedern des Kulturrats Nordrhein-Westfalen (1996). Verbindungen bestanden zum Friedrich-Bödecker-Kreis und zur Landesarbeitsgemeinschaft Jugend und Literatur. Möglichkeiten zur Zusammenarbeit gab es mit den Literaturbüros in Nordrhein-Westfalen und mit den beiden Sekretariaten für gemeinsame Kulturarbeit, beispielsweise bei dem über mehrere Jahre laufenden Projekt „Kultur 90", bei dessen Abschlussveranstaltung am 15. Oktober 1988 auf Einladung des Verbandes Hilmar Hoffmann über die „Aufgaben der Öffentlichen Bibliotheken im Zeitalter der neuen Medien" sprach und auf der auch eine Resolution zum Ausbau der kommunalen Bibliotheken verabschiedet wurde.

Als man in den 80er Jahren durch die Entwicklung der neuen Medien einen Rückgang der Lesefähigkeit und die Zunahme des Analphabetismus festzustellen glaubte und die Lese- und Literaturförderung in den Blickpunkt der öffentlichen Diskussion geriet, musste der Verband bestrebt sein, die traditionelle Rolle der Bibliotheken auf diesem Gebiet zu betonen. Das geschah z.B. bei dem von der Bertelsmann-Stiftung und dem Kultusministerium getragenen Projekt „Lesen in der Grundschule"[51] oder als die Landesregierung die Antwort auf eine Große Anfrage der SPD-Landtagsfraktion zur „Lese- und Literaturförderung in Nordrhein-Westfalen" vorbereitete. Die Arbeitsgemeinschaften der Öffentlichen Bibliotheken beschäftigten sich intensiv mit dem Thema, und es war gewiss auch der Stellungnahme des Verbandes zu verdanken, wenn in der Antwort der Landesregierung die Bedeutung der Öffentlichen Bibliotheken in der Leseerziehung und die Rolle des Verbandes in der Kooperation der Bibliotheken gewürdigt wurde.[52]

Wenn auch die Vertretung bibliothekarischer Interessen im Bereich der Literatur- und Leseförderung bei der Stiftung Lesen, bei der Deutschen Literaturkonferenz oder beim Börsenverein des Deutschen Buchhandels in erster Linie

[50] Vgl. Abschnitt 1 in diesem Kapitel.

[51] Ulrich Moeske: „Lesen in der Grundschule" – ein neues Projekt. In: Mbl. 39, 1989, S. 82-83.

[52] Lese- und Literaturförderung in Nordrhein-Westfalen. Antwort der Landesregierung auf die Große Anfrage 19 der Fraktion der SPD. In: biblio 38, 1989, H. 1, S. 1-24, hier S. 15, S. 16; Mbl. 38, 1988, S. 328-349.

eine Aufgabe der bundesweit agierenden Bibliotheksverbände war, so ließen sich doch die Arbeitsgemeinschaften des Verbandes gelegentlich über die Arbeit dieser Institutionen berichten, so z.B. die Arbeitsgemeinschaft der Großstadtbibliotheken über die nicht immer einsichtigen Projekte der Deutschen Lesegesellschaft, der Vorgängerin der Stiftung Lesen.

Die Betonung der gemeinsamen Kulturaufgaben von Autoren, Buchhändlern und Bibliothekaren, die gewöhnlich in Begrüßungsansprachen zum Ausdruck kam, darf nicht darüber hinwegtäuschen, dass es zwischen den Interessenvertretungen der Autoren und Buchhändler auf der einen Seite und den Bibliothekaren auf der anderen Seite immer wieder zu handfesten Auseinandersetzungen kam. Sie wurden primär auf Bundesebene ausgetragen, aber auch der VBNW musste sich wiederholt mit strittigen Fragen befassen. Dazu zählte ein Thema, das zeitweise fast in den Mittelpunkt der Verbandsarbeit zu rücken schien: die sog. Bibliothekstantieme oder Bibliotheksabgabe, auch Bibliotheksgroschen genannt, weil eine Zeitlang von 10 Pfennig Vergütung pro Ausleihe die Rede war. Der 1969 gegründete Verband Deutscher Schriftsteller (VS) hatte das „Ende der Bescheidenheit" (Heinrich Böll) verkündet und eine Novellierung des Urheberrechts gefordert, wonach Autoren eine Vergütung für die Ausleihe ihrer Werke erhalten sollten.

Auch wenn die Schriftsteller betonten, die Bibliothekstantieme dürfe nicht zu einer Kürzung der Erwerbungsmittel führen,[53] sah der Vorstand des Verbandes doch Gefahren, und zwar in zwei Bereichen: einmal in der Belastung des Bibliotheksetats, zum anderen – und „ein Vielfaches dieser Kosten" betragend – in der verwaltungstechnischen Kontrolle der Ausleihen, im Feststellen von Tantiemepflichten und ihrer Abrechnung. Die Ausleihe zeitgenössischer Literatur werde, so wurde befürchtet, faktisch unmöglich.[54]

Wenn man im VBNW als einem regionalen Bibliotheksverband sich über Jahre so intensiv mit dieser alle deutschen Bibliotheken berührenden Frage beschäftigte, dann wohl auch deshalb, weil er in seinen Reihen Experten hatte, die maßgeblich an den Verhandlungen beteiligt waren und in den Arbeitsgemeinschaften und in Referaten auf Jahresversammlungen über den Fortgang der Gespräche berichten konnten: Hansjörg Süberkrüb hatte als Vorsitzender des Deutschen Büchereiverbandes Gelegenheit auf einem öffentlichen Hearing des zuständigen Bundestagsausschusses die Bedenken der Bibliotheken vorzutragen, und Antonius Jammers, Bibliotheksreferent des Wissenschaftsministeriums, war Mitglied der Sonderarbeitsgruppe „Bibliothekstantieme" der Kultusministerkonferenz.

[53] So z.B. der Landesbezirksvorsitzende des Verbandes deutscher Schriftsteller Josef Reding in der Arbeitsgemeinschaft der Großstadtbibliotheken am 29.11.1973 (Mbl. 24, 1974, S. 85).

[54] Der Verbandsvorsitzende Pflug in der Mitgliederversammlung 1970, in: Mbl. 21, 1971, S. 11.

Auf der Jahresversammlung 1974 des Verbandes konnte Jammers ein Ende der jahrelangen Verhandlungen ankündigen; es könne davon ausgegangen werden, dass die Länder den von den kommunalen Bibliotheken verursachten Tantiemeanteil übernehmen würden.[55] Am 18. Juni 1975 kam es dann zum „Vertrag über die Abgeltung urheberrechtlicher Ansprüche nach § 27 des Urheberrechtsgesetzes" zwischen dem Bund und den Ländern einerseits und den Verwertungsgesellschaften andererseits, in dem auf eine detaillierte Erhebung verzichtet und die Zahlung einer Pauschalsumme vereinbart wurde.[56]

Auch das Verhältnis zwischen Bibliotheken und Buchhandel war nicht frei von Spannungen. Es wurde deshalb begrüßt, dass der Vorstand beschloss, das Thema „Buchhandel und Bibliothek" in den Mittelpunkt der Jahresversammlung 1972 zu stellen, im übrigen wohl die erste bibliothekarische Tagung, die sich mit diesem Fragenkomplex befasste.[57] In den Referaten wurden jene Themen angeschnitten, die im Verband schon früher diskutiert worden waren und die auch in den folgenden Jahren Gegenstand von Verhandlungen bildeten, nun vor allem in den Gremien des Deutschen Bibliotheksverbandes bzw. des Deutschen Bibliotheksinstituts und des Börsenvereins des Deutschen Buchhandels. Themen waren die Geschäftsbeziehungen, so die zu erbringenden Leistungen der Bibliotheken und der Buchhandlungen, Probleme mit ausländischen Lieferanten, die Preisbindung, die Rabattfrage und vor allem die vom Börsenverein geforderte „Fotokopierabgabe für urheberrechtlich geschütztes Material".[58]

Im 1974 gegründeten „Gesprächskreis Bibliotheksverbände – Börsenverein" war auch der VBNW vertreten, und der Verband beteiligte sich an den 1975 und 1980 vorgelegten „Empfehlungen zum Geschäftsverkehr zwischen Buchhandel und Bibliotheken".[59] In den Arbeitsgemeinschaften des Verbandes, vor allem bei den Hochschulbibliotneken, standen wiederholt Buchhandelsfragen auf der Tagesordnung, so die Proteste des örtlichen Buchhandels bei Einführung des Zeitschriftenschwerpunktprogramms oder die Problematik beim Kauf ausländischer Zeitschriften oder – in neuerer Zeit – jene Fragen, die aus

[55] Antonius Jammers: Bibliothekstantieme. In: Mbl. 25, 1975, S. 26-34.

[56] Vertrag und Zusatzvereinbarung, abgedr. in: Mbl. 25, 1975, S. 376-378. – Ausführlich dazu: Hans Jochim Kuhlmann: Der Weg zum kritischen Bürger, 1989, S. 187-188, S. 239-241.

[57] Referate in: Mbl. 23, 1973, S. 18-47. – Dazu und für die weitere Entwicklung: Edwin Klingner: Bibliotheken und Buchhandel, in: Bibliothekswissenschaft, 1982, S. 175-183.

[58] Dazu Hans Joachim Kuhlmann: Deutscher Bibliotheksverband, in: Bibliothekspolitik, 1998, S. 46-50.

[59] Erste Empfehlung: Geschäftsverkehr Buchhandel/Bibliotheken. In: Mbl. 26, 1976, S. 218-220; Geschäftsverkehr wissenschaftlicher Bibliotheken und Buchhandel. Zweite Empfehlung. In: Mbl. 31, 1981, S. 334-341.

den wachsenden Möglichkeiten elektronischer Veröffentlichungen entstehen und die bisherige Publikationskette Autor – Verlag – Buchhandel – Bibliothek – Nutzer zunehmend in Frage stellen.[60]

60 Von den zahlreichen Veröffentlichungen zur neueren Entwicklung: Reimar Riese: Buchhändler und Bibliothekare – Partner oder Konkurrenten auf dem Weg in die Informationsgesellschaft? 2. Leipziger Kolloquium ... (mit Literaturangaben). In: ZfBB 45, 1998, S. 234-241.

IX. Zusammenarbeit im Bestandsaufbau: Sondersammelgebietsprogramm – Koordinierung der Zeitschriftenerwerbung

Zu den Konsequenzen, die aus der Finanzkrise zu Beginn der 80er Jahre zu ziehen waren, gehörte neben der Intensivierung der Öffentlichkeitsarbeit als zweiter Schwerpunkt die Suche nach neuen Wegen in der Kooperation: zwischen den Bibliotheken untereinander und in der Zusammenarbeit mit anderen Institutionen im kulturellen und wissenschaftlichen Umfeld. Dabei konnte der Verband an mehrere, z.T. seit Jahrzehnten bewährte Gemeinschaftsprojekte – Leihverkehr, Sondersammelgebiete – anknüpfen, wie überhaupt die ganze Verbandsarbeit entsprechend der Satzung auf Zusammenarbeit angelegt war. Gefördert durch die Entwicklung in der Informations- und Kommunikationstechnik gewann die bibliothekarische Kooperation in den 80er und 90er Jahren eine neue Dimension.

Wenn entsprechend dem Tätigkeitsbereich des Verbandes der Schwerpunkt in den folgenden Kapiteln auf der regionalen Kooperation liegt und Aspekte bundesweiter Zusammenarbeit nur knapp behandelt werden, so ist doch hier auf weitere, z.T. schon genannte Kooperationsformen hinzuweisen: einmal im lokalen Bereich, zum anderen auf internationaler Ebene. Hier ist die Mitarbeit des VBNW im Internationalen Verband der bibliothekarischen Vereine und Institutionen (IFLA) zu nennen, des weiteren die Kontakte zu ausländischen Bibliotheken, insbesondere in den Niederlanden, wie sie vor allem von der Arbeitsgruppe für internationale Bibliotheksfragen der Arbeitsgemeinschaft der Hochschulbibliotheken im Verband gepflegt werden.[1]

Zu den folgenden Kapiteln noch eine Vorbemerkung: Wenn hier einige Bereiche regionaler Zusammenarbeit behandelt werden, dann wird, der historischen Entwicklung Rechnung tragend, weitgehend an den traditionellen Funktionsbereichen bibliothekarischer Arbeit – Erwerbung, Erschließung, Benutzung – festgehalten, obwohl durch die technologische Entwicklung die

[1] Neben den traditionellen Kontakten mit ausländischen Bibliotheken, z.B. im Internationalen Leihverkehr, vgl. die Berichte über das britisch-deutsche Personalaustauschprogramm der wissenschaftlichen Bibliotheken in NRW (ProLibris 1, 1996, S. 133; 2, 1997, S. 143), über die Direktorenkonferenzen der niederländischen und nordrhein-westfälischen Universitätsbibliotheken (zuletzt Gernot U. Gabel, Vorsitzender der Arbeitsgruppe für internationale Bibliotheksfragen, in: ProLibris 4, 1999, S. 15), über die Zusammenarbeit im Bereich der Öffentlichen Bibliotheken (Kathinka Dittrich van Weringh: Kulturelle Kooperation im Bereich der Öffentlichen Bibliotheken zwischen den Niederlanden und Nordrhein-Westfalen. In: ProLibris 4, 1999, S. 15-17).

Übergänge zwischen diesen Arbeitsabläufen inzwischen fließend geworden sind und sich neue Organisationsstrukturen in den Bibliotheken abzeichnen.

1. Das älteste Gemeinschaftsprojekt des Verbandes: die Sondersammelgebiete der Großstadtbibliotheken

Auf der „Krisen-Jahrestagung" des Verbandes 1981 in Aachen, als erstmals das ganze Ausmaß der Sparmaßnahmen deutlich wurde, konnte der Bibliotheksreferent des Kultusministeriums Günter Solle die anwesenden Bibliothekare insoweit beruhigen, als er die älteste Gemeinschaftseinrichtung des Verbandes, das Sondersammelgebietsprogramm der Großstadtbibliotheken (SSG), auch in Zukunft zu den Prioritäten der Landesförderung zählte. Gegründet auf Initiative der Arbeitsgemeinschaft der Großstadtbüchereien im Jahre 1956, zu einer Zeit, als selbst Großstadtbüchereien z.T. noch den Charakter von Volksbüchereien hatten und im Lande nur vier Hochschulbibliotheken bestanden, war das Ziel dieser Selbsthilfeeinrichtung die kooperative Sammlung der deutschen monographischen wissenschaftlichen Literatur aus der laufenden Produktion. Beteiligt waren auf freiwilliger Basis 20 Großstadtbüchereien einschließlich der wissenschaftlichen Stadtbibliotheken und einige Mittelstadtbüchereien. Grundlage der Verteilung bildeten die Abteilungen der Deutschen Bibliographie; bestehende Sammelschwerpunkte fanden Berücksichtigung; sehr hoch spezialisierte Literatur blieb im allgemeinen ausgeschlossen. Eine Erweiterung des Sammelgebiets erfolgte 1959 auf die Schöne Literatur, 1969 auf Musica Practica (Noten), wobei sich bei diesem Sammelgebiet 18 Musikbibliotheken im Lande beteiligten.[2]

Das Projekt, gewissermaßen ein Notprogramm, entstanden aus der starken Nachfrage nach wissenschaftlicher Literatur in weiten Kreisen der Bevölkerung und aus dem Fehlen einer Landesbibliothek, erfuhr, als sich die Nutzung der SSG-Bestände als unzureichend erwies, eine Ergänzung durch zwei, ebenfalls vom Verband ausgehende Maßnahmen: durch die Einrichtung eines eigenen Leihverkehrs, des 1960 ins Leben gerufenen Kommunalen Leihrings (KLR) und durch die Herstellung von gedruckten Katalogen der SSG-Literatur als Grundlage für eine sinnvolle Lenkung des Leihverkehrs. Der erste dieser sog. Jahreskataloge wurde 1960 vom Verband vorgelegt und enthielt, aufgrund von Meldungen der einzelnen SSG-Bibliotheken die Literatur mit dem

[2] Für die Frühzeit des SSG-Programms und seine Entwicklung bis zur Mitte der 60er Jahre: Werner Krieg: Verband, 1989, S. 139-144, S. 214-219; Ulrich Moeske: Kommunales Sondersammelgebietsprogramm, 1977; Günther Pflug: Sondersammelgebiete, in: Öffentliche Bibliothek, 1968, S. 147-158.

Erscheinungsjahr 1958/59. Die ungewöhnlich zeitaufwendige redaktionelle Bearbeitung der Kataloge, alphabetisch nach Verfassern geordnet, mit Besitzvermerk versehen und zeitweise auch ein systematisches Register enthaltend, erfolgte in der Geschäftsstelle des Verbandes, bis 1975 von Günther Pflug, der beim ersten Katalog sogar selbst die Schreib- und Vervielfältigungsarbeit übernahm. In regelmäßiger Folge erschienen bis 1983/84, als die Herstellung vom Hochschulbibliothekszentrum des Landes Nordrhein-Westfalen übernommen wurde, 26 Jahreskataloge, dazu 18 Nachtragsbände (z.T. in Teilbänden) für die Jahre 1958 – 1982. Eine Reihe von Stadtbüchereien veröffentlichte systematische Kataloge ihres Sondersammelgebiets, die sog. Fachkataloge, beginnend mit dem im Jahr 1962 von der Stadtbücherei Bielefeld bearbeiteten Katalog Geschichte mit etwa 5 000 Titeln, versehen mit einem Personen- und Stichwortregister. Im Sondersammelgebiet Musica Practica wurden in den Jahren 1969 bis 1986 17 Jahreskataloge vorgelegt, dazu zwei Systematische Kataloge über Teilbereiche.[3]

Es ist gewiss nicht erstaunlich, wenn das nordrhein-westfälische Sondersammelgebietsprogramm in den Empfehlungen und Gutachten zum Ausbau des Bibliothekswesens seit Mitte der 60er Jahre als Beispiel erfolgreicher Zusammenarbeit von Bibliotheken bezeichnet wurde, als Modell für die bibliothekarische Regionalplanung. Auf den Vorbildcharakter des Programms, z.T. durch Abdruck der Grundsätze, wiesen z.B. hin: die „Empfehlungen des Wissenschaftsrats“ von 1964, die „Gutachten der Kommunalen Gemeinschaftsstelle für Verwaltungsvereinfachung“ von 1964 und 1973 oder die 1966 vorgelegten „Grundlagen für die bibliothekarische Regionalplanung“, ebenso die bibliothekarische Fachliteratur.

Wenn das SSG-Programm als Beispiel eines kooperativen Bestandsaufbaus in einer Region weithin Beachtung fand, dann war das vor allem dem Verband und seinen Mitgliedern zu verdanken. Mit Recht ist das Sondersammelgebietsprogramm als „eine besonders wichtige Schöpfung des Verbandes“ bezeichnet worden.[4] Die Büchereien trugen anfangs ausschließlich die finanzielle Belastung für die SSG-Literatur, für die ursprünglich 5 % des Erwerbungsetats angesetzt worden waren. Auch nach der seit 1959 einsetzenden Landesförderung – in den 60er Jahren im allgemeinen jährlich 100 000 DM – waren es die Städte, die einen hohen Prozentsatz der Kosten, vor allem auch die Personalausgaben

[3] Übersicht Sondersammelgebietskataloge, in: Mbl. 39, 1989, Anzeige auf der 3. Umschlags. von H. 2; Andrea Kemner: Die Öffentlichen Bibliotheken und der Leihverkehr, in: Bibliothek 16, 1992, S. 223.

[4] Werner Krieg: Verband, 1989, S. 139. – Ulrich Moeske (Kommunales Sondersammelgebietsprogramm, 1977, S. 3) bezeichnet das Programm als „ein in dieser Form einmaliges Unternehmen in der Geschichte des deutschen Bibliothekswesens“.

für die Bearbeitung, übernehmen mussten. Praktisch ohne öffentliche Zuschüsse wurden vom Verband die Jahreskataloge hergestellt,[5] die auch außerhalb Nordrhein-Westfalens als bibliographisches Hilfsmittel gefragt waren. Zu den Aufgaben der Arbeitsgemeinschaft der Großstadtbüchereien bzw. ihrer SSG-Kommission gehörte die Verteilung der Sachgruppen auf die einzelnen Bibliotheken und die noch schwierigere, im Auftrag des Kultusministeriums durchzuführende Verteilung der Landesmittel, hier gewissermaßen fast eine halbstaatliche Funktion übernehmend. Und zu den Aufgaben gehörte die laufende Beobachtung des Sondersammelgebietsprogramms, der Erfahrungsaustausch, die Diskussionen über die weitere Entwicklung. Es war vor allem Günther Pflug, Experte und „Redakteur" der SSG-Kataloge, der regelmäßig auf den Sitzungen der Arbeitsgemeinschaft der Großstadtbüchereien über Probleme des Sondersammelgebietsprogramms referierte.

Und Probleme gab es in den 60er- und 70er Jahren mehr als genug. Da war das Grundproblem der Literaturauswahl, Fragen der „oberen" und „unteren" Grenze, der speziellen Literatur auf der einen Seite, der Sachliteratur und der Hobby-Bücher auf der anderen Seite. Offenbar gab es – so der Befund einer statistischen Erhebung – in manchen Bibliotheken Tendenzen, die Erwerbung der SSG-Literatur von der örtlichen Nachfrage abhängig zu machen, ein „Junktim" zu bilden „zwischen dem Sammelauftrag und der Benutzungsfrequenz". Dabei sollte entsprechend der SSG-Konzeption mangelnde Ausnutzung nicht zu einer Einschränkung des Sammelauftrags führen. Erhebungen ergaben auch, dass die SSG-Literatur von den Bibliotheken in unzureichender Weise angeschafft wurde, ein Mangel, der nur dadurch kompensiert wurde, weil eine Reihe von Bibliotheken *alle* Neuerwerbungen für die Jahreskataloge meldeten, so dass eine Untersuchung des Verbandes aus dem Jahr 1967 zu einem positiven Ergebnis kommen konnte: „Für sich genommen ergeben sich bei einer Reihe von Büchereien deutliche Schwächen in der Literaturauswahl. Auf die Gesamtheit der Großstadtbüchereien in Nordrhein-Westfalen bezogen werden zahlreiche Mängel jedoch durch die Aktivität und Leistungsfähigkeit anderer Büchereien wieder aufgehoben, so dass schließlich ein verhältnismäßig gut ausgewogenes System von Anschaffungen entsteht."[6]

Geklagt wurde nicht nur über die unzureichende Erwerbung bei manchen Büchereien, sondern auch über die mangelnde Benutzung der SSG-Bestände. Auf mehreren Sitzungen der Arbeitsgemeinschaft der Großstadtbüchereien im

[5] Günther Pflug: Die Kataloge der Sondersammelgebiete in Nordrhein-Westfalen. In: Mbl. 41, 1991, S. 269-272. – Später gewährte das Land über die Staatlichen Büchereistellen den kleineren Bibliotheken Mittel zum Erwerb der Kataloge. Auch für die Nachtragsbände gab es Zuschüsse von Seiten des Landes.

[6] Günther Pflug: Sondersammelgebiete, vgl. Anm. 2 in diesem Kapitel, S. 153, S. 156.

Frühjahr 1967 wurde deshalb eine kritische Überprüfung des bisher Erreichten vorgenommen. Dabei ergab sich, wie Werner Krieg in seinem Rechenschaftsbericht 1967 mitteilte, „dass aus Mangel an Mitteln z.Zt. nicht alle Gebiete in dem erforderlichen Ausmaße gepflegt werden, dass aber auch die vorhandenen Bestände, die in mehr als einem Jahrzehnt mit viel Mühe aufgebaut worden sind, vielfach noch keineswegs so benutzt werden, wie sie es verdienten."[7]

Sorge bereiteten dem Verband auch die SSG-Kataloge, sowohl ihre mangelnde Nutzung im Leihverkehr, vor allem bei den größeren Bibliotheken, als auch ihre Herstellung, die durch Umfangerweiterung – im Jahreskatalog 1969/70 waren es an die 17000 Eintragungen – von Jahr zu Jahr problematischer wurde. Der Vorsitzende des Verbandes und Bearbeiter der Kataloge Günther Pflug schilderte die Situation in der Mitgliederversammlung 1972: „Nach 14 Jahren hat diese Gemeinschaftsaktion der Großstädte unseres Landes einen Umfang erreicht, der am Anfang der Planung als Idealziel bezeichnet wurde: Alle für den Leihverkehr relevanten deutschen Neuerscheinungen scheinen nun wirklich in dem Jahreskatalog verzeichnet. Dies dürfte eigentlich Anlaß zur Freude und nicht zur Sorge sein. Leider ist auch diese Freude nicht ungetrübt. Die Kataloge haben nämlich inzwischen einen Umfang erreicht, dass sie die Möglichkeiten der bisherigen Bearbeitungsform überstiegen. 1000 Seiten, d.h. mehr als 20000 Titeleintragungen sind nicht mehr in abgezweigten Freizeitstunden zu bewältigen. In der Vervollkommnung des Systems liegt also zugleich auch der Keim zu seiner Gefährdung. Die bisherigen Hoffnungen, dass sich das Kultusministerium an den Redaktionskosten beteilige, haben bisher getrogen. Hoffen wir, dass sich doch noch ein Weg finden möge, diese für das Land so wichtige Einrichtung zu retten."[8]

Fast noch bedenklicher schien, zumindest zeitweise, die Finanzierung des Sondersammelgebietsprogramms; es gehörte zum Ritual der Jahresversammlungen, die unzureichende Förderung durch das Land zu beklagen. Kritisch wurde die Situation immer, wenn infolge von Finanzkrisen Kürzungen der Landesbeihilfe erfolgten, mit der Konsequenz, dass der auf die einzelne Bibliothek entfallende Betrag so gering ausfiel, dass eine ordnungsgemäße Pflege des Sondersammelgebiets nicht mehr gewährleistet war. Eine solche Situation bestand z.B. in den Jahren 1966/1967. Der Verbandsvorsitzende Werner Krieg sah angesichts der Kürzungen der Landesmittel auf der Jahresversammlung 1967 das Sondersammelgebietsprogramm, „auf das wir so stolz waren und das weit über Nordrhein-Westfalen Beachtung gefunden hat ... in seiner Existenz

[7] Mbl. 18, 1968, S. 11.
[8] Mbl. 23, 1973, S. 9.

gefährdet." Er appellierte an das Ministerium, „vom nächsten Jahre an dafür wieder einen höheren Betrag vorzusehen, da der Verband sonst einen Abbau bzw. eine Einschränkung der Sondersammelgebiete in Erwägung ziehen" müsse. Beim Monitum wurde nicht versäumt, auf die fehlende Landesbibliothek hinzuweisen, auf die überörtliche Bedeutung des Sondersammelgebietsprogramms, die eine wirksame Unterstützung von Seiten des Landes rechtfertigen würde.[8a]

Zwar wurden die Landesmittel nach den Kürzungen in den Jahren 1966/1967 wieder erhöht, aber Gefahr drohte nun von einer anderen Seite: Als Folge der finanziellen Misere trugen sich einige Großstädte mit dem Gedanken, ihre wissenschaftlichen Stadtbibliotheken abzustoßen, für das ganze Bibliothekswesen in Nordrhein-Westfalen insoweit eine bedenkliche Entwicklung, weil gerade diese Bibliotheken eine wichtige Funktion in der überörtlichen Literaturversorgung wahrnahmen und große Sachgruppen bei den Sondersammelgebieten übernommen hatten. Das Ausscheiden der Landes- und Stadtbibliothek Düsseldorf aus dem Kreis der SSG-Bibliotheken durch die Übernahme durch das Land und die ungeklärte Situation der Stadtbibliothek Aachen machten eine Neuverteilung der Fachgebiete notwendig, die auf der Sitzung der Arbeitsgemeinschaft der Großstadtbüchereien am 11. November 1971 ausführlich diskutiert wurde.

Ungelöst war die zunehmend kritischer werdende Frage der Aufbewahung der SSG-Bestände auf Dauer, ihre Magazinierung, ihre Übernahme in eine seit Gründung des SSG-Programms geforderte Depotbibliothek des Landes. Ungeklärt war auch das ebenfalls schon bei der Gründung diskutierte Problem der Erweiterung des Sammelguts auf Zeitschriften, mochte auch das vom Verband herausgegebene „Zeitschriftenverzeichnis der kommunalen Bibliotheken und Büchereien in Nordrhein-Westfalen", 1971 in der 2. Auflage erschienen, einen gewissen Ersatz darstellen.[9]

So standen denn Mitte der 70er Jahre eine ganze Reihe von Problemen zu einer Lösung an, wobei auch die im Jahre 1973 veröffentlichten nationalen und regionalen Bibliothekspläne miteinzubeziehen waren. Die Arbeitsgemeinschaft der Großstadtbibliotheken beschäftigte sich seit Ende 1975 auf mehreren Sitzungen mit Grundsatzfragen des SSG-Programms, wobei, insbesondere auf der Tagung am 27. November 1975, sehr kontroverse Meinungen vertreten wurden. Während Günther Pflug als Vorsitzender der SSG-Kommission für eine gemäßigte Korrektur plädierte, forderte Heinz Emunds, Mitglied der SSG-Kommission, eine radikale Reform. Seine Vorschläge „Zur Revision der

[8a] Mbl. 19, 1969, S. 10.

[9] Zeitschriftenverzeichnis der kommunalen Bibliotheken und Büchereien in Nordrhein-Westfalen (ZVNW). Köln 1962, 2. Aufl. Köln 1971, 3. Aufl. Bochum 1980.

kommunalen Sondersammelgebiete NRW (SSG)“ wurde nach Verabschiedung in der Arbeitsgemeinschaft auf Beschluss des Vorstands im „Mitteilungsblatt“ veröffentlicht und „zur Diskussion in den Reihen des Verbandes und innerhalb der Zeitschrift aufgerufen.“

Emunds ging in seinem Papier vom „Bibliotheksentwicklungsplan Nordrhein-Westfalen“, den „Empfehlungen“ von 1973, aus, von der Funktionsbeschreibung der Bibliotheken der 2. Stufe. Sie sollten neben der Pflege eines Sondersammelgebiets einen Bestand haben, der „den spezialisierten und differenzierten Bedürfnissen einer Großstadt und der in ihrem weiteren Versorgungsbereich liegenden Gemeinden“ befriedigen sollte, eine Aufgabe, die weitgehend den Intentionen des SSG-Programms über die Sammlung wissenschaftlicher Literatur entsprach. Da nach der Meinung von Emunds die meisten Großstadtbibliotheken den geforderten Grundbestand an wissenschaftlicher Literatur jede für sich besaßen, konnte Emunds zur Begründung des SSG-Programms einen Schritt weiter gehen. Hierzu zog Emunds den „Bibliotheksplan 1973“ heran, hier allerdings die Aufgabenbeschreibung der Bibliotheken der 3. Stufe, der Landesbibliotheken, die „vollständig“ „die wissenschaftlich relevante, für Forschung und Bildung unentbehrliche wissenschaftlichen Monographien“ bereitstellen sollten. Da das SSG-Konzept spezialisierte wissenschaftliche Literatur keineswegs ausschließe, staatliche Landesbibliotheken in Nordrhein-Westfalen nicht vorhanden und die Universitätsbibliotheken bei der Erfüllung von landesbibliothekarischen Aufgaben überfordert seien, kam Emunds zum Ergebnis: „Ohne staatliche Landesbibliotheken bleibt also gar nichts anderes übrig, als die Gemeinschaft der Stadtbibliotheken auf dem Wege der SSG mit der (auf Deutschsprachigkeit beschränkten) Literatur- und Informationsversorgung der dritten Stufe zu betrauen.“[10]

Was das Sammelgut betraf, sah die Denkschrift also eine Erweiterung auf spezialisierte wissenschaftliche Literatur vor, ebenso die Sammlung der Belletristik, der Jugendliteratur und des nicht-wissenschaftlichen Schrifttums. Auf der anderen Seite sollte eine Beschränkung in der Form erfolgen, dass nur noch die in der Bundesrepublik und West-Berlin erschienenen Monographien gesammelt werden und nicht mehr wie bisher die deutschsprachigen Veröffentlichungen, also z.B. auch Österreichs und der Schweiz. Emunds übernahm in

[10] Heinz Emunds: Zur Revision der kommunalen Sondersammelgebiete NRW (SSG). In: Mbl. 26, 1976, S. 90-121, Zitate S. 95, S. 97, S. 105. – Die vom Vorstand angeregte Diskussion fand zumindest im „Mitteilungsblatt“ nicht statt. – Werner Krieg (Landesbibliotheksaufgaben, 1979, S. 30-34, S. 52) begrüßte zwar die Forderung nach einer Vollfinanzierung, setzte sich dann aber mit dem SSG-Programm kritisch auseinander. Sowohl in quantitativer als auch in qualitativer Hinsicht habe es die landesbibliothekarische Aufgabe nur unvollkommen erfüllt. Es sei denkbar, dass zu einer späteren Zeit nach dem Ausbau der Bibliotheken der 2. Stufe und der mit landesbibliothekarischen Aufgaben betrauten Bibliotheken die Sondersammelgebiete überflüssig würden.

seine Denkschrift eine Formulierung zum Sammelgut, auf die sich eine Arbeitsgruppe des Verbandes geeinigt hatte: „Die SSG sollen in der Regel alle relevanten, in der Bundesrepublik (einschl. Berlin-West) erscheinenden Bücher der laufenden Produktion des Verlagsbuchhandels nach Maßgabe des ‚Wöchentlichen Verzeichnisses‘ der ‚Deutschen Bibliographie‘ und seiner Sachgebietseinteilung einmal sammeln.“

Zur Finanzierung des Sondersammelgebietsprogramms als landesbibliothekarische Aufgabe schlug Emunds vor: „Weil das Land kraft der geltenden Zuschußbedingungen nur die Buchbeschaffung bezuschussen kann, kommt es für die Beschaffung der *gesamten* SSG-Literatur auf und gleicht damit auch die Bearbeitungskosten für die Hälfte *der* Bücher aus, die dem *Landes*bedarf dienen.“ Die zentrale Rolle im Sondersammelgebietsprogramm verblieb nach dem Revisionspapier nach wie vor beim Verband, so bei Verteilung der SSG, das Vorschlagsrecht für die Verteilung der bereitgestellten Mittel, die Kontrolle für die Einhaltung der fachlichen Bedingungen bei der Mittelzuweisung, die Erstellung der jährlichen SSG-Kataloge, die fachgerechte Einbeziehung der SSG in den Leihverkehr.

Die schon früher wiederholt diskutierten grundsätzlichen Probleme des Sondersammelgebietsprogramms wurden von Emunds wieder aufgegriffen. So forderte er „rigoros“ den laufenden Bezug der SSG-Kataloge als Voraussetzung für die Zulassung zum Regionalen Leihverkehr, betonte die Notwendigkeit einer zentralen Depotbibliothek für die Archivierung der SSG-Bestände und die Erweiterung des Programms auf Zeitschriften.

Nach Billigung durch die Arbeitsgemeinschaft der Großstadtbibliotheken wurde das Revisionskonzept als Vorschlag des Verbandes an das Kultusministerium weitergeleitet. Die Neuordnung der kommunalen Sondersammelgebiete traten „im Einvernehmen mit dem Vorstand“ und „im Benehmen mit dem Kultusminister“ 1977 in Kraft;[11] einige geringfügige Änderungen galten ab 1979. Allerdings der wesentliche Bestandteil des Neukonzepts – eine Änderung der Zuwendungsbedingungen im Sinne einer Vollfinanzierung durch das Land – fand nicht die Zustimmung des zuständigen Innenministeriums. Der Vorstand wiederholte dem Ministerium gegenüber die Begründungen, so die Tatsache, dass die SSG der Literaturversorgung des ganzen Landes dienen würden, eindeutig eine landesbibliothekarische Funktion hätten und die Bibliotheken und ihre Träger durch die Zunahme des Umfangs und der Kosten nicht mehr in der Lage seien, die entstehenden Bucherwerbungskosten auch nur teilweise zu tragen.[12]

[11] Heinz Emunds: Die Neuordnung der kommunalen Sondersammelgebiete. In: Mbl. 28, 1978, S. 360-362; ders. auch in: BuB, 29, 1977, S. 430-431.

[12] Ausführlich mit Zitaten aus dem Schreiben an das Ministerium im Tätigkeitsbericht 1977 von Hans Joachim Kuhlmann, in: Mbl. 28, 1978. S. 5-7.

Weder der Verband noch der Städtetag Nordrhein-Westfalen, der um Unterstützung gebeten worden war, erhielten einen positiven Bescheid, und der Verbandsvorsitzende Hans Joachim Kuhlmann musste auf der Mitgliederversammlung 1978 mitteilen: „Leider ist es dem Verband bisher nicht gelungen, beim Innenminster eine Änderung der Zuwendungsbedingungen im Sinne einer Vollfinanzierung zu erwirken.“[13] Immerhin konnte Kuhlmann für den Verband einen Teilerfolg verbuchen: Inzwischen war eine gewisse Erleichterung dadurch eingetreten, dass die Bedingung einer Eigenleistung in gleicher Höhe für den gleichen Zweck auf ein Drittel (Unterhaltsträger) zu zwei Drittel (Land) (bisher 50 zu 50 %) reduziert worden war. Mit einer gewissen Befriedigung konnte der Vorstand im Rückblick auf seine Tätigkeit in den Jahren 1975 bis 1978 „eine der dringlichsten Aufgaben des Verbandes“ „als erledigt abhaken“.[14]

Schon wenige Jahre später, im Jahre 1982, erwies sich durch die neue Sachgruppenaufteilung im Wöchentlichen Verzeichnis (WV) der Deutschen Bibliographie eine erneute Änderung als zwingend notwendig. Die Neuverteilung der Sachgebiete auf die SSG-Bibliotheken, von der SSG-Kommission erarbeitet und von der Arbeitsgemeinschaft der Großstadtbibliotheken am 4. Februar 1982 verabschiedet, galt ab dem Jahre 1982. Sie wurde mit einem Merkblatt „Beschaffung SSG-relevanten Schrifttums“ mit einer Zusammenfassung, Präzisierung und Ergänzung der Sammlungskriterien aus der Denkschrift von Emunds in Heft 2/1982 des „Mitteilungsblatts“ und auch als Sonderdruck veröffentlicht.[15]

Die Verabschiedung der Neuverteilung stand schon ganz unter dem Eindruck der 1981 sich dramatisch verschlechternden Finanzsituation. Zwar wurde, wie erwähnt, das Sondersammelgebietsprogramm zu den Prioritäten in der Landesförderung gezählt, aber die Sorge um die Zukunft der Finanzierung dieses Gemeinschaftsprojekts blieb bestehen, wenn der Vorsitzende der SSG-Kommission Ulrich Thiem (Düsseldorf) 1982 schrieb: „Sollten die Landesmittel unter den derzeitigen Gesamtsatz von 500 000 DM für SSG absinken, ohne dass relevante Titelproduktion und/oder Durchnittspreise drastisch zurückgingen, wäre das SSG-Konzept insgesamt gefährdet – über die Konsequenzen müsste verhandelt werden. Entsprechendes gilt für den Fall, dass die bestehende Schere zwischen Beschaffungskosten für die relevante Literatur und Landesmitteln sich weiter öffnet.“[16]

[13] Mbl. 29, 1979, S. 35.
[14] Mbl. 28, 1978, S. 7; 29, 1979, S. 42.
[15] Ulrich Thiem: Neuverteilung der kommunalen Sondersammelgebiete NW ab 1982. In: Mbl. 32, 1982, S. 158-166.
[16] Mbl. 32, 1982, S. 165.

Als Folge der Finanzkrise wurde die Lösung zweier, wiederholt diskutierter Probleme des Programms immer dringender: einmal die Zeitschriftenfrage, zum anderen die Verzeichnung der SSG-Bestände durch die Jahreskataloge. Die Einbeziehung von Zeitschriften war zurückgestellt worden; das Zeitschriftenverzeichnis der kommunalen Bibliotheken und Büchereien in Nordrhein-Westfalen (ZVNW), das 1980 in der 3. Auflage vorlag, konnte als Ersatz dienen. Die Haushaltskürzungen schufen eine neue Situation, die folgendermaßen beschrieben wurde: „... die z.Zt. zu beobachtenden Entwicklungen müssen mit Sorge erfüllen: die Öffentlichen Bibliotheken waren und sind gezwungen, in kaum geahntem Umfang Zeitschriften abzubestellen; ein Absprache-Fundament gibt es dabei nicht – wesentliche Zeitschriften droh(t)en aus den Öffentlichen Bibliotheken des Landes insgesamt sang- und klanglos zu verschwinden; das ZVNW wird, was die aktuellen Jahrgänge betrifft, zunehmend unzuverlässiger und der regionale Leihverkehr in diesem Punkt immer mehr zum Vabanque-Spiel."

Als Ausweg aus diesen Schwierigkeiten verabschiedete die Arbeitsgemeinschaft der Großstadtbibliotheken am 3. März 1983 das „SSG-Zeitschriftenprogramm für Öffentliche Bibliotheken". Danach sollten, beginnend ab 1983 die SSG-Bibliotheken versuchsweise 658, durch eine Zeitschriftenliste erfasste für Öffentliche Bibliotheken relevante Titel präsent halten und für Direktbestellungen im Leihverkehr zur Verfügung stellen. Von Seiten des Landes wurde zwar zugesagt, dass die in der Liste aufgeführten Titel im Verwendungsnachweis anerkannt würden, aber zusätzliche Mittel gab es für das erweiterte Programm nicht.[17]

Die Entwicklung nahm einen anderen Verlauf. Zu Beginn der 90er Jahre trat als Nachweisinstrument anstelle der Zeitschriftenliste die Zeitschriftendatenbank beim Hochschulzentrum bzw. die Zeitschriftendatenbank (ZDB) beim Deutschen Bibliotheksinstitut in Berlin. Aufgrund dieser Veränderung kam die SSG-Kommission im Jahre 1995 zu folgender Einschätzung: „Eine Erweiterung des SSG-Programms auf Zeitschriften, wie Anfang der 80er Jahre vorgesehen, kann Mitte der 90er Jahre bei einer guten Verzeichnung durch die Zeitschriftendatenbank und neben dem Zeitschriften-Sammelschwerpunktprogramm der Hochschulbibliotheken des Landes Nordrhein-Westfalen nicht für sinnvoll gehalten werden."[18]

[17] Ulrich Thiem: SSG-Zeitschriftenprogramm der Öffentlichen Bibliotheken in Nordrhein-Westfalen – ein neuer Versuch für den Leihverkehr ab 1983, mit SSG-Zeitschriftenliste. In: Mbl. 33, 1983, S. 114-131, hier auch das Zitat S. 115. – Zusammenfassend: Reinhard Brenner: Chronologie der Beratungen des SSG-Zeitschriftenprogramms in der Arbeitsgemeinschaft der Großstadtbibliotheken im VBNW 1981-1990 (Ms.).

[18] Ute Scharmann: Sondersammelgebietsprogramm der Öffentlichen Bibliotheken. In: Mbl. 45, 1995, S. 54-57, Zitat S. 55.

Finanzielle Sorgen bereiteten dem Verband wie schon in vergangenen Jahren die Herstellung der Kataloge für die Sondersammelgebiete. Die Kostenentwicklung beim bisherigen Herstellungsverfahren führten zu Beginn der 80er Jahre zu Überlegungen, die Datenverarbeitung für die Herstellung zu nutzen und zu Mikroformen überzugehen. Nach Gesprächen von Johannes Schultheis als dem Vorsitzenden der SSG-Kommission mit dem Hochschulbibliothekszentrum wurde die Katalogherstellung mit Hilfe der Datenverarbeitung ab dem Jahr 1986 durch das Hochschulbibliothekszentrum übernommen. Als Vorteile wurden auf der Mitgliederversammlung 1985 genannt: „ab 1986 kumulierte, d.h. vollständige und nicht mehr nur Jahreskataloge, komplette Titelaufnahme, automatische Einbeziehung in den ZKNW u.a.m." Mit der Einbeziehung in den Zentralkatalog ging ein Wunsch in Erfüllung, den der Verband seit der Gründung des SSG-Programms zur besseren Nutzung der Bestände vorgetragen hatte. Sie sind – so ein Bericht aus dem Jahre 1995 – „durch die zentrale Datenbank des Hochschulbibliothekszentrums NRW und durch den sie nach rückwärts ergänzenden konventionellen Zentralkatalog vollständig erschlossen und online, über CD-ROM und Microfiches zugänglich."[19]

Die Umstellung auf das Hochschulbibliothekszentrum ab 1986 brachte zunächst eine Reihe von Problemen mit sich, obwohl die SSG-Kommission ein Merkblatt für die neue Form der SSG-Meldungen erarbeitet hatte. Schwierigkeiten gab es zunächst bei manchen kleineren Bibliotheken bei der Beschaffung von Mikrofiche-Lesegeräten, so dass der Vorstand noch 1988 darauf hinweisen musste, dass der Bezug der Mikrofiches als unverzichtbare Grundlage der Beteiligung am Regionalen Leihverkehr angesehen werde. Offenbar wurden die Beschlüsse und Empfehlungen der SSG-Kommission unzureichend von den Bibliotheken beachtet; jedenfalls sah sich die Arbeitsgemeinschaft der Großstadtbibliotheken genötigt, in einer am 11. Dezember 1986 verabschiedeten „SSG-Vereinbarung" nochmals die Grundsätze des Sondersammelgebietsprogramms zusammenzufassen: Grundlage für Erwerbung und Katalogisierung: das Wöchentliche Verzeichnis der Deutschen Bibliographie, bei Zeitschriften die Zeitschriftenliste von 1983, Prioritäten der überörtlichen Literaturversorgung durch den Leihverkehr vor der örtlichen Benutzung, Meldung der Erwerbungen anhand der Deutschen Bibliographie an den Zentralkatalog zur Erstellung des SSG-Katalogs durch das Hochschulbibliothekszentrum, Archivierung auf Dauer.[20]

Der Klärung dieser Fragen mit dem Ziel der Vereinheitlichung der SSG-Arbeit diente auch ein Lektorentreff der SSG-Bibliotheken auf der „Biblio-

[19] Mbl. 45, 1995, S. 54; zur Mitgliederversammlung 1985: Mbl. 36, 1986, S. 35.

[20] Mbl. 37, 1987, S. 69.

theca" 1987. In den Referaten ging es um Probleme des Geschäftsgangs aufgrund der neuen Vereinbarungen, wieder einmal um die Archivierung der SSG-Bestände in der Speicherbibliothek in Bochum, aber auch um die Grundkonzeption des Sondersammelgebiets, an das Jörg Fligge (Duisburg) in seinem Referat erinnerte: „Wenn heute allerorten große Etatprobleme drücken, so sollte doch das Sondersammelgebiet im Rahmen der in der DB-Reihe A nachgewiesenen Literatur eine leistungsfähige Sammlung ergeben, die vor allem nicht nur nach den örtlichen Nutzungsgesichtspunkten aufzubauen ist. Daher auch die Berücksichtigung spezieller Titel, soweit es sich nicht um abgelegene Themenstellungen handelt. Alles, was für den Berufstätigen, den in Fortbildung befindlichen Bürger usw. an Spezialwissen vonnöten sein könnte, sollte in jedem Fall beim SSG mit abgedeckt werden. Die Sammlung soll auch dadurch in ihrem Wert gefördert werden, dass reine Verbrauchsliteratur nicht aufgenommen wird, da die Bestände ja auf Dauer in der Bibliothek verbleiben."[21]

Um solche Grundsatzfragen des Sondersammelgebietsprogramms ging es auch in den 90er Jahren, wie auch die zeitweise gebräuchliche Bezeichnung „SSG-Grundlagenkommission" zeigt. Ausgangspunkt der Diskussion um die Zukunft des Programms war u.a. die Forderung des Landes nach einer Überprüfung der Effizienz des SSG-Programms, dessen landesbibliothekarische Teilfunktion in einem Erlass des Kultusministeriums zur bevorzugten Nutzung der SSG-Bestände im Leihverkehr bestätigt[22] und in den Empfehlungen des Verbandes zu den Landesbibliotheksaufgaben in Nordrhein-Westfalen wiederholt wurde.[23] Nach Auseinandersetzungen über die Art der zu sammelnden Publikationen – Beschränkung auf Monographien, Ausschluss anderer Medien beim Nachweis der Landesmittel – legte die neu zusammengesetzte SSG-Kommission unter Leitung von Ute Scharmann (Wuppertal) einen ausführlichen Kriterienkatalog für die Beschaffung der SSG-relevanten Literatur sowie den Vorschlag einer Neuverteilung der Fördermittel vor. Beide Arbeitsergebnisse fanden Zustimmung bei der Arbeitsgemeinschaft der Großstadtbibliotheken und beim Kultusministerium.[24]

21 Lektorentreff zur SSG-Praxis, mit Abdruck der Referate von Gertrud König und Jörg Fligge, in: Mbl. 38, 1988, S. 32-39. Zitat S. 34.

22 Leihverkehrsordnung für die deutschen Bibliotheken; Nutzung der Sondersammelgebietsbestände (SSG). Bek. des Kultusministeriums vom 12.7.1990. In: Mbl. 40, 1990, S. 402. Es wurde in der Region Nordrhein-Westfalen „der Grundsatz verbindlich gemacht, daß im Leihverkehr der Bibliotheken die kommunalen SSG-Bestände vor allen anderen Bestandsgruppen in Anspruch genommen werden müssen."

23 Empfehlungen Landesbibliotheksaufgaben, 1991, S. 112.

24 Für die Auseinandersetzungen und die weitere Entwicklung des SSG-Programms vgl. die Rechenschaftsberichte der Verbandsvorsitzenden, in: Mbl. 42, 1992, S. 42 f., 43, 1993, S. 74 f., 44, 1994, S. 92 f., S. 312, ProLibris 1, 1996, S. 33; des weiteren Reinhard Brenner und Ute Scharmann, in: Anm. 17 und 18 in diesem Kapitel.

Die Verschlechterung der finanziellen Lage – eine Bibliothek musste ihr Sammelgebiet abgeben – zwang die SSG-Kommission, sich erneut mit grundsätzlichen strukturellen Fragen zu befassen. Umfragen im Jahre 1993 zeigten, dass sowohl die lokale Nutzung der SSG-Literatur als auch die Nachfrage im Leihverkehr groß war und dass weiterhin die Bereitschaft zur Wahrnehmung überregionaler Aufgaben bestand. Aber es gab stellenweise akute Probleme in der Betreuung und Pflege der Sammelgebiete. Problematisch war auch, dass die zur Verfügung stehenden Mittel nicht mehr ausreichten, um alle Titel anzuschaffen, die entsprechend der SSG-Richtlinien gekauft werden sollten.

Auf einer gemeinsamen Sitzung der Direktoren und Lektoren der SSG-Bibliotheken am 20. Oktober 1994 wurde deshalb vorgeschlagen, die zentralen Richtlinien aufzugeben und fachspezifische Auswahlkriterien zu benennen. Da die notwendige Summe erheblich über den tatsächlich zur Verfügung stehenden Mitteln lag, musste dieses Verfahren als gescheitert betrachtet werden, wie auf der Mitgliederversammlung 1995 mitgeteilt wurde. Auch eine Konzentration des SSG-Programms auf nur noch 14 Bibliotheken fand keine Zustimmung, so dass eine geplante Neuverteilung, von Randgebieten abgesehen, nicht vorgenommen werden konnte. Trotz der hier skizzierten Schwierigkeiten, denen sich die SSG-Kommission gegenübersah, konnte Mitte der 90er Jahre davon ausgegangen werden, dass auch nach Veränderungen in der Landesförderung weiterhin Mittel des Landes für das älteste Gemeinschaftsprojekt des Verbandes zur Verfügung stehen würden, dessen Bedeutung für die Literaturversorgung ein von der SSG-Kommission erarbeitetes Informationsblatt eindrucksvoll dokumentiert.[25]

2. Das Zeitschriftenschwerpunktprogramm der Hochschulbibliotheken

Als der Minister für Wissenschaft und Forschung Hans Schwier auf der gemeinsamen Tagung von VBNW und DBV 1980 angesichts der sich abzeichnenden Haushaltsprobleme Einsparungen im Bibliotheksbereich ankündigte und zu einer verstärkten Zusammenarbeit in der Literaturbeschaffung der Hochschulbibliotheken aufrief, konnte er auf die seit über 10 Jahren verfolgten Bemühungen des Landes auf diesem Gebiet verweisen.[26] Schon Gerhart Lohse hatte in seinem Gutachten ein Sondersammelgebietsprogramm für die Hochschulbibliotheken vorgeschlagen und es als wünschenswert erachtet, dass Zeit-

[25] Sondersammelgebiete nordrhein-westfälischer Großstadtbibliotheken. Zsgest. von der SSG-Kommission des VBNW. 1996.

[26] Hans Schwier: Zusammenarbeit, in: Mbl. 31, 1981, S. 36.

schriften und Monographien wenigstens einmal innerhalb des Landes vorhanden wären.[27] Auch in den „Empfehlungen für das Bibliothekswesen an den fünf Gesamthochschulen“ (1972) war für die Erwerbung speziellerer Zeitschriften ein Koordinierungsprogramm vorgesehen, das allerdings zugunsten eines Zeitschriftenschwerpunktprogramms der nordrhein-westfälischen Bibliotheken in ihrer Gesamtheit zurückgestellt wurde.[28]

Mit einem solchen Programm beschäftigte sich auf Vorschlag der Planungsgruppe Bibliothekswesen im Hochschulbereich die Arbeitsgemeinschaft der Hochschulbibliotheken im VBNW in mehreren Sitzungen, die Ende 1974, Anfang 1975 stattfanden. In den im Mai 1975 von der Planungsgruppe vorgelegten „Empfehlungen für die Bildung von Zeitschriftensammelschwerpunkten an den nordrhein-westfälischen Hochschulbibliotheken (Sammelschwerpunktprogramm)“ hieß es in der Begründung: „Die Spezialisierung der Wissenschaften, die Verbesserung und stärkere Benutzung von Informationsdiensten sowie das Anwachsen und die Verteuerung der Literaturproduktion haben dazu geführt, dass die Bibliotheken je für sich nur noch schwer in der Lage sind, den zunehmenden Bedarf an spezieller Forschungsliteratur zu decken. Besonders nachteilig wirkt sich diese Entwicklung bei den wissenschaftlichen Zeitschriften aus.“ Neben der Koordinierung innerhalb einer Hochschule sahen es die Empfehlungen als notwendig an, „für einen beträchtlichen Teil der Spezialliteratur und der Zeitschriften, für den nur ein schmaler Spitzenbedarf besteht, eine Abstimmung auf regionaler Ebene herbeizuführen.“[29]

Die Arbeitsgemeinschaft der Hochschulbibliotheken entwarf aufgrund der Vorschläge der Planungsgruppe ein Programm für die Erprobungsphase und ein Merkblatt für die Benutzer: „Direktbestellungen von Aufsatzkopien bei den Schwerpunktbibliotheken“.[30] Die Mitglieder des Verbandes informierte der Vorsitzende Hans Joachim Kuhlmann auf der Jahresversammlung 1976 über das Projekt und die Erprobungsphase, deren Beginn sich aus finanziellen Schwierigkeiten etwas verzögerte.[31] Peter Rau (Fernuniversität Hagen) stellte die nordrhein-westfälische Planung in der kooperativen Erwerbung im Bereich der Zeitschriften auf dem Bibliothekartag 1975 in Konstanz vor.[32]

27 Gerhart Lohse: Bibliothekswesen, 1970, S. 61.

28 Empfehlungen Planungsgruppe NRW, 1972 a, S. 56.

29 Abgedr. in: Mbl. 25, 1975, S. 210-223, Zitate S. 210-212.

30 Sammelschwerpunktsystem der Hochschulbibliotheken in Nordrhein-Westfalen für Zeitschriften. Erprobungsphase. In: Mbl. 25, 1975, S. 223-228; Merkblatt Direktbestellung von Aufsatzkopien bei den Schwerpunktbibliotheken. In: Mbl. 25, 1975, S. 228-230.

31 Mbl. 27, 1977, S. 6 f.

32 Peter Rau: Probleme kooperativer Erwerbung, in: Zentrale und kooperative Dienstleistungen, 1976, S. 73-82.

In Abstimmung zum überregionalen, hochspezialisierten und durch den Leihverkehr stark belasteten Sondersammelgebietsprogramm der Deutschen Forschungsgemeinschaft und zu den bei allen Hochschulbibliotheken notwendigen Grundbestand intensiv benutzter Zeitschriften schien es für den „mittleren Bereich" der Zeitschriftenliteratur möglich, „die Literaturversorgung auf regionaler Ebene auf ein höheres Niveau zu stellen, als dies jeweils örtlich finanzierbar und zweckmäßig wäre".[33] Auf der Grundlage von Teilzeitschriftenverzeichnissen der Schwerpunktbibliotheken konnte der Benutzer den gewünschten Aufsatz direkt bestellen, ohne dass er seine örtliche Bibliothek in Anspruch nehmen musste, womit auch eine Entlastung des Auswärtigen Leihverkehrs erwartet wurde. Eine weitere Funktion des Programms war die Unterstützung der neuerrichteten Gesamthochschulbibliotheken, die während ihrer Aufbauphase noch längere Zeit auf die Hilfe der „alten" Universitätsbibliotheken angewiesen waren.

Bei der in der zweiten Jahreshälfte 1975 begonnenen Erprobungsphase stellten zunächst folgende Bibliotheken ihre Sammelschwerpunkte für Direktbestellungen zur Verfügung: die Bibliothek der Technischen Hochschule Aachen für Maschinenbau und Elektrotechnik, die Universitätsbibliothek Bonn für Romanistik, die Universitäts- und Stadtbibliothek Köln für Wirtschafts- und Sozialwissenschaften und die Universitätsbibliothek Münster für Allgemeine Sprach- und Literaturwissenschaft und Germanistik.

Auf den Mitgliederversammlungen des Verbandes in den Jahren 1977 und 1978 wurde über die erfolgreiche Weiterführung des Programms berichtet, wozu das Ministerium für Wissenschaft und Forschung durch Bereitstellung von Zentralmitteln und Personalstellen die Voraussetzung schuf. Hans Limburg legte für die Kölner Bibliothek umfangreiches Zahlenmaterial zur Benutzung vor und kam im Jahresbericht 1978 zu einem positiven Ergebnis, positiv deshalb, so Limburg, „weil es vom Benutzer her gesehen breit genutzt wird. Viele nehmen es in Anspruch. Es werden viele Zeitschriftentitel bestellt. Eine Konzentration auf wenige Benutzer oder wenige Zeitschriftentitel ist nicht erkennbar." Auch die Kritik von Seiten des Buchhandels konnte er widerlegen. Es mochte wohl vielleicht in diesem und jenem Fall zur Abbestellung einer Zeitschrift am einzelnen Hochschulort gekommen sein, aber das Programm habe auch viele neue Zeitschriftenabonnements am Schwerpunktort ermöglicht.[34]

[33] Dieter Staeglich: Aspekte bibliothekarischer Zusammenarbeit, in: Die neue Bibliothek, 1984, S. 284.

[34] Hans Limburg: Das Sammelschwerpunktprogramm Zeitschriften bei der Universitäts- und Stadtbibliothek Köln. Jahresberichte 1977 und 1978. In: Mbl. 28, 1978, S. 103-114; 29, 1979, S. 174-183, Zitat S. 183.

Trotz solcher positiven Beurteilungen kam der Vorsitzende der Arbeitsgemeinschaft der Hochschulbibliotheken Walter Barton in einem 16 Punkte umfassenden Papier „Erkenntnisse und Vorschläge" zu einer eher kritischen Aussage über das Programm. Bemängelt wurde, dass das Schwerpunktprogramm vermutlich außerhalb der Gesamthochschulen noch nicht ausreichend propagiert worden und daher noch weithin unbekannt sei.[35] Trotz einiger Mängel, vor allem in der Abwicklung, befürwortete die Konferenz der Hochschulbibliotheken am 10.11.1978 grundsätzlich den weiteren Ausbau des Programms, dem sich bis 1983 alle wissenschaftlichen Hochschulbibliotheken, ausgenommen die der Gesamthochschulen und der Fernuniversität Hagen, anschlossen, so dass bei Ausklammerung von Medizin und Rechtswissenschaft alle größeren Fächer angeboten wurden.

Die von Wissenschaftsminister Schwier auf der Jahrestagung 1980 angekündigten Haushaltsprobleme wurden in den folgenden Jahren nur allzu deutlich: Auf der Jahresversammlung des Verbandes 1982 musste der Vorsitzende Johannes Schultheis berichten, dass nach Haushaltskürzungen und gleichzeitiger Erhöhung der Abonnementspreise bei ausländischen Zeitschriften über 6 000 Abonnements im Laufe eines Jahres abbestellt worden waren.[36] Angesichts dieser Entwicklung kam die vom Ministerium eingesetzte „Arbeitsgruppe Literaturversorgung" zu dem Ergebnis, das Zeitschriftensammelschwerpunktprogramm fortzusetzen und auszuweiten, obwohl die Benutzung stagnierte: 1978 wurden 25 572 Bestellungen aufgegeben, 1981 nur noch 20 738 Bestellungen. Der Bibliotheksreferent des Wissenschaftsministeriums Antonius Jammers zählte auf der Jahrestagung des Verbandes 1982 „Fortsetzung und Ausbau von Zeitschriftenschwerpunkten bei den Hochschulbibliotheken"[37] zu den nachhaltig zu fördernden strukturellen Maßnahmen als neue Form bibliothekarischer Zusammenarbeit. Aus einem Serviceangebot, „das den regionalen Zeitschriftenbestand um zusätzliche speziellere Titel ausbauen sollte", wurde jetzt ein „Notprogramm zur Überbrückung der entstehenden Lücken der Literaturversorgung".[38]

Voraussetzung für den weiteren Ausbau des Programms war die Förderung aus Zentralmitteln des Ministeriums für Wissenschaft und Forschung, die 1981 mit DM 184 000 beginnend, im Jahre 1993 DM 1 467 000 erreichte.[39] Anfäng-

[35] Sitzung der Direktorenkonferenz (Arbeitsgemeinschaft) der Hochschulbibliotheken am 10.11.1978, in: Mbl. 29, 1979, S. 155-157.

[36] Mbl. 33, 1983, S. 22.

[37] Mbl. 33, 1983, S. 25.

[38] Vgl. Anm. 33 in diesem Kapitel, S. 287.

[39] Werner Reinhardt: Zeitschriftenschwerpunktprogramm Nordrhein-Westfalen. Bericht über die Tätigkeit einer Arbeitsgruppe beim Ministerium für Wissenschaft und Forschung. In: Mbl. 44, 1994, S. 47-56; Übersicht über die Entwicklung der Förderung S. 48.

lich gab es bei den Hochschulbibliotheken Bedenken gegen diese Form der Förderung. Man fragte sich, ob das Zeitschriftenprogramm in der neuen Funktion eines Notprogramms so hilfreich sei, dass es die Zurückstellung anderer Förderungsmaßnahmen rechtfertige. Die Arbeitsgemeinschaft der Hochschulbibliotheken kam auf ihrer Sitzung am 8. Juli 1982 trotz dieser Bedenken zu einer positiven Einschätzung des Programms: „Durch die Entscheidung des Ministers für Wissenschaft und Forschung des Landes NW, diese Schwerpunkte aus Zentralmitteln zu unterstützen, war es gelungen, die spezifischen Abonnements der Schwerpunktbibliotheken aus den haushaltsbedingten Abbestellungen herauszuhalten ...“[40]

Ebenfalls aus der Not geboren war ein anderes Projekt, das im Mittelpunkt der Septembersitzung 1981 der Arbeitsgemeinschaft der Hochschulbibliotheken stand. Die Konferenz stand ganz unter dem Eindruck der für 1981 verordneten Sparmaßnahmen und des weiteren Etatrückgangs in 1982. Die Teilnehmer wurden sich darüber klar, dass die Maßnahmen einzelner Hochschulbibliotheken, insbesondere bei der notwendigen Abbestellung von Zeitschriften, untereinander koordiniert werden müssten, um eine zufällige Entwicklung und damit weiteren Schaden zu verhindern. Zur Begründung des neuen Projekts hieß es im Tagungsbericht: „Da die Abbestellung von Zeitschriften immer schmerzlich ist, da ferner unterschiedliche Einsparungschancen bestehen und insbesondere bei Bibliothekssystemen mit dem Prinzip des Ein-Exemplar-Abonnements jede Abbestellung einen Substanzverlust bedeutet, schien es der Konferenz besonders wichtig, jeder Bibliothek ein Kontrollinstrument in die Hand zu geben. Sie beschloß daher, in gemeinsamer rascher Anstrengung bis zum Frühjahr 1982 eine Liste der von den Hochschulbibliotheken in NW laufend gehaltenen Zeitschriften (ZLNW) zu erstellen.“[41]

Entsprechend diesem Beschluss der Arbeitsgemeinschaft lieferten alle 15 Hochschulbibliotheken ihre Titel in Zettelform ab, so dass das Hochschulbibliothekszentrum genau nach einem halben Jahr, im Frühjahr 1982, die „Liste der laufend gehaltenen Zeitschriften der Bibliotheken der wissenschaftlichen Hochschulen in NW (ZLNW)“ vorlegen konnte. Sie umfasste ca. 21 000 Titel, eine 2. Auflage 20 267 Titel. Die Liste war ein Notbehelf und sollte nicht ein späteres mit Hilfe der Zeitschriften-Datenbank (ZDB) zu erstellendes Zeitschriftenverzeichnis Nordrhein-Westfalen entbehrlich machen. Der interimistische Charakter der Liste wurde wie folgt beschrieben: „Die Liste ist ein Provisorium, gedacht als Informationsmittel für Zeitschriftenstellen im Hinblick auf etwaige Abbestellungen. Dementsprechend wur-

[40] Mbl. 32, 1982, S. 390.
[41] Mbl. 32, 1982, S. 56 f.

den Titel, die für eine Koordinierung uninteressant sind, z.B. weil sie in den Sammelbereich der Zentralen Fachbibliotheken gehören oder weil sie üblicherweise als Geschenk in die Bibliotheken gelangen (Geschäftsberichte von Firmen), gar nicht erst aufgenommen. Die Liste gibt also keinen Überblick über *alle* laufend gehaltenen Zeitschriften. Noch ein anderes Kriterium kennzeichnet die Liste als Provisorium, nämlich die Tatsache, dass die Titel weder bibliographisch genau sind noch den Regeln für die alphabetische Katalogisierung (RAK) entsprechen."[42]

Auch wenn die „Zeitschriften-Liste Nordrhein-Westfalen" entsprechend ihrem provisorischen Charakter später nicht mehr fortgeführt wurde, so gilt ihr schnelles Entstehen als „Beispiel für wirkungsvolle partnerschaftliche Zusammenarbeit", wie sie in der Arbeitsgemeinschaft der Hochschulbibliotheken gepflegt wurde und von Dieter Stäglich (Wuppertal) im Rückblick so beschrieben wurde: „Gerade die Entstehung der ZLNW und ihre Konsequenzen für die weitere Bestandsentwicklung beweisen, welche bedeutende Rolle der Arbeitsgemeinschaft der Hochschulbibliotheken für die bibliothekarische Zusammenarbeit zukommt. Ohne die gemeinsame, auf freiwilliger Basis erfolgte Beschlußfassung dieses Gremiums, das an sich bereits eine Form bibliothekarischer Zusammenarbeit darstellt, bliebe manches Kooperationsvorhaben eine Absichtserklärung ohne Chance auf Verwirklichung."[43]

Für das Zeitschriftenschwerpunktprogramm ergab sich eine neue Situation, als nach weiteren Etatkürzungen zu Beginn der 90er Jahre und horrenden Preissteigerungen, insbesondere bei ausländischen Zeitschriften auf den Gebieten der Naturwissenschaften und Technik, in der Medizin und Mathematik, deutlich wurde, dass auch bei den Schwerpunktbibliotheken trotz der gezielten finanziellen Unterstützung durch das Ministerium für Wissenschaft und Forschung Abbestellungen auch in den Schwerpunktfächern nicht mehr zu vermeiden waren. Eine Arbeitsgruppe des Ministeriums beschäftigte sich in mehreren Sitzungen mit der Problematik des Programms unter den Bedingungen der verschärften Haushaltssituation. In den Jahren 1992/93 wurde das Programm evaluiert mit dem Ziel, „bei gleicher Fächerzahl weitere Bibliotheken aktiv in das Programm einzubeziehen, durch eindeutige Fächerbeschreibungen und durch Zeitschriftenlisten Überschneidungen zu eliminieren, um dafür neue Zeitschriften einbeziehen zu können."[44] Des weiteren diskutierte die Arbeitsgruppe, ob und gegebenenfalls in welcher Form das bisherige Be-

[42] Gisela Schüle, Luise Hoffmann: ZLNW erschienen. In: Mbl. 32, 1982, S. 273-275, Zitat S. 273.

[43] Vgl. Anm. 33 in diesem Kapitel, S. 288, S. 289.

[44] Antonius Jammers: Einige Gedanken zur Zusammenarbeit, in: Bücher für die Wissenschaft, 1994, S. 396.

stell- und Liefersystem den modernen technischen Möglichkeiten angepasst werden könnte. Die Überlegungen führten zum Bestell- und Liefersystem „JASON-NRW“, über das im folgenden Kapitel berichtet wird.

X. Konventionelle und moderne Formen kooperativer Literatur- und Informationsversorgung: Zum Wandel des Leihverkehrs und des Auskunftsdienstes

1. Vom Kommunalen Leihring zu elektronischen Bestell- und Lieferdiensten

Eine banale Feststellung ist vielleicht am Anfang dieses Kapitels angebracht: Bei der kooperativen Erwerbung, wie sie im letzten Kapitel am Beispiel der Sondersammelgebiete der Großstadtbibliotheken und des Zeitschriftenschwerpunktprogramms der Hochschulbibliotheken skizziert wurde, war das Ziel nicht, wie die Bezeichnung vielleicht vermuten lässt, die Sammlung von Literatur. Ihr eigentlicher Zweck war vielmehr, wie bei jeder bibliothekarischen Tätigkeit, die Benutzung: die Literaturversorgung der Bevölkerung durch die Öffentlichen Bibliotheken, die Deckung des Informationsbedarfs in Wissenschaft und Forschung durch die Hochschulbibliotheken. Zur Vermittlung der am Ort nicht vorhandenen Literatur diente seit Ende des 19. Jahrhunderts als kooperative Einrichtung der wissenschaftlichen Bibliotheken der Auswärtige Leihverkehr. Seine sich über Jahrzehnte erstreckende Entwicklung in Nordrhein-Westfalen vom Kommunalen Leihring bis zu den elektronischen Bestell- und Liefersystemen soll in diesem Kapitel knapp beschrieben werden, wobei vor allem das Drängen der Öffentlichen Bibliotheken auf Gleichberechtigung in der Literaturversorgung berücksichtigt wird, letztlich erfolgreiche Bemühungen, die ohne den beide Sparten vereinigenden Verband der Bibliotheken kaum denkbar gewesen wäre.

Am Anfang steht denn auch eine Initiative des Verbandes: Nach der Gründung des Sondersammelgebietsprogramms im Jahre 1956 musste, da der Leihverkehr der Deutschen Bibliotheken kleine Büchereien, ja selbst Großstadtbibliotheken mit Sondersammelgebieten, von der Teilnahme ausschloss, eine eigene Organisation zur Nutzung der SSG-Bestände geschaffen werden: der Kommunale Leihring. Am 1. April 1960 entsprechend den „Grundsätzen für den kommunalen Leihring im Lande Nordrhein-Westfalen" offiziell eröffnet, 1962 durch endgültige „Richtlinien für den Kommunalen Leihring in Nordrhein-Westfalen" festgelegt, war die neue Form des Leihverkehrs wie das SSG-Programm eine Gemeinschaftsleistung der kommunalen Bibliotheken, genauer gesagt: des Verbandes der Bibliotheken, entstanden ohne amtliche Mitwirkung oder institutionelle Sicherung allein auf der Grundlage freiwilliger Kooperation und Eigeninitiative.

Um allen Bürgern des Landes die notwendige Literatur „zu beruflicher oder persönlicher Weiterbildung" bereitstellen zu können, wollte man möglichst viele Öffentliche Bibliotheken in das regionale Leihverkehrsnetz einbringen, im Gegensatz zum Deutschen Leihverkehr, dessen Teilnahme an strenge Voraussetzungen gebunden war und der in erster Linie der Vermittlung von Literatur für wissenschaftliche Zwecke diente. Entsprechend der Zielsetzung des Kommunalen Leihverkehrs – Fernleihverbindung der Großstädte, Literaturversorgung der kleineren und mittleren Büchereien, Entlastung des sog. wissenschaftlichen Leihverkehrs – waren kommunale Bibliotheken mit Fachpersonal ohne besondere Zulassungsmodalitäten, hauptamtlich geleitete Büchereien ohne Fachpersonal nach Zulassung durch den VBNW und kleine neben- oder ehrenamtlich geführte Büchereien im allgemeinen über die Staatlichen Büchereistellen zugelassen. Grundlage für die Lenkung bildeten die seit 1960 erscheinenden Kataloge der Sondersammelgebiete; um Überschneidungen mit dem Deutschen Leihverkehr mit seinen roten Leihscheinen zu vermeiden, führte der Verband für den Kommunalen Leihring gelbe Leihscheine ein.[1]

Wie das Sondersammelgebietsprogramm der nordrhein-westfälischen Großstädte wurde auch der Kommunale Leihring zum Vorbild für andere Regionen, als Beispiel bibliothekarischer Zusammenarbeit bei der Literaturversorgung für Ausbildung, Weiterbildung, beruflicher Arbeit und umfassender Information der Bevölkerung. In den „Grundlagen für die bibliothekarische Regionalplanung" von 1966 waren die „Richtlinien für den Kommunalen Leihring von Nordrhein-Westfalen" abgedruckt, ebenso im „Bibliotheksplan" von 1969, hier bereits mit Überlegungen und mit einem Entwurf zu seiner Erweiterung zum Regionalen Leihring.

Es gab eine ganze Reihe von Gründen, die eine Reform des Kommunalen Leihrings erforderlich machten, Gründe, die in der Natur der Sache lagen: die Beschränkung auf kommunale Bibliotheken, die begrenzte Beschaffungsmöglichkeit durch die Verknüpfung des Leihverkehrs mit den Sondersammelgebietskatalogen, die dazu führte, dass selbst kleinere Büchereien, z.T. aus Prestigegründen, nur ungern ausschließlich Mitglied des Kommunalen Leihrings sein wollten, und der Vorstand des Verbandes sich deshalb häufig mit ihren

1 Werner Krieg: Verband, 1989, S. 219-221. – Ausführlich Andrea Kemner: Die Öffentlichen Bibliotheken und der Leihverkehr, in: Bibliothek 16, 1992, S. 197-234, und Matthias Ernst: Der regionale Leihverkehr, in: Mbl. 44, 1994, S. 1-32 (T.1), S. 125-167 (T.2). – Über die Entwicklung des Leihverkehrs vgl. die jährlichen, im „Mitteilungsblatt" veröffentlichen Arbeitsberichte des Zentralkatalogs bzw. die Analysen von Horst Röhling (bis 1973). – Abdruck der „Richtlinien", in: Grundlagen Regionalplanung," 1966, S. 31-33.

Anträgen auf Zulassung zum Deutschen (wissenschaftlichen) Leihverkehr beschäftigen musste. Die Möglichkeit, im Kommunalen Leihverkehr unter bestimmten Voraussetzungen auch auf den roten Leihformularen des Deutschen Leihverkehrs bestellen zu können, führte „laufend zu teilweise nicht erfreulichen Vermischungen.“[2]

Dazu kamen überregionale Entwicklungen im deutschen Bibliothekswesen, die eine Revision des Kommunalen Leihrings notwendig machten. Die neue Leihverkehrsordnung für den Deutschen Leihverkehr von 1966 mit der geforderten strengen Verbindlichkeit des regionalen Prinzips und ganz ausgerichtet auf die Einschaltung der regionalen Zentralkataloge war zu berücksichtigen. Von bibliothekspolitischer Bedeutung waren die seit 1966 beginnenden Arbeiten am „Bibliotheksplan I“, der schließlich 1969 der Öffentlichkeit vorgelegt wurde. Entsprechend der hier erhobenen Forderung, „jedermann an jedem Ort zu jeder Zeit alles benötigte Material für Aus- und Fortbildung, für geistige Arbeit und Selbstbildung für alle Altersstufen ohne Unterschied“ bereitzustellen,[3] kam dem Leihverkehr eine wichtige Rolle zu. Nach dem im Bibliotheksplan konzipierten drei-stufigen System, sollten die wissenschaftlichen Bibliotheken in die allgemeine Literaturversorgung der Bevölkerung miteinbezogen werden, eine Empfehlung, die im Kommunalen Leihring nicht vorgesehen war.

So standen denn eine ganze Reihe von Grundsatzfragen des Leihverkehrs an, um deren Lösung sich die neue, Anfang 1966 eingesetzte Kommission für Leihverkehrsfragen unter dem Vorsitz von Heinz Martin Werhahn (Aachen) bemühte. Ihre Vorschläge zu einer Reform wurden in den verschiedenen Gremien des Verbandes diskutiert, u. a. in der Arbeitsgemeinschaft der Großstadtbüchereien auf mehreren Sitzungen und in der Direktorenkonferenz der Hochschulbibliotheken. In der Mitgliederversammlung 1968 fasste der Vorsitzende Werner Krieg den Problembereich folgendermaßen zusammen: „1) Wie soll ein solcher Regionaler Leihverkehr gegen den Leihverkehr der wissenschaftlichen Bibliotheken abgegrenzt werden? Oder anders ausgedrückt: In welchen Fällen und in welcher Form sollen Bestellungen aus dem Regionalen Leihring auch in den sogenannten wissenschaftlichen Leihverkehr eingeschleust werden? 2) Wie weit soll der Kreis der Teilnehmer an einem Regionalen Leihring gezogen werden, wenn man von der bisherigen durch die Genesis des Leihrings gegebenen Beschränkung auf kommunale Büchereien abgeht?“[4]

Auf der Jahresversammlung des Verbandes 1970, die unter dem Leitthema „Regionale und überregionale Literaturversorgung in Nordrhein-Westfalen“

[2] Erich Mues: Zur geplanten Neuordnung des Regionalen Leihverkehrs in Nordrhein-Westfalen. In: Mbl. 21, 1971, S. 26-31, Zitat S. 30.

[3] Bibliotheksplan I, 1969, S. 10; hier auch Abdruck von „Regionaler Leihverkehr“, S. 60-65.

[4] Mbl. 19, 1969, S. 12.

stand, stellte Erich Mues (Münster), die „Richtlinien für den Regionalen Leihring (RLR) Nordrhein-Westfalen“ vor, die mit der Veröffentlichung im „Mitteilungsblatt“ vom Mai 1971 in Kraft traten und in der Präambel als Grund für die Reform des Kommunalen Leihrings anführten: „Der Übergang vom Kommunalen Leihring zum Regionalen Leihring ist aus dem Bedürfnis erwachsen, den Kreis der am Regionalen Leihring beteiligten Bibliotheken über die kommunalen Bibliotheken hinaus zu erweitern und die Bestände der staatlichen Bibliotheken zur Deckung des Literaturbedarfs in den Kommunen subsidiär heranzuziehen.“[5]

Mues beschrieb in seinem Referat die wesentlichen Veränderungen im Vergleich zum bisherigen Kommunalen Leihring. Neu war die Einbeziehung des Zentralkatalogs in den Regionalen Leihring. Die Erweiterung sollte in der Weise erfolgen, dass beabsichtigt war, „möglichst den Gesamtbestand der kommunalen Großstadtbibliotheken, insbesondere aber die Sondersammlungen zu erfassen“. Damit erhoffte man sich auch eine Steigerung der nach wie vor geringen Nutzungsfrequenz der Sondersammelgebiete, auch durch die Hochschulbibliotheken. Eine weitere Maßnahme zur Umgestaltung war die Integration der Universitätsbibliotheken in den Regionalen Leihverkehr, ein Notbehelf, der sich aus der fehlenden Landesbibliothek ergab. Der Zugriff auf die Bestände der Universitätsbibliotheken konnte allerdings nur indirekt erfolgen, durch die Einschaltung des Zentralkatalogs (ZK), und auch erst dann, wenn geprüft worden war, ob alle kommunalen Bestandsreserven in genügender Weise ausgeschöpft waren. Eine dritte Neuerung betraf das System der Leitbibliotheken, durch die eine bessere Nutzung der Bestandsreserven auf Bezirksebene erreicht werden sollte. Die Leitbibliothek, eine wissenschaftliche oder Öffentliche Bibliothek, hatte nach Mues zwei Funktionen: „Sie ist bibliographisches Informationszentrum und hat einen Gesamtbestand, der gehobenen Literaturwünschen der Umgebung gewachsen ist. Dadurch soll einer Filterung der Bestellungen an den ZK und auch bessere bibliographische Bearbeitung erreicht werden.“[6]

Blieb beim Kommunalen Leihring der Teilnehmerkreis auf die kommunalen Bibliotheken beschränkt, so reichte er durch die Neuregelung von den Universitätsbibliotheken über größere Leitbibliotheken und Büchereistellen bis zur Gemeindebücherei, einschließlich der kirchlichen Büchereien, wobei der Leitweg der Bestellungen jeweils genau geregelt war. Eine „unüberschreitbare Grenze“ – so die Formulierung von Mues – gab es: Zettel des Regionalen Leihverkehrs konnten vom Zentralkatalog nicht in andere Leihverkehrsregionen weitergeleitet werden.

[5] Richtlinien für den Regionalen Leihring (RLR) Nordrhein-Westfalen. Stand: 18. Februar 1971. In: Mbl. 21, 1971, S. 142-145. Zitat S. 142.

[6] Vgl. Anm. 2 in diesem Kapitel, Zitate S. 30, 31.

Die führende Rolle des Verbandes beim Regionalen Leihverkehr kam in den „Richtlinien" zum Ausdruck, so in der Präambel, wo der Verband ausdrücklich als Initiator dieser Leihverkehrsorganisation genannt wurde, oder bei den Regularien über die Zulassung. Hier hieß es: „Über die Zulassung zum Regionalen Leihverkehr, die Festlegung der Leitbibliotheken und die Zuweisung an diese entscheidet der Vorstand des Verbandes der Bibliotheken des Landes Nordrhein-Westfalen in Zusammenarbeit mit dem Zentralkatalog und nach Rücksprache mit der als Leitbibliothek vorgesehenen Bibliothek.[7] Veröffentlichungsorgan für die Neuzulassungen und für sonstige Änderungen in der beim Zentralkatalog geführten Liste war das „Mitteilungsblatt".

Nach Vorarbeiten durch den Zentralkatalog, der Leihverkehrskommission und der Staatlichen Büchereistellen erließ das Kultusministerium im Rahmen der Verwaltungs- und Ordnungsfunktionen des Landes gegenüber dem Bibliothekswesen eine Reihe wichtiger Vorschriften zur Neuordnung des Leihverkehrs. Danach wurden 19 mittlere Stadtbüchereien neu zum Deutschen Leihverkehr zugelassen und einer Reihe von städtischen Bibliotheken die Funktion von Leitbibliotheken zugewiesen. Im Gegenzug erfolgte die Streichung von 25 Gymnasialbibliotheken aus der Leihverkehrsliste.[8] Die verschiedenen Veränderungen wurden in einer Publikation des Verbandes dokumentiert. Die Broschüre, von Jürgen Heydrich, dem Leiter des Zentralkatalogs bearbeitet, enthielt u.a. die Leihverkehrsordnung für die Deutschen Bibliotheken einschließlich ihrer Ausführungsbestimmungen für das Land Nordrhein-Westfalen, die amtliche Leihverkehrsliste, die Richtlinien für den Regionalen Leihring in der Fassung vom März 1972, des weiteren den Verteilungsplan der Sondersammelgebiete für wissenschaftliche und Schöne Literatur, sowie für Musikalien.[9]

Die Neuordnung des Leihverkehrs war von z.T. heftigen Kontroversen begleitet, die die alte Animosität zwischen Öffentlichen und wissenschaftlichen Bibliotheken wiederzubeleben schienen. Bei den Universitätsbibliotheken gab es Bedenken sowohl gegen die Reform des Kommunalen Leihverkehrs als auch gegen die zunehmende Partizipation der Öffentlichen Bibliotheken am Deutschen (wissenschaftlichen) Leihverkehr. Sie befürchteten durch ihre Beteiligung am Regionalen Leihverkehr eine weitere Belastung und nicht etwa eine Entlastung, die die neue Leihverkehrsorganisation bringen sollte. Die Einwände der Universitätsbibliotheken gegen die Zulassung weiterer Büchereien

[7] Richtlinien. (Anm. 5), S. 144 (§ 7,1).

[8] Mbl. 21, 1971, S. 67-72 (RdErl. des Kultusministeriums vom 21.9.1970), Mbl. 22, 1972, S. 203-204 (RdErl. vom 17.1.1972).

[9] Leihverkehr in Nordrhein-Westfalen (LVNW). Stand 1.11.1972. VBNW. Zsgest. u. bearb. von Jürgen Heydrich. Köln 1973.

zum Deutschen Leihverkehr trug Jürgen Heydrich vom Zentralkatalog auf der Jahresversammlung des Verbandes 1970 vor: „Diese Bibliotheken weisen mit Recht darauf hin, dass sie bereits heute jetzt einen erheblichen Teil des Leihverkehrs als Gebende zu tragen haben. Daher erwarten sie, keine zusätzlichen Aufgaben übernehmen zu müssen, die sie bei der außerordentlichen Anspannung als Dienstleistungsbetrieb an den Universitäten auch nicht übernehmen könnten."[10]

Eine über Jahre kontrovers diskutierte Frage war das Problem der Leitbibliotheken. Die Arbeitsgemeinschaft der Großstadtbüchereien forderte, dass die Funktion von Leitbibliotheken einheitlich für alle Leihverkehrsformen ausschließlich durch Öffentliche Stadt- oder Landesbibliotheken wahrgenommen werde. Das sei kein Affront gegen die Hochschulbibliotheken, die hilfsweise als eine Art Leitbibliothek der 2. Stufe unersetzbar blieben, vielmehr sei es Absicht der „Allgemeinen Öffentlichen Bibliotheken", ihre originäre Aufgabe der allgemeinen regionalen Literaturversorgung in stärkerem Maße als bisher selbst zu übernehmen und die Hochschulbibliotheken soweit wie möglich davon zu entlasten.[11] Auf der anderen Seite bezweifelten die Universitätsbibliotheken die personelle und bibliographische Ausstattung für die zukünftige Leitbibliotheksfunktion. Selbst bei den bereits bestehenden kommmunalen Leitbibliotheken scheinen diese Bedenken nicht ohne Grund bestanden zu haben, wie die fast jährlich vorgebrachten Klagen des Verbandsvorsitzenden Werner Krieg Ende der 60er Jahre zeigten.[12]

Da der kostenintensive Ausbau des bibliographischen Apparats die eigenen finanziellen Möglichkeiten der einzelnen Leitbibliotheken überschritt, legte Werner Krieg Anfang 1969 dem Kultusministerium einen detaillierten Mehrjahresplan zum Ausbau der bibliographischen Bestände vor.[13] Grundlage bildete die von Jürgen Heydrich in mehreren Auflagen vorgelegte „Bibliographie der Bibliographien für Leitbibliotheken", die zum Vorbild für überregionale Publikationen wurde, so z.B. für den Bibliotheksplan des Jahres 1969, wo die nordrhein-westfälische Veröffentlichung als Grundlage für die Berechnung der Kosten für die Informationsmittel diente. Durch diese vom Verband initi-

10 Mbl. 21, 1971, S. 26. – Probleme gab es bei der Einarbeitung der SSG-Bestände in den Zentralkatalog, die Voraussetzung für eine verbesserte Lenkung des Regionalen Leihverkehrs. Der Verband bemühte sich bereits 1968 durch Interventionen beim Kultusministerium um zusätzliche Stellen beim Zentralkatalog, bis 1971 vergeblich (Ulrich Moeske: Kommunales Sondersammelgebietsprogramm, 1977, S. 79; Jürgen Heydrich: Arbeitsbericht des Zentralkatalogs 1971, in: Mbl. 22, 1972, S. 333).

11 Heinz Emunds: Tätigkeit der Arbeitsgemeinschaft der Großstadtbüchereien, in: Mbl. 23, 1973, S. 154.

12 Tätigkeitsberichte 1965 und 1968, in: Mbl. 16, 1966, S. 14; 19, 1969, S. 12.

13 Tätigkeitsbericht 1969. in: Mbl. 20, 1970, S. 11.

ierte Maßnahme und durch Fortbildungstagungen für Bibliothekare an Leitbibliotheken erhöhte sich allmählich die Leistungsfähigkeit dieser Bibliotheken, so dass die Zahl der beim Zentralkatalog unzureichend bibliographierten Leihscheine zurückging. Allerdings flossen die Landesmittel nicht so reichlich, um allen Wünschen gerecht zu werden. Es gab Missstimmigkeiten, auch beim 1970 zur Beschleunigung des Leihverkehrs eingeführten Einsatz von Lieferwagen, als es nicht möglich war, alle größere Öffentlichen Bibliotheken, auch die mit Sondersammelgebieten, zu berücksichtigen.[14]

Problematisch bis in die 80er Jahre war die Zuordnung zu den einzelnen Leitbibliotheken. Ein Blick in die Leihverkehrsliste zeigte nicht ohne weiteres einsehbare Entscheidungen, so wenn neugegründeten Hochschulbibliotheken mit der Funktion von Leitbibliotheken für Mittelstadtbüchereien betraut wurden, und Werner Krieg fand es „geradezu grotesk", wenn Universitätsbibliotheken als Leitbibliotheken im Regionalen Leihverkehr fungierten.[15]

So gab es denn noch eine ganze Reihe von Problemen, die zur Lösung anstanden; auch bei der Arbeitsgemeinschaft der Großstadtbüchereien war man mit den neuen „Richtlinien" nicht so recht zufrieden. Hier sah man in der neuen Ordnung des Leihrings „nur einen befristeten Übergang bis zur beschleunigten Bildung eines bundeseinheitlichen Leihverkehrs ..."[16] Die Präambel zu den „Richtlinien" deutet die Richtung an, die die Öffentlichen Bibliotheken einzuschlagen gedachten. Es hieß hier: „Dieser Regionale Leihring ist ein Vorgriff auf eine generelle bundeseinheitliche Regelung auf ein mehrstufiges regionales und überregionales System des Leihverkehrs. Nach Einführung einer bundeseinheitlichen Regelung wird der Regionale Leihring Nordrhein -Westfalen in dieses System aufgehen."[17] Damit war das Arbeitsprogramm für die nächsten Jahre aufgezeigt: eine erneute Revision, die durch den in Arbeit befindlichen „Bibliotheksplan 1973" notwendig wurde.

Die bundeseinheitliche Regelung des Leihverkehrs, wie sie in der Präambel der Richtlinien für den Regionalen Leihverkehr gefordert wurde, ist im November 1973 in Angriff genommen worden, als sich auf Bundesebene der „Ausschuss zur Reform der Leihverkehrsordnung von 1966" konstituierte. Neben allgemeinen Reformwünschen war es vor allem der „Bibliotheksplan 1973", der „für die Neubearbeitung der Leihverkehrsordnung letztlich den

[14] Günther Pflug im Tätigkeitsbericht 1970, in: Mbl. 21, 1971, S. 12 f. – Ahmed Helmi Helal: Bericht über den Lieferwagenverkehr zur Beschleunigung des auswärtigen Leihverkehrs in Nordrhein-Westfalen. In: Mbl. 22, 1972, S. 47-60.

[15] Werner Krieg, Landesbibliotheksaufgaben, 1979, S. 64, Anm. 15. – Zu den ungelösten Problemen gehörte die im Widerspruch zur Leihverkehrsordnung stehende Zulassung von zwei Bibliotheken an einem Ort, entstanden durch die Neugründung von Hochschulbibliotheken.

[16] Vgl. Anm. 11 in diesem Kapitel, S. 154.

[17] Richtlinien, (Anm. 5), S. 143.

Ausschlag gab".[18] Entsprechend seiner Konzeption – „die Bereitstellung von Literatur aller Art ... und Informationsmittel für jedermann an jedem Ort" wurde es als notwendig angesehen, „den bisher im wesentlichen auf die wissenschaftlichen Bibliotheken bezogenen Deutschen Leihverkehr auf alle deutschen Bibliotheken auszuweiten, um die Durchlässigkeit der Literaturvermittlung zu erreichen."[19]

Nach 3 1/2jähriger Arbeit in 16 (!) Sitzungen legte der Leihverkehrsausschuss im März 1977 einen umfangreichen Entwurf vor, der selbst bei wissenschaftlichen Bibliothekaren als zu perfektionistisch kritisiert wurde, der aber auch in seiner Grundkonzeption bei den Öffentlichen Bibliotheken Nordrhein-Westfalens wenig Zustimmung fand. Hier bestand man auf z.T. alten Forderungen, „nämlich erstens die Öffnung des Leihverkehrs auch für nichtwissenschaftliche Literatur gemäß den Grundrechten der Informationsfreiheit, zweitens die volle Integration, wenn auch gestufte Integration des Regionalen Leihrings in den Deutschen Leihverkehr zu einem einzigen bundeseinheitlichen Leihverkehr und drittens die prinzipielle Übertragung der Leitbibliotheksfunktion an allgemeine Öffentliche Bibliotheken der zweiten Stufe."[20]

Entsprechend der Bedeutung der Öffentlichen Bibliotheken, vor allem der Großstadtbibliotheken, in Nordrhein-Westfalen und der beispielhaften Vorarbeiten durch die Installierung des Regionalen Leihrings hat sich der Verband nachdrücklich in die Diskussion um die Neuordnung des Leihverkehrs in Deutschland eingeschaltet, so z.B. auf der Jahresversammlung des Deutschen Bibliotheksverbandes in Frankfurt im Oktober 1977. Umstritten war vor allem die zentrale Aussage über die Zweckbestimmung des Leihverkehrs. In einem umfangreichen Papier „Zur Revision des deutschen Leihverkehrs" stellte Heinz Emunds eine sehr weitgehende Formulierung zur Diskussion. Es hieß hier: „Der Deutsche Leihverkehr dient der Förderung von Wissenschaft, Bildung und Information."[21] Diese allgemeine Zweckbestimmung wie überhaupt die generelle Zulassung aller Öffentlichen Bibliotheken zu einem Gesamtleihverkehr war den wissenschaftlichen Bibliotheken zu weitgehend. Man sah in

[18] Bernhard Sinogowitz (Vorsitzender des Ausschusses): Probleme des Leihverkehrs und ihre Behandlung im Entwurf einer neuen Leihverkehrsordnung. In: ZfBB 24,1977, S. 428-441, Zitat S. 430.

[19] Bibliotheksplan 1973, 1973, S. 10, S. 129.

[20] Heinz Emunds: Zur Revision der kommunalen Sondersammelgebiete, in: Mbl. 26, 1976, S. 113.

[21] Heinz Emunds: Zur Revision des deutschen Leihverkehrs, in: Mbl. 28, 1976, S. 44. – Die Revisionsvorschläge von Emunds übernahm die Arbeitsgemeinschaft der Großstadtbibliotheken. Sie bildeten auch die Grundlage für die Diskussion auf der gemeinsamen Sitzung der Sektionen 1, 2, 3 und 6 des DBV am 26.10.1977 (Deutscher Bibliotheksverband. Mitgliederversammlung 1977, Protokoll der gemeinsamen Sitzung, S. 32-34.)

diesem Vorschlag vor allem das Problem, dass die Einhaltung der Ausleihregeln aufgrund einer so hohen Teilnehmerzahl nicht mehr gewährleistet werde.[22]

Auch der Vorsitzende der im Februar 1975 konstituierten Benutzungskommission des Verbandes, Erich Mues, kam zu einer Ablehnung der von den Öffentlichen Bibliotheken geforderten Ausweitung des Leihverkehrs. In Erwiderung zum „Revisionspapier“ von Emunds schrieb Mues: „Die vorgeschlagene, sehr vorsichtig formulierte, aber doch wohl einheitliche Zweckbestimmung (‚Förderung von Wissenschaft, Bildung und Information‘) war den Hochschulbibliotheken zu weit und die damit verbundene Begrenzung des Leihgutes war ihnen zu eng. Die allgemeine Zweckerweiterung ohne Begrenzung des Leihgutes hätte jedoch erhebliche Konsequenzen und im Endeffekt den Einheits-Leihverkehr gebracht. Den Einheits-Leihverkehr zu fordern, würde aber heißen, den im Plan ’73 abgesteckten Rahmen zu überschreiten.“[23]

Die schließlich und endlich nach vielen Diskussionen, Entwürfen und Gegenentwürfen auf dem Stuttgarter Bibliothekskongress im Mai 1978 verabschiedete Endfassung der „Leihverkehrsordnung für die deutschen Bibliotheken“ war ein Kompromiss. Die lange umstrittene Formulierung des Zwecks der Leihverkehrsordnung lautete: „Der Deutsche Leihverkehr ist eine kooperative Einrichtung aller Bibliotheken zur Vermittlung von am Ort nicht vorhandener Literatur. Er gliedert sich in den Regionalen Leihverkehr und den Überregionalen Leihverkehr. Der Regionale Leihverkehr dient der allgemeinen Literaturversorgung in den Regionen ... Der Überregionale Leihverkehr dient der Förderung von Forschung und Lehre. Darüber hinaus vermittelt er wissenschaftliche Literatur für Ausbildung, Fort- und Weiterbildung sowie Berufsarbeit ...“[24]

Trotz des Kompromisscharakters war die neue Leihverkehrsordnung im Vergleich zu früheren Ordnungen ein Fortschritt. Erstmals kam in der Definition die Konzeption eines alle Bibliotheken umfassenden Literaturversorgungssystems zum Ausdruck, auch wenn eine Teilung, allerdings gleichberechtigter Komponenten, vorgenommen wurde. Diese Zweiteilung erhielt eine integrierende Ergänzung durch die Möglichkeit der Überleitung von Bestellungen des Regionalen Leihverkehrs in den Überregionalen Leihverkehr, damit eine Forderung der Öffentlichen Bibliotheken berücksichtigend. Allerdings die vor allem von den nordrhein-westfälischen Großstadtbibliotheken

22 Bernhard Sinogowitz (vgl. Anm. 18 in diesem Kapitel), S. 434.

23 Erich Mues: Die Leihverkehrsreform und der Bibliotheksplan ’73. In: Mbl. 28, 1978, S. 47-53, Zitat S. 50.

24 Leihverkehrsordnung für die deutschen Bibliotheken. RdErl. des Kultusministers vom 30.5.1979, abgedr. mit Ausführungsbestimmungen in: Mbl. 29, 1979, S. 315-333. Zitat S. 315.

angestrebte völlige Integration wurde nicht erreicht. Zwar wurde die Vermittlung von Literatur für Ausbildung, Fort- und Weiterbildung sowie Berufsarbeit zu den Aufgaben des Überregionalen Leihverkehrs gezählt, wie die Öffentlichen Bibliotheken gewünscht hatten, aber es gab eine für Nichtexperten des Leihverkehrs vielleicht kaum beachtete, aber doch gravierende Einschränkung: Es musste sich um *wissenschaftliche* Literatur handeln; die Beschaffung *nichtwissenschaftlicher* Literatur für Ausbildung und Beruf konnte nur im Regionalen Leihverkehr erfolgen, also z.B. nur in der Region des Zentralkatalogs Nordrhein-Westfalen.[25]

Trotz dieser einschränkenden Bestimmungen kam der Vorsitzende des Verbandes Hans Joachim Kuhlmann auf der Mitgliederversammlung 1978 in einem Rückblick auf die langwierigen Verhandlungen über die Reform zu einer positiven Einschätzung: „Ich glaube sagen zu können, dass durch die von unserem Verband eingebrachten Änderungsvorschläge die neue Leihverkehrsordnung in einigen wichtigen Punkten wesentlich verbessert worden ist, zum Wohle des gesamten deutschen Bibliothekswesens, nicht nur des nordrhein-westfälischen."[26]

Kuhlmann musste in seinem Rechenschaftsbericht 1978 bereits auf eine neue Arbeit hinweisen, mit denen sich die Benutzungskommission des Verbandes in nächster Zeit zu beschäftigen hatte: auf die Ausführungsbestimmungen zur neuen Leihverkehrsordnung. Eine zweite Aufgabe kam hinzu: die Reform der Richtlinien für den Regionalen Leihverkehr von 1972, die durch die Leihverkehrsordnung notwendig wurde. Hier konnte die Benutzungskommission auf Vorarbeiten einer beim Deutschen Bibliotheksinstitut bestehenden Arbeitsgruppe zurückgreifen, die in ihren „Empfehlungen für den Regionalen Leihverkehr" ganze Passagen aus dem Text der nordrhein-westfälischen „Richtlinien" von 1972 übernommen hatte.[27] Wiederum musste sich die Benutzungskommission mit zahlreichen Einsprüchen zu ihrem Entwurf befassen. Ihr 3. (!) Entwurf führte z.B. auf der Juli-Sitzung 1982 der Arbeitsgemeinschaft der Großstadtbibliotheken zu nicht weniger als sieben Änderungen.[28] Nach einem Beschluss des Vorstandes vom 15. April 1983 traten die neuen „Richtlinien für den Regionalen Leihverkehr Nordrhein-Westfalen (RRLV NW)" mit der Veröffentlichung im „Mitteilungsblatt" in Kraft.

Auf der Jahresversammlung des Verbandes 1983 stellte der scheidende Vor-

[25] Zum Kompromiss kritisch im Bericht über den Stuttgarter Bibliothekskongress 1978: Heinz Martin Werhahn, in: BuB 30, 1978, S. 489.

[26] Mbl. 29, 1979, S. 35.

[27] Deutsches Bibliotheksinstitut/Arbeitsgruppe „Regionaler Leihverkehr": Empfehlungen für den Regionalen Leihverkehr. In: Bibliotheksdienst 15, 1981, S. 215-222.

[28] Mbl. 32, 1982, S. 389. Abdruck der Richtlinien für den Regionalen Leihverkehr: vgl. die folgende Anm. 30.

sitzende der Benutzungskommission Erich Mues die neuen Richtlinien vor und betonte insbesondere seine Besonderheiten im Vergleich zum „roten" überregionalen Leihverkehr. Neben der Erweiterung der Zwecksetzung beschrieb Mues die Ausweitung des Teilnehmerkreises, wobei er drei Gruppen unterschied: die sogenannten Teilnehmer, d.h. solche Bibliotheken, die zum Überregionalen Leihverkehr zugelassen waren, „zugelassene" Teilnehmer, d.h. eigens zum Regionalen Leihverkehr zugelassene Bibliotheken, im allgemeinen Bibliotheken der 1. Stufe und schließlich „die Von-Fall-zu-Fall-Teilnehmenden", Kleinstbibliotheken, die nur mittelbar über eine Zwischeninstanz am Leihverkehr teilnehmen konnten. Damit konnten, wie Mues formulierte, „tatsächlich fast jedes Buch für jedermann fast an jeden Ort geholt werden."[29] Neu war die Verpflichtung, auch für die kleineren Bibliotheken, zum Bezug der Kataloge von Sondersammelgebieten und des Zeitschriftenverzeichnisses Nordrhein-Westfalen. Anzumerken ist schließlich, dass der bisherige Regionale Leihring in Angleichung an die Terminologie der Leihverkehrsordnung von 1979 und die Leihverkehrssysteme anderer Bundesländer in Regionaler Leihverkehr Nordrhein-Westfalen umbenannt wurde.

Eine Übersicht über die verschiedenen immer präziser und detaillierter formulierten und dadurch eher komplizierter werdenden Ordnungen und Richtlinien zum Leihverkehr bot ein von Jürgen Heydrich bearbeitetes Sonderheft des „Mitteilungsblatts", das als Hilfe für die Fernleihstellen und Signierdienste der Bibliotheken gedacht war.[30] Es enthielt die „Leihverkehrsordnung für die deutschen Bibliotheken" mit ihren 38 Paragraphen, die „Ausführungsbestimmungen für das Land Nordrhein-Westfalen", die nicht weniger als 14 Seiten beanspruchenden „Erläuterungen zur Leihverkehrsordnung", die „Richtlinien für den Regionalen Leihverkehr Nordrhein-Westfalen", die „Amtliche Leihverkehrsliste des Landes Nordrhein-Westfalen", schließlich die Liste der nur zum Regionalen Leihverkehr zugelassenen bibliothekarischen Einrichtungen und die Sachgruppen der kommunalen Sondersammelgebiete. Angesichts der komplexen Materie ergab sich die Notwendigkeit von Fortbildungsveranstaltungen zu den Neuordnungen im Leihverkehr; sie wurden gemeinsam vom Verband und der Fachhochschule für Bibliotheks- und Dokumentationswesen durchgeführt.

Als ungewöhnlich schwierig erwies sich die Realisierung der Neuorganisation des Leihverkehrs. Durch Erlasse des Kultus- und des Wissenschaftsministeriums war im Zuge der Einführung der neuen Leihverkehrsordnung festge-

29 Erich Mues: Die neuen Richtlinien für den Regionalen Leihverkehr Nordrhein-Westfalen. In: Mbl. 34, 1984, S. 44-50, Zitat S. 50.

30 Leihverkehrsordnung für die deutschen Bibliotheken. Ausg. für NRW. (Stand 1.10.1983). Zsgest. u. bearb. von Jürgen Heydrich. Bonn 1983 (Mbl., Sondernr. 1, Neuausgabe).

legt worden, dass die Grundlagen und Kriterien der Zulassung und der Zuordnung zu Leitbibliotheken neu überdacht und geregelt werden sollten. Eine alte Forderung der Öffentlichen Bibliotheken ging insoweit in Erfüllung, als für die allgemeine Literaturversorgung die Bibliotheken der 2. Stufe die Funktion von Leitbibliotheken übernehmen, die Hochschulbibliotheken für die Spezialbibliotheken zuständig sein sollten.

Die Zuständigkeit für die Realisierung dieser Vorhaben lag zwar beim Zentralkatalog, aber zu beteiligen waren auch der Vorstand des Verbandes, die Benutzungskommission und alle beteiligten bibliothekarischen Einrichtungen, die Leitbibliotheken, die Staatlichen Büchereistellen und die Kirchlichen Fachstellen, dazu noch die Staatsbibliothek Preussischer Kulturbesitz als sigelvergebende Stelle, alles in allem eine personal- und zeitaufwendige Arbeit, die sich über Jahre erstreckte und allen Beteiligten reichlich Verdruss bereitete.

Zündstoff für Auseinandersetzungen gab es genug: Was war zu tun, wenn zwei Bibliotheken am gleichen Ort die Zulassung zum Leihverkehr beantragten, ein Ansinnen, das im Widerspruch zur Leihverkehrsordnung stand, wenn zwei Leitbiblibliotheken in ein- und derselben Stadt existierten; wenn die nun als Leitbibliothek ausgewiesene Bibliothek der 2. Stufe unzureichend mit Bibliographien ausgestattet war, wenn Büchereien wegen zu geringen Leihverkehrsaufkommens aus der Amtlichen Leihverkehrsliste gestrichen werden sollten?

Meinungsverschiedenheiten entstanden bei der Zuweisung von Bibliotheken an eine Leitbibliothek: Alte, oft in Jahrzehnten gewachsene Beziehungen mussten abgebrochen werden; das vermeintliche Prestige der einen oder anderen Bibliothek stand auf dem Spiel. Die Schwierigkeiten, denen sich der Verband gegenübersah, wurden im Rechenschaftsbericht des Vorsitzenden auf der Jahresversammlung 1979 angesprochen. Severin Corsten sagte: „Es ist vor allem die Zuweisung von Bibliotheken zu einer Leitbibliothek, die Probleme schafft. Sie wird durch die neue Leihverkehrsordnung zwingend in vielen Fällen vorgeschrieben, in denen man früher ohne ausgekommen ist. So sieht sich nun auf einmal manche große und in langer Zugehörigkeit zum auswärtigen Leihverkehr bewährte Spezialbibliothek sozusagen entmündigt, indem sie einer Leitbibliothek zugewiesen wird. Andererseits bestehen zwischen manchen Teilnehmern am Leihverkehr alte Partnerschaften, die nun aufgelöst werden müssen, weil die Grundsätze der Raumordnung dazu zwingen. Um die oft schwierigen Entscheidungen durchschaubarer zu machen und sie aus der Sphäre des Zufällig-Subjektiven herauszulösen, hat die Kommission für Benutzungsfragen unseres Verbandes ‚Gesichtspunkte für die Zuordnung zu Leitbibliotheken‘ erarbeitet, die nun den Entscheidungen zugrundegelegt werden. Ich bitte jedoch zu bedenken, dass Konflikte und Kollisionen nicht in jedem Fall vermieden werden können. Sie dürfen aber gewiß sein, meine Damen und Herren, dass jeder Beschluß nur nach sorgfältiger Abwägung aller Gegebenheiten gefaßt wird."[31]

Ein Jahr später, auf der Mitgliederversammlung 1981, musste Corsten in seinem Tätigkeitsbericht wiederum ausführlich auf die Probleme der Neuordnung der Leihverkehrszuständigkeiten eingehen, ein Zeichen, welche wichtige Rolle der Leihverkehr in diesen Jahren in der Verbandsarbeit spielte. Seine Ausführungen zeigen aber auch, welche feinsinnigen Unterscheidungen im Leihverkehr zu dieser Zeit üblich waren. Corsten äußerte sich folgendermaßen: „Heikle Probleme kann in einigen Fällen die Zuweisung von Spezialbibliotheken zu einer Leitbibliothek aufwerfen, die durch die Leihverkehrsordnung zwingend vorgeschrieben ist. Betrifft diese Maßnahme doch mitunter große und um den Leihverkehr sehr verdiente Bibliotheken, deren bibliographische Möglichkeiten auf ihrem Spezialgebiet meistens denen der übrigen Bibliotheken im Lande haushoch überlegen sind. Es ist wichtig zu wissen, dass dem auch Rechnung getragen wird. Ich möchte daher in Erinnerung rufen, dass die Leitbibliotheken nur dann von den Spezialbibliotheken eingeschaltet werden müssen, wenn es sich um Bestellungen handelt, die Titel außerhalb ihres eigentlichen Sammelgebietes betreffen; wenn also, um ein Beispiel zu nennen, die Kekulé-Bibliothek in Leverkusen einen theologischen Traktat des 16. Jahrhunderts bestellen sollte. Da dies nur ganz ausnahmsweise vorkommen dürfte, ist die Unterordnung der Spezialbibliotheken nur von geringer praktischer Bedeutung."[32]

Die als „Generalreinigung" bezeichnete Neuordnung der Leihverkehrszuständigkeiten wurde in der Weise vorgenommen, dass „sozusagen Regierungsbezirk für Regierungsbezirk" bearbeitet wurde.[33] Sie ging nur langsam voran. Besondere Schwierigkeiten bestanden in Ostwestfalen-Lippe, der letzten noch zu bearbeitenden großen Leihverkehrsregion im Lande. Es gab Ende der 80er Jahre wohl kaum eine Mitgliederversammlung, auf der das Problem nicht behandelt worden wäre. So war aus dem Tätigkeitsbericht 1987 des Vorsitzenden Ulrich Moeske zu entnehmen, dass der Zentralkatalog nicht weniger als acht (!) Neuordnungsvorschläge für Ostwestfalen entworfen habe und drei davon in der Benutzungskommission behandelt worden seien. Ein Jahr später, in seinem Tätigkeitsbericht 1988, sprach Moeske recht vorsichtig vom notwendigen „Klärungsbedarf" in Ostwestfalen. Und im Bericht 1990 klagte er über das Prozedere in Leihverkehrsfragen: „Probleme bei der Beschlußfassung über Fragen des regionalen wie deutschen Leihverkehrs haben den Vorstand des

31 Mbl. 31, 1981, S. 81.
32 Mbl. 32, 1982, S. 48.
33 Der Verbandsvorsitzende Severin Corsten im Tätigkeitsbericht 1980, in: Mbl. 31, 1981, S. 81.

Verbandes in jeder Sitzung beschäftigt. Bereits am 18.05.90 hat der Vorstand ... die Absicht erklärt, dafür zu sorgen, dass der Informationsfluß und die Entscheidungsfindung über Leihverkehrsfragen zügiger als bisher ablaufen muss, damit der Verband auch in Zukunft in der Lage ist, seine durch Landesverordnung übertragenen Verpflichtungen zu erfüllen ...“[34]

Mit sichtlicher Erleichterung konnte der Nachfolger Moeskes im Amt des Verbandsvorsitzenden Bernhard Adams in seinem Tätigkeitsbericht 1991 mitteilen: „Die Neuordnung des regionalen Leihverkehrs ist abgeschlossen. Damit ist zum Glück die Zeit vorüber, in der diese Fragen z.T. personalisiert und mit einer Tendenz zu langwieriger Erledigung versehen, zum Verdruß der Mitglieder in jeder Vorstandssitzung breiten Raum beanspruchten und nicht selten nachgehende Aktivitäten verursachten.“ Aber noch einmal, auf der Mitgliederversammlung 1993, kam „Ostwestfalen-Lippe“ zur Sprache, als Adams sagte: „Darüber hinaus möchte ich erwähnen, dass die Neuordnung der Leihverkehrsregion Ostwestfalen-Lippe, seit langem de facto zur vollen Zufriedenheit der beteiligten Bibliotheken praktiziert, nunmehr auch formell so gut wie abgeschlossen ist ... Daß mich der glückliche Ausgang dieser unerquicklichen Affäre mit Genugtuung erfüllt, werden mir die kundigen Thebaner unter Ihnen nachempfinden können.“[35]

Die Schilderung des „Falles Ostwestfalen-Lippe“ mag ein letztes Beispiel sein für die große Bedeutung des Leihverkehrs in der Verbandsarbeit – selbst noch zu Beginn der 90er Jahre. Deutlich wird auch, welcher Anstrengungen es bedurfte, um die Literaturversorgung in Nordrhein-Westfalen durch gegenseitige Hilfe im Leihverkehr sicherzustellen, im Grunde die Folge der unzureichenden Bestände in den örtlichen Bibliotheken.

Allerdings kündigte sich allmählich eine Wende in Fragen des Auswärtigen Leihverkehrs an. Bereits 1990 war durch einen Vorstandsbeschluss die sich vor allem mit Leihverkehrsfragen befassende Benutzungskommission aufgelöst worden, und in den Berichten aus dem Vorstand war von „Normalität“ die Rede. So hieß es im Tätigkeitsbericht 1992 hinsichtlich des Leihverkehrs: „Alle in diesem Zusammenhang aufgetauchten Fragen konnten in angemessener Frist geklärt, alle Anträge zügig erledigt werden.“[36] Nach wie vor hatte der Verband ein entscheidendes Wort bei der Zulassung zum Leihverkehr mitzureden: Beim Überregionalen Leihverkehr hatte er ein Mitspracherecht, beim Regionalen Leihverkehr war er zustimmungspflichtig. Das schwerfällige und vor allem zeitaufwendige Verfahren der Zulassung wurde durch die

[34] Tätigkeitsberichte 1987 (Mbl. 38, 1988. S. 27); 1988 (Mbl. 39, 1989, S. 63); 1990 (Mbl. 41, 1991, S. 39).

[35] Tätigkeitsberichte 1991 (Mbl. 42, 1992, S. 41) und 1993 (Mbl. 44, 1994, S. 91).

[36] So Bernhard Adams im Tätigkeitsbericht 1991, in: Mbl. 43, 1993, S. 74.

Vereinbarung vom 2. November 1995 zwischen Verband und Zentralkatalog vereinfacht.

Bezeichnend für die abnehmende Bedeutung von Leihverkehrsfragen in der Verbandsarbeit ist die Behandlung der neuen Ordnung für den Leihverkehr von 1993 die durch die „Wiedervereinigung“ notwendig geworden war. Im Gegensatz zu früheren, sich über Jahre erstreckenden Diskussionen hieß es im Rechenschaftsbericht des Vorsitzenden Reinhard Brenner für die Jahre 1993/1994 kurz und bündig: „Die ‚Ausführungsbestimmungen und Erläuterungen zur Leihverkehrsordnung des Landes NRW‘ (AuELVONW) wurden diskutiert und einstimmig befürwortet. Verbunden mit dem Dank für die vorzügliche Arbeit hat der Vorstand den Leiter des Zentralkatalogs des Hochschulbibliothekszentrums, Herrn Dr. Heydrich, gebeten, in analoger Weise einen Entwurf zur Überarbeitung der ‚Richtlinien für den regionalen Leihverkehr‘ zu erarbeiten.“[37] Die neuen „Richtlinien für den Regionalen Leihverkehr“ wurden in Heft 3/96 von „ProLibris“ veröffentlicht und traten damit in Kraft; die „Ordnung des Leihverkehrs in der Bundesrepublik Deutschland. Leihverkehrsordnung (LVO)“ mit ihren Ausführungsbestimmungen und Erläuterungen, rechtswirksam geworden durch Veröffentlichung im „Ministerialblatt Nordrhein-Westfalen“ Ende 1995, druckte „ProLibris“ erst in Heft 4/97 mit einer wenige Zeilen umfassenden Einführung von Jürgen Heydrich ab.[38]

Die neuen Bestimmungen dokumentierten den Wandel des Auswärtigen Leihverkehrs, der seit Jahren im Gange war und vor allem dadurch gekennzeichnet ist, dass durch die technische Entwicklung inzwischen neue und neuartige Nachweisinstrumente für die Ermittlung von Literatur zur Verfügung standen, so z.B. die verfilmten Teile des Zentralkatalogs, der Verbundkatalog des Hochschulbibliothekszentrums sowie die überregionalen Bestandsnachweise beim Deutschen Bibliotheksinstitut: die Zeitschriftendatenbank (ZD) und der Verbundkatalog (VK). Die neue Leihverkehrsordnung schrieb deshalb vor, die Möglichkeit von Direktbestellungen mit Hilfe dieser Kataloge bevorzugt zu nutzen. Der ursprünglich standortgebundene, in Zettelform vorliegende Zentralkatalog zur Lenkung des Leihverkehrs und die Leitbibliotheken verloren an Bedeutung. Die Umgestaltung des Auswärtigen Leihverkehrs wird durch die Tatsache dokumentiert, dass heute mehr als 85 % der Bestellungen auf neuere Literatur direkt bei der gebenden Bibliothek eingehen.[39]

37 Mbl. 44, 1994, S. 306.

38 Richtlinien für den Regionalen Leihverkehr Nordrhein-Westfalen (RRLV), abgedr. in: ProLibris 1, 1996, S. 176-177 (H.3, 1996). – Ordnung des Leihverkehrs in der Bundesrepublik Deutschland. Leihverkehrsordnung (LVO). RdErl. des Ministeriums für Stadtentwicklung, Kultur und Sport vom 21.8.1995, abgedr. in: ProLibris 2, 1997, S. 229-238 (H.4, 1997).

39 Jürgen Heydrich: Die Zukunft der Zentralkataloge. In: ProLibris, 3. 1998, S. 28-29.

Allerdings zeigte diese an sich erfreuliche Entwicklung deutlicher als früher „die Diskrepanz zwischen der schnellen bibliographischen Ermittlung der Titel und der sich anschließenden langsamen Beschaffung im Deutschen Leihverkehr", zum Verdruss der Benutzer, die sich schon immer über die lange Laufzeit ihrer Bestellungen beklagt hatten. Bereits im Jahre 1973 hatte eine Umfrage ergeben, dass für 42 % der befragten Fernleihbenutzer die Fernleihbestellung zu spät gekommen war, und zu Beginn der 90er Jahre wurde vermutet, dass der Prozentsatz unzufriedener Benutzer eher noch höher anzusetzen war.[40]

Ein erster Schritt zur beschleunigten Lieferung, zunächst im Bereich der Zeitschriften, ist das in Nordrhein-Westfalen installierte elektronische Bestell- und Liefersystem JASON-NRW (ergänzt durch die Aufsatzdatenbank JADE),[41] das als Vorleistung des Landes in die 1994 gestartete Bund-Länder-Initiative SUBITO[42] zum Aufbau eines effizienten bundesweiten Dokumentenliefersystems galt. Basierend auf dem Zeitschriftenschwerpunktprogramm der Hochschulbibliotheken und von den Universitätsbibliotheken Bielefeld und Dortmund entwickelt, erfolgte im Februar 1995 die landesweite Einführung. Angeboten wurden die elektronische Sofortbestellung von Aufsätzen aus über 40 000 Zeitschriften von EDV-Arbeitsplätzen innerhalb und außerhalb der Hochschulen und die schnelle Lieferung der Artikel wahlweise elektronisch oder konventionell.

Auf der Mitgliederversammlung 1994 wurde das neue Bestell- und Liefersystem für Zeitschriftenartikel zum ersten Mal vorgestellt, auf der Sitzung der „Arbeitsgemeinschaft der Großstadtbibliotheken am 11. Mai 1995 seine Arbeitsweise von Klaus Barckow erläutert. Hier stellte sich die Frage, inwieweit die Öffentlichen Bibliotheken in das Projekt miteinbezogen werden konnten, als neue Möglichkeiten der Kooperation von wissenschaftlichen und Öffentlichen Bibliotheken, mit der sich eine von den Arbeitsgemeinschaften eingesetzte Arbeitsgruppe beschäftigte.

Mit JASON-NRW wurde ein Anfang gemacht für einen grundlegenden Wandel des Leihverkehrs, dessen weitere Entwicklung durch den rasanten Aufbau von elektronischen Dokumentenlieferdiensten hier – da außerhalb der Berichtszeit – nicht mehr behandelt wird. Auf der Jahresversammlung 1996 des Verbandes mit dem Tätigkeitsbericht des Vorsitzenden Reinhard Brenner wur-

[40] Marlene Nagelsmeier-Linke: Beschleunigung der Fernleihe, in: Bibliotheken in alten und neuen Hochschulen, 1993, S. 367.

[41] JASON-NRW = Journal Articles Sent On DemaNd; JADE = Journal Articles DatabasE.

[42] Berichte über SUBITO in: Die Herausforderung der Bibliotheken durch elektronische Medien und neue Organisationsformen (Dt. Bibliothekartag 1995, Göttingen). Hrsg. von Sabine Wefers. Frankfurt a.M. 1996 (ZfBB, Sonderh. 63), S. 67-108.

den einige Themen aus dem Bereich „Auswärtiger Leihverkehr/ Volltext-Bereitstellung durch elektronische Lieferdienste" angedeutet, mit denen sich der Verband, seine Arbeitsgemeinschaften und Kommissionen zu befassen hatten:[43] Weiterentwicklung des elektronischen Zeitschriftenschnellbestellsystems JASON-NRW, insbesondere die Beteiligung der Öffentlichen Bibliotheken, Aufbau von IBIS, dem Internet-basierten Bibliotheksinformationssystem mit der Möglichkeit der elektronischen Fernleihe, Konversion der alten Bibliothekskataloge in die Verbunddatenbank des Hochschulbibliothekszentrums, Entwicklung und Organisation elektronischer Medien („Digitale Bibliothek").

2. *Vom traditionellen Auskunftsdienst zu computergestützten Informationssystemen*

Spätestens die Verabschiedung des „Programms der Bundesregierung zur Förderung der Information und Dokumentation" (IuD-Programm)[44] durch das Bundeskabinett am 17. Dezember 1974 zeigte mit aller Deutlichkeit, dass die wissenschaftlichen Bibliotheken ihre traditionelle Auskunftstätigkeit neu überdenken mussten. Die Universalbibliotheken hatten sich im Gegensatz zu den Spezialbibliotheken im allgemeinen in ihren Auskunftsstellen, auch wenn sie sich etwas anspruchsvoller als „Informationszentren" bezeichneten, auf Auskünfte aus ihren eigenen Beständen beschränkt, auf Beratung an den Katalogen und Ermittlungen am „bibliographischen Apparat". Sachauskünfte waren eher selten und Fachdokumentation und Literaturdienst gehörten bei den Allgemeinbibliotheken „nicht in ihr normales Arbeitsprogramm."[45] Eine neue Dimension ergab sich aus den Fortschritten in der Technologie der Datenverarbeitung und der Datenfernübertragung durch Nutzung von Datenbanken, wie sie im „IuD-Programm" in den Fachinformationszentren (FIZ) vorgesehen waren.

Die neue Entwicklung in den Informationsdienstleistungen und ihre Konsequenzen für die Bibliotheken erläuterte der Bibliotheksreferent des Wissen-

[43] Berichte über die Jahresversammlung 1996 in: ProLibris 1, 1996, S. 250-256; 2, 1997, S. 32-36.

[44] Programm der Bundesregierung zur Förderung der Information und Dokumentation (IuD-Programm) 1974-1977, 1975. – Zur unzureichenden Berücksichtigung der Bibliotheken im IuD-Programm, aber auch zur mangelnden Diskussion in bibliothekarischen Gremien vgl. die Beiträge von Antonius Jammers und Günter Gattermann, in: ZfBB 22, 1975, S. 373-386 und S. 451-463. – Übersicht über die Programme der Bundesregierung zur Fachinformation, in: nfd 49, 1998, S. 211.

[45] Als Beispiel für traditionelle Ansichten: Hermann Fuchs, Bibliotheksverwaltung, Wiesbaden 1963, S. 205. Immerhin bemängelte hier Fuchs: „Die deutschen wissenschaftlichen Bibliotheken stehen auf dem Gebiet der Erschließung und Nutzbarmachungen ihrer eigenen Auskunftstätigkeit noch durchaus in den Anfängen."

schaftsministeriums Antonius Jammers im Jahre 1974, also in jenem Jahr, in dem auch das „IuD-Programm“ nach vier Jahren Planungsphase verabschiedet wurde. Jammers schrieb in einem im „Mitteilungsblatt“ abgedruckten Beitrag: „In wachsendem Umfang werden Veröffentlichungen und Dokumentationsdienste in ‚maschinenlesbarer‘ Form angeboten. Die Möglichkeiten zur Entwicklung von Informations- und Datenbanken und ihre Nutzung durch Datenfernübertragung werden verbessert. Bibliotheken bieten sich als Informationsvermittlungsstellen an. Diese Entwicklung müssen die Hochschulbibliotheken in organisatorischer und technischer Hinsicht Rechnung tragen können.“[46] Jammers wies an anderer Stelle aber auch auf die Schwierigkeiten hin, die sich aus diesen Aufgaben ergeben würden. Sie träfen die Hochschulbibliotheken „in einem kritischen Moment“, und zwar, so Jammers, in zweifacher Hinsicht: „Einerseits nimmt die Inanspruchnahme der Hochschulbibliotheken gerade in letzter Zeit außerordentlich zu; das gilt nicht nur für die Bibliotheken der neuen Hochschulen, sondern auch für die der älteren Universitäten .... Andererseits müssen nach bisher geringen Personalvermehrungen und einschneidenden Arbeitszeitverkürzungen nunmehr auch noch aller Voraussicht nach Mittelkürzungen und Personaleinsparungen verkraftet werden.“[47]

Finanzierungsprobleme der automatisierten Informationsvermittlung standen denn auch zunächst im Vordergrund, als sich die Arbeitsgemeinschaft der Hochschulbibliotheken mit dem Thema beschäftigte und dafür eine spezielle Arbeitsgruppe berief. Von der Sitzung am 23. Oktober 1979 wurde berichtet: Die Gefahr, dass aus den Literaturbeschaffungsmitteln Geld für die Informationsvermittlung abgezogen werde, sei offenbar gebannt, aber es bestehe die Gefahr, dass die Informationsvermittlung als Aufgabe der Hochschulbibliothek überhaupt infrage gestellt werde. Dazu hieß es wörtlich: „Aus dem Dilemma von selbsterkannter Aufgabe und den dafür zu geringen Kräften und Mitteln ergab sich noch keine einheitliche Meinung zur Problemlösung...“[48]

Eine neue Aktualität der Informationsvermittlung ergab sich aus dem 1980 vom Wissenschaftsministerium vorgelegten „Forschungsbericht. Bericht und Leitvorstellungen zur Situation und Entwicklung der Forschung in Nordrhein-Westfalen“.[49] In einer Stellungnahme der Arbeitsgemeinschaft der Hochschulbibliotheken mit dem Titel „Forschung und Literaturversorgung“ wurde be-

[46] Antonius Jammers: Die Hochschulbibliotheken im Umbruch. In: Mbl. 24, 1974, S. 203-208, Zitat S. 207. – Dazu auch: Günter Gattermann: Die Hochschulbibliothek als Informationszentrum, in: Die Hochschulbibliothek, 1978, S. 73-194.

[47] Antonius Jammers: Das „Programm der Bundesregierung zur Förderung der Information und Dokumentation“ und seine Auswirkungen auf die Literaturversorgung. In: ZfBB 22, 1975, S. 373-386, Zitat S. 382 f.

[48] Mbl. 30, 1980, S. 208.

[49] Bericht und Leitvorstellungen (Forschungsbericht), 1980.

mängelt, dass der Forschungsbericht das Bibliothekswesen insgesamt nicht organisch in die Darstellung eingebunden und dadurch nicht ausreichend berücksichtigt habe. In einem zweiten Papier „Informationsvermittlungsstellen an den Hochschulen" bekannte sich die Arbeitsgemeinschaft im Gegensatz zu früheren bibliothekarischen Äußerungen[50] ausdrücklich zur Informationsvermittlung als Aufgabe der Bibliotheken. Gegenüber Dezentralisierungstendenzen im Hochschulbereich, wie sie in den Fachbereichen und Instituten zu beobachten waren, betonte die Arbeitsgemeinschaft: „Als ihrer Struktur nach geeignete Informationsvermittlungsstellen bieten sich in ihrem Bereich die zentralen Hochschulbibliotheken an, die schon bisher zu einem wesentlichen Teil die traditionelle Informationsvermittlung für diese Institutionen und darüber hinaus getragen haben. Sie sehen hierin eine Aufgabe und sind bereit, Verantwortung zu übernehmen." Dieser Anspruch wurde an mehreren Stellen des Papiers wiederholt, so auch in den Schlußbemerkungen, wo es heißt: „Als Standort für Informationsvermittlungsstellen bieten sich auf Grund ihrer allgemeinen Aufgaben sowie aus technischen, personellen und organisatorischen Gründen die zentralen Hochschulbibliotheken an. Im Interesse von Forschung und Lehre werden die zuständigen Stellen der Hochschulen und die Ministerien gebeten, die Bibliotheken bei der Einrichtung von Informationsvermittlungsstellen zu unterstützen."[51]

In den „Empfehlungen" der Arbeitsgemeinschaft waren die technischen und personellen Voraussetzungen und die Kostenfragen angesprochen, Probleme, mit denen sich das Gremium in den folgenden Jahren zu beschäftigen hatte, vor allem nach der Veröffentlichung des Technologieprogramms der Landesregierung, das „informationspolitisch" eine neue Lage geschaffen hatte und die Berufung eines Unterausschusses, des Ausschusses „Informationsvermittlung (online)", erforderlich machte.[52] Die Bemühungen um die Einführung von computergestützten Informationsdiensten an den Hochschulbibliotheken fasste Günter Solle als Vertreter der Ministerien auf der Jahresversammlung des Verbandes 1986 folgendermaßen zusammen: „In beispielhafter Zusammenarbeit zwischen den Hochschulbibliotheken, dem Wissenschaftsministerium und der Deutschen Forschungsgemeinschaft ist es in den letzten knapp zwei

[50] So noch auf der Mitgliederversammlung des Vereins Deutscher Bibliothekare am 6.6.1974 (ZfBB 21, 1974, S. 444).

[51] Informationsvermittlungsstellen an den Hochschulen. Empfehlungen der Arbeitsgemeinschaft der Hochschulbibliotheken des Landes Nordrhein-Westfalen. In: Mbl. 31, 1981, S. 160-174, Zitat S. 166, S. 171. Die Empfehlungen wurden mit Schreiben vom 12.3.1981 dem Ministerium für Wissenschaft und Forschung übermittelt.

[52] Berichte über die Sitzungen der Arbeitsgemeinschaft der Hochschulbibliotheken, insbes. über die Frage der Vermittlungskosten, am 12.11.1984 und am 21.2.1985, in: Mbl. 35, 1985, S. 60 f. und S. 182 f.

Jahren gelungen, an den Universitätsbibliotheken und mehreren Fachhochschulbibliotheken Informationsvermittlungsstellen zu errichten, die für Hochschulangehörige und sonstige Interessenten Online-Literaturrecherchen bei deutschen und ausländischen Literaturdatenbanken durchzuführen. Die Deutsche Forschungsgemeinschaft hat fast allen Hochschulbibliotheken die Datenverarbeitungsgeräte zur Verfügung gestellt. Im Rahmen des Technologie-Programms der Landesregierung sind Mittel für die Inanspruchnahme der Fachinformationszentren vorhanden, in enger Abstimmung mit den Bibliotheken wurde eine praktikable Entgeltregelung in Kraft gesetzt und insbesondere die Bibliotheken haben sich engagiert dieser neuen und schwierigen Aufgabe angenommen. Die Zahl der durchgeführten Recherchen hat sich 1985 insgesamt gegenüber dem Vorjahr mehr als verdreifacht und wird sich voraussichtlich in diesem Jahr gegenüber 1985 noch einmal verdoppeln. Ich glaube sagen zu können, dass sich mit diesen Aktivitäten der Stellenwert der Bibliotheken in den Hochschulen gerade bei den Naturwissenschaftlern, Technikern und Medizinern, nicht uninteressant verändert hat."[53]

Die optimistischen Berichte aus den Ministerien dürfen nicht darüber hinwegtäuschen, dass es in der Praxis der Informationsvermittlungsstellen (IVS) noch eine ganze Reihe von Problemen gab, die auf einer Sondersitzung des Unterausschusses für IuD-Fragen der Arbeitsgemeinschaft der Hochschulbibliotheken, in mehreren Beiträgen des „Mitteilungsblatts" und in den Jahresberichten des Vorstands über die Entwicklung der Informationsvermittlung zur Sprache kamen. Geregelt werden konnte allerdings die Gebührenfrage, wie auf der Jahresversammlung des Verbandes 1988 von Seiten des Wissenschaftsministeriums zu hören war: „In enger Zusammenarbeit zwischen Bibliotheken und Ministerien wurde", so im Bericht, „eine landeseinheitliche Entgeltregelung geschaffen. Die Einnahmen aus den Recherchen verbleiben in den Bibliotheken und stehen für weitere Recherchen zur Verfügung. Das Ministerium hat mit großen Datenbankanbietern kostengünstige Gesamtverträge abgeschlossen. Es übernimmt für die Hochschulen alle Kosten, die bei DIMDI, FIZ Karlsruhe, FIZ-Technik und JURIS anfallen. Mit DATA-STAR werden zur Zeit Verhandlungen geführt. Den Hochschulen bleiben damit nicht nur Kosten erspart, bei ihnen entfällt auch Abrechnungs- und Verwaltungsaufwand, dennoch gibt es leider bei einigen Vermittlungsstellen Wartezeiten."[54]

[53] Mbl. 37, 1987, S. 75.

[54] Antonius Jammers in: Mbl. 39, 1989, S. 38. Vgl. auch unter Berücksichtigung von Nordrhein-Westfalen: Peter Rau: Zur Gebührensituation von Informationsvermittlungsstellen, in: Die gesellschaftspolitische Aufgabe, 1983, S. 183-185.

Umstritten waren die Organisationsform und die personelle Besetzung der Informationsvermittlungsstellen. Während Hans Limburg in seinem „Kölner Modell" den Anspruch des höheren Dienstes, in der Informationsvermittlung allein zuständig zu sein, grundsätzlich in Frage stellte, wurde von anderer Seite die Ansicht vertreten, zu den Aufgaben des Fachreferenten gehöre auch die konventionelle und die Online-Informationsvermittlung.[55] In der Arbeitsgemeinschaft der Hochschulbibliotheken plädierte die Arbeitsgruppe IuD-Fragen für folgendes Unterscheidungskriterium: „Wenn Vermittlung im Beisein des Wissenschaftlers: Gehobener, wenn ohne ihn: Höherer Dienst."[56] Aus dem Jahresbericht „Online-Informationsvermittlung 1988 in Nordrhein-Westfalen" war jedoch zu entnehmen, dass sich beim IVS-Personal der langsame Trend zur Einbeziehung des gehobenen Dienstes fortsetze, und 1988 in jeder zweiten Universitätsbibliothek der gehobene Dienst an der Arbeit der Informationsvermittlungstelle zumindest beteiligt sei. Die Organisationsform reichte vom Modell des „IuD-Koordinators", der auch für die Schulung der Fachreferenten zuständig war, bis zur Dezentralisierung der Informationsvermittlung: mehr oder minder Auflösung der IVS als Organisationseinheit und Verteilung der Informationsvermittlung auf die einzelnen Fachreferenten in ihren Diensträumen („Die IVS ist tot – es lebe das ‚automatisierte' Fachreferat").[57]

Im Jahr 1988 hatte jede Universitätsbibliothek und eine Reihe von Fachhochschulbibliotheken eine Informationsvermittlungsstelle eingerichtet. Die Zahl der Online-Recherchen verdreifachte sich in den Jahren 1985 bis 1988. Über 16 000 Recherchen wurden durchgeführt, davon rd. 10 000 in Universitätsbibliotheken. Benutzer waren etwa zur Hälfte Studenten und im übrigen vor allem wissenschaftliche Mitarbeiter, Assistenten und Professoren.

Die zweistelligen Zuwachsraten waren nicht von Dauer. Im Jahre 1990 war bei den zentralen Informationsvermittlungsstellen der wissenschaftlichen Hochschulen eine Konsolidierung, ja ein, wenn auch geringer Rückgang der

[55] Hans Limburg: Informationsvermittlung – eine Domäne des höheren Dienstes. In: Mbl. 36, 1986, S. 187-191; Barbara Schneider-Eßlinger u.a.: Informationsvermittlung – wessen Aufgabe? In: Mbl. 37, 1987, S. 480-481.

[56] Sitzung am 1.7.1987, in: Mbl. 37, 1987, S. 473.

[57] Die große Bedeutung der Informationsvermittlungsstellen in der Arbeit der Hochschulbibliotheken dokumentieren zahlreiche Beiträge im „Mitteilungsblatt": Rütger Schäfer: Die IVS ist tot – es lebe das „automatisierte" Fachreferat. In: Mbl. 39, 1989. S. 460-461. Vom gleichen Verfasser die Berichte über die Entwicklung der Online-Informationsvermittlung in Nordrhein-Westfalen, in: Mbl. 36, 1986, S. 108-111; 37, 1987, S. 194-197; 38, 1988, S. 211-216; 39, 1989, S. 325-331; 40, 1990, S. 227-235. – Über die „Sondersitzung im erweiterten Kreis" des IuD-Ausschusses der Arbeitsgemeinschaft am 23.1.1986 ausführlich: Robert Klitzke: Informationsvermittlung an Hochschulen. In: Mbl. 36, 1986, S. 104-107.

Recherchen zu konstatieren. Zwei Gründe wurden angeführt: einmal die Tendenz zur Dezentralisierung, d.h. die Installierung von Datenbankanschlüssen bei Instituten und Kliniken, um die für ihre Tätigkeit erforderlichen Informationen schneller verfügbar zu haben, zum anderen der verstärkte Einsatz eines neuen Mediums: von CD-ROM. Online-Recherchen in externen Datenbanken wurden in zunehmendem Maße ergänzt und ersetzt durch CD-ROM-Recherchen, die weitgehend selbständig und unentgeltlich, aber auch ohne die bei Online-Recherchen üblichen und deshalb auch kritisierten Wartezeiten.[58]

Wieder war die Arbeitsgemeinschaft der Hochschulbibliotheken gefordert. Sie beschäftigte sich 1991 mit dem vom Ministerium für Wissenschaft und Forschung initiierten Programm „CD-ROM-Mehrplatzsysteme". Durch eine Arbeitsgruppe wurden Auswahlkriterien festgelegt, eine zentrale Ausschreibung vorgenommen und Vorgaben für eine zentrale Beschaffung der CD-ROM-Server und der erforderlichen Software durch die Universitätsbibliothek Bielefeld erarbeitet. Die Ausstattung erfolgte für alle wissenschaftlichen Hochschulbibliotheken und ausgewählte Fachhochschulbibliotheken durch Sondermittel des Wissenschaftsministeriums. Damit übernahm Nordrhein-Westfalen eine Vorreiterrolle, die auch außerhalb des Landes Beachtung fand, so in der Veröffentlichung des Deutschen Bibliotheksverbandes „Die wissenschaftliche Bibliothek", wo es im Zusammenhang mit CD-ROM hieß: „Hierfür sind in Nordrhein-Westfalen 1991 erstmals in einem Lande flächendeckend die notwendigen Grundinvestitionen in die Technik erfolgt."[59] Im Jahre 1995 waren, so wurde auf der Jahresversammlung des Verbandes berichtet, in allen Hochschulbibliotheken CD-ROM-Netzwerke installiert, und es gab inzwischen Hochschulbibliotheken mit mehr als 60 PC-Arbeitsplätzen für Benutzer, die den Zugriff auf 100 CD-ROMs erlaubten.[60]

Im Gegensatz zu den wissenschaftlichen Bibliotheken, wo die Auskunftserteilung, auch wenn sie sich auf bibliographische Recherchen und Katalogauskünfte beschränkte, eine lange Tradition hatte, blieb der Auskunftsdienst in den Öffentlichen Bibliotheken bis zur Gegenwart ein „Sorgenkind."[61] Zwar war in den 60er und 70er Jahren viel vom Wandel der Öffentlichen Bücherei zur Informationsbibliothek die Rede, aber nur in vergleichsweise wenigen Großstadtbibliotheken, vor allem in Nordrhein-Westfalen dank den Bemü-

[58] Antonius Jammers, Michael Vetten: Online-Informationsvermittlung 1990 an den Hochschulen des Landes Nordrhein-Westfalen. In: Mbl. 41, 1991, S. 417-421, hier S. 417, 420.

[59] Wissenschaftliche Bibliothek, 1993, S. 59.

[60] Brigitte Galsterer als Vertreterin der Ministerien auf der Jahresversammlung 1995, in: ProLibris 1, 1996, S. 18.

[61] Gerhard Thorn: Jeder hat Fragen – Bibliotheken haben Antworten. Der Auskunftsdienst der Stadtbibliothek Wuppertal. In: BuB 50, 1998, S. 226-229, Zitat S. 226. – Zur „Informationsmittel-Kommission" vgl. Kapitel IV, 1 (Bibliotheken 2. Stufe).

hungen des Verbandes und seiner „Informationsmittel-Kommission", kam es zu ausgebauten Informationsabteilungen, zu einem Auskunftsdienst, der dem Reference-Service der anglo-amerikanischen Public Library nahekam. Hans-Peter Thun, einer der Vorkämpfer für den Auskunftsdienst in Öffentlichen Bibliotheken, fasste die Situation 1995 wie folgt zusammen: „So ist denn die durchschnittliche deutsche Öffentliche Bibliothek heute auch dort, wo sie sich modern präsentiert, weit entfernt von einer Reference-Library, die im Bewußtsein ihrer Benutzer als Informationszentrum verankert ist, und präsentiert sich dementsprechend in der Regel als Ausleihbibliothek mit einem verhältnismäßig kleinen Bestand an Präsenz- und Informationsbeständen. Die Öffentliche Bibliothek ist nur in Ausnahmefällen ein Element in der Informationsversorgung der jeweiligen Region. Es gibt Ausnahmen, aber es sind wirklich Ausnahmen."[62]

Angesichts der aus historischen Gründen z.T. erklärbaren Zurückhaltung gegenüber der konventionellen Auskunftstätigkeit ist es gewiss nicht erstaunlich, dass die Informationstechnologie bei den Öffentlichen Bibliotheken zumeist keine oder doch nur eine geringe Rolle spielte. Andreas Anderhub (Berlin) musste auf dem Bibliothekskongress 1983 jedenfalls feststellen: „An deutschen Öffentlichen Bibliotheken gibt es zur Zeit keine Informationsvermittlungsstelle für EDV-gestützte Dienste zum Nachweis von Fachinformation. Auch sind die dringend benötigten Projekte nicht in Sicht, die uns Aussagen darüber liefern sollen, ob und in welchen Bereichen Informationsvermittlungsstellen zu Recht in Öffentlichen Bibliotheken einen Platz beanspruchen können."[63] Und auf der Jahrestagung des Vereins der Bibliothekare an Öffentlichen Bibliotheken 1984 in Gütersloh war zu hören, dass das Problem der Informationsvermittlungsfunktion unter Einsatz neuer Medien „von den Öffentlichen Bibliotheken bislang im großen und ganzen souverän ignoriert" werde.[64]

Es gab, wie gesagt, Ausnahmen, z.B. in einigen Großstadtbibliotheken Nordrhein-Westfalens, so in Köln, Wuppertal oder Düsseldorf, aber erst das Förderprogramm des Kultusministeriums „Neue Technologien in Öffentlichen Bibliotheken" von 1990 bot die Chance für den Einzug moderner Informationstechnologie in den Öffentlichen Bibliotheken des Landes Nordrhein-Westfalen. Als Ziele wurden genannt: „Der Einsatz neuer Technologien dient vor allem dazu, den Teilaspekt ‚Information' aus dem Aufgabenkatalog der Öffentlichen Bibliotheken zu modernisieren und zu verbessern, ferner die Bi-

[62] Hans-Peter Thun: Einführung in das Bibliothekswesen, 1995, S. 12.

[63] Andreas Anderhub: Gebühren von Informationsvermittlungsstellen, in: Die gesellschaftspolitische Aufgabe, 1983, S. 186.

[64] Brigitte Galsterer: Einsatzmöglichkeiten neuer Medien in Öffentlichen Bibliotheken. Die Bibliothek als Informationsvermittlungsstelle. In: BuB 36, 1984, S. 577-585, Zitat S. 578.

bliothek von Routinearbeiten zu entlasten und so Freiräume für moderne Bibliotheksarbeit zu schaffen. Der Einsatz neuer Technologien soll ferner zur Imageverbesserung der Öffentlichen Bibliotheken beitragen."[65]

Das in enger Zusammenarbeit mit den Unterhaltsträgern der Bibliotheken entwickelte Programm mit einer 50-prozentigen Beteiligung des Landes an den Kosten sah folgende Anwendungen vor: Telefax für alle Bibliotheken, Btx für ca. 27 Mittelpunktbibliotheken für Schnellauskünfte und CD-ROM für 16 Leitbibliotheken zur Verbesserung des Auskunftsdienstes, der Titelermittlung und der Ermittlung von Literatur zu Sachfragen und bei der Einbeziehung von Faktendatenbanken auf CD-ROM auch für komplizierte Sachrecherchen. Ein viertes Angebot, Homecomputer für Benutzer in acht kleineren Bibliotheken, sollte der „Imageverbesserung der Bibliothek bei der jüngeren Generation" dienen, „neue Kunden gewinnen und insbesondere Jugendliche eher für längere Zeit als Leser halten."[66]

Das als Modell konzipierte Projekt war Thema auf den Sitzungen der die Öffentlichen Bibliotheken betreffenden Arbeitsgemeinschaften des Verbandes, vor allem in den Arbeitsgemeinschaften der Mittelstädte. Im Jahre 1991 hatten mehr als 50 kommunale Bibliotheken, darunter alle Großstädte und zahlreiche Mittelstädte von dem Angebot Gebrauch gemacht, die nötigen Eigenmittel zur Verfügung gestellt und Schulungen der Mitarbeiter durchgeführt. In einem Erfahrungsbericht wurden vor allem zwei Angebote des Technologie-Programms positiv beurteilt: Uneingeschränktes Lob gab es für das CD-ROM-Gerät auf PC-Basis mit Drucker, das für Benutzerauskünfte, Buchbestellungen, Leihverkehr „nicht mehr wegzudenken" war. Große Akzeptanz fand in einigen Bibliotheken der Einsatz von Computern für die Benutzer. Die Geräte fanden, so der Bericht, „besonders bei jungen Leuten begeisterte Zustimmung. Einführung und Betreuung durch die Bibliothek haben sich als wichtig erwiesen; zahlreiche neue Besucher wurden für die Bibliothek gewonnen."[67]

Mit der Installation der Geräte war es nicht getan. Das wachsende Angebot an CD-ROMs und die zunehmende Nachfrage bei entsprechender Werbung verlangte nach Lösungen in der Marktsichtung, Einarbeitung und Ausleihe des neuen Bibliotheksmediums. Die Arbeitsgemeinschaft der Großstadtbibliotheken beschäftigte sich auf mehreren Sitzungen des Jahres 1995 mit diesen Fragen, im Dezember 1994 mit der Zusammenführung der verschiedenen Ansätze

[65] Technologieförderung öffentlicher Bibliotheken in Nordrhein-Westfalen. In: Mbl. 40, 1990, S. 263-268, Zitat S. 263.

[66] Mbl. 40, 1990, S. 267. – Vgl. auch Heike Regier: Neue Technologien, in: Wissenschaftliche Bibliotheken, 1992.

[67] Günter Solle: Der „Minister" arbeitet in Bibliotheken. In: BuB 43, 1991, S. 829.

zu einer Marktsichtung, ggf. die Einbeziehung von CD-ROM in die Lektoratskooperation oder im Mai 1995 mit der Ausleihe von CD-ROMs. Die Arbeitsgemeinschaft berief eine „Arbeitsgruppe CD-ROM“ und ihre Projektfindungskommission zählte zu den zu fördernden Vorhaben die (Teil-) Finanzierung einer „CD-ROM-Grundausstattung für Öffentliche Bibliotheken“.[68] Ähnliche Kooperationsprojekte für CD-ROM entwickelten sich im regionalen Bereich, so mit dem Landesprojekt „Multimediale Informationsversorgung in den Bibliotheken am Niederrhein“, eine Initiative der Staatlichen Büchereistelle Düsseldorf.[69]

Die rasante Entwicklung der modernen Informations- und Kommunikationssysteme, in deren Zentrum als technische Plattform das Internet steht, wird entsprechend der Begrenzung der Arbeit auf das Jahr 1995 nicht mehr behandelt. Auf der Verbandstagung dieses Jahres kam erstmals das Internet und die Möglichkeiten seiner Einbeziehung in die Bibliotheksarbeit zur Sprache, und im gleichen Jahr wurden zwei Projekte zum Einsatz von Internet zur Informationsvermittlung vorgelegt: die Konzeption eines künftigen Internet-basierten Informationssystems (IBIS) an den Hochschulbibliotheken und das Förderprogramm „Regionale Vernetzung und Informationsvermittlung in Öffentlichen Bibliotheken (ÖB-Online-NRW)“.[70]

[68] Tätigkeitsbericht 1994/95 des Verbandsvorsitzenden Reinhard Brenner, in: ProLibris 1, 1996, S. 31.

[69] Petra Büning u.a.; in: ProLibris 2, 1997, S. 205-207.

[70] Zukunftsvisionen für Hochschulbibliotheken Internet-basiertes Informationssystem. Arbeitsgemeinschaft der Hochschulbibliotheken ... In: ProLibris 1, 1996, S. 34-39; Regionale Vernetzung und Informationsvermittlung in Öffentlichen Bibliotheken (ÖB-Online-NRW). Ein Förderprogramm des Ministeriums für Stadtentwicklung, Kultur und Sport. In: ProLibris 1, 1996, S. 46-47.

XI. Landesbibliothekarische Aufgaben in Nordrhein-Westfalen

1. Stationen auf dem Weg zur „kooperativen Landesbibliothek“

Im April 1989 hatte der engere Vorstand des Verbandes der Bibliotheken des Landes Nordrhein-Westfalen Gelegenheit zu einem Gespräch mit der „Kulturfraktion“ der SPD im Landtag. Dabei wurde vom Kulturpolitischen Sprecher der Fraktion Eugen Gerritz ein Thema aufgegriffen, mit dem sich der Verband seit seiner Gründung immer wieder beschäftigt hatte: mit dem Problem der landesbibliothekarischen Aufgaben in Nordrhein-Westfalen, sei es mit der Grundsatzfrage einer selbständigen Landes- oder Staatsbibliothek, die in Nordrhein-Westfalen aus historischen Gründen fehlte, sei es mit Teilfunktionen einer solchen Bibliothek.

Nun gab es durchaus Ansätze zu einer Landesbibliothek, so durch das „Pflichtexemplarrecht“ von 1824 für die Universitätsbibliotheken Bonn und Münster, erneut gesetzlich geregelt durch das „Landespressegesetz Nordrhein-Westfalen“ vom 24.5.1966,[1] oder durch die Regelungen zur „Ablieferung amtlicher Drucksachen an Öffentliche Bibliotheken“ vom 18.7.1967.[2] – „Nicht zuletzt wegen Fehlens echter Landesbibliotheken“[3] kam es dank von Initiativen des Verbandes zur Gründung des Sondersammelgebietsprogramms der kommunalen Bibliotheken und des Kommunalen bzw. Regionalen Leihverkehrs. Teilfunktionen einer Landesbibliothek übernahmen auch der Zentralkatalog als Einrichtung des Landes und eine Reihe von Bibliotheken, so die Universitätsbibliotheken in Bonn, Köln und Münster, die wissenschaftlichen Stadtbibliotheken in Aachen, Essen und Wuppertal, und die mit dem Ehrentitel „Landesbibliothek“ versehenen städtischen Bibliotheken in Dortmund und Düsseldorf, sowie die vom Landesverband Lippe unterhaltene Lippische Landesbibliothek in Detmold.

Landesbibliothek und bibliothekarische Regionalplanung: die Diskussion in den 60er und 70er Jahren

Ein neuer Abschnitt in der Diskussion um eine Landesbibliothek begann Mitte der 60er Jahre, als verschiedene Gutachten und Empfehlungen zum Biblio-

[1] Pressegesetz für das Land Nordrhein-Westfalen (Landespressegesetz NW) vom 24.5.1966. Teilabdr. in: Mbl. 16, 1966, S. 195 f.

[2] Ablieferung amtlicher Drucksachen an Öffentliche Bibliotheken, abgedr. in: Mbl. 17, 1967, S. 290 f.

[3] Werner Krieg: Landesbibliotheksaufgaben, 1979, S. 30.

thekswesen und erste Entwürfe zur bibliothekarischen Regionalplanung vorgelegt wurden. So empfahl der Wissenschaftsrat (1964) „auch außerhalb der Hochschulen bibliothekarische Schwerpunkte" mit wissenschaftlicher Literatur:[4] für Nordrhein-Westfalen in Aachen, Detmold, Dortmund, Düsseldorf, Essen und Wuppertal. Im „Bibliotheksplan I" (1969) mit seinem drei-stufigen Bibliothekssystem fungierten die bisher als Landesbibliotheken bezeichneten Institute als Bibliotheken der 3. Stufe.[5] Bezogen auf Nordrhein-Westfalen schien nach der persönlichen Meinung des Verbandsvorsitzenden Werner Krieg „der gegebene Weg", „... die beiden Bibliotheken in Dortmund und Düsseldorf, die schon den Begriff ‚Landesbibliothek' in ihrem Namen tragen, dazu vielleicht die Landesbibliothek Detmold durch angemessene finanzielle Beteiligung des Landes zu wirklichen Landesbibliotheken für Westfalen und das Rheinland auszubauen."[6] In ähnlichem Sinne äußerte sich die Arbeitsgemeinschaft der Großstadtbüchereien des Verbandes auf ihrer Sitzung in Witten am 6. März 1969. In einer Entschließung für den Vorstand zur Weiterleitung an die zuständige Stelle („Wittener Resolution") wurde empfohlen, die Landes- und Stadtbibliothek Düsseldorf, die Stadt- und Landesbibliothek Dortmund und die Lippische Landesbibliothek in Detmold zu echten Landesbibliotheken auszubauen.[7]

Diese Konzeption , die Hans Moritz Meyer auch auf der Jahresversammlung des Verbandes 1969 mit dem Thema „Landesbibliothek" vertrat, stand freilich von Anfang an auf schwachen Füßen.[8] Das Land war nicht bereit, für den Ausbau dieser Bibliotheken weitere Verpflichtungen zu übernehmen; es setzte vielmehr durch die Gründung neuer Hochschulen mit den entsprechenden Bibliotheken andere Akzente in der Bibliothekspolitik. Auch waren die „alten" Universitätsbibliotheken wenig geneigt, ihre traditionellen außeruniversitären landesbibliothekarischen Funktionen aufzugeben. Auf der anderen Seite sahen sich die Städte, wie an anderer Stelle ausgeführt,[9] nicht in der Lage, angesichts der Finanzkrise ihre wissenschaftlichen Stadtbibliotheken auszubauen. Im Gegenteil: 1970 wurde die Landes- und Stadtbibliothek Düsseldorf als Grundstock der neuen Universitätsbibliothek vom Land übernommen, und auch in Dortmund gab es ähnliche Überlegungen, Tendenzen, die sich nicht auf Nordrhein-Westfalen beschränkten. Mit dem Wegfall von Düsseldorf aber war das zeitweise auch vom Verband unterstützte Modell einer

[4] Empfehlungen Wissenschaftsrat, 1964, S. 24.

[5] Bibliotheksplan I, 1969, S. 19 f.

[6] Werner Krieg im Tätigkeitsbericht 1968, in: Mbl. 19, 1969, S. 10.

[7] Mbl. 19, 1969, S. 217.

[8] Hans Moritz Meyer: Die Landesbibliothek und ihre Aufgaben im Bibliothekssystem des Landes. In: Mbl. 20, 1970, S. 16-31, hier S. 29.

[9] Vgl. Kap. VII, 1.

flächendeckenden Einrichtung von drei kooperierenden Landesbibliotheken in Nordrhein-Westfalen zunächst gescheitert.

Angesichts dieser Entwicklung mussten sich die 1973 vorgelegten „Empfehlungen zum Ausbau des Bibliothekswesens in Nordrhein-Westfalen" mit dem Hinweis begnügen, dass es in Nordrhein-Westfalen keine Staatsbibliothek gebe, dass vielmehr die landesbibliothekarischen Aufgaben von anderen Bibliotheken, insbesondere von den Universitätsbibliotheken Bonn und Münster, wahrgenommen würden.[10] Ähnliche Aussagen finden sich auch im „Arbeitsentwurf" des Verbandes zu einem „Gesetz zur Förderung des Öffentlichen Bibliothekswesens" vom 1.1.1976, wobei allerdings die Aufgaben der Universitätsbibliotheken Bonn und Münster, ausgehend vom Pflichtexemplarrecht, etwas konkreter gefasst waren und ihnen auch die Bezeichnung „Universitäts- und Landesbibliothek" zugeschrieben wurde: u.a. die Sammlung des landeskundlichen Schrifttums und die Erstellung landeskundlicher Bibliographien, die Sammlung und Erschließung von Nachlässen von Persönlichkeiten, die in besonderer Beziehung zu ihrer Region stehen, die Betreuung und Hilfeleistung bei der Erschließung von historischen Buchbeständen.[11]

Einen vorläufigen Abschluss der Diskussion, an der sich Hartwig Lohse, Werner Krieg, Hans Moritz Meyer und Heinz Martin Werhahn beteiligten und die sich hauptsächlich im „Mitteilungsblatt" abspielte,[12] bildete das im Auftrag des Kultusministers 1979 vorgelegte Gutachten von Werner Krieg „Landesbibliotheksaufgaben in Nordrhein-Westfalen".[13] Ausgehend von den historisch gewachsenen Strukturen im Lande und basierend auf dem „Strukturplan" von 1973 definierte Krieg die landesbibliothekarischen Aufgaben und analysierte – für Rheinland und Westfalen getrennt – die damalige Situation. Als Ergebnis empfahl er eine kooperative Lösung, also die Zuweisung landesbibliothekarischer Aufgaben auf mehrere Bibliotheken, wobei er einen Schwerpunkt auf die beiden „Pflichtexemplarbibliotheken" Bonn und Münster legte, aber auch andere Bibliotheken miteinbezogen wissen wollte, vor allem die Lippische Landesbibliothek und die Stadt- und Landesbiblio-

10 Empfehlungen Nordrhein-Westfalen, 1973, S. 222. Vgl. Kap. I („Bibliotheksentwicklungsplan").

11 Mbl. 28, 1978, S. 372 f.

12 Im Mbl. 23, 1973 wurden veröffentlicht: Hartwig Lohse: Braucht das Land Nordrhein-Westfalen eine neue Landesbibliothek? (S. 123-127); Werner Krieg: Überlegungen zu dem Problem Landesbibliothek für das Land Nordrhein-Westfalen (S. 338-344); Hans Moritz Meyer: „Es sollte gehandelt werden" (S. 344-350). – Des weiteren Heinz Martin Werhahn: Zur Diskussion über die landesbibliothekarischen Aufgaben in Nordrhein-Westfalen. In: Mbl. 27, 1977, S. 121-126. – Vgl. auch Werner Krieg: Bemerkungen zur Struktur, in: Stadtbibliothek, 1975, S. 35-44.

13 Werner Krieg: Landesbibliotheksaufgaben, 1979.

thek Dortmund, die Krieg wohl gerne weiterhin mit Teilaufgaben, z.B. in der Bearbeitung der Westfälischen Bibliographie, betraut hätte.[14]

Wurden mit dem Gutachten von Krieg eine Gesamtlösung der Landesbibliotheksfrage zur Diskussion gestellt, so rückten in den 80er Jahren Teilfunktionen einer Landesbibliothek in den Vordergrund, wie die Sammlung von Literarischen Nachlässen, die Erstellung einer Nordrhein-Westfälischen Bibliographie oder die Gründung eines Speichermagazins.

Literarische Nachlässe – Nordrhein-Westfälische Bibliographie

Als im Jahr 1971 bekannt wurde, dass Manuskripte und Briefe Heinrich Bölls einer amerikanischen Universität zugesagt worden waren, setzte in Presse und Rundfunk eine lebhafte Diskussion über die Sammlung von Literarischen Nachlässen in Nordrhein-Westfalen ein. Es kam zu einer Kleinen Anfrage im Landtag, der Städtetag Nordrhein-Westfalen versuchte sich ein Bild über Pflege und Ausbau literarischer Archive zu machen und auch der VBNW beschäftigte sich auf der Jahresversammlung 1975 im Rahmen des Themas „Informationsversorgung vor Ort“ mit dem Problemfeld „Bibliothek und Archiv“.[15]

Die lebhafte Diskussion in der Öffentlichkeit veranlasste die Landesregierung zu einer Überprüfung der „Kernfrage“: „Was kann getan werden, um Manuskripte und Nachlässe der in Nordrhein-Westfalen ansässigen Autoren möglichst noch bei ihren Lebzeiten zu sichern und zu sammeln.“[16] Im Auftrag des Kultusministers erfolgte eine Erhebung und ein Gutachten, das Johannes Rogalla von Bieberstein im Jahre 1979 vorlegte.[17] Das Gutachten sprach sich grundsätzlich für regionale Zentren für die Aufbewahrung aus, und eine vom Kultusministerium einberufene Arbeitsgemeinschaft der sammelnden Institute diskutierte auf ihrer Sitzung am 12. März 1980 u.a. Fragen der Zuständigkeit, der Personalbesetzung, der Erschließung und des Nachweises der gesammelten Nachlässe.[18]

Die verschiedenen Gutachten und Empfehlungen wiesen allerdings auf eine wichtige Einschränkung hin, nämlich auf die Tatsache, dass Nachlässe „als frei verfügbares Eigentum dem Willen des Erblassers oder seiner Erben unterlie-

[14] Günter Pflug: Besprechung von Werner Krieg: Landesbibliotheksaufgaben, in: Mbl. 29, 1979, S. 430-434.

[15] Johannes Rogalla von Bieberstein: Informationsversorgung vor Ort: Bibliothek und Archiv. In: Mbl. 26, 1976, S. 21-31.

[16] Kleine Anfrage 1416 vom 22. April 1974 und Antwort der Landesregierung vom 14. Juni 1974, in: Mbl. 25,1975, S. 171-174, Zitat S. 173.

[17] Johannes Rogalla von Bieberstein: Literarische Nachlässe, 1979.

[18] Günter Solle: Zur Sammlung von Nachlässen im Lande Nordrhein-Westfalen. In: Mbl. 30, 1980, S. 319-321.

gen",[19] auf das freie Spiel der Kräfte, das durch staatliche Regelungen nicht eingeengt werden könne.

Bei den Untersuchungen, die sich mit der Landesbibliothek und deren Aufgaben befassten, wurde stets an erster Stelle die Sammlung und Erschließung der Regionalliteratur genannt. Krieg hatte in seinem Gutachten die bibliographische Situation im Lande ausführlich beschrieben und Vorschläge unterbreitet, die auf zwei Bibliographien in Nordrhein-Westfalen hinausliefen, für das Rheinland, wo es noch keine bibliographische Erschließung gab, und für Westfalen, wo die Westfälische Bibliographie in Dortmund und die Lippische Jahresbibliographie in Detmold bearbeitet wurde.

Das von Bertram Haller (Münster) im Auftrag des Kultusministers im April 1981 vorgelegte Gutachten „Die nordrhein-westfälische Bibliographie. Überlegungen zur Möglichkeit einer Regionalbibliographie für das Land Nordrhein-Westfalen"[20] sprach sich – analog zur Entwicklung in den übrigen Bundesländern – für eine einheitliche Landesbibliographie für ganz Nordrhein-Westfalen aus. Damit sollte die letzte verbliebene Lücke in der regionalen Berichterstattung in der Bundesrepublik geschlossen werden. Haller sah wie frühere Planungen eine kooperative Lösung vor: die Verteilung der bibliographischen Ermittlung auf verschiedene Bibliotheken mit der Zuständigkeit für einzelne Regierungsbezirke im Landesteil Westfalen, für Kreise und kreisfreie Städte im Landesteil Rheinland. Sitz der Zentralredaktion und Standort der Datenverarbeitung sollte Münster sein.

Die seit Dezember 1981 tätige Arbeitsgruppe „Landesbibliotheksaufgaben" kam zu einer anderen Lösung: unter Beteiligung weiterer Bibliotheken Verzeichnung des Schrifttums aus Westfalen bei der Universitätsbibliothek Münster, aus dem Rheinland bei der Universitätsbibliothek Düsseldorf, Verarbeitung der Daten im Hochschulbibliothekszentrum Köln. Der 1. Band der jährlich erscheinenden „Nordrhein-Westfälischen Bibliographie" wurde 1984 mit der Berichtszeit 1983 vorgelegt.[21] Die seit 1954 (Berichtszeit ab 1945) in der Stadt- und Landesbibliothek Dortmund erarbeitete Westfälische Bibliographie stellte konsequenterweise mit Band 28 (1984, Berichtszeit 1982) ihr Erscheinen ein.

[19] Empfehlung der Kultusministerkonferenz für das Sammeln von Nachlässen in Bibliotheken und Literaturarchiven und ähnlichen Einrichtungen vom 14.9.1979, abgedr. in: Mbl. 29, 1979, S. 405-407, Zitat S. 405.

[20] Mbl. 32, 1982, S. 107-142.

[21] Nordrhein-Westfälische Bibliographie. Hrsg. von den Universitätsbibliotheken Düsseldorf und Münster in Zusammenarbeit mit dem Hochschulbibliothekszentrum des Landes Nordrhein-Westfalen in Köln. Bd. 1. 1983. Düsseldorf 1984. – Zusammenfassend: Roswitha Poll: Nordrhein-Westfälische Bibliographie, in: Bücher für die Wissenschaft, 1994, S. 419-430.

Grenzen des Wachstums: das Speichermagazin und die „Empfehlungen des Wissenschaftsrates zum Magazinbedarf"

Beschränkten sich Fragen der Literarischen Nachlässe und der Regionalbibliographie auf vergleichsweise wenige Bibliotheken, so gab es Anfang der 80er Jahre ein anderes, sowohl die wissenschaftlichen als auch die Öffentlichen Bibliotheken tangierendes Thema, das mit den Landesbibliotheksaufgaben eng verbunden ist: die Abgabe von Bibliotheksgut an ein zentrales Speichermagazin. Als Folge der Finanzkrise rückten Erweiterungsbauten für Bibliotheken in weite Ferne; Probleme der Bestandsbegrenzung und der Aussonderung von Literatur, bislang in wissenschaftlichen Bibliotheken kaum diskutiert, kamen nun auf die Tagesordnung.

Die Initiative zur Errichtung eines Speichermagazins ging von den Öffentlichen Bibliotheken aus. Während in der Arbeitsgemeinschaft der Hochschulbibliotheken noch 1978 festgestellt wurde, dass die Auslagerung größerer Bestände in eine Speicherbibliothek nicht aktuell sei,[22] drängten die Öffentlichen Bibliotheken, insbesondere die Bibliotheken mit Sondersammelgebieten, auf die Gründung einer Depotbibliothek. Schon 1960 war in der Arbeitsgemeinschaft der Großstadtbüchereien die Frage der Magazinierung älterer Bestände diskutiert worden,[23] und im „Strukturplan" von 1973 stand als Forderung die Einrichtung von Depotbibliotheken zur „zentralen Aufbewahrung ausgesonderter und ausgelagerter Bestände der Öffentlichen Bibliotheken und der Hochschulbibliotheken".[24] Bei der Revision des Sondersammelgebietsprogramms im Jahr 1976 wurde das Thema wieder aufgegriffen, wenn es in dem Papier hieß: „Es wäre gut, wenn die Gemeinschaft der SSG-Bibliotheken nicht nachließe, mit Nachdruck die schon oft erhobene Forderung nach einer zentralen Depotbibliothek zu unterstützen, auch wenn sich das hier in erster Linie angesprochene Wissenschaftsministerium selbst konkreten Angeboten gegenüber noch verschlossen gezeigt hat."[25]

Anfang der 80er Jahre kam Bewegung in der Frage einer Speicherbibliothek. Der Minister für Wissenschaft und Forschung Hans Schwier deutete die Richtung an, als er auf der gemeinsamen Jahrestagung von VBNW und Deutschem Bibliotheksverband 1980 vor dem Hintergrund der Finanzkrise auf die Raumprobleme der Bibliotheken zu sprechen kam und sagte: „Die Buchstellflächen sind teuer und können kaum noch ergänzt werden. Erweiterungsbauten sind

[22] Sitzung am 23.6.1978, in: Mbl. 28, 1978., S. 376.

[23] Werner Krieg: Verband, 1989, S. 249.

[24] Empfehlungen Nordrhein-Westfalen 1973, in: Mbl. 23, 1973, S. 218.

[25] Heinz Emunds: Zur Revision der kommunalen Sondersammelgebiete, in: Mbl. 26, 1976, S. 102. Vgl. auch die Forderung der Kommunalpolitischen Vereinigung der CDU nach einer Speicherbibliothek, abgedr. in: Mbl. 27, 1977, S. 180.

von Ausnahmen abgesehen für lange Zeit nicht zu erwarten. Es muss deshalb die Frage gestellt werden, ob denn jedes heute anschaffungswürdige Buch in jeder Hochschulbibliothek für alle Zeiten auch aufbewahrt werden muss? Die Archivfunktion der wissenschaftlichen Bibliotheken sollte überdacht werden. Lassen Sie mich dazu ein extremes Beispiel bringen: müssen denn die vielen, vielen medizinischen Dissertationen, auch die älteren, von jeder Hochschulbibliothek, die medizinische Literatur sammelt, auf Dauer gespeichert werden? Auch unter Aussonderungsaspekten sollte also die Frage eines Schwerpunktprogrammes auf regionaler Ebene geprüft werden. Nur abgestimmtes Vorgehen kann verhindern, dass von der einen oder anderen Stelle unter Umständen des Guten zuviel getan wird."[26]

Die vom Ministerium für Wissenschaft und Forschung mit der Arbeitsgruppe Literaturversorgung entworfene Konzeption für eine Speicherbibliothek wurde vom Bibliotheksreferenten des Ministeriums Antonius Jammers im „Mitteilungsblatt" vorgestellt: „Abgabe von Bibliotheksgut der Hochschulen. Überlegungen im Zusammenhang mit der Errichtung einer Speicherbibliothek in Bochum".[27] Das Papier war verständlicherweise mehrmals Gegenstand von Besprechungen auf den Sitzungen der Arbeitsgemeinschaft der Hochschulbibliotheken, so am 11.11.1982. Über die Sitzung wurde folgendes berichtet: „Die vom MWF mit der Arbeitsgruppe Literaturversorgung entworfene Konzeption bietet entgegen den früheren Erwartungen der Bibliotheken nicht die Möglichkeit, bei Raummangel ganze Bestandsgruppen nach Bochum auszulagern. Vielmehr sollen zunächst nur Zeitschriften abgegeben werden, aber unter Abtretung der Eigentumsrechte und Tilgung in den Katalogen. Die Speicherbibliothek verzeichnet neu und scheidet etwaige Dubletten schließlich sogar aus."[28] Die von einer Arbeitsgruppe der Arbeitsgemeinschaft vorgelegte Gegenposition vertrat „in der Frage der Eigentumsabtretung und der auszulagernden Publikationsarten andere Auffassungen", bot „aber alle Voraussetzungen für eine praktikable Kompromißlösung".[29]

Diese und andere in der Arbeitsgemeinschaft diskutierten Einzelheiten regelte ein Erlass des Ministers für Wissenschaft und Forschung „Abgabe von Bibliotheksgut der Hochschulen des Landes Nordrhein-Westfalen an das Speichermagazin Bochum" vom 18.11.1983, in dem u.a. festgelegt wurde, dass „bis auf weiteres ... nur gebundene Zeitschriften, zeitschriftenartige Reihen und Zeitungen" abgegeben werden konnten.[30] Am 1. April 1985

[26] Hans Schwier: Zusammenarbeit der Bibliotheken, in: Mbl. 31, 1981, S. 37.
[27] Mbl. 32, 1982, S. 370-378.
[28] Mbl. 33, 1983, S. 45.
[29] Mbl. S. 33, 1983, S. 132
[30] Abgedr. in: Mbl. 34, 1984, S. 328-330, Zitat S. 329.

nahm das dem Hochschulbibliothekszentrum als Außenstelle angegliederte Speichermagazin in Bochum seinen Betrieb auf, das erste in der Bundesrepublik.

Von den Öffentlichen Bibliotheken war bei den „Überlegungen im Zusammenhang mit der Errichtung einer Speicherbibliothek" des Jahres 1982 nur am Rande, in einer Anmerkung, die Rede, obwohl sie, wie berichtet, bereits 1960 die Gründung einer solchen Bibliothek angeregt hatten. Der Vorsitzende des Verbandes Johannes Schultheis erinnerte auf der Jahresversammlung 1982 an diese Tatsache und stellte gewissermaßen als Augenzeuge fest: „Die Bochumer Presse berichtet laufend über den Baufortschritt, und demnach könnte das Haus bald für Bücher bezugsfertig werden. Zweck unseres Verbandes ist nach § 2 der Satzung die gutachtliche Beratung der Stellen, deren Arbeitsbereich das Bibliothekswesen betrifft. Es dürfte sehr sinnvoll sein, wenn unser Verband an der Entwicklung einer Konzeption für dieses Haus beteiligt würde. Hier ist doch wirklich mal ein Gebiet außerhalb des Leihverkehrs, an dem alle Bibliotheksparten gemeinsam teilhaben könnten."[31]

Es blieb bei der ursprünglichen Konzeption: das Bochumer Speichermagazin diente lediglich „der räumlichen Entlastung der Hochschulbibliotheken". Wiederholt sprach sich in den folgenden Jahren die Benutzungskommission des Verbandes für eine Mitbenutzung für Öffentliche Bibliotheken, auch für Spezialbibliotheken, aus, und auch die Kommission für die Sondersammelgebiete sorgte sich um die Magazinierung dieser Bestände, deren Aufbewahrung auf Dauer für die „SSG-Bibliotheken" angesichts der Raumnot immer schon ein Problem war.

Als das Bochumer Speichermagazin am 1. April 1985 eröffnet wurde, hatte ein Gremium seine Arbeit zum Speicherproblem in wissenschaftlichen Bibliotheken aufgenommen: die Arbeitsgruppe Bibliotheken des Wissenschaftsrates. Das Ergebnis dieser Beratungen wurde am 22. September 1986 vorgestellt: die „Empfehlungen zum Magazinbedarf wissenschaftlicher Bibliotheken",[32] die freilich mehr waren als der vergleichsweise harmlose Titel vermuten ließ. Es wurden Maßnahmen vorgeschlagen, die die bisherige Funktion und Struktur der wissenschaftlichen Bibliotheken in Deutschland in Frage stellten, so u.a. die Reduzierung des Buchzugangs, die Aussonderung von Beständen, die Errichtung von regionalen „Archivbibliotheken", Bestandsobergrenzen bei den Bibliotheken, alles Themen, die „das wissenschaftliche Bibliothekswesen der Bundesrepublik aus den Angeln zu heben" schienen[33] und eine ungewöhnlich

31 Mbl. 33, 1983, S. 41.
32 Empfehlungen Wissenschaftsrat 1986 (Magazinbedarf).
33 Bibliotheksdienst 21, 1987, S. 893.

heftige Diskussion hervorriefen, die sich bis zum Jahr 1987 in über 100 Veröffentlichungen niederschlug.[34]

Die Arbeitsgemeinschaft der Hochschulbibliotheken bildete eine Arbeitsgruppe, die sich mit den Empfehlungen des Wissenschaftsrats beschäftigte und Sonderstellungnahmen zu den Themen Dissertation, Geschenke, Schriftentausch und Aussonderung veranlasste. Über den Fortgang der Arbeit wurde auf den Mitgliederversammlungen vom Verbandsvorsitzenden Hartwig Lohse berichtet, der sich auch genötigt sah, in die überregionale Diskussion einzugreifen: In einer, im „Mitteilungsblatt" veröffentlichten Stellungnahme „Das Land Nordrhein-Westfalen und die Empfehlungen des Wissenschaftsrats zum Magazinbedarf wissenschaftlicher Bibliotheken" wies er die von Paul Raabe (Wolfenbüttel) im „Börsenblatt für den Deutschen Buchhandel" vorgetragene Kritik an den „nordrhein-westfälischen Verhältnissen" – konkret: an der Aussonderungspraxis – zurück.[35] Auch die Arbeitsgemeinschaft der Hochschulbibliotheken und der Bibliotheksreferent des Wissenschaftsministeriums Antonius Jammers verurteilten die Ausführungen Raabes.

Die Arbeitsgemeinschaft der Hochschulbibliotheken schloss sich anfangs dem ablehnenden Votum des Deutschen Bibliotheksverbandes zu den „Empfehlungen" an, die Arbeitsgruppe erarbeitete dann aber eine „realitätsbezogene kritische Stellungnahme", die am 8.3.1988 von der Arbeitsgemeinschaft verabschiedet wurde. Die ausführliche, im „Mitteilungsblatt" veröffentlichte Darstellung „Zum Bücherstellflächenbedarf in den Hochschulbibliotheken des Landes Nordrhein-Westfalen" kam unter Ablehnung der in den „Empfehlungen" genannten Bestandskonzentration in einer „Archivbibliothek" zu dem Ergebnis, dass „mit der Errichtung eines Speichermagazins und einer soliden, ausbaufähigen Gesamtkatalogisierung der im Lande vorhandenen Bestände zwei Vorgaben bereits existieren ..."[36] Das von der Arbeitsgemeinschaft verabschiedete Papier sah zur Verminderung des Bestandswachstums u.a. vor: „eine stärkere Selektion der unentgeltlichen Zugänge der Dissertationen, des sonstigen Tausches, der Geschenke; Verwendung von Mikroformen für weniger gefragte Dissertationen und für Zeitungen; nur temporäre Aufnahme von Schrifttum begrenzter Aktualität; Aussonderung von Schrifttum ohne dauernden Wert ...; Kompaktmagazinierung weniger benutzter Bestandsgruppen; Auslagerung sehr wenig be-

[34] Werner Tannhof: Die Empfehlungen des Wissenschaftsrates zum Magazinbedarf wissenschaftlicher Bibliotheken. Ein Jahr danach – eine annotierte Auswahlbibliographie zum Stand der Diskussion. In: Bibliotheksdienst 21, 1987, S. 895-913.

[35] Mbl. 37, 1987, S. 1 f.; Paul Raabe: Den Bibliotheken endlich geben, was sie benötigen. In: Börsenblatt für den Deutschen Buchhandel vom 4.11.1986, S. 2865-2867.

[36] Mbl. 38, 1988, S. 109-124, Zitat S. 116.

nutzter Bestandsgruppen in ein örtliches oder in das zentrale Bochumer Speichermagazin."[37]

Die Umsetzung der Empfehlungen des Wissenschaftsrats erfolgte durch einen Erlass des Wissenschaftsministers vom 23.1.1990 mit der Bezeichnung „Richtlinien über die Aussonderung von Bibliotheksgut, Behandlung von Buchgeschenken und Durchführung des Schriftentausches durch die Hochschulen des Landes Nordrhein-Westfalen".[38] Dabei ist offensichtlich die Stellungnahme bibliothekarischer Fachleute berücksichtigt worden, wie sie im Papier der Arbeitsgemeinschaft dargelegt worden war, so dass bibliotheksfachlich nicht vertretbare Forderungen der Wissenschaftsrats-Empfehlungen verhindert wurden. Günter Gattermann (Düsseldorf), Mitglied der Arbeitsgruppe, lobte später die ministerielle Entscheidung: „Nordrhein-Westfalen hat durch Erlaß beispielhaft geregelt, wie die Hochschulbibliotheken bei der Abgabe von Büchern ohne einen unangemessenen Verwaltungsaufwand verfahren sollen."[39]

Erschließung und Sicherung von Altbeständen

Bereits in den „Empfehlungen zum Ausbau des Bibliothekswesens in Nordrhein-Westfalen" von 1973 war als Aufgabe einer Bibliothek der 3. Stufe, einer Landesbibliothek, die „Betreuung und Hilfeleistung bei der Erschließung von historischen Bibliotheksbeständen im Lande", von Büchersammlungen vor allem in kleineren Bibliotheken, genannt worden.[40] Ähnliche Formulierungen finden sich im Arbeitsentwurf für ein „Gesetz zur Förderung des Öffentlichen Bibliothekswesens" von 1976, ohne dass diese Aufgabe, wenn man von Einzelfällen, z.B. bei der Universitätsbibliothek Münster, absieht, in Angriff genommen worden wäre.

Bei den mit landesbibliothekarischen Funktionen betrauten „alten" Universitätsbibliotheken musste zunächst die Sicherung ihrer eigenen Altbestände Vorrang haben. Wie ernst die Lage dieser Bestände war, zeigte eine Erhebung der Arbeitsgemeinschaft der Hochschulbibliotheken, deren Ergebnisse im März 1980 vorgelegt wurden: „Zur Situation der Altbestände in Hochschulbibliotheken des Landes Nordrhein-Westfalen. Bestandsaufnahme und Vorschläge zur

[37] Zitiert nach der die wesentlichen Punkte zusammenfassenden Darstellung von Peter Rau: Situation und aktuelle Entwicklung, in: Zusammenarbeit von Hochschulverwaltung, 1996, S. 6.

[38] Abgedr. in: Mbl. 40, 1990, S. 142-145. – In dem Erlass wird die Frage der Dissertationen erwähnt, mit der sich auch die Magazin-Empfehlungen des Wissenschaftsrats beschäftigt hatten. Damit befasste sich vor allem die Sektion IV des DBV (u.a. Veröffentlichungspflicht, Veröffentlichungsform, Verbreitung). Vgl. unter Berücksichtigung der KMK-Empfehlung von 1988: Dieter Stäglich: Die Sektion 4, in: Bibliothekspolitik, 1998, S. 162-164.

[39] Günter Gattermann: Wissenschaftliche Bibliotheken, in: Handbuch des Wissenschaftsrechts, Bd. I, 1996, S. 924.

[40] Empfehlungen Nordrhein-Westfalen 1973, S. 217.

Restaurierung ..." Der Zustand der alten Bestände wurde „insgesamt als weitgehend katastrophal" bezeichnet und Maßnahmen zur Wiederherstellung ihrer Gebrauchsfähigkeit als dringend notwendig erachtet. In dem Papier der Arbeitsgemeinschaft hieß es: „Das Ergebnis bestätigte nicht nur die Besorgnisse über den insgesamt schlechten Erhaltungszustand dieser Bestände, sondern es zeigte sich auch, dass für ihre Erhaltung so erhebliche Aufwendungen erforderlich sind, dass sie Arbeitskapazität und finanzielle Möglichkeiten der Bibliotheken weit überschreiten. Vornehmlich bei Handschriften und Inkunabeln stellen die gefährdeten Bücher einen so kostbaren öffentlichen Besitz dar, dass rasche Maßnahmen unumgänglich sind, wenn an diesem wertvollen Kulturbesitz nicht unwiederbringliche Einbußen hingenommen werden sollen."[41]

Nicht von ungefähr wurde in dem Papier die Gebrauchsfähigkeit, die Benutzung dieser Altbestände, angesprochen. Es hatte sich nämlich gezeigt, dass ihre Benutzung, bedingt durch den Wandel der geisteswissenschaftlichen Forschung, z.B. durch die Hinwendung zu Themen der Barockforschung, zugenommen hatte. Diese Tatsache veranlasste die Arbeitsgemeinschaft der Hochschulbibliotheken im Juli 1983 zu „Empfehlungen für die Erhaltung und Benutzung besonders schützenswerter Bestände in Bibliotheken im Lande Nordrhein-Westfalen" mit Vorschlägen für die Praxis, zu „Kurzinformationen für die Benutzer besonders schützenswerter Bestände" und zu einem Musterformular für den Auftrag zur Anfertigung von Reproduktionen aus solchen Beständen.[42] Für die auch in den Institutsbibliotheken der „alten" Hochschulen vorhandenen historisch wertvollen Bücher und Handschriften publizierte die Arbeitsgemeinschaft 1989 ein Merkblatt „Behandlung historischer und wertvoller Buchbestände in Institutsbibliotheken".[43] Ebenfalls praxisorientiert waren die Empfehlungen der Arbeitsgemeinschaft zur Altbestandssicherung durch Mikroverfilmung. Sie befassten sich ausführlich mit Regelwerksfragen, die bei der Katalogisierung von Mikroformen entstehen, gaben Anhaltspunkte für die Auswahl des auf Mikroformen zu bringenden Bestandes, gingen auf die technischen Fragen ein und behandelten Fragen der Benutzung.[44]

Als Severin Corsten auf der gemeinsamen Tagung von VBNW und Deutschem Bibliotheksverband 1985 „Neue Gedanken über alte Bücher" vortrug, konnte er also mit Recht nach Jahren der Vernachlässigung wieder eine stärkere Beachtung und Hinwendung zum alten Buch feststellen und von einem bundesweiten Großprojekt berichten, das auch für Nordrhein-Westfalen von

[41] Abgedr. in: Mbl. 30, 1980, S. 267-289, Zitate S. 282, S. 267.

[42] Abgedr. in: Mbl. 33, 1983, S. 345-350.

[43] Schützenswerter Altbestand in Institutsbibliotheken, mit Merkblatt, in: Mbl. 39, 1989, S. 335-341.

[44] Empfehlungen zur Altbestandssicherung durch Mikroverfilmung in den Hochschulbibliotheken des Landes Nordrhein-Westfalen. In: Mbl. 41, 1991, S. 403-417.

Bedeutung war: vom „Handbuch der historischen Buchbestände in der Bundesrepublik Deutschland und Berlin (West)“, das Bernhard Fabian in seiner Untersuchung „Buch, Bibliothek und geisteswissenschaftliche Forschung“ angeregt hatte und dessen Finanzierung die Volkswagenstiftung übernahm.

Die Regionalredaktion Nordrhein-Westfalen des Handbuchs, das für dieses Land die Beschreibung von ca. 260 Bibliotheken vorsah, nahm unter der Leitung von Severin Corsten am 1. Juli 1985 die Arbeit auf. Dabei zeigte sich, dass auch in Nordrhein-Westfalen erhebliche schützenswerte und wertvolle Bestände vorhanden waren, allerdings z.T. verstreut in vielen nichtstaatlichen Bibliotheken, größtenteils weder adäquat erschlossen noch hinreichend zugänglich und z.T. unbedingt restaurierungsbedürftig, damit also für die Forschung nicht zur Verfügung stehend.

Nach einem Gutachten „Erschließung und Nutzbarmachung älterer, wertvoller und schützenswerter Literaturbestände in Nordrhein-Westfalen“, vorgelegt im Jahre 1990 von einer Arbeitsgruppe des Kultusministeriums (Sprecher und Schriftführer: Reinhard Feldmann, Münster),[45] nahm jetzt die in den Planungspapieren der 70er Jahre geforderte Hilfeleistung für die älteren Buchbestände im Lande konkrete Formen an: Als erstes Bundesland errichtete Nordrhein-Westfalen zwei Arbeitsstellen zur Erschließung der älteren Literatur: bei der Universitätsbibliothek Münster für den westfälischen Landesteil und bei der Universitäts- und Stadtbibliothek Köln für den Landesteil Rheinland. Ausführliche Arbeitsberichte wurden in der Folgezeit vorgelegt, so im „Mitteilungsblatt“ oder auf dem Bibliothekartag in Kassel 1991,[46] wo sich immerhin zwei Themenkomplexe mit dem alten Buch beschäftigten. Wenn man noch die Aktivitäten der Deutschen Forschungsgemeinschaft berücksichtigt, wird man feststellen können, dass das alte Buch wieder einen festen Platz in der bibliothekarischen Arbeit gefunden hatte.

Aber nicht nur die traditionellen Altbestände, Bücher und Zeitschriften bis etwa zum Jahr 1800, waren gefährdet, seit Mitte der 80er Jahre mussten sich die Bibliothekare mit einem anderen konservatorischen Thema beschäftigen, das nicht nur die landesbibliothekarischen Aufgaben berührte: mit dem Papierzerfall in Büchern und Zeitschriften, die seit etwa 1845 aus „saurem“, industriell hergestellten Papier, erschienen waren. Das ganze Ausmaß der Schäden wurde

[45] Erschließung und Nutzbarmachung älterer, wertvoller und schützenswerter Literaturbestände in Nordrhein-Westfalen. Gutachten, vorgelegt von der vom Kultusminister am 25.11.1988 gebildeten Arbeitsgruppe. In: Mbl. 40, 1990, S. 203-217. – Das Referat von Severin Corsten „Neue Gedanken über alte Bücher“ ist abgedr. in: Mbl. 36, 1986, S. 21-33.

[46] Reinhard Feldmann, Karl-Ferdinand Beßelmann: Alte Bibliotheken neu belebt. Die beiden Arbeitsstellen zur Erschließung der älteren Literatur in Nordrhein-Westfalen. Ein Arbeitsbericht. In: Mbl. 43, 1993, S. 2-9; Reinhard Feldmann: Arbeitsstellen, in: Wissenschaftliche Bibliotheken, 1992, S. 150-165.

durch eine Untersuchung des Deutschen Bibliotheksinstituts aus dem Jahre 1988 deutlich: In den westdeutschen Bibliotheken stehen 40 Millionen Bücher mit Papier, dessen Substanz weitgehend zerstört ist, ein Viertel der Bestände, auf Nordrhein-Westfalen übertragen ca. 8 Millionen Bände.

Die Arbeitsgemeinschaft der Hochschulbibliotheken befasste sich auf ihrer Sitzung am 13.2.1986 mit dem Thema Papierzerfall, und auch die Landesregierung nahm am 22.6.1987 in ihrer Antwort auf eine Kleine Anfrage zur „Sicherung von Traditionsmaterial des 19. Jahrhunderts" Stellung.[47] Kein Zweifel konnte darüber bestehen, dass eine Lösung des Problems der Massenentsäuerung nur durch eine Koordination auf nationaler, wenn nicht internationaler Ebene erfolgen konnte. In diesem Sinne ist seit 1990 die Bund-Ländergruppe „Papierzerfall" tätig, und die Kultusministerkonferenz legte 1993 Empfehlungen zur Erhaltung der vom Papierzerfall bedrohten Bibliotheksbestände vor.[48]

Problematisch blieb neben technischen vor allem die finanzielle Frage, auch in Nordrhein-Westfalen. In einer gemeinsamen Initiative des Verbandsvorstands mit dem Verein deutscher Archivare wurden die Probleme des Papierzerfalls an die beiden betroffenen Ministerien und auch an das Landtagspräsidium herangetragen. Auf der Jahresversammlung des Verbandes 1997 konnte der Vertreter des Ministeriums für Wissenschaft und Forschung Johannes Helf zwar berichten, dass Nordrhein-Westfalen 1993 als erstes Bundesland begonnen habe, Zentralmittel zur Sicherung der Altbestände vor Papierzerfall zur Verfügung zu stellen, musste aber auch mitteilen, dass nach wie vor eine starke Eigenbeteiligung der Bibliotheken erwartet werde.[49]

Die Etablierung der „kooperativen Landesbibliothek"

Als im April 1989 beim Gespräch des Verbandsvorstands mit Mitgliedern der SPD-Kulturfraktion im Landtag von den Politikern angeregt wurde, Überlegungen zu einer zu gründenden Landesbibliothek anzustellen, bot sich für den Verband wieder einmal Gelegenheit, seine satzungsgemäß festgelegte Aufgabe als gutachtlicher Berater wahrzunehmen. Der Verbandsvorsitzende Ulrich Moeske begrüßte auf der Jahresversammlung 1990 die Initiative von Seiten der Politik und betonte die Funktion des Verbandes, wenn er sagte: „Ich betrachte dieses Engagement als sehr hilfreich für die Entwicklung des nordrhein-westfälischen Bibliothekswesens, nicht zuletzt auch in Bezug auf die bibliothekspolitische Rolle des Verbandes. Mit der Vorlage einer landesbibliothekarischen

[47] Sicherung von Traditionsmaterial des 19. Jahrhunderts. Antwort der Landesregierung ..., abgedr. in: Mbl. 37, 1987, S. 361-363.

[48] Ausführlicher mit Literaturangaben: Günter Gattermann: Wissenschaftliche Bibliotheken, in: Handbuch des Wissenschaftsrechts. Bd. I, 1996, S. 927.

[49] ProLibris 3, 1998, S. 50.

Konzeption wird der Verband erneut unter Beweis stellen, dass er auch als bibliothekspolitischer und kulturpolitischer Fachverband in die entsprechenden Anhörungen der Landespolitik gehört."[50]

Die Empfehlungen „Landesbibliotheksaufgaben in Nordrhein-Westfalen",[51] die von einer Arbeitsgruppe des Verbandes unter Vorsitz von Günter Gattermann in sieben Sitzungen verfasst worden waren, wurden vom Vorstand am 5.2.1991 einstimmig verabschiedet und am 25.4.1991 dem Vorsitzenden der SPD-Kulturfraktion Eugen Gerritz und weiteren Mitgliedern dieses Gremiums übergeben. Die Empfehlungen wurden auch den beiden zuständigen Ministerien übersandt.

In den 10 Kapiteln des Verbandspapiers konnten jene Vorarbeiten berücksichtigt werden, die in den letzten Jahren in Gutachten und Empfehlungen ihren Niederschlag gefunden hatten und zum Teil, wie in den vorhergehenden Abschnitten erwähnt, in Ansätzen verwirklicht worden waren: Sammlung und Erschließung der sog. Regionalliteratur (Nordrhein-Westfälische Bibliographie), Wahrnehmung des Pflichtexemplarrechts und Sammlung der Amtlichen Druckschriften, Bewahrung und Erschließung von Nachlässen, Erschließen und Sichern der Altbestände, Erhaltung gefährdeter Bibliotheksbestände des 19. und 20. Jahrhunderts durch Methoden der Massenkonservierung, Archivierung selten benutzter Literatur (Speichermagazin Bochum). Die schon in früheren Papieren erwähnten Aufgaben und schon teilweise vorhandenen Strukturen der allgemeinen Literaturversorgung und von Informationsdienstleistungen – z.B. das Sondersammelgebietsprogramm der Großstadtbibliotheken oder das Zeitschriften-Sammelschwerpunktprogramm der Hochschulbibliotheken – wurden in den Empfehlungen bestätigt und entsprechend der Entwicklung der automatisierten Datenverarbeitung und Telekommunikationstechnik ergänzt bzw. korrigiert (Hochschulbibliothekszentrum mit Zentralkatalog-Datenbank).

Es war naheliegend, wenn unter Berücksichtigung der historischen Entwicklung und der bestehenden Infrastruktur die Denkschrift des Verbandes am „bewährten Modell der Aufgabenverteilung und Kooperation" festhielt und für Nordrhein-Westfalen eine Landesbibliothek in kooperativer Form empfahl. Es heißt in der Einleitung des Papiers: „So attraktiv die Idee einer neuzugründenden Nordrhein-Westfälischen Landes- oder Staatsbibliothek besonders unter dem Gesichtspunkt der Außenwirkung auch scheint, unter Funktions-, Struktur- und auch Kostengesichtspunkten empfiehlt sie sich nicht. Bei Berücksichtigung bestehender Infrastrukturen für die Bibliotheken in

[50] Tätigkeitsbericht 1990, in: Mbl. 41, 1991, S. 36.

[51] Empfehlungen Landesbibliotheksaufgaben, in: Mbl. 41, 1991, S. 99-119; aus der Einleitung das folgende Zitat (S. 101).

Nordrhein-Westfalen und durch Gegenüberstellung bisher erbrachter und heute notwendiger landesbibliothekarischer Leistungen wird deutlich, dass es sinnvoller ist, auf bestehenden Strukturen aufzubauen und diese nach den heutigen Erfordernissen zu korrigieren und fortzuentwickeln ... Es wird empfohlen, das bewährte Modell der Aufgabenteilung und Kooperation, an dem die Großstadtbibliotheken, die Hochschulbibliotheken, die Lippische Landesbibliothek Detmold und andere Bibliotheken ihren Anteil haben, beizubehalten."

Was die Aufgabenverteilung der kooperativen Landesbibliothek angeht, so zogen die Empfehlungen die Konsequenz aus dem Strukturwandel des nordrhein-westfälischen Bibliothekswesen: die kommunalen wissenschaftlichen Bibliotheken waren im Gegensatz zu früheren Überlegungen nicht mehr genannt, aber die Großstadtbibliotheken blieben Partner der kooperativen Lösung: das Sondersammelgebietsprogramm wurde als Teil der Landesbibliotheksaufgaben anerkannt. Die Schwerpunktbildung auf die Hochschulbibliotheken begründete der Vorsitzende der Arbeitsgruppe „Landesbibliotheksaufgaben" Günter Gattermann: „Es liegt nahe, zu Aufgaben des Landes und für das Land, vornehmlich Bibliotheken in der Trägerschaft des Landes heranzuziehen. Ist eine eigenständige Landesbibliothek nicht vorhanden, bieten sich Hochschulbibliotheken des Landes aus verschiedenen Gründen eher an als die in kommunaler Trägerschaft befindlichen öffentlichen Bibliotheken. Hochschulbibliotheken haben in Deutschland schon länger auch ‚außeruniversitäre Aufgaben' wahrgenommen ...".[52] Entsprechend diesen Überlegungen wurden die landesbibliothekarischen Funktionen im engeren Sinn den Universitätsbibliotheken Bonn, Düsseldorf und Münster sowie dem Hochschulbibliothekszentrum in Köln übertragen, das auch Koordinierungsaufgaben und die Geschäftsführung übernehmen sollte.

Für die einzelnen Aufgaben der „kooperativen Landesbibliothek" waren die Personal- und Sachkosten jeweils aufgeführt, und in einem Schlusskapitel erfolgte eine Zusammenfassung der Gesamtkosten: 30 neue Stellen, insgesamt ein Bedarf an Personal- und Sachmitteln von jährlich ca. DM 2 459 000.

Der Kulturausschuss des Landtags und das Kultusministerium bekundeten zwar Sympathie für das vom Verband vorgeschlagene kooperative Modell, aber hinsichtlich der Realisierung zeigte ein Schreiben der Ministerin für Wissenschaft und Forschung Anke Brunn an den Verband deutliche Grenzen auf. Die entscheidende Passage lautete: „Ich bedaure, dass die sich für die kommenden Jahre abzeichnenden besonderen Haushaltsprobleme unseres Landes die Verwirklichung Ihrer Empfehlungen erschweren werden." So ist gewiß verständlich, wenn der Vorsitzende des Verbandes Bernhard Adams auf der Jah-

[52] Günter Gattermann: Landesbibliotheksaufgaben in Nordrhein-Westfalen. In: Mbl. 41, 1991, S. 239-246, Zitat S. 242.

resversammlung 1992 skeptisch blieb: „Ob und wie die Sache vorangeht, entzieht sich meiner Kenntnis. In einer Frage nachzuhaken, zu deren Lösung die Einrichtung von 30 Personalstellen den Politikern durchaus plausibel gemacht worden ist, fehlt mir offengestanden der Mut, wenn mir vor Augen steht, welche Kraftakte für die Schaffung einer einzigen zusätzlichen Stelle an meiner Universität vonnöten sind.“[53]

Immerhin: es gab Fortschritte: Auf der Jahresversammlung des Verbandes 1993 konnte die Bibliotheksreferentin des Kultusministeriums Brigitte Galsterer mitteilen, dass das Verbandsmodell einer kooperativen dezentralen Landesbibliothek politisch Zustimmung gefunden habe und nun schrittweise realisiert werden solle. Die Einrichtung und Ausstattung einer eigenen Titelgruppe „Landesbibliotheksaufgaben“ im Haushaltsplan 1993 – immerhin 390 000 DM – wurde „angesichts großer finanzieller Engpässe im Landeshaushalt und der verständlichen Abneigung, die zusätzliche Finanzierung neuer Aufgaben zu übernehmen“, als „kulturpolitische Großtat“ gefeiert.

Eine Reihe von Maßnahmen kennzeichnen den Weg zur Verwirklichung der neuen Form der Landesbibliothek: Das neue Pflichtexemplargesetz vom 18. Mai 1993 galt als „der erste bedeutende Schritt in Richtung auf die Realisierung der kooperativen Landesbibliothek und eine konsequente kulturpolitische Umsetzung der Empfehlungen des Verbandes ...“[54] Die Andersartigkeit des neuen Gesetzes im Vergleich zu früheren Regelungen wurde betont: „Durch die Trennung von Pflichtablieferung und Pressegesetz wird der gedankliche Zusammenhang zur Zensur endgültig durchschnitten. Die Sammlung, Erschließung und Bereitstellung der Pflichtexemplare hat nun eindeutig die kulturpolitische Funktion, das in Nordrhein-Westfalen erschienene Schrifttum als Zeugnis der kulturellen Entwicklung zu sichern.“[55] Im Gesetz wurde bestimmt, dass die zuständigen Universitätsbibliotheken Bonn, Düsseldorf und Münster die Bezeichnung „Universitäts- und Landesbibliothek“ erhielten.

Zu Beginn des Jahres 1993 konstituierte sich als Koordinierungsgremium die sog. Landesbibliothekenkonferenz, die Günter Gattermann zum Vorsitzenden wählte und die in einer zweiten Sitzung ein Arbeitsprogramm verabschiedete. 1995 legte das Gremium eine ansprechend gestaltete Broschüre vor: „Landesbibliothek Nordrhein-Westfalen: Sammeln -Erschließen – Informieren“. Vorgestellt wurden insbesondere die Nordrhein-Westfälische Bibliographie, die

[53] Zitate aus den Tätigkeitsberichten 1991 und 1992 des Vorsitzenden Bernhard Adams, in: Mbl. 42, 1992, S. 36; 43, 1993, S. 71 f.

[54] Günter Gattermann: Zum Pflichtexemplargesetz. In: Mbl. 43, 1993, S. 321-322, Zitate S. 321. – Gesetz über die Ablieferung von Pflichtexemplaren (Pflichtexemplargesetz), abgedr. in: Mbl. 43, 1993, S. 318-320.

[55] Brigitte Galsterer vom Kultusministerium auf der Jahresversammlung 1993, in: Mbl. 44, 1994, S. 74.

Sammlungen der Bibliotheken von Bonn, Düsseldorf und Münster, die Arbeitsstellen „Historische Bestände in Westfalen“ und „Historische Bestände im Rheinland“ und die von der Universitäts- und Landesbibliothek Düsseldorf initiierten und inzwischen abgeschlossenen Projekte „Handschriftencensus Rheinland“ (1993) und das Bestandsverzeichnis „Literarische Nachlässe in Nordrhein-Westfalen“ (1995).[56]

2. *Vom Hochschulbibliothekszentrum zum „Landesbibliothekszentrum“?*

In den vom Vorstand des Verbandes am 5. Februar 1991 verabschiedeten Empfehlungen „Landesbibliotheksaufgaben in Nordrhein-Westfalen“ ist an nicht weniger als zehn Stellen eine zentrale Institution genannt, deren Bedeutung für das gesamte Bibliothekswesen Nordrhein-Westfalens damit nachdrücklich dokumentiert wurde: das Hochschulbibliothekszentrum des Landes Nordrhein-Westfalen (HBZ). Am 1. März 1973 primär zur Unterstützung der fünf neuen Gesamthochschulen, insbesondere durch EDV-Leistungen, als erstes derartiges Zentrum in Deutschland gegründet, übernahm das Hochschulbibliothekszentrum in den folgenden Jahrzehnten weitere Aufgaben, nicht nur auf dem Gebiet der Datenverarbeitung. Ein erster Schritt für eine Aufgabenerweiterung war bereits im Errichtungserlass vom 12. März 1973 ausdrücklich genannt: die Angliederung des seit 1947 bestehenden Zentralkatalogs des Landes Nordrhein-Westfalen und damit die Übernahme der Steuerungsfunktion des Auswärtigen Leihverkehrs, zu dessen Beschleunigung, ebenfalls vom Hochschulzentrum organisatorisch betreut, der Bücherwagendienst eingerichtet wurde. Der Verbesserung des Leihverkehrs dienten die Verfichung von Katalogteilen (Segment 1800-1975 mit dem Namen MIZE, 1976-1985 unter der Bezeichnung KITTY), der Wandel zur CD-ROM und zu Online-Katalogen, die Projekte zur Konversion des Katalogs „vor 1800“ und „ab 1800“.[57]

[56] Landesbibliothek Nordrhein-Westfalen: Sammeln – Erschließen – Informieren. Hrsg. von der Landesbibliothekenkonferenz Nordrhein-Westfalen. Redaktion: Reinhard Feldmann. Münster 1995.

[57] Im „Errichtungserlaß“ vom 12.3.1973 (Mbl. 23, 1973, S. 184-185) sind die Aufgaben des HBZ aufgeführt, u.a. die Zuständigkeit für die Planung des EDV-Einsatzes an den Hochschulbibliotheken: „Der Einsatz der automatisierten Datenverarbeitung an den Hochschulbibliotheken ist im Einvernehmen mit dem Hochschulbibliothekszentrum zu planen.“. – Eine wesentliche Erweiterung der Aufgaben erfolgte durch die „Satzung des Hochschulbibliothekszentrums des Landes Nordrhein-Westfalen“ vom 19.8.1985 (Mbl. 36, 1986, S. 59-62, hier S. 60) – Da hier die Entwicklung des HBZ und des Verbundes nur angedeutet wird, sei wenigstens auf einige wenige Veröffentlichungen hingewiesen: Bibliotheksverbund in Nordrhein-Westfalen, 1976; Verbundkatalogisierung-Verbundkatalog, 1987; die Beiträge zum 20jährigen Bestehen des HBZ, in: Mbl. 43, 1993, S. 153-193; zum 25jährigen Bestehen, in: ProLibris 3, 1998, S. 92-104, zuletzt Heinz-Werner Hoffmann: Papier ist geduldig, in: De officio bibliothecarii, 1998, S. 139-153.

Stationen auf dem Weg vom Hochschulbibliothekszentrum zu einem „Landesbibliothekszentrum" waren, um nur einige zu nennen: die Zuständigkeit für den Betrieb des Speichermagazins Bochum (1983), die technische Betreuung der Nordrhein-Westfälischen Bibliographie (1983), die Umstellung – vom Offline- zum Online-Betrieb und die Erweiterung des Bibliotheksverbunds auf alle Hochschulbibliotheken des Landes (seit 1984), die Herstellung der Kataloge des Sondersammelgebietsprogramms der Großstadtbibliotheken auf EDV-Basis (1986), die Übernahme der Geschäftsführung im Koordinierungsgremium der „kooperativen" Landesbibliothek, der „Landesbibliothekenkonferenz" (1993), die maßgebliche Beteiligung (Sitz der Arbeitsstelle) am Projekt „Verbundkatalogisierung für Öffentliche Bibliotheken" (1994), die Übertragung der Zuständigkeit für die bibliothekarische Fortbildung der Beschäftigten an Hochschulbibliotheken und bibliothekarischen Zentraleinrichtungen (1995), im Rahmen eines Projekts auch der Öffentlichen Bibliotheken für den Bereich Internet, ja vielleicht zukünftig auch die Übernahme von Aufgaben im Rahmen der Ausbildung des mittleren und höheren Bibliotheksdienstes und – um den neuerlichen Funktionswandel des Hochschulbibliothekszentrums wenigstens anzudeuten – die neuen Aufgaben, die sich aus der Entwicklung des Internet und der elektronischen Publikationen ergeben.

Gegenüber der Zentralisierung bibliothekarischer Aufgaben und der Vereinheitlichung von Arbeitsvorgängen, durch politische Entscheidungen vorgegeben und durch die technische Entwicklung bestimmt, gab es besonders in der Frühzeit des Bibliotheksverbundes verständlicherweise Bedenken. Bedeutete doch die notwendige Standardisierung den Verzicht auf individuelle Lösungen, einen nachhaltigen Eingriff in das Eigenleben der Bibliotheken, deren Arbeitsabläufe durch das Hochschulbibliothekszentrum wesentlich mitbestimmt und die Serviceleistungen stark beeinflusst, also große Abhängigkeiten geschaffen wurden. Könnte die Zusammenarbeit im Verbund nicht eine strenge Kontrolle bedeuten, das Hochschulbibliothekszentrum nicht eine Art Generaldirektion mit wenig Möglichkeiten für individuelle Initiativen werden? So mochte wohl mancher Teilnehmer am neuen Bibliotheksverbund gedacht haben.[58]

Indessen standen vor allem Probleme aus der täglichen Praxis zur Lösung an: Probleme im Hochschulbibliothekszentrum und in der Zusammenarbeit mit den Teilnehmerbibliotheken des Verbundes: technische und organisatorische Fragen, Probleme des Katalogregelwerks, der einheitlichen Aufstellungssystematik, der Erwerbung, der Statistik, des Geschäftsgangs, um nur einige

[58] Antonius Jammers: Einige Gedanken zur Zusammenarbeit, in: Bücher für die Wissenschaft, 1994, S. 395; Klaus Barckow in seiner Rede zum 25jährigen Bestehen des HBZ, in: ProLibris 3, 1998, S. 95.

Themen zu nennen. Zuständig für die Planung, Beratung und Abstimmung mit den Bibliotheken waren die durch ministerielle Erlasse festgelegten Gremien des Hochschulbibliothekszentrums: die Planungsgrupppe beim HBZ, der Verbundausschuss bzw. die Verbundkonferenz.

Wenn man von der Arbeitsgemeinschaft der Hochschulbibliotheken absieht, wo das HBZ als Gast, später als Mitglied, vertreten war, haben sich die Gremien des Verbandes in den 70er Jahren, wie aus den Rechenschaftsberichten der Vorsitzenden zu schließen ist, wenig mit Fragen des Hochschulbibliothekszentrums und des Verbundes befasst. Auf der Jahresversammlung 1977 gab der Leiter des HBZ Peter Rau „auf Anregung des Vorstandes" einen Sachstandsbericht über Aufgaben und Leistungen seiner Einrichtung, der allerdings, weil als letzter Vortrag angesetzt, neben dem Hauptthema, dem Bibliotheksgesetz, „nicht die gebührende Resonanz fand".[59] Immerhin: Das „Mitteilungsblatt" brachte die Jahresberichte des Hochschulbibliothekszentrums, veröffentlichte einige Beiträge zu Einzelfragen des Verbundes und ausführliche Rezensionen einschlägiger Bücher, so die grundlegende Publikation „Bibliotheksverbund in Nordrhein-Westfalen", die Gottfried Mälzer in seiner Besprechung als „bisher ohne Parallele in der deutschen Bildungs- und Bibliotheksgeschichte" bezeichnete. Hartwig Lohse rezensierte den Tagungsband des Wuppertaler Bibliothekartages (1980), auf dem in mehreren Beiträgen das Thema „Gesamthochschulbibliothek und Bibliotheksverbund in Nordrhein-Westfalen" behandelt worden war.[60]

Seit Anfang der 80er Jahre nahmen Fragen des Hochschulbibliothekszentrums und des Bibliotheksverbundes im Gegensatz zu früher einen größeren Raum in der Arbeit des Verbandes und seiner Gremien ein. Auf den Jahresversammlungen berichteten die Vorsitzenden und die Bibliotheksreferenten der Ministerien über die Weiterentwicklung des Hochschulbibliothekszentrums bzw. des Zentralkatalogs, so über die Umstellung vom Offline-System zum Online-System, über den Wandel von Mikrofiche-Katalogen zu CD-ROM und zum Online-Katalog oder über die Probleme der Zeitschriftenkatalogisierung bei der Zeitschriftendatenbank (ZDB) in Berlin. Zu zentralen, in den Gremien des Verbandes behandelten Themen wurden zwei bibliothekspolitisch relevante Fragen des Bibliotheksverbundes: einmal seine Ausdehnung auf alle Hochschulbibliotheken des Landes zu Anfang der 80er Jahre, zum anderen – 10 Jahre später – die Frage der Verbundkatalogisierung für Öffentliche Bibliotheken.

[59] Mbl. 28, 1978, S. 24, S. 2. – Peter Rau: Die Arbeit des Hochschulbibliothekszentrums. In: Mbl. 28, 1978, S. 24-29.

[60] Rezension von „Bibliotheksverbund in Nordrhein-Westfalen" (1976), in: Mbl. 28, 1978, S. 175-180, Zitat S. 175, von „Bibliotheken im Verbund" (1981) mit Beiträgen von Günter Gattermann, Peter Rau, Klaus Barckow, Dieter Stäglich, Walter Barton, in: Mbl. 31, 1981, 436-442.

Als Antonius Jammers auf der Jahresversammlung des Verbandes im Oktober 1982 angesichts der Finanzkrise neue Formen der bibliothekarischen Zusammenarbeit forderte, nannte er bei der Aufzählung der neuen strukturellen Maßnahmen des Landes „den beschleunigten Ausbau des automatisierten Katalogisierungsverbundes der Hochschulbibliotheken".[61] Im Herbst wurden die Pläne des Wissenschaftsministeriums bekannt, die entgegen den ursprünglichen Plänen für ein integriertes Erwerbungs- und Katalogisierungsverfahren ausschließlich einen Katalogisierungsverbund vorsahen, der auf alle Hochschulbibliotheken, auch auf die zweischichtigen Bibliothekssysteme, erweitert werden sollte.

Dieses Vorhaben war nicht neu: Die Zuständigkeit des Hochschulbibliothekszentrums als Zentrale des Verbundes beim Einsatz der automatisierten Datenverarbeitung an den Bibliotheken der Hochschulen – nicht nur der Gesamthochschulen – war bereits in den Empfehlungen der Planungsgruppe im Hochschulbereich (1972 und 1974) und im Errichtungserlaß des HBZ (1973) festgelegt und im Hochschulgesetz von 1979 wiederholt worden. In seinem „Jahresbericht 1980" empfahl der Landesrechnungshof „den Katalogisierungsverbund auf alle Hochschulbibliotheken, einschließlich der dezentralen Bibliotheken auszudehnen". Überraschend war der Zeitpunkt der Erweiterung, denn er fiel zusammen mit der seit längerem geplanten Umstellung des Bibliotheksverbundes vom Offline- zum Online-Verfahren.[62]

Die Schwierigkeiten bei der Verbunderweiterung beschrieb ein Verbundteilnehmer, Dieter Stäglich, folgendermaßen: „ Der Anschluß weiterer Bibliotheken zu diesem Zeitpunkt ist insofern problematisch, als die bei einer derartigen strukturellen Systemveränderung unabdingbaren Übergangsschwierigkeiten durch die frühzeitige Erweiterung des Teilnehmerkreises noch erhöht werden, was zu einer zusätzlichen Belastung sowohl für das Hochschulbibliothekszentrum, als auch für die jetzigen sowie die künftigen Verbundbibliotheken führen muss. Die Kosten der zeitlich vorgezogenen Erweiterung haben zur Folge, dass entgegen ursprünglichen Plänen ein integriertes Erwerbungs-Katalogisierungsverfahren bei den jetzigen Verbundteilnehmern allenfalls mit einer Verzögerung von mehreren Jahren realisiert werden kann. Die zentrale Titeldatei des Hochschulbibliothekszentrums, zu der die Verbundteilnehmer künftig einen Direktzugriff haben werden, kann folglich vorerst keine Daten enthalten,

[61] Mbl. 33, 1983, S. 25.

[62] Walter Barton: Gesamthochschulbibliothek, 1990, S. 71-74 (Stichwort Hochschulbibliothekszentrum), hier S. 72, auch mit dem Zitat des Landesrechnungshofes); ders.: Bilanz, in: Die neue Bibliothek, 1984, hier S. 27-28; Dieter Stäglich: Aspekte bibliothekarischer Zusammenarbeit, in: Ebd., hier S. 291-292, hier auch das folgende Zitat (S. 291); bei Stäglich und Barton (Bilanz) zahlr. Literaturangaben.

die Auskunft über die vorgenommenen Bestellungen geben. Die Informationsmöglichkeiten, die eine zentrale Titeldatei gerade für die Erwerbungsabstimmung bieten könnte, verringern sich auf diese Weise beträchtlich, obschon auch eine nur Katalogisierungsnachweise enthaltene Datei ein wichtiges Koordinierungsinstrument darstellt."

Über die ministerielle Weisung an das Hochschulbibliothekszentrum zur Verbundserweiterung kam es zu heftigen Auseinandersetzungen, die im „Mitteilungsblatt" in Beiträgen von Hartwig Lohse, Walter Barton und Antonius Jammers ihren Niederschlag fanden.[63] Die Stimmung in der Arbeitsgemeinschaft der Hochschulbibliotheken zur Neuorganisation des Verbundes spiegelt sich in einem Bericht über die Sitzung vom 11. Dezember 1982 wieder: „Auf diesem Felde zeichnet sich außer Verwunderung über den ministeriellen Schwenk keine einheitliche Reaktion der Bibliotheken ab: resignative Hinnahme steht neben entschiedener Ablehnung."[64]

Die Verbunderweiterung war auch das zentrale Thema der Jahrestagung des Verbandes 1983 in Duisburg. Ulrich Fellmann, Direktor der bisher konventionell arbeitenden Bibliothek der Technischen Hochschule Aachen, problematisierte in seinen „Gedanken zur geplanten Verbundkatalogisierung" die Vor- und Nachteile der Neuorganisation für die „alten" Universitätsbibliotheken und betonte die lokalen Bedürfnisse der Bibliotheken. Peter Rau, Direktor des Hochschulbibliothekszentrums, stellte in seinem Referat Konzept, Stand und Ziele der Verfahrensumstellung von Offline auf Online dar und erläuterte die schrittweise Erweiterung des Verbundes und – angesichts der gekürzten Finanzmittel – seine Beschränkung auf die Katalogisierung.

In einem Resümee „über die Art und Weise, wie das Thema ‚Katalogisierungsverbund' nach den Referaten und nach der Diskussion darüber sich auf der Verbandstagung dargestellt" hatte, glaubte der Berichterstatter der Tagung Ulrich Pflugk, „bei aller gebotenen Zurückhaltung allzu pauschalen Urteilen gegenüber" feststellen zu können, dass nicht zuletzt wegen der gestuften und schrittweisen Erweiterung des Verbundes die Zeiten pauschaler Ablehnung einerseits und pauschaler Zustimmung andererseits nach dem Muster von „Glaubenskriegen" wohl doch deutlich ihrem Ende entgegengehe.[65]

Zehn Jahre später, auf der Jahresversammlung des Verbandes 1993, stand eine neue Erweiterung des Bibliotheksverbundes zur Diskussion, als das Projekt „Verbundkatalogisierung für Öffentliche Bibliotheken" von Norbert Kamp

63 Mbl. 33, 1983, S. 89-96 (Hartwig Lohse), S. 235-241 (Walter Barton), S. 233-234 (Antonius Jammers).

64 Mbl. 33, 1983, S. 45.

65 Mbl. 34, 1984, S. 50-57 (Ulrich Fellmann), S. 58-63 (Peter Rau), S. 39 (Ulrich Pflugk im Bericht über die Jahresversammlung).

(Düsseldorf) der bibliothekarischen Öffentlichkeit vorgestellt wurde. Das Projekt war von der Arbeitsgemeinschaft der Großstadtbibliotheken angeregt worden; die finanzielle Förderung erfolgte durch das Kultusministerium, dessen Vertreterin, Brigitte Galsterer, in ihrer Begrüßung sagte, sie hoffe, dass das Projekt ein wichtiger Schritt zu einer neuen Form von Kooperation auch bei den Öffentlichen Bibliotheken sei. Und der Vorsitzende des Verbandes Bernhard Adams wies auf die Bedeutung des Themas hin, wenn er sagte: „Wenn ich richtig sehe, ist die heute anstehende Frage der Erweiterung des HBZ-Verbundes um die Öffentlichen Bibliotheken unseres Landes von einer Tragweite, die größte Aufmerksamkeit in allen Bereichen des bibliothekarischen Spektrums verlangt, das sich im Rahmen unseres Verbandes entfaltet."[66]

Norbert Kamp erläuterte in seiner Präsentation des Projekts eingangs die grundlegend anderen Voraussetzungen bei den kommunalen Bibliotheken in der Zusammenarbeit in einem Katalogisierungsverbund: „Während die wissenschaftlichen Hochschulbibliotheken unter dem Dach des Ministeriums für Wissenschaft und Forschung des Landes Nordrhein-Westfalen unter derselben Trägerschaft in gewisser Weise vereint sind, stehen die Öffentlichen Bibliotheken unter der Finanzhoheit ihrer Kommunen. Eine Zusammenarbeit kommunaler Bibliotheken stellt sich von daher als wesentlich schwieriger dar."[67] Die Unterordnung der Bibliotheken unter übergeordnete Dienststellen der Kommunen hatte denn auch zur Folge, dass in den nordrhein-westfälischen Öffentlichen Bibliotheken eine Vielzahl unterschiedlicher Datenverarbeitungssysteme eingesetzt war.

Es gab Ansätze zu einer Zusammenarbeit auf dem EDV-Sektor, so das von der Arbeitsgemeinschaft Kommunaler Datenverarbeitungszentralen (AKD) entwickelte Programm BASIS, auch schon früher Überlegungen zur Einbeziehung der Öffentlichen Bibliotheken in den HBZ-Verbund, als Gertrud König (Bochum) auf der Jahresversammlung des Verbandes 1983 im Titel ihres Referats die Frage stellte „Wie stehen die Öffentlichen Bibliotheken zum Verbundsystem?" und den Vorschlag zur Herstellung der Sondersammelgebiets-Verzeichnisse durch das Hochschulbibliothekszentrum machte, der dann, wie berichtet, im Jahre 1986 realisiert wurde. Man könnte noch weiter zurückgehen: Schon bei der Gründung des Hochschulbibliothekszentrums im Jahre 1973 war, wie Günther Pflug berichtete, vom Referenten des Kultusministeri-

[66] Bernhard Adams in seiner Begrüßungsansprache, in: Mbl. 44, 1994, S. 70; Brigitte Galsterer in ihrer Begrüßung, in: Mbl. 44, 1994, S. 72.

[67] Norbert Kamp: Projekt Verbundkatalogisierung: Eine Zukunftsperspektive für Öffentliche Bibliotheken? In: Mbl. 44, 1994, S. 82-87, Zitat S. 82. – Der vollständige Titel des Projekts ist: Katalogisierungsverbund Öffentlicher und wissenschaftlicher Bibliotheken in Nordrhein-Westfalen. Eine Untersuchung der Rahmenbedingungen über Verbundteilnahme Öffentlicher Bibliotheken am bestehenden Verbundsystem wissenschaftlicher Bibliotheken.

ums Heinz Kaspers die Einbeziehung aller Bibliotheken, nicht nur der Hochschulbibliotheken, in den Verbund vorgeschlagen worden.[68]

Wenn das Projekt „Verbundkatalogisierung für Öffentliche Bibliotheken“, das in der Bundesrepublik singulären Charakter hatte, überhaupt in Angriff genommen werden konnte, dann gewiss auch deshalb, weil zwischen den Öffentlichen Bibliotheken und dem Hochschulzentrum und dem ihm angeschlossenen Zentralkatalog eine seit Jahrzehnten bestehende Zusammenarbeit bestand, eine Zusammenarbeit, die ganz wesentlich der Existenz des beide Sparten umfassenden Verbandes zu verdanken ist. Erinnert sei hier nochmals an die Kooperation bei der Katalogisierung der Sondersammelgebietsbestände durch das Hochschulzentrum, oder an die Zusammenarbeit im Auswärtigen Leihverkehr. Die enge Verbindung wurde auch dadurch dokumentiert, dass das Hochschulbibliothekszentrum „ständiger Gast“ in der Arbeitsgemeinschaft der Großstadtbibliotheken war, die so über Planungen des HBZ stets gut informiert war.

Ziel des im Juli 1994 begonnenen, von der Stadtbücherei Düsseldorf getragenen Projekts war „die Prüfung und Schaffung der Rahmenbedingungen für eine Verbundteilnahme Öffentlicher Bibliotheken“, wobei drei Aufgaben genannt wurden: „1. Definition der Anforderungen Öffentlicher Bibliotheken an ein Verbundsystem, 2. Ermittlung von bibliothekarischem und wirtschaftlichem Nutzen und Aufwand für teilnehmende Bibliotheken, 3. Exemplarisches Erarbeiten der praktischen Vorgehensweise bei der Verbundkatalogisierung.[69]

Über den Fortgang des Projekts informierte vor allem der fachliche Leiter des Projekts, Klaus Peter Hommes, auf den Sitzungen der für die Öffentlichen Bibliotheken zuständigen Arbeitsgemeinschaften des Verbandes, aber auch auf überregionalen Tagungen, so beispielsweise auf dem Bibliothekartag in Erlangen 1996 oder auf dem Bibliothekskongress in Dortmund 1997. Berichtet wurde über eine breit gestreute Fragebogenaktion bei den Öffentlichen Bibliotheken mit dem Ergebnis, dass 80 % der Großstadtbibliotheken Interesse an einer Teilnahme am Verbund bekundeten, wobei vor allem eine Beschleunigung des Leihverkehrs gewünscht wurde. Berichtet wurde von einem, ebenfalls vom Land geförderten ergänzenden Projekt „Passive Verbundteilnahme kleinerer und mittlerer Bibliotheken“, über weitere Initiativen und Projekte in Folge des Verbundprojekts zur Verbesserung der gesamten Informationsstruktur in

[68] Gertrud König: Katalogisierungsverbund in Nordrhein-Westfalen. Wie stehen die Öffentlichen Bibliotheken zum Verbundsystem. In: Mbl. 34, 1984, S. 63-66. – Günther Pflug: Die Anfänge des Hochschulbibliothekszentrums des Landes Nordrhein-Westfalen. In: Mbl. 43, 1993, S. 154-159, hier S. 157.

[69] Norbert Kamp, s. Anm. 67 in diesem Kapitel, S. 83.

Nordrhein-Westfalen, so dass die Projektlaufzeit gegenüber der ursprünglichen Konzeption (3 Jahre) um sechs Monate verlängert werden musste.[70]

Das Projekt „Verbundkatalogisierung für Öffentliche Bibliotheken" war im Vorfeld der Planung in Gesprächen mit dem Ministerium für Wissenschaft und Forschung sowie mit dem Hochschulbibliothekszentrum abgestimmt worden, und Heinz-Werner Hoffmann, der Direktor des HBZ, bekräftigte auf der Jahresversammlung des Verbandes 1993 den Willen zur Zusammenarbeit in seinem Referat mit dem programmatischen Titel „Der Online-Zentralkatalog – eine Gemeinschaftsaufgabe aller Bibliotheken des Landes Nordrhein-Westfalen".[71] Allerdings musste er auch auf die Grenzen des Verbundes aufmerksam machen, dem inzwischen alle Universitätsbibliotheken des Landes, daneben eine größere Zahl von Fachhhochschulbibliotheken, die Zentralbibliotheken für Medizin und Landbauwissenschaften und weitere Bibliotheken angehörten. Weitere Interessenten blieben vom Verbund ausgeschlossen, weil das bisher im Hochschulbibliothekszentrum eingesetzte System technisch nicht in der Lage war, eine größere Anzahl von Bibliotheken zu bedienen.

Die wichtigste Voraussetzung für eine Erweiterung des Verbundes für die Öffentlichen, aber auch für die Spezialbibliotheken war denn auch die Einführung eines neuen Softwaresystems beim HBZ, Vorausssetzung auch für die Verbesserung der Dienstleistungen, wie sie in dem Papier der Arbeitsgemeinschaft der Hochschulbibliotheken „Ausstattung der Bibliotheken der wissenschaftlichen Hochschulen in Nordrhein-Westfalen und des Hochschulbibliothekszentrums mit Datenverarbeitungskapazität bis zum Jahre 1995" formuliert worden waren.[72]

Ungeklärt war am Ende des Berichtszeitraums außer der Einführung einer neuen Software die finanziellen Probleme der Erweiterung des Verbundes für Öffentliche Bibliotheken und für andere nicht in der Trägerschaft des Landes befindliche Bibliotheken. In diesem Zusammenhang wurde auch auf einen wichtigen Punkt hingewiesen: die Frage nach einer möglichen Änderung der Organisationsstruktur des Hochschulbibliothekszentrums. „Wenn sich das HBZ von einem Hochschulbibliothekszentrum zu einem Landesbibliothekszentrum(LBZ) weiterentwickelt und dabei möglicherweise seine Rechtsform

[70] Abschlußbericht des Projekts mit einer Übersicht über die zahlreichen Veröffentlichungen und Vorträge zum Projekt: Klaus Peter Hommes: Katalogisierungsverbund, 1998. Hier auch der Hinweis auf das Referat von Norbert Kamp auf der Podiumsveranstaltung in Düsseldorf am 7.2.1996: Die Zukunft der Öffentlichen Bibliotheken in Nordrhein-Westfalen. In: ProLibris 1, 1996, S. 81-84.

[71] Mbl. 44, 1994, S. 77-82.

[72] Verabschiedet auf der Sitzung am 16.11.1992, abgedr. in: Mbl. 43, 1993, S. 184-193.

ändert, könnten", so der Direktor des HBZ, „Dienstleistungen des ‚LBZ' auch für Hochschulbibliotheken zukünftig kostenpflichtig werden."[73]

Als dem Hochschulbibliothekszentrum im Jahre 1995 zu den bisherigen Aufgaben auch Funktionen in der Fortbildung übertragen wurden, war verstärkt der Wunsch nach einem Ausbau des HBZ zu einem Dienstleistungszentrum für alle Bibliothekssparten zu vernehmen. „Durch die volle Übernahme dieser beiden Funktionen als bibliothekarische Datenzentrale und als Fortbildungszentrum könnte sich", so der Vorsitzende des Verbandes Reinhard Brenner auf der Jahresversammlung 1996, „das HBZ zu einem für alle Bibliothekssparten höchst effizienten Landesbibliothekszentrum entwickeln."[74] Wann das der Fall sein wird, ist am Ende der Berichtszeit noch offen. „Der Weg dorthin ist noch weit", heißt es 1995 in einer Selbstdarstellung des HBZ, „aber es müssen alle Anstrengungen in Kauf genommen werden, um ein leistungsfähiger Bibliotheksverbund mit Vernetzungen auf allen wichtigen Gebieten zu werden."[75]

[73] Heinz-Werner Hoffmann: Zusammenarbeit im Bibliotheksverbund, in: Zusammenarbeit von Hochschulverwaltung, 1996, S. 52. – Über die neuere Entwicklung des HBZ: Ders. anläßlich des 25jährigen Bestehens in: ProLibris 3, 1998, S. 99-102.

[74] In der Begrüßung, in: ProLibris 2, 1997, S. 32.

[75] HBZ. Die Einrichtung, die Bibliotheken verbindet. Köln o.J. (1995).

XII. Aspekte überregionaler Kooperation und Konzentration

Die überregionale Zusammenarbeit unter den Bibliotheken hat sich durch die technischen Möglichkeiten, vor allem durch zentrale Nachweisinstrumente für die überregionale Literatur- und Informationsversorgung, grundlegend verbessert und in den letzten Jahrzehnten eine ständig wachsende Bedeutung gewonnen. Dabei konnte man an eine lange Tradition bibliothekarischer Zusammenarbeit anknüpfen, deren Notwendigkeit sich aus der starken dezentralen Struktur des deutschen Bibliothekswesens ergab. Erinnert sei z.B. an den Deutschen Leihverkehr zwischen den Bibliotheken, an die einheitlichen Katalogisierungsregeln der „Preussischen Instruktionen“, an die Bemühungen um einen Deutschen Gesamtkatalog oder an das kooperative Erwerbungsprogramm der Notgemeinschaft der Deutschen Wissenschaft, der späteren Deutschen Forschungsgemeinschaft.

Zusammenarbeit mit zentralen Einrichtungen des Bibliothekswesens

Als es nach dem Zweiten Weltkrieg um eine Reform der Regeln und Normen für die formale und inhaltliche Erschließung der Bibliotheksbestände ging als der Voraussetzung für das Funktionieren der Zusammenarbeit, leistete der Verband der Bibliotheken des Landes Nordrhein-Westfalen als erste und über Jahre einzige sowohl die wissenschaftlichen als auch die Öffentlichen Bibliotheken umfassende Organisation in der Bundesrepublik bemerkenswerte Pionierarbeit. So ging der entscheidende Anstoß für eine Neubearbeitung der „Preussischen Instruktionen“ 1951 vom Katalogausschuss des Verbandes aus, und im gleichen Jahr begannen die Arbeiten an einer Systematik für Volksbüchereien, die im Jahre 1956 als „Allgemeine Systematik für Büchereien (ASB)“ vorgelegt wurde.[1]

Die frühen Arbeiten des Verbandes an der Entwicklung bibliographischer Standards und Normen wurden in der Folgezeit von überregionalen Gremien und Institutionen fortgesetzt. Nach sich über Jahre erstreckenden Diskussionen, nach einer Vielzahl von Entwürfen und Vorabdrucken kam es schließlich zu den Regelwerken in der Formalkatalogisierung, zu den „Regeln für alphabetische Katalogisierung (RAK)“ mit ihren Ausformungen für wissenschaftli-

1 Werner Krieg: Verband 1989, S. 102-109; Rudolf Jung: Zwanzig Jahre „Instruktionen für den Alphabetischen Grundkatalog“. In: Mbl. 21, 1971, S. 274-280, hier S. 275: „Der entscheidende Anstoß für die Neufassung der Pr.I. ging nach 1945 von Nordrhein-Westfalen aus.“

che Bibliotheken (RAK-WB) und für Öffentliche Bibliotheken (RAK-ÖB), in der Sacherschließung nach dem Scheitern der „Einheitsklassifikation" in den 70er Jahren zu den „Regeln für den Schlagwortkatalog (RSWK)". Die weitere Entwicklung führte zu Normdateien, wie die Gesamtkörperschaftsdatei (GKD), die Personennamendatei (PND) oder die Schlagwortnormdatei (SWD).

Zentren dieser durch die Einführung der Datenverarbeitung erheblich vermehrten Normierungsaufgaben und von kooperativen EDV-gestützten bundesweiten Dienstleistungen wurden die Deutsche Bibliothek als bibliographisches Zentrum der Bundesrepublik und das Deutsche Bibliotheksinstitut, wo in Zusammenarbeit mit anderen Institutionen und Bibliotheken u.a. die Zeitschriften-Datenbank (ZDB) und der Verbundkatalog maschinenlesbarer Daten (VK) entstanden.[2]

An dieser hier nur mit wenigen Stichworten skizzierten Entwicklung von Normen und Dienstleistungen auf nationaler Ebene hatte Nordrhein-Westfalen und sein Bibliotheksverband wesentlichen Anteil. Seine maßgebliche Rolle ergab sich aus den in diesem Bundesland zahlreich vorhandenen Großstadtbibliotheken und der durch Neugründungen stark vermehrten Zahl von Universitätsbibliotheken, der hohen Mitgliederzahl und der finanziellen Potenz des Verbandes mit seinen auch überregional ausstrahlenden Leistungen, z.B. im Sondersammelgebietsprogramm und im Regionalen Leihverkehr. Mitglieder des Verbandes bzw. Einzelpersonen als Experten übernahmen wichtige Funktionen in den bundesweit arbeitenden Gremien und bei der Weiterentwicklung der Regelwerke, so – um einige Beispiele zu nennen – bei den Regeln für die alphabetische Katalogisierung für wissenschaftliche Bibliotheken (Werner Krieg, Günther Pflug), beim entsprechenden Regelwerk für Öffentliche Bibliotheken (Heinz Emunds), bei der Diskussion um Regeln für die Sacherschließung (Gisela Heinrich). Bei der Normung der Bibliotheksleistungen führten die Bemühungen, ausgehend von der in Nordrhein-Westfalen entwickelten „Schnellstatistik" nach langen Diskussionen in den Arbeitsgemeinschaften des Verbandes und in überregionalen Gremien durch Ablösung der „Schnellstatistik" für Öffentliche Bibliotheken und der Betriebsstatistik für wissenschaftliche Bibliotheken zur

[2] Entsprechend dem Überblickscharakter dieses Abschnitts und da die Zusammenarbeit mit einzelnen Institutionen der Kooperation (Wissenschaftsrat, Kultusministerkonferenz) an anderer Stelle Erwähnung findet, wird auf den Nachweis von Literatur verzichtet. – Dass die Zusammenarbeit mit den überregionalen Einrichtungen des Bibliothekswesen wiederholt zu Meinungsverschiedenheiten führte, ist selbstverständlich, so z.B. mit der Zeitschriftendatenbank (ZDB), an deren Arbeitsweise in der Arbeitsgemeinschaft der Hochschulbibliotheken des öfteren Kritik laut wurde, die auch im Rechenschaftsbericht 1989 des Vorsitzenden Ulrich Moeske zur Sprache kam (Mbl. 40, 1990, S. 39).

nationalen Deutschen Bibliotheksstatistik (DBS), betreut vom Deutschen Bibliotheksinstitut.

Vorarbeiten in der Arbeitsgemeinschaft der Großstadtbibliotheken des Verbandes und entsprechende Initiativen führten bei der Arbeitsstelle für das Büchereiwesen, später beim Deutschen Bibliotheksinstitut zu Kommissionen oder Projekten, so – um auch hier nur einige Beispiele zu nennen: für die Erschließung des Zeitschrifteninhalts (Zeitschriftendienst, ZD), für die Publikation von Verzeichnissen der Informationsmittel (Bibliographien, Nachschlagewerke), im Bereich der Schulbibliotheken oder sozialen Bibliotheksarbeit, bei Projekten für AV-Medien, den Auskunftsdienst oder für Marketing in Bibliotheken. Bei der Reform der Leihverkehrsordnung von 1978 kamen wichtige Impulse von den nordrhein-westfälischen Großstadtbibliotheken und dass das Hochschulbibliothekszentrum und der nordrhein-westfälische Bibliotheksverbund als den ältesten und größten Einrichtungen dieser Art einen erheblichen Einfluss auf die Entwicklung des Verbundkatalogs (VK) und der Zeitschriftendatenbank(ZD) ausübten, ist fast selbstverständlich.

Durch die Mitarbeit zahlreicher Kollegen in den zentralen Einrichtungen des Bibliothekswesens erhielten die Arbeitsgemeinschaften des Verbandes „aus erster Hand" Informationen über die überregionalen Planungen und Projekte, die in den Sitzungen diskutiert wurden und die nicht selten zu Abänderungen und Gegenvorschlägen führten. Die Berufung der Mitglieder dieser auf Bundesebene agierenden Gremien erfolgte zwar ad personam, aber auf der anderen Seite kamen aus den Arbeitsgemeinschaften die Vorschläge zur personellen Besetzung von Kommissionen des Deutschen Bibliotheksinstituts und anderer bundesweit arbeitender Institutionen und Verbände.

Was hier für die Zusammenarbeit, vornehmlich der Öffentlichen Bibliotheken mit dem Deutschen Bibliotheksinstitut gesagt wurde, gilt, wenn auch in abgeschwächter Form, bei den wissenschaftlichen Bibliotheken für die Beziehungen zur Deutschen Forschungsgemeinschaft, zu ihrem Bibliotheksausschuss mit seinen Unterausschüssen und Arbeitsgruppen. Auch hier war Nordrhein-Westfalen entsprechend der Bedeutung seiner zahlreichen Hochschulbibliotheken gut vertreten, von denen auch wiederholt Anregungen zu Modellversuchen und Pilotprojekten ausgingen. Mit den Empfehlungen und Denkschriften der Deutschen Forschungsgemeinschaft befasste sich auf Bundesebene zwar primär die Sektion 4 – Wissenschaftliche Universalbibliotheken – des Deutschen Bibliotheksverbandes, aber auch in der Arbeitsgemeinschaft der Hochschulbibliotheken im VBNW waren sie Gegenstand von Erörterungen, vor allem wenn es sich um grundsätzliche, die Struktur des Bibliothekswesens berührende Fragen handelte, so die „Empfehlungen für die Zusammenarbeit zwischen Hochschulbibliothek und Institutsbibliotheken"

(1970), die Denkschrift zur „Überregionalen Literaturversorgung von Wissenschaft und Forschung“ (1975) oder die „Empfehlungen zum Aufbau regionaler Verbundsysteme und zur Einrichtung regionaler Bibliothekszentren“ (1979). Über die Auswirkungen der Tätigkeit einer weiteren, für die Bibliotheken wichtigen Beratungs- und Beurteilungsinstanz für das Hochschulwesen, über die Empfehlungen des Wissenschaftsrates, insbesondere über das „Magazin-Papier“, ist an anderer Stelle berichtet worden, im Zusammenhang mit der Errichtung der Speicherbibliothek als Teil der „kooperativen Landesbibliothek“.

Die Rolle des Verbandes in der Lektoratskooperation

Die Bedeutung einer weiteren Institution der Kooperation – hier für die Öffentlichen Bibliotheken des Landes – zeigt eindrucksvoll ein Bericht aus der Arbeitsgemeinschaft der Großstadtbibliotheken aus dem Jahre 1984. Es hieß hier: „Im Mittelpunkt der Beratungen standen fast immer die Probleme der Lektoratskooperation und der Reutlinger Dienste.“[3] Am Zustandekommen und an der Weiterentwicklung dieses überregionalen Verbundprojekts für den Bestandsaufbau der Öffentlichen Bibliotheken hatte der Verband bzw. seine Arbeitsgemeinschaft der Großstadtbibliotheken ganz wesentlichen Anteil. Zwar stammte die Idee einer überörtlichen Lektoratsarbeit zur Sichtung und Begutachtung der Literatur wohl nicht aus Nordrhein-Westfalen, aber hier wurden wichtige Vorarbeiten geleistet, die schließlich zur Gründung der Lektoratskooperation führten.[4]

Eine am 25. September 1969 ins Leben gerufene Kommission der Großstadtbüchereien untersuchte in mehreren Sitzungen und durch eine Fragebogenaktion die Möglichkeiten der Verbundarbeit im Lektoratsdienst, wobei auch die Erfahrungen aus dem Sondersammelgebietsprogramm der Großstadtbibliotheken Berücksichtigung fanden. Ein gemeinsames regionales Lektorat der Mitgliedsstädte wurde für wenig aussichtsreich gehalten, obwohl die Voraussetzungen dazu – die große Zahl der größeren Bibliotheken und relativ hohe bibliothekarische Kooperationserfahrung – nicht ungünstig schienen. Vielmehr wurde unter Ablehnung eines von anderer Seite favorisierten zentralen „Bundeslektorats“ eine Kooperation auf der Grundlage der örtlichen Lektorate eine Koordinierungsstelle vorgeschlagen, dessen Träger der Deutsche Büchereiverband sein sollte; die Einkaufszentrale für Öffentli-

[3] Tätigkeitsbericht 1984 des Vorsitzenden Johannes Schultheis, in: Mbl. 35, 1985, S. 53.

[4] Die Literatur zur Lektoratskooperation ist umfangreich; erwähnt seien wenigstens: Hans Joachim Kuhlmann: Der Weg zum kritischen Bürger, 1989; Ders.: Bibliothekare, Bibliotheken, ekz, 1993; Otto-Rudolf Rothbart: Lektoratskooperation, 1995; Ronald Schneider; 22 Jahre Lektoratskooperation, in: Bibliothekspolitik, 1998, S. 236-244.

che Büchereien und die Zeitschrift „Bücherei und Bildung“ waren als Partner vorgesehen.[5]

Die Überlegungen aus Nordrhein-Westfalen bildeten die Grundlage der weiteren überregionalen Diskussion um einen „Lektoratsverbund“, so auf den zwei sog. Reutlinger Hearings in den Jahren 1970 und 1971 oder auf der Jahrestagung des Vereins der Bibliothekare an Öffentlichen Büchereien 1971, auf der Heinz Emunds über das von der Kommission für Verbundarbeit im Lektoratsdienst erstellte Arbeitspapier referierte. Nach Vorarbeiten einer Studiengruppe im Rahmen eines Projekts der Arbeitsstelle für das Büchereiwesen kam schließlich der Kooperationsvertrag vom 24. Oktober 1975 zustande. Partner waren der Verein der Bibliothekare an Öffentlichen Büchereien mit seiner Zeitschrift „Bücherei und Bildung“, die Einkaufszentrale für Öffentliche Büchereien, die seit 1969 ihren Informationsdienst (ID) herausgab, und der Deutsche Bibliotheksverband mit den Lektoren vornehmlich aus den Großstadtbibliotheken. Am 1. Januar 1976 nahm die Lektoratskooperation ihre Arbeit auf.

Zwar war der VBNW in den Gremien der Lektoratskooperation nicht direkt vertreten, aber die starke Präsenz der nordrhein-westfälischen Bibliotheken im Deutschen Bibliotheksverband – zeitweise waren 40 % seiner Mitglieder aus Nordrhein-Westfalen – bot gute Voraussetzungen für eine als notwendig erachtete Reform der Lektoratskooperation. Der entscheidende Vorstoß dazu kam gewiss nicht von ungefähr aus Nordrhein-Westfalen: War doch hier der Funktionswandel von der Volksbücherei mit ihrer Dominanz der Belletristik im Bestand zur „Informationsbibliothek“mit einem großen Bedarf an Fachliteratur relativ weit vorangeschritten. Zum Vorkämpfer einer Erweiterung des Informationsdienstes (ID) der Lektoratskooperation wurde Ulrich Thiem. In zahlreichen, seit 1977 erscheinenden Aufsätzen, später auch als Vorsitzender der Arbeitsgemeinschaft der Großstadtbibliotheken, setzte er sich mit Vehemenz für eine Verbesserung der Informationsdienste ein: einmal für die möglichst vollständige Erfassung der bibliotheksrelevanten Literatur – Thiem dachte an 25 000 Titel –, zum anderen für die Ausweitung durch zentrale Dienstleistungen für die Titelaufnahme, Systematisierung und Schlagworte.[6]

Die sich über Jahre erstreckende Diskussion über eine Erweiterung der Informationsdienste durch einen Vollständigen Informationsdienst (V-ID) oder einen Zusatz-Informationsdienst (Z-ID) in der Arbeitsgemeinschaft der Groß-

[5] Kommission für Verbundarbeit im Lektoratsdienst der Arbeitsgemeinschaft der Großstadtbüchereien (19.1.1970): Möglichkeiten der Verbundarbeit im Lektoratsdienst der Öffentlichen Bibliotheken. In: Mbl. 20, 1970, S. 171-174.

[6] Die Aufsätze von Ulrich Thiem erschienen hauptsächlich in der Zeitschrift „Buch und Bibliothek“. Vgl. dazu das Literaturverzeichnis bei Otto-Rudolf Rothbart, Lektoratskooperation, 1995.

stadtbibliotheken,[7] in den Sektionen des Deutschen Bibliotheksverbandes und in Expertenrunden der Einkaufszentrale, wo Nordrhein-Westfalen manchmal die Hälfte der Teilnehmer stellte, standen seit Anfang der 80er Jahre unter dem Eindruck der Haushaltskrise, die auch die Einkaufszentrale in wirtschaftliche Schwierigkeiten brachte.

Die Einkaufszentrale erstrebte zu ihrer Konsolidierung eine Neuordnung ihrer Dienste, verbunden mit einer beträchtlichen Erhöhung der Abonnementspreise, die die Lektoratskooperation in Gefahr bringen musste. Wiederum kam die Initiative aus Nordrhein-Westfalen, von der Arbeitsgemeinschaft der Großstadtbibliotheken, auf deren Sitzung am 2. Dezember 1982 in Essen mit leitenden Vertretern der Einkaufszentrale und „unter maßgeblicher Beteiligung von Ulrich Thiem als ‚Krisenmanager'“[8] der sog. Essener Kompromiss gefunden wurde. Auf die Preiserhöhung in der ursprünglich vorgesehenen Höhe wurde verzichtet und eine Verbesserung der Lektoratsdienste nach einer neuen Konzeption Ulrich Thiems ins Auge gefasst.[9]

Die Arbeitsgemeinschaft der Großstadtbibliotheken stimmte auf ihrer April-Sitzung des Jahres 1983 dem von Thiem vorgelegten „Entwicklungskonzept zur Erhaltung und Verbesserung der Reutlinger Lektoratsdienste“ zu.[10] Diese Konzeption bildete auch die Grundlage für eine „Absprache“ zwischen den Partnern der Lektoratskooperation, die eine Verstärkung des Deutschen Bibliotheksverbandes im „Arbeitsgremium“ zum Inhalt vorsahen und zur Institutionalisierung des von Thiem vorgeschlagenen Intersektionalen Ausschusses (ISA) führte.[11] Wenn die Krise in der Mitte der 80er Jahre überwunden wurde, dann war es – so das Urteil des wohl besten Kenners der Lektoratskooperation, Otto-Rudolf Rothbart, – nicht zuletzt das Verdienst von drei Bibliothekaren, und diese drei „Krisenmanager“ kamen aus Nordrhein-Westfalen, waren führende Vertreter des Verbandes: Ulrich Thiem, Heinz Emunds und Ronald Schneider.[12]

[7] Vgl. dazu die Berichte der Arbeitsgemeinschaft der Großstadtbibliotheken. In: Mbl. 27, 1977, S. 180-181, S. 420; 29, 1979, S. 358-359; 31, 1981, S. 157-158, S. 314-316.

[8] Otto-Rudolf Rothbart: Lektoratskooperation, 1995, S. 76.

[9] Thema der Sitzung am 2.12.1982 in Essen war: „Die Informationsdienste und andere Dienstleistungen der ekz ab 1983“. Die Vertreter der Einkaufszentrale (Eugen Giegler und Otto-Rudolf Rothbart) wiesen „auch auf die Notwendigkeit verstärkten Bucheinkaufs hin, wodurch allein die notwendigen Mittel zur Finanzierung der Lektoratsdienste sicherzustellen seien“ (Mbl. 33, 1983, S. 44).

[10] Mbl. 33, 1983, S. 300. – Das von Ulrich Thiem vorgelegte „Entwicklungskonzept“ ist abgedr. in: BuB 35, S. 301-306.

[11] „Absprache über eine Lektoratskooperation“ vom 10.11.1983, abgedr. in: Otto-Rudolf Rothbart: Lektoratskooperation, 1995, S. 122-124.

[12] Otto-Rudolf Rothbart: Lektoratskooperation, 1995, S. 84. Rothbart war Bibliothekarischer Direktor der EKZ (seit 1974) – Die Bedeutung der Lektoratskooperation in der Tätigkeit der Arbeitsgemeinschaft der Großstadtbibliotheken dokumentieren zahlreiche Sitzungsberichte in: Mbl. 34, 1984, S. 75-76, S. 146-147, S. 285-286; 35, 1985, S. 58-60, S. 516-520; 36, 1986, S. 122-125, S. 393-396.

Auch nach der Konsolidierung blieb das Thema Lektoratskooperation auf der Tagesordnung der Arbeitsgemeinschaft der Großstadtbibliotheken: Auf jeder Einladung zu den Sitzungen erscheint unter dem Tagesordnungspunkt „Berichte und laufende Maßnahmen" ein Kürzel: „ISA/LEKO" (Intersektionaler Ausschuss/Lektoratskooperation). Gegenstände der Beratungen, zu denen gelegentlich auch Vertreter der Einkaufszentrale eingeladen wurden, waren entsprechend der Entwicklung auf dem Buch- und Medienmarkt die Frage der Aktualität und des Umfangs der Lektoratsdienste, die im Jahre 1995 in fünf quantitativ abgestuften Ausgaben erscheinen, u.a. als großer Informationsdienst mit ca. 13 000 Besprechungen, ferner die Frage der Erweiterung auf neue Medien wie CD, Video oder CD-ROM. Wiederholt diskutiert wurde über den Ausbau der Katalogisierungsdienste, über die Möglichkeit einer Synthese dieser Dienste mit dem ÖB-Titelkartendienst der Deutschen Bibliothek, deren Auswahlkriterien mit von der Arbeitsgemeinschaft der Großstadtbibliotheken erarbeitet worden waren.[13] Ein Problem, das schon bei der Krise der 80er Jahre eine Rolle gespielt hatte, war die Gewinnung von Lektoren bei den Bibliotheken. In Nordrhein-Westfalen beteiligen sich bei bundesweit 46 Bibliotheken 15 Institute an dieser Aufgabe der Lektoratskooperation,[14] die in Zeiten knapper Kassen mehr als je unverzichtbar ist.

Die Konzentration der bibliothekarischen Verbandsarbeit: Die Gründung der Bundesvereinigung Deutscher Bibliotheksverbände

Als Anfang der 80er Jahre im Zusammenhang mit der Haushaltskrise viel von Koordination, Kooperation und Konzentration im Bibliothekswesen die Rede war, musste es erstaunen, dass die Bibliothekare auf ihrem ureigensten Gebiet, im Bereich der bibliothekarischen Verbände, noch keine großen Fortschritte erzielt hatten. Gewiss, es gab den nach dem Modell des VBNW im Jahre 1973 gegründeten Deutschen Bibliotheksverband als Institutenverband, als einheitlichen Verband von Öffentlichen und wissenschaftlichen Bibliotheken; es gab schon seit 1963 die Deutsche Bibliothekskonferenz mit den Vorsitzenden von sechs bibliothekarischen Verbänden,[15] darunter des VBNW, der auch mehr-

[13] Welche Titel sind „ÖB"-relevant? Die Auswahl-Kriterien der Deutschen Bibliothek. In: BuB 41, 1989, S. 982-983. Über die Katalogisierungsdienste der Deutschen Bibliothek und der EKZ wiederholt in den Tätigkeitsberichten der Verbandsvorsitzenden, in: Mbl. 39, 1989, S. 64; 41, 1991, S. 38; 42, 1992, S. 42; 43, 1993. S. 75.

[14] Otto-Rudolf Rothbart: Lektoratskooperation, 1995, S. 435.

[15] Der Deutschen Bibliothekskonferenz (DBK) gehörten folgende bibliothekarische Verbände an: Arbeitsgemeinschaft der Spezialbibliotheken (ASpP), Deutscher Bibliotheksverband (DBV), Verein Deutscher Bibliothekare (VDB), Verein der Bibliothekare an Öffentlichen Bibliotheken (VBB), Verein der Diplom-Bibliothekare an wissenschaftlichen Bibliotheken (VdDB), Verband der Bibliotheken des Landes Nordrhein-Westfalen (VBNW).

mals den jährlich wechselnden Präsidenten des an Einfluss verlierenden Gremiums stellte. Und es gab auch alle fünf Jahre einen Bibliothekskongress, an dem sich alle Verbände beteiligten. Aber alles in allem bot sich dem Außenstehenden ein verwirrendes Bild im bibliothekarischen Verbandswesen.

Helmut Sontag (Berlin), Vorsitzender des Deutschen Bibliotheksverbandes und zugleich Präsident der Deutschen Bibliothekskonferenz, gab in einem im Septemberheft 1985 des „Bibliotheksdienstes" veröffentlichten Beitrag einen neuen Anstoß zu einer Konzentration bibliothekarischer Verbandsarbeit. In seinem als persönliche Meinungsäußerung deklarierten Papier schlug er einen einzigen sowohl einen Institutenverband als auch einen einheitlichen Personalverein umfassenden „Verband Deutscher Bibliotheken und Bibliothekare" vor, dessen Notwendigkeit er in 10 Punkten begründete.[16]

Der Vorstand des VBNW begrüßte diese Aktivitäten „ausdrücklich", allerdings unter der Voraussetzung, dass die bisherige Verbandsaktivität im Lande nicht infrage gestellt werde. Deutlich wurde allerdings auch, dass man in erster Linie an eine Stärkung des Deutschen Bibliotheksverbandes als des bibliothekarischen Dachverbandes aller Bibliotheken dachte.[17] Die vom Vorsitzenden Hartwig Lohse gegenüber den „sehr weitgehenden Plänen" Sontags geäußerten Bedenken sollten sich bewahrheiten. Als nach langwierigen Verhandlungen in überregionalen bibliothekarischen Gremien die Ergebnisse vorlagen,[18] wurden sie „nicht mit übermäßiger Freude von den Beteiligten aufgenommen", wie der Verbandsvorsitzende Ulrich Moeske in seinem Tätigkeitsbericht 1987 formulierte und die Marschrichtung des Verbandes angab: „... die Linie unseres Verbandes ist klar: Ziel einer engeren Zusammenarbeit kann nur die Stärkung des DBV sein, als des entscheidenden Bibliotheksverbandes, unter angemessener Berücksichtigung der Potenz und der Bedeutung unseres Verbandes als des stärksten geschlossenen Blockes innerhalb des DBV."[19]

Die von der Deutschen Bibliothekskonferenz vorgelegte und auf den Mitgliederversammlungen der wichtigsten bibliothekarischen Vereine im Mai 1988 gebilligte „Kooperationsvereinbarung"[20] fand in Nordrhein-Westfalen wenig Zustimmung. Hartwig Lohse, Vorstandsmitglied des Verbandes und an den überregionalen Verhandlungen beteiligt, unterzog das Papier im „Mittei-

[16] Helmut Sontag: Vorschlag zur Konzentration bibliothekarischer Verbandsarbeit. In: Bibliotheksdienst 19, 1985, S. 791-799.

[17] Tätigkeitsbericht 1985 des Verbandsvorsitzenden Hartwig Lohse, in: Mbl. 36, 1986. S. 34.

[18] Ausführlich Hans Joachim Kuhlmann, der Koordinator der Verhandlungen mit den bibliothekarischen Verbänden: Der Weg zum kritischen Bürger, 1989, S. 219-294; Ders.: Der Deutsche Bibliotheksverband 1973-1991, in: Bibliothekspolitik, 1998, S. 33-64.

[19] Mbl. 38, 1988, S. 26.

[20] Die Verabschiedung der „Kooperationsvereinbarung" erfolgte auf dem Berliner Bibliothekskongress am 26.5.1988 auf den Mitgliederversammlungen von VBB, VDB, VdDB und DBV.

lungsblatt" einer ungewöhnlich scharfen Kritik,[21] so dass es nicht erstaunlich war, wenn es auch im Vorstand zu kontroversen Diskussionen über die Vereinbarung kam. Als Mitglied der Deutschen Bibliothekskonferenz musste der Verband auf seiner Mitgliederversammlung 1988 einen Beschluss über Annahme oder Ablehnung der „Kooperationsvereinbarung" treffen. Ulrich Moeske als Verbandsvorsitzender begrüßte zwar die Ziele der neuen „Bundesvereinigung Deutscher Bibliotheksverbände" – Verbesserung der Außenvertretung des Bibliothekswesens und der Öffentlichkeitsarbeit, Verstärkung der Zusammenarbeit zwischen den Verbänden – trug dann aber die Einwände des Vorstandes zu den einzelnen Abschnitten der Vereinbarung vor, vor allem zur Regelung der Zusammenarbeit zwischen den beteiligten Verbänden auf der sog. Arbeitsebene und im Koordinationsgremium mit acht Sitzen: vier für die Personalverbände, vier für den Deutschen Bibliotheksverband. Der nordrhein-westfälische Verband war im Gegensatz zur Deutschen Bibliothekskonferenz nicht mehr vertreten, erhielt jedoch entsprechend einer Vereinbarung mit dem DBV Sitz und Stimme im Koordinationsgremium.

Trotz vieler Bedenken plädierte der Vorstand, da die anderen Mitgliedsorganisationen der Deutschen Bibliothekskonferenz zugestimmt hatten, für eine Annahme der Vereinbarung: „Der VBNW möchte", hieß es im Text des Vorstandes, „als durch die Vereinbarung kaum betroffener Verband mit regional begrenzter Zuständigkeit nicht eine Abmachung zu Fall bringen, die bundesweite Fragestellungen betrifft." Das Ergebnis der Abstimmung offenbarte, wie gering die Zustimmung für die Vereinbarung war: Es gab 18 Ja-Stimmen, 9 Nein-Stimmen und – wie vom Vorstandsmitglied Hartwig Lohse in der Mitgliederversammlung vorgeschlagen – 19 Stimmenthaltungen.[22]

Auf der Mitgliederversammlung des folgenden Jahres, 1989, gab der Vorsitzende Ulrich Moeske einen Rückblick auf die Vorbereitungen zur Auflösung der Deutschen Bibliothekskonferenz, die er als ihr letzter Präsident zu treffen hatte, und auf die Maßnahmen zur Gründung der Bundesvereinigung Deutscher Bibliotheksverbände (BDB), die dann einige Tage nach der VBNW-Tagung, am 20. September 1989 in Heidelberg, erfolgte. Moeske benutzte den Abschluss der Verhandlungen über die „Bundesvereinigung" zu grundsätzlichen Ausführungen über das bibliothekspolitische Engagement der bibliothekarischen Verbände. Er zeigte die Grenzen auf Bundesebene auf und betonte

[21] Hartwig Lohse: Was ist „bibliothekspolitisches Bajuwarentum"? Anmerkungen zu Bedeutung und Wirksamkeit der in Berlin verabschiedeten „Kooperationsvereinbarung". In: Mbl. 38, 1988, S. 217-221.

[22] Abdruck des vom Vorstand der Mitgliederversammlung vorgelegten Textes „Zur Kooperationsvereinbarung", dazu die „Kooperationsvereinbarung" der bibliothekarischen Verbände, in: Mbl. 39, 1989, S. 69-75, Zitat S. 72; Protokoll der Mitgliederversammlung mit Abstimmungsergebnis, in: Mbl. 39, 1989, S. 66-69.

die Notwendigkeit bibliothekspolitischer Aktivität in den Ländern, wenn er sagte: „Bei aller Notwendigkeit einer bundesweiten effektiv strukturierten Vertretung bibliothekarischer Interessen darf, und dies gilt nicht nur für Nordrhein-Westfalen, nicht vergessen werden, dass die kulturpolitische Hoheit der Bundesländer wie die kulturelle Unabhängigkeit der deutschen Städte, Kreise und Gemeinden es erforderlich machen, die Arbeit vor allem auf diese Bereiche zu konzentrieren.“[23] Wie sein Vorstandskollege Hartwig Lohse setzte sich Moeske deshalb für eine Stärkung der Landesverbände des Deutschen Bibliotheksverbandes ein. Für dessen Arbeit war eine Beitragserhöhung notwendig geworden, der die Mitgliederversammlung des VBNW, wenn auch nach kontroverser Diskussion, am 26. September 1991 unter Berücksichtigung der im Jahre 1973 vereinbarten Sonderkonditionen ohne Gegenstimme bei einer Enthaltung zustimmte.[24]

Eines der ersten öffentlichkeitswirksamen Vorhaben der neuen Bundesvereinigung Deutscher Bibliotheksverbände, die Neubearbeitung des Bibliotheksplans ’73, stieß beim Verband, zumindest in der Anfangsphase, auf deutliche Zurückhaltung. Zwar wurde die Revision begrüßt, aber gegen die terminliche Vorgabe – Fertigstellung bis zum Leipziger Bibliothekskongress 1993 – im „Schnellschussverfahren“ wurden vom Vorstand „schwerwiegende Bedenken“ angemeldet. Die Beteiligung der Bibliothekare und der bibliothekarischen Verbände an der Überarbeitung und die von der Arbeitsgruppe der BDB eingeschlagene Methode sei „insgesamt nicht gerade luziden und durchgehaltenen Prinzipien“ gefolgt, wie der Vorsitzende des Verbandes Bernhard Adams in seinem Tätigkeitsbericht 1993 bemängelte. Der Vorstand bemühte sich zwar „nach Kräften“, „alles zu tun, um seinen Standpunkt bei diesem Unterfangen deutlich zu machen“,[25] aber ein Blick in das Mitarbeiterverzeichnis der Endfassung, 1994 vorgelegt unter dem Titel „Bibliotheken ’93. Strukturen – Aufgaben – Positionen“, zeigt, dass „Nordrhein-Westfalen“ bei der Erarbeitung im Vergleich zum Bibliotheksplan ’73 gering vertreten war.[26]

Im „Sontag-Papier“ war als wichtiges Ziel der Konzentration eine Verminderung der Tagungen und Konferenzen im Bibliotheksbereich gefordert und pro Jahr eine Tagung als Präsentation des gesamten Bibliothekswesen vorge-

[23] Mbl. 40, 1990, S. 36.

[24] Tätigkeitsbericht 1991 des Verbandsvorsitzenden Bernhard Adams, in: Mbl. 42, 1992, S. 40-41 (Beitragserhöhung); Protokoll der Mitgliederversammlung 1991, in: Ebd. S. 48-49.

[25] Zitate aus den Tätigkeitsberichten 1992 und 1993 des Vorsitzenden Bernhard Adams, in: Mbl. 43, 1993, S. 73 und 44, 1994, S. 89.

[26] Bibliotheken ’93. Strukturen – Aufgaben – Positionen, 1994. – Vgl. die ungewöhnlich kritische Besprechung dieses bibliothekarischen Grundsatzpapiers von Hartwig Lohse, in: Mbl. 45, 1995, S. 92-94 („eine durchgehende bibliothekspolitische Komponente ist kaum erkennbar, die Außenwirkung dürfte gering bleiben“, S. 94).

schlagen worden. Die Arbeitsgruppe der Bundesvereinigung bemühte sich, den Wildwuchs im Veranstaltungswesen zu beschneiden, aber die „Verzahnung“ der „Bibliotheca“ in Dortmund mit einer zentralen Verbandstagung, wie sie vom Verband als Initiator der „Bibliotheca“ angestrebt und auch von der BDB beschlossen wurde, scheiterte nach zwei, in den Jahren 1994 und 1997 in Dortmund durchgeführten Kongressen.

Die nach der „Wiedervereinigung“ auftretende Frage nach der Integration der in der DDR bisher vorhandenen bibliothekarischen Verbände schien eine Chance für eine Intensivierung der Konzentration in der Verbandsarbeit zu sein. Die Bemühungen einer von der BDB eingesetzten „Strukturkommission“ sahen zwar primär die Zusamenfassung der vier Personalverbände vor, aber auch die Idee eines Gesamtverbandes unter Einschluss des Deutschen Bibliotheksverbandes wurde wieder aufgegriffen. Dieser erteilte im März 1993 eine Absage, und auch der VBNW trat für das vom DBV favorisierte sogenannte Zwei-Säulen-Modell unter dem Dach der BDB ein, „d.h. eine Organisation bestehend aus einem Institutenverband einerseits und einem einheitlichen Personalverband andererseits“.[27] Der Zusammenschluss der Personalverbände ist, wenn man von der 1997 erfolgten Vereinigung des Vereins der Bibliothekare an Öffentlichen Bibliotheken (VBB) mit dem Verein der Assistenten und Assistentinnen und anderen Angestellten an Bibliotheken (BBA) zum Verein der Bibliothekare und Assistenten an Bibliotheken (VBA) absieht, noch nicht zustandegekommen.[28]

[27] Tätigkeitsbericht 1993 des Vorsitzenden Bernhard Adams, in: Mbl. 44, 1994, S. 93. – Vgl. dazu: Hans Martin Sonn (Vorsitzender des DBV): Dach auf zwei Säulen. DBV-Konzept zur Konzentration der Verbandsarbeit. In: DBV-Info 19, 1995, S. 120. – Zusammenfassend: Hans Joachim Kuhlmann: Die Bundesvereinigung Deutscher Bibliotheksverbände, in: Bibliothekspolitik, 1998, S. 225-235, bes. S. 231-235. Kuhlmann erläutert die Begründung des DBV zur Ablehnung eines Gesamtverbandes (S. 233 f.) und betont die grundsätzlichen, auch für den VBNW zutreffenden Unterschiede zwischen Institutenverband, der auch die Interessen der Unterhaltsträger zu berücksichtigen hatte, und den Personalverbänden, deren Ansichten mitunter „im Gegensatz zu den Auffassungen der Träger“ sind.

[28] Zum Verlauf der Bemühungen um einen einheitlichen Personalverband aus der Sicht des Vereins der Diplombibliothekare an wissenschaftlichen Bibliotheken: Marianne Saule: Die AG Gemeinsamer Personalverband (1993-1994), in: Innenansichten, 1998, S. 39-43.

XIII. Wandel der bibliothekarischen Ausbildung und Fortbildung in drei Jahrzehnten

Der grundlegende Struktur- und Funktionswandel im Bibliothekswesen in den letzten Jahrzehnten, wie er in den vorangehenden Kapiteln aufgezeigt wurde, bewirkte tiefgreifende Veränderungen in der Aus- und Fortbildung, die nun zum Schluss zusammenfassend behandelt werden sollen. Der Verband hat sich seit seiner Gründung mit Problemen der Ausbildung beschäftigt, im weiteren Sinn auch mit berufsständischen Fragen, wenn auch nicht in dem Maße wie es die Personalverbände tun. Als Institutionenverband sah er es aber als seine Aufgabe an, im Interesse seiner Mitglieder, den Bibliotheken, dafür Sorge zu tragen, dass ihnen qualifizierte Mitarbeiter in ausreichender Zahl zur Verfügung standen. Sowohl wissenschaftliche als auch Öffentliche Bibliotheken umfassend, musste sich der Verband mit der für den Außenstehenden schwer überschaubaren Vielgestaltigkeit der Ausbildungsgänge für die nach Sparten, Laufbahnen und Beschäftigungsverhältnissen unterschiedlichen bibliothekarischen Berufe befassen: für die durch das Beamtenrecht festgelegten Laufbahnen des höheren, gehobenen und mittleren Dienstes, vornehmlich an wissenschaftlichen Bibliotheken, für die externe, durch ein Fachhochschulstudium zu absolvierende Ausbildung für Diplom-Bibliothekare an Öffentlichen Bibliotheken, für die durch das Berufsbildungsgesetz geordnete Ausbildung zum Assistenten an Bibliotheken. Dabei waren die politischen Rahmenbedingungen zu berücksichtigen, wie sie in Gesetzen, Verordnungen, Vereinbarungen und Empfehlungen zum Ausdruck kamen: des Landes, des Bundes, der Kultusministerkonferenz, der kommunalen Spitzenverbände, der Gewerkschaften. Notwendig war auch die Abstimmung mit den überregional agierenden bibliothekarischen Verbänden, insbesondere mit den Personalvereinen. Bei der angedeuteten Vielschichtigkeit des Themas wird es vor allem darauf ankommen, die zahlreichen, sich auch bundesweit auswirkenden Initiativen des Verbandes in der Ausbildung und in der immer mehr an Bedeutung gewinnenden Fortbildung zu skizzieren.

1. Zur Entwicklung des höheren Dienstes an Bibliotheken

Am 20. Januar 1966 konstituierte sich im Rathaus der Stadt Köln auf Anregung des Kuratoriums des Bibliothekar-Lehrinstituts des Landes Nordrhein-Westfalen eine unabhängige Fachkommission, bestehend aus Vertretern des Instituts, des Kultusministeriums, der kommunalen Spitzenverbände, aus Bibliotheken aller Sparten. Von Seiten des Verbandes nahmen der Vorsitzende Werner Krieg und der Vorsitzende der Arbeitsgemeinschaft der Großstadtbüchereien Fritz Hüser (Dortmund) teil. In einer im Winter 1966 vorgelegten Denkschrift wurden ausgehend vom Wandel der Öffentlichen Büchereien und als Folge der Vereinheitlichung des öffentlichen Dienstrechts Vorschläge für eine Neuordnung des Dienstes an Öffentlichen Büchereien vorgelegt, und zwar für drei Bereiche: für den höheren, den gehobenen und für den mittleren und einfachen Dienst.[1]

Bei den Empfehlungen für den höheren Dienst an Öffentlichen Büchereien konnte die Fachkommission auf Vorarbeiten der Ausbildungskommission der Großstadtbüchereien zurückgreifen, die im Jahre 1963 einen Entwurf einer „Ausbildungs- und Prüfungsordnung für die Laufbahn des höheren Dienstes an Öffentlichen Büchereien im Lande Nordrhein-Westfalen" vorgelegt hatte, der – vom Verband getragen – dem Kultusministerium übergeben worden war.[2] Zwar war schon früher im Verein der Volksbibliothekare über eine Laufbahn des höheren Dienstes analog zum höheren Dienst an wissenschaftlichen Bibliotheken anstelle der „Einheitsausbildung" diskutiert worden, aber in Nordrhein-Westfalen nahmen diese Überlegungen mit der „Ausbildungs- und Prüfungsordnung von 1963" konkrete Formen an. Das geschah nicht von ungefähr: Gab es doch hier zahlreiche, in einer Arbeitsgemeinschaft vereinigte Großstadtbibliotheken und „Einheitsbibliotheken", an denen immerhin 44 Stellen des höheren Dienstes vorhanden waren.

Diese leitenden Stellen wurden üblicherweise mit Akademikern, mit Diplom-Bibliothekaren mit abgeschlossenem Hochschulstudium, oder mit bewährten Diplom-Bibliothekaren ohne Hochschulstudium besetzt. Durch die Verfestigung und Perfektionierung des Laufbahnrechts in den 60er Jahren und angesichts der allgemeinen Personalnot verlöre – so wurde argumentiert – der höhere Dienst an Öffentlichen Büchereien bei Akademikern immer mehr an Anziehungskraft. Der gegenwärtige Zustand wurde als „fachlich unangemessen, rechtlich unzulänglich, inhaltlich unbillig und beruflich unüberschaubar" bezeichnet.[3] Die Situation werde sich durch den Ausbau der Öffentlichen Büchereien und den erwarteten erhöhten Bedarf an Bibliothekaren des höheren Dienstes noch verschärfen, glaubte man voraussagen zu können.

Die Argumente für einen höheren Bibliotheksdienst an Öffentlichen Büche-

[1] Denkschrift zur Neuordnung, 1966.

[2] Abdruck mit Begleitschreiben und Begründung, in: Mbl. 13, 1963, S. 167-179; Einzelheiten über die „Ausbildungs- und Prüfungsordnung" bei Werner Krieg, Verband, 1989, S. 238 f.

[3] Denkschrift zur Neuordnung, 1966, S. 11.

reien, wie sie in Nordrhein-Westfalen vorgebracht worden waren, verdeutlichte Hansjörg Süberkrüb auf der Jahrestagung 1964 des Deutschen Büchereiverbandes. Das Fehlen laufbahnrechtlicher Bestimmungen führe dazu, dass Studienassesoren, juristische Assessoren und Kollegen des höheren wissenschaftlichen Dienstes sich als laufbahnberechtigte Bewerber für leitende Stellen in Öffentlichen Büchereien anbieten könnten, während diplomierte Bibliothekare unserer Sparte (gleichgültig ob Akademiker oder Nichtakademiker) als *Außenseiter* vor den Landespersonalausschuss zitiert würden, wenn sie sich um eine leitende (Beamten-) Stelle in einer Öffentlichen Bücherei bewerben. „Es liegt auf der Hand", so Süberkrüb in seinem Referat, „dass talentierte junge Leute durch diese Situation kaum für den Dienst im Büchereiwesen gewonnen werden. Es liegt bei den Ländern, hier rechtliche Folgerungen zu ziehen."[4]

Was das Land Nordrhein-Westfalen betrifft, wo, wie erwähnt, die ersten Initiativen für einen höheren Bibliotheksdienst an Öffentlichen Büchereien ergriffen worden waren, musste der Vorsitzende des Verbandes Werner Krieg in seinem Tätigkeitsbericht 1964 allerdings mitteilen, dass „in dieser für die künftige Entwicklung der Öffentlichen Büchereien so wichtigen Frage" noch keine befriedigende Lösung gefunden worden war.[5] Erst auf der Jahresversammlung 1966 konnte er unter Bezugnahme auf die eingangs erwähnte „Denkschrift" von Fortschritten berichten: „Über die Notwendigkeit, auch bei den Öffentlichen Büchereien eine regelrechte Laufbahn des höheren Dienstes zu schaffen, herrscht jetzt wohl eine allgemeine Einigkeit. Auch die Bedenken, die zunächst beim Deutschen Städtetag bestanden, konnten inzwischen ausgeräumt werden, indem unter tätiger Mitwirkung einiger Referenten des Städtetages ein Ausbildungsmodus entworfen wurde, der den kommunalen Belangen Rechnung trägt. Selbstverständlich muss die künftige Ausbildungs- und Prüfungsordnung für diese Laufbahn so gestaltet sein, dass auch weiterhin besonders befähigte Diplom-Bibliothekare, die kein Hochschulstudium aufzuweisen haben, ohne Schwierigkeiten in Stellen des höheren Dienstes aufsteigen können."[6]

Der Vorsitzende des Verbandes berücksichtigte damit Bedenken, die von Seiten der Volksbibliothekare gegen einen höheren Dienst vorgebracht wurden, Bedenken, die auch in der nach jahrelangen Verhandlungen zustandegekommenen „Rahmenvereinbarung über die Ausbildung für den höheren Dienst an öffentlichen Büchereien" der Kultusministerkonferenz von 1972 ih-

[4] Hansjörg Süberkrüb: Zur Situation der bibliothekarischen Ausbildung. Bibliothekar-Nachwuchs für die Öffentlichen (kommunalen) Bibliotheken in der Bundesrepublik. In: BuB 16, 1964, S. 182-191, Zitat S. 186.

[5] Mbl. 15, 1965, S. 18. Vgl. Werner Krieg, Verband, 1989, S. 235-239

[6] Mbl. 16, 1966, S. 8 f.

ren Niederschlag fanden. Unter Hinweis auf die inzwischen erfolgten Reformen (1968) – 6-semestriges Studium – hiess es in einer „Vorbemerkung", dass die Ausbildung und Prüfung der Diplom-Bibliothekare für den Dienst an Öffentlichen Büchereien bei besonderer Qualifikation auch zur Übernahme solcher Ämter oder Stellen befähige, „die nach den gesetzlichen oder tariflichen Bestimmungen dem höheren Dienst zuzurechnen sind."[7]

Bei der Realisierung dieser „Rahmenvereinbarung" übernahm Nordrhein-Westfalen, wo ja am Bibliothekar-Lehrinstitut schon die Ausbildung für den höheren Dienst an wissenschaftlichen Bibliotheken stattfand, wiederum eine Vorreiterrolle, als eine Kommission des Verbandes, in der sowohl die wissenschaftlichen als auch die Öffentlichen Büchereien vertreten waren, eine für beide Sparten vorgesehene „Ausbildungs- und Prüfungsordnung für den höheren Dienst an Bibliotheken" ausarbeitete. Die gemeinsame Kommission war für den Vorsitzenden Hartwig Lohse ein Beleg dafür, „dass jedenfalls der Vorstand des Verbandes für eine solche gemeinsame Ordnung des höheren Dienstes eintrete."[8]

Entsprechend dem Verbandsentwurf und unter Berücksichtigung der Empfehlungen der Kultusministerkonferenz gab das nordrhein-westfälische Kultusministerium in mehreren Erlassen des Jahres 1974 die wichtigsten Grundsätze der beabsichtigten Neuregelung bekannt: neben der gemeinsamen Ausbildung des höheren Dienstes an wissenschaftlichen und Öffentlichen Bibliotheken vor allem zwei wesentliche Neuerungen, nämlich die Verkürzung der praktischen Ausbildung auf 8 Monate bei Verlängerung der theoretischen Ausbildung auf 18 Monate und der Verzicht auf die Promotion als zusätzliche Einstellungsvoraussetzung. In einem weiteren Erlass wurden 10 Öffentliche Bibliotheken als Ausbildungsbibliotheken für den höheren Bibliotheksdienst anerkannt.[9] Die ersten vier Referendare der neuen Laufbahn für Öffentliche Bibliotheken wurden im Herbst 1974 in Duisburg, Dortmund, Essen und Bielefeld eingestellt.

Die Zurückhaltung in weiten Kreisen gegenüber der Reform im höheren Bibliotheksdienst war gewiss nicht auf den Vorsitzenden des Verbandes Hartwig Lohse beschränkt, der in der Mitgliederversammlung 1974 zur geplanten Ausbildungs- und Prüfungsordnung sagte: „Sie ist trotz aller Beratungen und Vorla-

[7] Beschluß vom 4.2.1972, abgedr. in: Mbl. 22, 1972, S. 205-206, Zitat S. 205. – Über die Verhandlungen bis zur Verabschiedung der „Rahmenvereinbarung über die Ausbildung für den höheren Dienst an öffentlichen Büchereien" ausführlich Hans Joachim Kuhlmann: Der Weg zum kritischen Bürger, 1989, S. 123-127, S. 173-174.

[8] Im Tätigkeitsbericht 1973, in: Mbl. 24,1974, S. 11 f. – Vgl. Werner Krieg: Probleme der Ausbildung für den höheren Bibliotheksdienst , in: Bibliothekarische Ausbildung, 1975, S. 75-84, hier S. 79 f.

[9] Höherer Bibliotheksdienst, Erlass des Kultusministers vom 1.2.1974, abgedr. in: Mbl. 24, 1974, S. 179-180. Weitere Erlasse den höheren Dienst betreffend in: Mbl. 24, 1974, S. 337-338 (Änderung), Mbl. 24, 1974, S. 336 (Anerkennung von Ausbildungsbibliotheken).

gen bei zahlreichen Gremien unter den Kollegen des Landes (und außerhalb des Landes) nicht unumstritten. Sowohl die Kürzung der Praxis als auch der Fortfall der Promotion sind auf Kritik gestoßen, die Stellung vieler Bibliothekare an öffentlichen Bibliotheken zu dem Problem eines Höheren Dienstes kennen Sie alle besser als ich, doch auch in diesem Fall konnte der Verband angesichts der Zustimmung der wichtigsten Gremien (AGG) nicht anders handeln."[10]

Für den Erhalt der Promotion als Zulassungsvoraussetzung hatte sich der Verband lange Zeit in Gutachten (1964) und in weiteren Stellungnahmen eingesetzt und nur Ausnahmeregelungen für Diplom-Ingenieure befürwortet. Aber der Trend zum Wegfall der Promotion war nicht aufzuhalten, mochte auch mancher Kollege diese Entwicklung bedauern, so Gerhart Lohse (Aachen), der im „Mitteilungsblatt" den Verzicht als „Abschied von dem qualifizierten Wissenschaftler als Prototyp des Bibliothekars" bezeichnete.[11] Die „Empfehlung der Kultusministerkonferenz zur Ausbildung für den Dienst an wissenschaftlichen Bibliotheken" von 1974 bezeichneten die Promotion nur noch als „erwünscht".[12]

Die geplante Ausweitung der Theorie auf Kosten der praktischen Ausbildung ist vor dem Hintergrund der Reformbestrebungen im Verein Deutscher Bibliothekare (VDB) und der Diskussion um eine neudefinierte Bibliothekswissenschaft zu sehen. Die Vorschläge, wie sie z.B. auf dem Hamburger Bibliothekskongress 1973 diskutiert wurden, sahen eine Verlängerung des theoretischen Teils der Ausbildung von ein auf eineinhalb Jahre vor, daneben als zweite Möglichkeit ein 10-semestriges Kombinationsstudium aus einem traditionellen Wissenschaftsfach und der Bibliothekswissenschaft.[13] In diesem Zusammenhang ist wenigstens zu erwähnen: das Kölner Kolloquium zur Bibliothekswissenschaft von 1969 und der 1974 eingerichtete Lehrstuhl für Bibliothekswissenschaft an der Universität Köln, Anlass zu kontroversen Diskussionen im „Mitteilungsblatt" in den Jahren 1977 und 1978.[14]

[10] Mbl. 25, 1975, S. 8. – Vgl. auch die Ausführungen des Verbandsvorsitzenden Hans Joachim Kuhlmann im Tätigkeitsbericht 1976, wo es hieß: „Es hieße darüber hinaus das Interesse der Großstadtbibliotheken zu vernachlässigen, wenn das Problem des Nachwuchses für die Stellen des Höheren Dienstes und seine qualifizierte Ausbildung bagatellisiert würde." (Mbl. 27, 1977, S. 9).

[11] Gerhart Lohse: Zur Personalstruktur des bibliothekarischen Berufes. Ein Diskussionsbeitrag. In: Mbl. 24, 1974, S. 113-121, Zitat S. 113. – Für die Beibehaltung der Promotion vgl. Werner Krieg, Verband, 1989, S. 230.

[12] Beschluß der KMK vom 6.5.1974, abgedr. in: Mbl. 25, 1975, S. 57-60, hier S. 57.

[13] So Hans-Peter Geh: Stand und Gegenwartsprobleme der bibliothekarischen Ausbildung, in: Bibliothekarische Kooperation, 1974, S. 81-86, hier S. 85.

[14] Z.B. Hans Limburg: Die Bibliothekswissenschaft kam auf leisen Sohlen. Ist sie nun wirklich da? In: Mbl. 27, 1977, S. 126-137. – Über die Diskussion der70er Jahre, beginnend mit dem Kölner Kolloquium von 1969 (Bibliothekswissenschaft. Hrsg. von Werner Krieg, 1970) zusammenfassend: Michael Knoche, Claudia Lux: Das Ende der Bibliothekswissenschaft, in: Buch und Bibliothekswissenschaft, 1990, S. 59-70.

Die Gewichtung von Theorie und Praxis in der Ausbildung des höheren Bibliotheksdienstes blieb auf der Tagesordnung. Die für beide Sparten gültige „Ausbildungs- und Prüfungsordnung für die Laufbahn des höheren Bibliotheksdienstes im Lande Nordrhein-Westfalen" wurde endlich am 28.2.1977 vom Kultusministerium erlassen, nachdem der Städtetag Nordrhein-Westfalen seine Bedenken zurückgezogen hatte. Sie brachte eine wichtige Übergangsbestimmung, die bis zum 1.10.1981 gültig sein sollte: Das bisherige Theorie-Praxis-Verhältnis blieb erhalten: 12 Monate am Bibliothekar-Lehrinstitut, 12 Monate Praxis, aufgeteilt in ein großes Praktikum (10 Monate) und in ein kleines Praktikum (2 Monate), abzuleisten je nach Schwerpunktbildung des Referendars an einer wissenschaftlichen und Öffentlichen Bibliothek.[15]

Zwar wurde diese Übergangsregelung aus formalen Gründen nochmals um 4 Jahre verlängert, aber es gab weiterhin Bestrebungen, vor allem im Verein Deutscher Bibliothekare, für eine Verlängerung der theoretischen Ausbildungszeit. Den Herausgebern des „Mitteilungsblatts" erschien es deshalb notwendig, das Thema Ausbildung des höheren Dienstes erneut zur Diskussion zu stellen, die dann unter maßgeblicher Beteiligung des Mitherausgebers Hartwig Lohse in den Jahrgängen 1982 und 1983 des Verbandsorgans erfolgte.[16]

Auch die Gremien des Verbandes, vor allem die Arbeitsgemeinschaft der Hochschulbibliotheken und ihre Ausbildungskommission befasste sich in den 80er und 90er Jahren mit Themen des höheren Dienstes: mit Einzelfragen zur theoretischen und praktischen Ausbildung, zeitweise auf fast jeder Sitzung mit den Modalitäten des Auswahlverfahrens der Bewerber, dann vor allem und wiederholt mit den 1986 vom Verein Deutscher Bibliothekare vorgelegten „Empfehlungen für die Ausbildung des Höheren Bibliotheksdienstes", die der Entwicklung im Bibliothekswesen – EDV-Einsatz, Bibliotheksmanagement, Online-Informationsvermittlung sind einige Stichworte – Rechnung zu tragen suchten. Was das in Jahrzehnten diskutierte Theorie-Praxis-Verhältnis betrifft, gab es 1986 wieder einen Schwenk beim VDB: Abweichend von früheren zeitlichen Rahmenvorstellungen sollte „in Anbetracht des gewandelten Meinungsbildes" das bisherige Verhältnis von einem Jahr an der Ausbildungsbibliothek zu einem Jahr am Ausbildungsinstitut beibehalten werden,[17] eine Empfehlung, die dann auch in der Ausbildungs-

[15] Abgedr. in: Mbl. 27, 1977, S. 299-307.

[16] Zur Reform der Ausbildung der Bibliotheksreferendare. Vorwort der Herausgeber: In: Mbl. 32, 1982, S. 1. – Zur Diskussion auch Hartwig Lohse: Zum Verhältnis von Theorie und Praxis, in: Mbl. 32, 1982, S. 242.

[17] Empfehlungen VDB (Ausbildung), 1986, S. 3. – Zum viel diskutierten Auswahlverfahren vgl. Ulrich Pflugk: Zum Auswahlverfahren, in: Festschrift für Horst Gronemeyer, 1993, S. 633-647.

und Prüfungsordnung von Nordrhein-Westfalen von 1985 ihren Niederschlag fand.[18]

Aber bald zeichneten sich neue, allerdings gravierende Veränderungen in der Ausbildung des höheren Bibliotheksdienstes ab, wobei Nordrhein-Westfalen wiederum eine, freilich umstrittene Vorreiterrolle zu spielen scheint, Veränderungen, die hier nur durch einige Stichworte angedeutet seien: Zusatzstudium für wissenschaftliche Mitarbeiter im Bibliotheks- und Informationsbereich bei weitgehendem Wegfall der Praxis, Aufgabe der Ausbildung als Vorbereitungsdienst im Beamtenverhältnis (verwaltungsinterne Ausbildung) – neue Herausforderungen für den Verband, dessen Arbeitsgemeinschaft der Universitätsbibliotheken in einer Stellungnahme im November 1997 für die Beibehaltung der bisherigen Ausbildung, bei Reformen in der inhaltlichen Ausgestaltung, eintrat.[19]

2. *Reformen in der Ausbildung für Diplom-Bibliothekare an Öffentlichen und wissenschaftlichen Bibliotheken*

In seinem Tätigkeitsbericht des Jahres 1965 setzte der Vorsitzende des Verbandes Werner Krieg einen Schwerpunkt auf Berufs- und Ausbildungsfragen. Er konnte berichten, dass die „seit Jahren sehnsüchtig erwartete" Ausbildungs- und Prüfungsordnung für den gehobenen Dienst an wissenschaftlichen Bibliotheken am 4. Juni 1965 „endlich" erlassen worden war,[20] die auch für Nordrhein-Westfalen einen Vorbereitungsdienst im Beamtenverhältnis brachte, eine Neuerung, da die Absolventen dieser Ausbildung bisher nur mit Hilfe von Sonderbestimmungen und erst nach mehrjähriger Tätigkeit im Angestelltenverhältnis verbeamtet werden konnten. Angesichts des herrschenden Personalmangels – man denke an die Neugründungen von Universitäten, später von Gesamthochschulen und Fachhochschulen – war es nun Aufgabe des Verbandes, bei der Landesregierung auf eine Erhöhung der unzureichenden Zahl von Stellen für Bibliotheksinspektorenanwärter zu drängen.

Krieg musste in seinem Bericht dann aber auch auf die „verständlichen Sor-

[18] Verordnung über die Ausbildung und Prüfung für die Laufbahn des höheren Bibliotheksdienstes im Lande Nordrhein-Westfalen. Vom 21.4.1985, abgedr. in: Mbl. 35, 1985, S. 339-349. Über die weitere Entwicklung: Jürgen Hönscheid: Zur Ausbildung des höheren Bibliotheksdienstes, in: De officio bibliothecarii, 1998, S. 53-60.

[19] Vgl. die Beiträge zum Thema „Bibliothekarische Ausbildung im Wandel" mit der Stellungnahme der Arbeitsgemeinschaft der Universitätsbibliotheken zur künftigen Ausbildung des wissenschaftlichen Bibliotheksdienstes. In: ProLibris, 3, 1998, H. 1, S. 10-23.

[20] Mbl. 15, 1965, S. 15. – Die „Ausbildungs- und Prüfungsordnung" ist abgedr. in: Mbl. 15, 1965, S. 233-247.

gen der Kollegen von den Öffentlichen Büchereien“ zu sprechen kommen. Hier befürchtete man, dass nach der Einführung eines Vorbereitungsdienstes im Beamtenverhältnis bei den wissenschaftlichen Bibliotheken die Anziehungskraft für den Beruf des Diplom-Bibliothekars an Öffentlichen Büchereien leiden könnte. Auch hier fehlte es an bibliothekarisch ausgebildetem Personal, ein Zustand, der bereits dazu geführt hatte, dass viele Mittelstadtbüchereien bibliothekarisch verwaist waren. In Anbetracht dieses Notstands empfahl die „Denkschrift zur Neuordnung des Dienstes an Öffentlichen Büchereien“ (1966) die Einrichtung eines ordnungsgemäßen Vorbereitungsdienstes im Beamtenverhältnis, da dieser finanziell attraktiver war. In der „Denkschrift“ hieß es: „Dem am Büchereidienst interessierten Abiturienten, der erfahrungsgemäß sehr nüchtern auch die finanzielle Seite seiner Ausbildung bedenkt, kann kaum einsichtig gemacht werden, dass am selben Institut die Gewährung eines Unterhaltszuschusses dort und das Fehlen des Zuschusses hier keine Ungerechtigkeit bedeutet.“[21]

Werner Krieg bezweifelte, ob sich auch für den Dienst an Öffentlichen Büchereien ein Vorbereitungsdienst im Beamtenverhältnis durchsetzen würde, aber nachdem eine ganze Reihe von Städten übergegangen war, die Diplom-Bibliothekare ins Beamtenverhältnis zu übernehmen, meinte er, dass der Tag nicht mehr fern sein dürfte, an dem auch für die Ausbildung der zukünftigen Volksbibliothekare ein Vorbereitungsdienst in Erwägung gezogen werden müsste.[22] Es kam nicht dazu, aber Nordrhein-Westfalen war insoweit ein Spezifikum, als es hier „eine nicht geringe Anzahl von Städten“ gab, „die die Mehrzahl der dort tätigen Bibliothekare ins Beamtenverhältnis übergeführt hat“.[23]

Mit Aufmerksamkeit verfolgte der Verband, insbesondere die Arbeitsgemeinschaft der Großstadtbüchereien, die von Hamburg ausgehenden Bestrebungen, die – entsprechend der Entwicklung der Öffentlichen Büchereien mit ihrem zunehmend differenzierten Beständen – auf eine grundlegende Reform der Ausbildung in Form eines Studiums abzielten. Wie in den überregionalen Gremien des Öffentlichen Büchereiwesens gab es auch im Verband kontroverse Meinungen zu diesen Reformbemühungen, aber es bestand Einigkeit darüber, „dass im Hinblick auf den Gestaltwandel der Öffentlichen Bücherei die theoretische Ausbildung der künftigen Diplombibliothekare verstärkt werden“ müsse, wenn auch daneben ein gewisses Maß an praktischer Ausbil-

[21] Denkschrift zur Neuordnung, S. 23.

[22] Tätigkeitsberichte des Vorsitzenden Werner Krieg 1965 und 1966 (Mbl. 16, 1966, S. 17; 17, 1967, S. 9).

[23] Blätter zur Berufskunde. Diplom-Bibliothekar an Öffentlichen Büchereien (Hermann Waßner) 1973, S. 27. Beamtenverhältnis auch in den Stadtstaaten West-Berlin und Bremen.

dung weiterhin unentbehrlich sei.[24] Die verstärkte theoretische Ausbildung sollte entsprechend den Vorschlägen des Vereins der Volksbibliothekare und des Deutschen Büchereiverbandes die Diplom-Bibliothekare befähigen, „Aufgaben des Bestandsaufbaus und der Bestandserschließung (einschließlich Auskunft und Beratung) sowie Leitungsfunktionen wahrzunehmen."[25]

Die tiefgreifenden Veränderungen durch die Rahmenvereinbarung der Kultusministerkonferenz vom 18. Januar 1968 über die Ausbildung für den Dienst als Diplombibliothekar an Öffentlichen Büchereien – sechs theoretische Semester, Kürzung des Praxisanteils auf mindestens vier Monate[26] – mit ihren Konsequenzen für die theoretische und praktische Ausbildung bildete in den folgenden Jahren einen Schwerpunkt in der Ausbildungsarbeit des Verbandes. Galt es doch die Praktika neu zu gestalten und eine Neukonzeption für den Lehrplan zu entwickeln, auch für das umstrittene sog. Wahlfach, also für jenen Studienteil, in dem eine Fachwissenschaft gewissermaßen als Zweitfach neben dem Hauptfach „Bibliothekslehre" studiert werden konnte. Einen gewissen Abschluss der sich über Jahre erstreckenden Arbeit in Gremien des Verbandes, beim Bibliothekar-Lehrinstitut und bei den zuständigen Ministerien für Kultur und für Wissenschaft bildeten die 1973 vorgelegten Studien – und Prüfungsordnungen, nachdem das Bibliothekar-Lehrinstitut bereits mit Beginn des Wintersemesters 1970/71 mit der neuen Form der Ausbildung begonnen hatte.[27]

Die Rahmenvereinbarung der Kultusministerkonferenz über die sechs-semestrige, überwiegend theoretische Ausbildung machten nach Ansicht von Werner Krieg auch eine Entscheidung über den „bisher reichlich unklaren Status des Bibliothekar-Lehrinstituts unausweichlich". Es gab aber noch einen weiteren Anlass zu neuen Überlegungen: die Reformen im Hochschulbereich, die zur Gründung von Fachhochschulen und Gesamthochschulen bzw. Gesamthochschulbereichen führten.

Über die verschiedenen, auch aus den Gremien des Verbandes kommenden Vorschläge zur Lösung der Statusfrage des Bibliothekar-Lehrinstituts war auf der Mitgliederversammlung des Verbandes 1969 zu hören: „Die Dinge sind zur Zeit noch zu sehr im Fluß, als dass man schon etwas Endgültiges sagen könnte. Nur soviel scheint gewiß: 1) Das Bibliothekar-Lehrinstitut wird sei-

[24] So der Verbandsvorsitzende Werner Krieg im Jahresbericht 1966, in: Mbl. 17, 1967, S. 9.

[25] Gemeinsames Schreiben des Vereins der Volksbibliothekare und des Deutschen Büchereiverbandes an den Generalsekretär der KMK vom 4.4.1967, zit. nach Hans Joachim Kuhlmann, Der Weg zum kritischen Bürger, 1989, S. 126, hier auch ausführliche Darstellung (S. 125-128).

[26] Rahmenvereinbarung über die Ausbildung für den Dienst als Diplom-Bibliothekar an Öffentlichen Büchereien, vom 18.1.1968, abgedr. in: Mbl. 18, 1968, S. 161-162.

[27] Vorläufige Studienordnung (Mbl. 23, 1973, S. 179-182); Vorläufige Prüfungsordnung (Mbl. 23, 1973, S. 449-455).

nen bisherigen Status als Institut sui generis nicht beibehalten können. Es wird, wenn es nicht unter Ausbildungseinrichtungen, die bisher eindeutig unter ihm rangierten, absinken soll, in irgendeiner Form in den Hochschulbereich einbezogen werden müssen. 2) Eine Einreihung unter die Fachhochschulen würde nach Meinung des Berufsstandes, des Kuratoriums und wohl auch des Ministeriums dem Charakter des Instituts nicht gerecht. Sie wird aber durch die jetzige Fassung des Fachhochschulgesetzes nicht ausgeschlossen und bliebe, wenn sich keine bessere Lösung bietet, als ultima ratio möglich. 3) Erwogen wird zur Zeit eine Angliederung an die Universität. Ob sie möglich sein wird und in welcher Form, bedarf noch der Klärung. Auf keinen Fall ist daran gedacht, aus dem Bibliothekar-Lehrinstitut eine wissenschaftliche Hochschule zu machen."[28]

Eine neue Perspektive schien das am 30. Mai 1972 erlassene „Gesamthochschulentwicklungsgesetz" zu bieten: Zusammen mit der Universität, den Abteilungen der Pädagogischen Hochschule Rheinland, der Deutschen Sporthochschule und der Fachhochschule sollte das Bibliothekar-Lehrinstitut den Gesamthochschulbereich Köln bilden. Es blieb aber beim ungeklärten Status des Bibliothekar-Lehrinstituts, das zudem über 1 1/2 Jahre ohne Leitung blieb, ein Zustand, der vom Verband „sehr bedauert" wurde.[29]

Nachdem durch die Rahmenvereinbarung der Kultusministerkonferenz von 1968 die Weichen für eine Reform der Ausbildung bei den Öffentlichen Bibliotheken gestellt worden waren, konnte sich, wie Werner Krieg in der Mitgliederversammlung 1969 meinte, auch die Ausbildung für den gehobenen Dienst an wissenschaftlichen Bibliotheken „nicht länger in den alten Geleisen bewegen". Und Gerhart Lohse (Aachen) prognostizierte unter Bezugnahme auf die Entwicklung bei den Öffentlichen Büchereien: „Das wissenschaftliche Bibliothekswesen wird diesem Vorbild folgen."[30]

Nach den Veränderungen bei den wissenschaftlichen Bibliotheken seit den 60er Jahren – Bibliothekssysteme an den Universitäten, neue Medien, EDV, Informationsvermittlung sind einige Stichworte – wurde „gegenüber der bisherigen Praxis eine vertiefte theoretische Ausbildung" des gehobenen Dienstes „für wichtig erachtet",[31] sei es an einer Fachhochschule, sei es im Rahmen einer

[28] Tätigkeitsbericht des Verbandsvorsitzenden Werner Krieg 1969, in: Mbl. 20, 1970, S. 12.

[29] Mbl. 25, 1975, S. 8. – Zur Geschichte des Bibliothekar-Lehrinstituts vgl. Wilma Klompen: Das Bibliothekar-Lehrinstitut (1949-1974), in: Bibliothekarische Ausbildung, 1975, S. 1-31; Dies.: Das Bibliothekar-Lehrinstitut (1974-1981), in: Buch und Bibliothekswissenschaft, 1990, S. 45-58. – Zum Gesamthochschulentwicklungsgesetz vgl. Kap. VI, Abschn. 1.

[30] Mbl. 20, 1970, S. 12; Gerhart Lohse: Zur Personalstruktur (Anm. 11 in diesem Kapitel), S. 114.

[31] Hans-Peter Geh: Stand und Gegenwartsprobleme der bibliothekarischen Ausbildung, in: Bibliothekarische Kooperation, 1974, S. 86.

Gesamthochschule, Forderungen, die wenigstens zum Teil – Ausbildung an einer Fachhochschule – ihren Niederschlag in den „Empfehlungen der Kultusministerkonferenz zur Ausbildung für den Dienst an wissenschaftlichen Bibliotheken" (1974) fanden.[32] Vertreter der erweiterten theoretischen Ausbildung – standen Anhängern mit Betonung der Praxis gegenüber – auch im VBNW, wie die skeptischen Äußerungen des Verbandsvorsitzenden Hartwig Lohse in der Mitgliederversammlung 1975 zeigen. Lohse sagte: „Zum gehobenen Dienst erlauben Sie dem scheidenden Vorsitzenden ein offenes Wort. Ob wir gut beraten waren, im Bereich der öffentlichen Bibliotheken einer so starken Theoretisierung der Ausbildung zuzustimmen, möchte ich bezweifeln. Jedenfalls sind die Äusserungen vieler Kollegen dieses Landes, mit denen ich darüber sprach, von großer Skepsis bestimmt. Wir sollten uns Änderungen im Bereich der wissenschaftlichen Bibliotheken sehr gründlich und möglichst frei von Statusfragen überlegen."[33]

Die Reformbestrebungen im diplom-bibliothekarischen Dienst erhielten Auftrieb durch das „Programm der Bundesregierung zur Förderung der Information und Dokumentation (IuD-Programm) vom Dezember 1974, das die „Integration der Dokumentar- und Bibliothekarausbildung in den Hochschulbereich, auch in Zusammenhang mit der Bildung von Gesamthochschulen" vorsah.[34] Nach internen Diskussionen in den Ausbildungskommissionen der wissenschaftlichen und der Öffentlichen Bibliotheken übernahm der Verband im weiteren Verlauf eine maßgebende Rolle in den überregionalen Gremien des Bibliothekswesens: Im Auftrag der Ausbildungsstätten der Deutschen Bibliothekskonferenz erarbeitete der Verband Empfehlungen zu einer Vereinheitlichung, und auf dem Bibliothekskongress 1978 in Stuttgart referierten kompetente Vertreter für Ausbildungsfragen im Verband, Ulrich Pflugk (Duisburg) und Hedwig Bieber (Dortmund), über Fragen der gemeinsamen Ausbildung aus der Sicht der wissenschaftlichen und der Öffentlichen Bibliotheken. Auf der Veranstaltung wurde entsprechend einem Vorstandsbeschluss auch ein Papier mit den Vorschlägen aus Nordrhein-Westfalen verteilt, das die Diskussion auf Bundesebene „nachhaltig" beeinflusste.[35]

Als am 1. Juli 1960 die „Ausbildungs- und Prüfungsordnung für die Laufbahn des gehobenen Dienstes an wissenschaftlichen Bibliotheken und Dokumentationseinrichtungen" erlassen[36] und damit auch für Dokumentare eine

[32] Abgedr. in: Mbl. 25, 1975, S. 57-60, hier S. 58.

[33] Mbl. 26, 1976, S. 8.

[34] So Bernhard Kirchhof: Überlegungen zur gemeinsamen Ausbildung, in: Bibliotheken als Informationsvermittler, 1979, S. 188. Hier auch der Abdruck der Referate von Ulrich Pflugk (S. 180-181) und Hedwig Bieber (S. 182-186).

[35] Ausführlich Hans Joachim Kuhlmann im Tätigkeitsbericht 1978, in: Mbl. 29, 1979, S. 36-38.

[36] Abgedr. in: Mbl. 30, 1980, S. 572-585.

verwaltungsinterne Ausbildung festgelegt wurde, war die Diskussion um den Status des Bibliothekar-Lehrinstituts wieder in Gang gekommen. Der Entwurf zum Fachhochschulgesetz vom Dezember 1978 sah die Umwandlung des Bibliothekar-Lehrinstituts in eine Fachhochschule vor. Die Bedenken des Verbandes, die in einer Stellungnahme gegenüber dem Wissenschaftsministerium vorgebracht wurden, klingen auch in der Begrüßungsansprache des Vorsitzenden Severin Corsten auf der Jahresversammlung 1979 an, wenn er sagte: „So sehr wir die endlich erfolgte Klärung, die der Status des Instituts nun erfahren hat, begrüßen; wir können uns doch gewisser Sorgen nicht erwehren. Werden die Bibliotheken unseres Landes auch weiterhin damit rechnen können, dass sie aus Köln solide und praxisnah ausgebildeten Nachwuchs erhalten? Wird die neue Fachhochschule sich auch in Zukunft der Fort- und Weiterbildung annehmen, wie wir es bis jetzt dankbar erleben durften?“[37]

Zustimmung kam dagegen von Günther Pflug (Frankfurt a.M.), den der Vorsitzende um ein Referat auf der Jahresversammlung gebeten hatte, „um das Interesse des Verbandes an der Neukonstituierung des Bibliothekar-Lehrinstituts nach außen hin unüberhörbar zu bekunden.“[38] Pflug kam nach eingehender Behandlung des Gesetzes und bei Ablehnung anderer Lösungsmöglichkeiten – Angliederung an die Universität, Beibehaltung des Status sui generis – zu folgendem Ergebnis: „Lassen Sie mich deshalb dieses Gesetz begrüßen. Es stellt, so scheint mir, die Basis für eine ausgewogene Weiterentwicklung der bibliothekarischen Ausbildungsformen und -ziele unter den sozialen und rechtlichen Voraussetzungen der Gegenwart dar und verspricht somit wenigstens für die nächsten Jahrzehnte – sicherlich nach Überwindung einiger Mutationsprobleme – eine qualifizierte Grundlage für die bibliothekarische Ausbildung zu werden.“[39]

Was Günther Pflug in seinem Vortrag schon angedeutet hatte, trat kaum vier Wochen später ein: Am 4. November 1979 wurde bei der 3. Lesung des Fachhochschulgesetzes im Landtag vor allem auf Drängen der FDP das Bibliothekar-Lehrinstitut aus dem Gesetz herausgenommen und ihm der Status einer Fachhochschule verweigert. Wieder war der Verband gefordert. Nach verschiedenen Demarchen, auch von Seiten des Bibliothekar-Lehrinstituts und der Landesgruppe des Vereins der Bibliothekare an Öffentlichen Bibliotheken,

[37] Mbl. 30, 1980, S. 30.

[38] Mbl. 30, 1980, S. 54

[39] Günther Pflug: Das Fachhochschulgesetz und die bibliothekarische Ausbildung. In: Mbl. 30, 1980, S. 35-42, Zitat S. 42. Pflug behandelte in seinem Referat die besondere Problematik des Bibliothekar-Lehrinstituts in seiner „Mittelstellung zwischen den allgemeinen Fachhochschulen und den Verwaltungsfachhochschulen“ (S. 36). – Nach dem „Rahmengesetz zur Vereinheitlichung des Beamtenrechts (Beamtenrahmenrechtsgesetz)“ von 1977 musste die Ausbildung für den gesamten Bereich des nicht-technischen gehobenen Dienstes an einer Fachhochschule erfolgen.

beschleunigt durch den Ausgang der Landtagswahlen vom 11. Mai 1980, die der SPD die absolute Mehrheit brachten, trat eine Wende ein: Durch das „Gesetz zur Änderung hochschulrechtlicher Bestimmungen“ vom 21. Juli 1981 erfolgte am 31. Juli 1981 die Umwandlung des Bibliothekar-Lehrinstituts in die Fachhochschule für Bibliotheks- und Dokumentationswesen.[40]

Der Verband begrüßte es, dass nunmehr auch in Nordrhein-Westfalen die Ausbildung der Diplom-Bibliothekare an einer Hochschule erfolgte, wie es in anderen Bundesländern schon seit Beginn der 70er Jahre der Fall war. Zustimmung fand vor allem, dass in der neuen Fachhochschule die Sonderstellung der Kölner Ausbildungsstätte erhalten blieb. Dazu sagte der Verbandsvorsitzende Severin Corsten in seiner Begrüßungsansprache auf der Jahresversammlung 1981: „ Die bewährte institutionelle Einheit der bibliothekarischen Ausbildung ist gesetzlich geregelt. Es wird neben dem Studiengang für Diplom-Bibliothekare an Öffentlichen Bibliotheken die Ausbildung für den gehobenen Dienst an wissenschaftlichen Bibliotheken und Dokumentationseinrichtungen als Fachhochschulstudiengang geben. Auch für die Ausbildung für den mittleren und höheren Bibliotheksdienst bleibt die neue Fachhochschule, wie bisher das Bibliothekar-Lehrinstitut, zuständig.“[41]

Zehn Jahre später, auf der Jubiläumsveranstaltung zum zehnjährigen Bestehen der Fachhochschule im Jahre 1991 kündigte sich eine neue grundlegende, ja fast schon revolutionär nennende Reform der diplom-bibliothekarischen Ausbildung in Nordrhein-Westfalen an,[42] deren weitere Entwicklung, da größtenteils außerhalb der Berichtszeit liegend, hier nur knapp angedeutet wird. Ende 1993/Anfang 1994 wurde die Fachhochschule einem externen Begutachtungsverfahren unterzogen, dessen Ergebnisse mit Konsequenzen für die bibliothekarische Ausbildung Winfried Gödert und Helmut Jüngling von der Fachhochschule auf dem Dortmunder Bibliothekskongress 1994 in ihrem Referat „Die Leitidee der bibliotheks-informatorischen Tätigkeit, Umsetzung in Ausbildungsstrukturen“ vorstellten.[43] Auch in den verschiedene Gremien

[40] Abgedr. in: Mbl. 31, 1981, S. 423-432; Wilma Klompen: Das Bibliothekar-Lehrinstitut (1974-1981), in: Buch und Bibliothekswissenschaft, 1990, S. 57 f.

[41] Mbl. 32, 1982, S. 15. – Im Tätigkeitsbericht 1981 auch die Bemühungen des Bibliothekar-Lehrinstituts des Borromäusvereins um den Fachhochschulstatus und die Unterstützung durch den Verband (S. 46). Die Umwandlung in die Fachhochschule für das öffentliche Bibliothekswesen erfolgte 1984.

[42] Hier insbes. der Beitrag von Winfried Gödert: Bibliothekarische Ausbildung als Hochschulstudium, in: Neue Techniken im Informationswesen, 1992, S. 9-27.

[43] Mbl. 44, 1994, S. 433-448. Vgl. dazu: Hans Limburg: Wozu dient oder wem nützt die neue Ausbildung für den gehobenen Dienst? Anmerkungen zu den Thesen von Gödert und Jüngling. In: Mbl. 45, 1995, S. 35-45. Zu Limburg die Stellungnahme der VdDB-Kommission Ausbildung und Beruf, in: Mbl. 45, 1995, S. 225-226.

des VBNW wurde über die Ergebnisse der Begutachtung und die sich anschließenden Planungen berichtet.

Als Folge der technischen Entwicklung im Medienbereich und den Veränderungen auf dem Arbeitsmarkt, auf dem Hintergrund gesetzlicher Vorgaben und der als notwendig angesehen Harmonisierung in der Bundesrepublik und im europäischen Rahmen ergaben sich in der Sicht der Fachhochschule tiefgreifende Veränderungen bei der Ausbildung des gehobenen Dienstes: acht-semestriges Studium bei Reduzierung der Praxis auf ein Semester und Aufgabe des Beamtenstatus in der Ausbildung. Angestrebt wurde auch eine stärkere Integration in verwandte Studiengänge, im Bereich des Informations- und Dokumentationswesens.

Von den Gremien des Verbandes beschäftigte sich vor allem die Ausbildungskommission/Wissenschaftliche Bibliotheken mit dem neuen Konzept. Die Begutachtung der Fachhochschule, lange Zeit unter Verschluss gehalten und nicht zugänglich, war nach Meinung der Kommission „fachlich inkompetent". Die Kommission sprach sich dafür aus, „die Dauer der Ausbildung nicht zu verlängern, den Anteil der Theorie nicht zu erhöhen und die Ausbildung auch in Zukunft im Beamten-Anwärterverhältnis durchzuführen". Kritisiert wurde von den Hochschulbibliotheken, dass sie als Hauptbetroffene „nicht in die diesbezüglichen Entscheidungsprozesse eingebunden" worden waren.[44]

Mit der Begründung, die Fachhochschule für Bibliotheks- und Dokumentationswesen habe nicht für die „Veränderungen notwendige eigene Lehrkapazität in den Bereichen Betriebswirtschaft, Organisation, Datenverarbeitung und neue Medien", erfolgte mit Gesetz vom 7. März 1995 ihre Eingliederung als Fachbereich der Fachhochschule Köln.[45] Das Konzept des Fachbereichs Bibliotheks- und Informationswesen mit zwei neuen Studiengängen wurde „für die breitere Berufsöffentlichkeit" im Verbandsorgan „ProLibris" (Heft 3/97) vorgestellt: ein spartenübergreifend angelegter Studiengang Bibliothekswesen, der den bisherigen Studiengang Öffentliches Bibliothekswesen und die verwaltungsinterne Ausbildung zum gehobenen Dienst an wissenschaftlichen Bibliotheken und Dokumentationseinrichtungen ersetzte, und den als „völlig neuartig" bezeichneten Studiengang Informationswirtschaft. Mit dem Winter-

[44] Zitate aus dem Tätigkeitsbericht 1994/95 des Verbandsvorsitzenden Reinhard Brenner, in: ProLibris 1, 1996, S. 33, S. 29.

[45] Gesetz zur Eingliederung der Fachhochschule für Bibliotheks- und Dokumentationswesen in Köln als Fachbereich der Fachhochschule Köln (FHBD-G). In: Mbl. 45, 1995, S. 199-201. – Zur Begründung in der Landtagssitzung am 14.12.1994, in: Mbl. 45, 1995, S. 86-87, Zitat S. 86. – Zum Ablauf vgl. die Ausführungen von Rektor Helmut Jüngling, Prorektor Winfried Gödert und Kanzlerin Brigitte Husmann von der Fachhochschule, in: Mbl. 45, 1995, S. 186-187.

semester 1998/99 wurde der Studienbetrieb in beiden Bereichen aufgenommen.[46]

3. Der lange Weg zum Bibliotheksassistenten

Die bereits mehrfach erwähnte Fachkommission für den Dienst an Öffentlichen Büchereien behandelte in ihrer 1966 vorgelegten „Denkschrift“ neben dem höheren und gehobenen Dienst auch die nicht-bibliothekarischen Berufsgruppen, wobei wohl zum ersten Mal in der bibliothekarischen Öffentlichkeit von einem „Assistenzdienst“ die Rede war.[47] Die Kommission konnte sich bei ihren Vorschlägen für eine Neuordnung auf eine sich über Jahre erstreckende Vorarbeit in Nordrhein-Westfalen beziehen. Hier gab es schon früh von kommunaler und kirchlicher Seite ausgehende Initiativen für die Ausbildung und Fortbildung von nicht-bibliothekarischen Mitarbeitern in Büchereien. So begannen die Volksbüchereien Dortmund im Jahre 1950 mit der bibliotheksinternen Lehrlingsausbildung zur Deckung des eigenen Bedarfs. Die hier erarbeiteten Richtlinien zur Ausbildung und Prüfung von Büchereigehilfen hatten Modellcharakter, wie der Abdruck im KGSt-Gutachten von 1964 zeigt. Frühe Initiativen, wenn auch mit anderer Zielsetzung, gingen vom kirchlichen Büchereiwesen in Nordrhein-Westfalen aus, als 1961 der Verband Evangelischer Büchereien in Westfalen – zunächst gemeinsam mit dem Landesverband Rheinland – mit der später auf Bundesebene übernommenen Ausbildung von ehrenamtlichen Mitarbeitern begann, die mit der Prüfung zum Kirchlichen Büchereiassistenten abgeschlossen werden konnte.

Der Vorstand des VBNW beschäftigte sich seit Anfang der 50er Jahre mit dem sogenannten technischen Dienst, wie man damals die Hilfskräfte bezeichnete, die einfachere Arbeiten verschiedener Art unterhalb der Tätigkeitsfelder der Diplom-Bibliothekare verrichteten. Als Versuch zu einer landesweiten Regelung legte der Verband im Jahre 1959 das Papier „Berufsbild und Ausbildungsrichtlinien für Bibliotheksgehilfen / Büchereigehilfen“ vor. Diese Richtlinien wurden vom Kultusministerium ausdrücklich als Grundlage für die örtliche Ausbildung an Öffentlichen und wissenschaftlichen Bibliotheken empfohlen, mit der Bedingung, dass an der Prüfung ein Vertreter des Verbandes teilnahm, der die Beachtung dieser Richtlinien zu überwachen hatte, ein Beweis, „welche Stellung das Ministerium dem Verband damals zu-

[46] Winfried Gödert u.a.: Das neue Kölner Konzept für Studienangebote im Bibliotheks- und Informationswesen. In: ProLibris 2, 1997, S. 144-151.

[47] So Günter Röttcher: Ausbildung zum Assistenten, in: Mbl. 29, 1979, S. 304.

erkannte."[48] Die maßgebliche Rolle Nordrhein-Westfalens und seines Bibliotheksverbandes auf dem langwierigen Weg zum einheitlichen, für die Bundesrepublik gültigen Berufsbild des Assistenten an Bibliotheken (1975) zeigte sich auch in den folgenden Jahren durch mehrere, von hier ausgehende Initiativen und ist vor allem mit den Namen Hedwig Bieber (Dortmund), Rudolf Röder (Solingen) und Günter Röttcher (Bonn) verbunden, die durch ihre Mitarbeit in überregionalen Gremien die Entwicklung auf Bundesebene mitgestaltet haben.

Einen neuen Akzent in der Ausbildung des mittleren und einfachen Dienstes setzte die erwähnte „Denkschrift" aus Nordrhein-Westfalen, in der eine Unterscheidung zwischen Gehilfen und Assistenten getroffen wurde. Die Kommission empfahl, die sogenannte Frankfurter Erklärung berücksichtigend, „das Berufsbild eines mittleren Dienstes aus dem bisherigen Berufsbild des ‚Büchereiangestellten' bzw. ‚Büchereigehilfen' herauszuheben, dadurch den neuen Berufszweig eines ‚Bibliotheksassistenten für den Dienst an öffentlichen Büchereien' mit entsprechender Ausbildung zu schaffen", der „über die bisherigen Gehilfenaufgabe hinaus alle formal-bibliothekarischen Aufgaben, die Mitarbeit bei der Bestandserschließung und die Verwaltung kleinerer Büchereien in ausgebauten lokalen und regionalen Systemen übernehmen" sollte.[49]

Wiederum übernahm der Verband eine Vorreiterrolle, als die Ausbildungskommission der Arbeitsgemeinschaft der Großstadtbüchereien auf der Grundlage der erwähnten „Denkschrift" 1967 detaillierte Vorschläge für die Ausbildung und Prüfung des Bibliotheksassistenten für den Dienst an Öffentlichen Büchereien vorlegte. Das Papier sah im Gegensatz zu überregionalen Plänen (drei Jahre) eine Ausbildungsdauer von zwei Jahren vor, von denen der praktische Teil (mit begleitendem Unterricht) 22 Monate, der theoretische Teil 2 Monate einnehmen sollte. Als Bildungsvoraussetzung wurde das Abschlusszeugnis einer Realschule (Mittelschule) gefordert; in Ausnahmefällen genügte der Volksschulabschluss in Verbindung mit einer mehrjährigen Ausbildung oder

[48] Werner Krieg: Verband, 1989, S. 233. – Bei Krieg Darstellung der Entwicklung bis 1964: S. 134-136, S. 232-235. – Die Richtlinien der Städtischen Volksbüchereien Dortmund sind abgedr. in: Gutachten Kommunale Gemeinschaftsstelle, 1964, S. 127-128. – Zum „Kirchlichen Büchereiassistenten": Evangelische Büchereiarbeit (Westfalen), 1982, S. 31-34; Kirchliche Büchereiarbeit, 1982, S. 18-21 (kath. Büchereiarbeit; hier wurden 1965 die ersten Lehrgange durchgeführt), S. 8-9 (ev. Büchereiarbeit). – Kritisch zur Ausbildung und Bezeichnung „Büchereiassistent im kirchlichen Dienst" (im Gegensatz zum Ausbildungsberuf „Assistent an Bibliotheken"): Karin Holste-Flinspach, in: Mbl. 38, 1988, S. 52-54.

[49] Denkschrift zur Neuordnung, 1966, S. 33, S. 34. Die Denkschrift bezieht sich auf die „Frankfurter Erklärung", die den Verfassern als Niederschrift vorlag. Vgl. Rudolf Röder: Ein Kommentar aus Nordrhein-Westfalen. Zur Denkschrift „Neuordnung des Dienstes an Öffentlichen Büchereien". In: BuB 19, 1967, S. 131-134.

Tätigkeit „in einer für den Büchereidienst förderlichen Fachrichtung".[50] Auf dieses Berufsbild abgestimmt waren die von den Arbeitsämtern finanzierten Lehrgänge zur Umschulung zum Bibliotheksassistenten, eine Maßnahme an denen der Verband beteiligt war, indem er als offizieller Träger dieser Lehrgänge gegenüber den Arbeitsämtern fungierte.

Die Berichte aus der Arbeitsgemeinschaft der Großstadtbüchereien aus den 60er- und 70er Jahren zeigen, dass auf fast jeder Sitzung Fragen der Assistentenausbildung auf der Tagesordnung standen: Berichte über die Weiterentwicklung des Berufsbildes in den Gremien der überregionalen bibliothekarischen Verbände, Erfahrungsberichte aus den Bibliotheken, die mit der Assistentenausbildung begannen hatten, Behandlung des 1969 erlassenen „Berufsbildungsgesetzes", in dem der Bibliotheksassistent noch nicht als anerkannter Ausbildungsberuf genannt war.

Die „Rahmenvereinbarung über die Ausbildung für Dienst als Bibliotheksassistent an öffentlichen Büchereien" der Kultusministerkonferenz von 1971[51] legte in Umrissen die Grundsätze fest. Aufgabe der Ausbildungskommission für Öffentliche Büchereien war es, in Anlehnung an überregionale Konzepte eine auf die Landesverhältnisse zugeschnittene Ausbildungsordnung zu erarbeiten. Eine aus Vertretern der Ausbildungskommission, des Städtetags Nordrhein-Westfalen und der ÖTV zusammengesetzte Arbeitsgruppe musste bei der Erarbeitung ihrer verschiedenen Entwürfe zur Kenntnis nehmen, dass entsprechend dem Berufsbildungsgesetz innerhalb der zweijährigen Ausbildung etwa ein Drittel der theoretischen Ausbildung vorbehalten bleiben müsse. Im Stoffverteilungsplan, der dem 3. Entwurf der Arbeitsgruppe beigefügt war, nahm die Literatur- und Bücherkunde (Epochen, Begriffe, Stoffe etc.) mit 40 Unterrichtsstunden eine Spitzenstellung ein.

Nach Koordinierungsgesprächen mit überregionalen Gremien wurde der Entwurf im Herbst 1972 dem zuständigen Bundesminister für Bildung und Wissenschaft zugeleitet, und es begann „der lange Marsch durch die Bundesressorts",[52] der nach fast drei Jahren mit der „Verordnung über die Berufsausbildung zum Assistenten an Bibliotheken" vom 20. Juni 1975 ein Ende fand.[53]

[50] Rudolf Röder: „Bibliotheksassistent" – ein Ausbildungsberuf. In: Mbl. 17, 1967, S. 272-276, Zitat S. 273.

[51] Abgedr. in: Mbl. 21, 1971, S. 227-229.

[52] Günter Röttcher: Ausbildung zum Assistenten, in: Mbl. 29, 1979, S. 309. Einzelheiten auch bei Rudolf Röder: „Bibliotheksassistent" -Bemühungen um eine Ausbildungsordnung (mit Anlagen). In: Mbl. 22, 1972, S. 179-1984. – Grundlegend für die Entwicklung: Karin Holste-Flinspach: Assistent an Bibliotheken, in: Bibliothek 13, 1989, S. 294-314.

[53] Abdruck der Verordnung in: Mbl. 25, 1975, S. 274-280, dazu eine Pressemitteilung des Bundesministers für Bildung und Wissenschaft (S. 281-282). – Ausführliche Berichterstattung mit Dokumenten, in: biblio 26, 1977, H. 1-2; 28, 1979, H. 4.

Zwar war „endlich der ‚Assistent an Bibliotheken' geboren", wie der Verbandsvorsitzende Hartwig Lohse in der Mitgliederversammlung 1976 formulierte, aber der als Anlage zur Verordnung beigefügte Ausbildungsrahmenplan wies im Vergleich zu früheren bibliothekarischen Entwürfen erhebliche Unterschiede auf: Der ursprüngliche Schwerpunkt „Literatur- und Bücherkunde" entfiel gänzlich zugunsten mehr formaler und verwaltungsorientierter Fächer. Eine über den erfolgreichen Hauptschulabschluss hinausgehende Qualifikation wurde in der Verordnung im Gegensatz zu früheren Entwürfen nicht mehr gefordert.

Der „Bibliotheksassistent" blieb auch in den folgenden Jahren ein wichtiges Thema der Verbandsarbeit, wie die Tätigkeitsberichte zeigen, so wenn Hans Joachim Kuhlmann in der Mitgliederversammlung 1978 mitteilte: „Was die Ausbildungsfragen angeht, so hat den Verband bzw. seine hierfür eingesetzten Kommissionen, vor allem die Ausbildungskommission Öffentliche Bibliotheken, auch in diesem Jahr immer noch in erster Linie die Ausbildung zum Assistenten an Bibliotheken beschäftigt."[54] In Zusammenarbeit mit der beim Regierungspräsidenten in Köln errichteten „Zuständigen Stelle" und dem Berufsbildungsausschuss waren zahlreiche Aufgaben zu bewältigen, so z.B. die Prüfungsordnungen für die Zwischen- und Abschlussprüfung, der Plan für die praktische Ausbildung, die Errichtung der Prüfungsausschüsse, die Bildung von Fachklassen an den Berufsschulen. Hier, im Bereich des schulischen Unterrichts, ging der Anstoß zu einer bundesweiten Regelung von Nordrhein-Westfalen aus, als eine Kommission der „Zuständigen Stelle" unter Federführung von Günter Röttcher einen „Lernzielorientierten Lehrplan für den Fachkundeunterricht Bibliothekswesen ..." erarbeitete, der von der Kultusministerkonferenz als Vorlage für den 1984 verabschiedeten „Bundesrahmenlehrplan" übernommen wurde.[55]

In der im Jahre 1975 nach jahrelangen Bemühungen erlassenen „Verordnung über die Berufsausbildung zum Assistenten an Bibliotheken" kam die lange Zeit im Sprachgebrauch übliche Bezeichnung „Bibliotheksassistent" nicht mehr vor, denn inzwischen hatte sich an den wissenschaftlichen Bibliotheken die Beamtenlaufbahn des mittleren Dienstes etabliert, für deren Eingangsamt

[54] Mbl. 29, 1979, S. 35; Zitat von Hartwig Lohse, in: Mbl. 26, 1976, S. 8.

[55] Rahmenlehrplan für den Ausbildungsberuf Assistent an Bibliotheken ... Bonn 1984. Vgl. Günter Röttcher: Ausbildung zum Assistenten, in: Mbl; 29, 1979, S. 306-308; Karin Holste-Flinspach: Assistent an Bibliotheken, in: Bibliothek 13, 1989, S. 310-312. – Günter Röttcher von der Ausbildungskommission/Öffentliche Bibliotheken übernahm zahlreiche Aufgaben in Gremien der „Zuständigen Stelle" und ist Mitverfasser des ersten grundlegenden Lehrbuchs für den Assistentenberuf: Basiskenntnis Bibliothek. Fachkunde für Assistentinnen und Assistenten. Die theoretischen und praktischen Grundlagen eines Bibliotheksberufs. 3. Aufl. Bad Honnef 1995 (zus. mit Klaus-Peter Böttger und Ursula Ankerstein).

durch das Beamtenrecht die Bezeichnung „Bibliotheksassistent" festgelegt war. Nun gab es schon vor dem Zweiten Weltkrieg die Laufbahn eines mittleren Dienstes für Bibliotheken, beginnend mit dem Bibliotheksassistenten und bis zum Bibliotheksobersekretär führend. Sie war durch die Beamtenreform von 1958/1959 aufgelöst, aber in den 60er Jahren in einigen Bundesländern wieder eingeführt worden, in Bayern 1964, in Baden-Württemberg 1966.

Auch in Nordrhein-Westfalen gab es Bemühungen um die Einrichtung eines mittleren Dienstes als Beamtenlaufbahn. Auf Wunsch des Kultusministeriums legte Werner Krieg im Jahr 1970 im Namen der Direktorenkonferenz der Universitätsbibliotheken „Überlegungen zur Einführung eines mittleren Dienstes an wissenschaftlichen Bibliotheken in Nordrhein-Westfalen" vor,[56] und die Ausbildungskommission für die wissenschaftlichen Bibliotheken erarbeitete um die Jahreswende 1972/73 eine Ausbildungs- und Prüfungsordnung, die der Vorsitzende des Verbandes Hartwig Lohse im Auftrag des Vorstandes an die Ministerien weiterleitete. Aber noch nach 1 1/2 Jahren musste Lohse in der Mitgliederversammlung 1974 feststellen: „... weder für 1974 noch für 1975 sah man sich in Düsseldorf in der Lage, auch nur eine *einzige* Anwärterstelle im Haushalt auszubringen. Mir wurde dies durch ein Schreiben lapidar mitgeteilt; dass wir dafür kein Verständnis haben, ist wohl zu begreifen."[57]

Lohses Nachfolger im Amt des Vorsitzenden, Hans Joachim Kuhlmann, konnte endlich auf der Mitgliederversammlung 1976 Positives melden. Kuhlmann berichtete: „Die ‚Ausbildungs- und Prüfungsordnung für die Laufbahn des mittleren Dienstes an Bibliotheken des Landes Nordrhein-Westfalen' ist vom Kultusminister unter dem 7.7.1976 erlassen worden und mit ihrer Veröffentlichung ... inzwischen in Kraft getreten;. zugleich sind zum 1.8.1976 im Stellenplan des Bibliothekar-Lehrinstituts 15 Stellen für ‚Bibliotheksassistenanwärter' eingerichtet worden ... Das Bibliothekar-Lehrinstitut hat unterdessen einen Ausbildungsplan erstellt; mit der praktischen Ausbildung ist in sechs Hochschulbibliotheken begonnen worden. Die Vermehrung der Stellen um weitere 15 auf insgesamt 30 ist für 1977 geplant." Kuhlmann versäumte es auch nicht, die Verdienste des Verbandes zu betonen, als er sagte: „Sie wissen, dass der Verband durch seine Ausbildungskommission intensiv an den Vorarbeiten mitgewirkt hat. Freuen wir uns, dass die gemeinsamen Bemühungen aller Beteiligten zum gewünschten Erfolg geführt haben."[58]

Die Ausbildungs- und Prüfungsordnung für Nordrhein-Westfalen deckte sich weitgehend mit der „Empfehlung der Kultusministerkonferenz zur Aus-

[56] Abgedr. in: Mbl. 21, 1971, S. 134-138.
[57] Mbl. 25, 1975, S. 8.
[58] Mbl. 27, 1977, S. 8.

bildung für den Dienst an wissenschaftlichen Bibliotheken" vom 6. Mai 1974[59]: Einstellungsvoraussetzungen waren u.a. der erfolgreiche Abschluss der Realschule oder der 10. Klasse der Hauptschule.

Die Dauer des Vorbereitungsdienstes war auf zwei Jahre festgesetzt: 20 Monate praktische Ausbildung an einer Bibliothek, 4 Monate theoretische Ausbildung bei der Ausbildungsbehörde, dem Bibliothekar-Lehrinstitut, wo eine Abteilung für die Ausbildung des mittleren Dienstes eingerichtet wurde; ihr Leiter war Mitglied des Berufsbildungsausschusses, so dass der Kontakt zur Parallelausbildung des Assistenten an Bibliotheken sichergestellt war.

Allerdings: Es gab nun zwei unterschiedliche Arten von Assistenten, die „umgangssprachlich kaum auseinanderzuhalten" waren: einmal den Bibliotheksassistenten, dem Eingangsamt der Laufbahn des mittleren Dienstes an Bibliotheken, konkret: da nur Hochschulbibliotheken als Ausbildungsstätten anerkannt waren, an wissenschaftlichen Bibliotheken, zum anderen den Assistenten an Bibliotheken als Ausbildungsberuf, für den es keine Beschränkung auf Öffentliche Bibliotheken gab, so dass wissenschaftliche Bibliotheken die Wahl hatten zwischen der Ausbildung von Beamtenanwärtern oder Assistenten an Bibliotheken.[60]

Es gab immer wieder Ansätze, die Ausbildung des „Assistenten an Bibliotheken" und des „Bibliotheksassistenten im mittleren Dienst" spartenübergreifend zu vereinheitlichen. Diese Tendenzen verstärkten sich in den 80er Jahren, als sich eine Aktualisierung der Ausbildungsordnung von 1975 abzeichnete,. und als von den inzwischen gegründeten Assistentenvereinen gefordert wurde, die Ausbildung zu verbessern und auf drei Jahre zu verlängern. Während die Landesgruppe Nordrhein-Westfalen des Vereins der Bibliothekare an Öffentlichen Bibliotheken einem solchen Vorhaben zustimmte, gab es im VBNW kontroverse Meinungen: Die Ausbildungskommission Öffentliche Bibliotheken war mit einer Verlängerung „im Grundsatz" einverstanden; Bedenken kamen aus den Arbeitsgemeinschaften der Mittelstadt- und Kreisbibliotheken, wo man die Gefahr sah, dass die Unterschiede zwischen dem gehobenen und dem mittleren Dienst möglicherweise verwischt würden.

Weiter gingen die Pläne für eine Öffnung zu den verwandten Berufen des Dokumentations- und Archivwesens, verbunden mit der Hoffnung, dass durch eine integrierte Ausbildung im weiteren Bereich des Informationswesens die späteren beruflichen Chancen verbessert werden könnten. Solche In-

[59] Ausbildungs- und Prüfungsordnung für die Laufbahn des mittleren Dienstes an Bibliotheken des Landes Nordrhein-Westfalen, abgedr. in: Mbl. 26, 1976, S. 327-335; Beschluß der KMK vom 6.5.1974, abgedr. in: Mbl. 25, 1975, S. 57-60, hier S. 59.

[60] Karin Holste-Flinspach: Zehn Jahre Assistentenausbildung. In: BuB 37, 1985, S. 777-783, Zitat S. 778.

tentionen verfolgte im Zusammenhang mit der noch ausstehenden staatlichen Anerkennung des Dokumentationsassistenten die Gewerkschaft Öffentliche Dienste, Transport und Verkehr mit ihrem 1987 vorgelegten Konzept einer gemeinsamen Ausbildung von Fachangestellten für Bibliotheken, Dokumentationsstellen und Archive, den sogenannten ABD-Berufen.

An den sich über 10 Jahre hinziehenden Verhandlungen zwischen der Gewerkschaft, den zuständigen Ministerien, dem Bundesinstitut für Berufsausbildung in Berlin (BiBB) und überregionalen bibliothekarischen Gremien war der VBNW durch seine Ausbildungskommission für Öffentliche Bibliotheken maßgeblich beteiligt. Bei laufender Berichterstattung in den Gremien des Verbandes, entwickelte die Kommission, bzw. ihre Vorsitzenden Heinrich Obberg (Bonn) und Klaus-Peter Böttger (Mülheim an der Ruhr), eigene Vorstellungen, die in die Entwürfe des Bundesinstituts eingingen. Obberg und Böttger arbeiteten am Forschungsprojekt des Instituts mit, waren an Expertengesprächen beteiligt und bemühten sich – im Fachbeirat des Instituts vertreten – um eine für die Sozialpartner konsensfähige Lösung. Den Abschluss dieses langwierigen Neuordnungsverfahrens bildete die „Verordnung über die Berufsausbildung zum Fachangestellten für Medien- und Informationsdienste“ vom 3. Juni 1998, die eine dreijährige Ausbildungszeit in einer von vier Fachrichtungen vorsieht: Archiv, Bibliothek, Information und Dokumentation, Bildagentur.[61]

4. Ein Schwerpunkt der Verbandsarbeit: die Fortbildung

Man wird den 12. November 1964 als einen Markierungspunkt in der Fortbildungsarbeit des Verbandes der Bibliotheken in Nordrhein-Westfalen bezeichnen können. An diesem Tag eröffnete der Vorsitzende des Verbandes und Direktor des Bibliothekar-Lehrinstituts Werner Krieg das erste von drei bis zum Jahre 1971 durchgeführten Fortbildungsseminaren für Diplom-Bibliothekare an Öffentlichen Büchereien. Schon die Bezeichnung „Seminar“ deutete darauf hin, dass es sich um eine neue Form handelte, die sich von den bisherigen Fortbildungsveranstaltungen unterschied, die – hauptsächlich vom Bibliothekar-Lehrinstitut und vom Verein der Volksbibliothekare durchgeführt – begrenzte Themen behandelt hatten: anfangs vor allem aus der Literaturarbeit, besonders mit Kindern und Jugendlichen, dazu aktuelle Fragen wie die neuen Regel-

[61] Neben den Tätigkeitsberichten der Verbandsvorsitzenden in den Jahren 1987-1996 mehrere Beiträge von Karin Holste-Flinspach (in: Arbeitsfeld Bibliothek, 1994, S. 153-162; BuB 50, 1998, S. 434-437; Bibliothek 22, 1998, S. 313-324): Roswitha Hoge: Neuer Ausbildungsberuf in Bibliotheken: In: ProLibris 3, 1998, S. 121-123.

werke zur alphabetischen Katalogisierung und zur Sacherschließung oder zur Neuordnung des Leihverkehrs.[62]

Die Notwendigkeit der Fortbildung in neuen Formen begründete Werner Krieg in seiner Eröffnungsansprache mit dem „ungeheuren Wandel", der sich im Öffentlichen Büchereiwesen seit 1945 vollzogen habe, mit der „Fülle früher nicht geahnter neuer Aufgaben" und dem „für solche Aufgaben oft gar nicht entsprechend ausgerüsteten Bibliothekar", mit dem Mangel an Personal und dem Fehlen einer eigenen Ausbildung für leitende Stellen, einem höheren Dienst an Öffentlichen Büchereien, der freilich nicht durch das Seminar ersetzt werden könne.[63]

Ausgehend von einer Initiative der Arbeitsgemeinschaft der Großstadtbüchereien, insbesondere ihres Vorsitzenden Fritz Hüser (Dortmund), war es das Ziel des Fortbildungsseminars, nach Berufserfahrung, Begabung und Neigung geeignet erscheinende „Diplom-Bibliothekare aus Öffentlichen Büchereien des Landes für verantwortungsvollere Aufgaben im Bibliotheksdienst vorzubereiten und sie mit wichtigen Problemen und Themenkomplexen vertraut zu machen, deren Kenntnis und Beherrschung ihnen für Tätigkeiten in neuen Aufgabenkreisen wertvoll sein konnten."[64]

Das Seminar umfasste vier Semester mit jeweils sechs, später fünf Sitzungen an Wochenenden (Freitag und Samstag) und behandelte, aufgeteilt nach Semestern, die Rahmenthemen „Die Bücherei als Einrichtung der Gemeinde", „Die innere Organisation der Bücherei", „Aufbau des Bestandes", „Erschließung des Bestandes". Im ersten Semester erörterten 47 Referenten 64 Themen; dazu kamen Kurzreferate von Teilnehmern, die auch Protokolle anzufertigen hatten. Literaturhinweise der Dozenten wurden in Lehrheften der Arbeitsstelle für das Büchereiwesen dokumentiert und damit auch weiteren Kreisen zugänglich gemacht. In der Leitung bzw. Geschäftsführung der drei, in sieben Jahren durchgeführten Seminare teilten sich der Verband (Hansjörg Süberkrüb, Bielefeld; Rudolf Röder, Solingen; Marianne Greitzke, Essen) und das Bibliothekar-Lehrinstitut (Heinz Emunds, Willi Overwien); die Sitzungen fanden jeweils in der Stadtbücherei Essen statt.

Wenn das nordrhein-westfälische Fortbildungsseminar etwas ausführlicher behandelt wurde, dann deshalb, weil es sich um eine neuartige Veranstaltungsform handelte, die zum Vorbild für ähnliche überregionale Lehrgänge wurde,

[62] Zu den Themen der Fortbildung vgl. die Beiträge in: Bibliothekarische Ausbildung, 1975 (Willi Overwien, S. 47-64, Rudolf Jung, S. 263-276) und Rudolf Jung, Ingeborg Konze: Sechzig Jahre bibliothekarische Ausbildung, 1989.

[63] Abdruck der Ansprache von Werner Krieg in: BuB 17, 1965, S. 65-67.

[64] Rudolf Röder: Das erste Fortbildungsseminar für Diplom-Bibliothekare an Öffentlichen Büchereien in Nordrhein-Westfalen. Ein Bericht. In: Mbl. 17, 1967, S. 162-167, Zitat S. 163. Berichte zum Abschluss und zu neuen Plänen, in: Mbl. 21, 1971. S. 212-216.

so für ein gemeinsames Seminar des Deutschen Büchereiverbandes und des Vereins der Volksbibliothekare. Diese überregionalen Aktivitäten waren dann auch allerdings ein Grund für den Verband, sein Seminar nach drei Folgen im Jahre 1971 einzustellen. Immerhin deutete der Vorsitzende des Verbandes Günther Pflug auf der Mitgliederversammlung 1971 eine Fortsetzung an,[65] die dann seit Mitte der 70er Jahre erfolgte und mit dem Namen „Ubedissen", einem Ortsteil von Bielefeld, verbunden ist. Hier fanden, zunächst vom Deutschen Bibliotheksverband, dann vom VBNW veranstaltet und von Hansjörg Süberkrüb betreut, insgesamt vier Seminare für leitende Aufgaben an Öffentlichen Bibliotheken statt.[66]

Weitergeführt wurden Tagungen, die jeweils einem Spezialthema gewidmet waren. Entsprechend einem Beschluss der Ausbildungskommission für Öffentliche Büchereien unterschied man seit dem Frühjahr 1972 zwei unterschiedliche Formen: zweitägige zentrale Veranstaltungen in Essen und eintägige dezentrale Tagungen an verschiedenen Orten des Landes. Die Seminarthemen spiegeln die Probleme wieder, mit denen sich in den 70er Jahren die Öffentlichen Bibliotheken zu beschäftigen hatten: „Regionale Struktur- und Bibliotheksplanung", „Schule und Bibliothek", „Neue Medien in Bibliotheken", „Die Bibliotheken der 1. Stufe als Informationszentrum", „Methoden und Systeme der Klassifikation", „Alphabetische Katalogisierung (neue Regeln) und notwendige Folgerungen", um einige Beispiele aus dem Fortbildungsprogramm 1972 zu nennen.[67]

Eine zentrale Rolle in den Fortbildungsaktivitäten des Verbandes spielte die Ausbildungskommission der Arbeitsgemeinschaft der Großstadtbibliotheken, die 1971 direkt dem Verband unterstellt und durch eine Teilkommission für wissenschaftliche Bibliotheken ergänzt wurde. Zu ihren Aufgaben gehörte die Planung und Durchführung der Veranstaltungen, die Ermittlung von Vorschlägen aus den Arbeitsgemeinschaften des Verbandes, die Berücksichtigung von Wünschen oder von Kritik einzelner Kollegen. Die wohl wichtigste Aufgabe war indessen die Koordination von Fortbildungsangeboten, die von verschiedenen Seiten angeboten wurden: von der Landesgruppe des Vereins der Bibliothekare an Öffentlichen Büchereien, von den Staatlichen Büchereistel-

[65] Mbl. 22, 1972, S. 10 f. – Zum Oberseminar des DBV und des VDV: Hans Joachim Kuhlmann: Der Weg zum kritischen Bürger, 1989, S. 129-131, S. 178 f.

[66] Hansjörg Süberkrüb: Zur bibliothekarischen Fortbildung in NRW. Kaum geglättetes Referat vom 26.1.1978, gehalten auf der Direktorenkonferenz. In: Mbl. 28, 1978, S. 115-125. – Bericht zu „Ubedissen" von Reinhard Brenner: Fortbildungsseminar für leitende Aufgaben an Öffentlichen Bibliotheken (9.-14. Oktober 1978). In: Mbl. 29, 1979, S. 59-64. Ausführliche Berichterstattung in den Tätigkeitsberichten 1978, 1981 und 1982 (Mbl. 29, 1979, S. 38 f.; 32, 1982, S. 48 f.; 33, 1983, S. 40).

[67] Mbl. 22, 1972, S. 72 f.; S. 275 f.

len, seit Mitte der 70er Jahre auch vom Arbeitskreis für Information (AKI) in Köln. Der wichtigste Kooperationspartner war von Anfang an das Bibliothekar-Lehrinstitut, das sich in den 70er Jahren auch verstärkt um die Fortbildung des gehobenen Dienstes an wissenschaftlichen Bibliotheken bemühte und im Anschluss an das Kölner Bibliothekskolloquium zur Bibliothekswissenschaft (Oktober 1969) auch den höheren Dienst in sein Fortbildungsprogamm miteinbezog und auch Tagungen für die Mitarbeiter der neuen Gesamthochschulbibliotheken durchführte.

Bei der wichtigen Funktion des Bibliothekar-Lehrinstituts in der Fortbildungsarbeit des Landes war es verständlich, wenn nach der Umwandlung des Instituts in eine Fachhochschule die Sorge geäußert wurde, ob diese traditionelle Aufgabe wie bisher weitergeführt werden konnte. Der Vorsitzende des Verbandes Severin Corsten äußerte sich dazu in der Mitgliederversammlung 1981: „Auf dem Felde der Fort- und Weiterbildung gehen die Bibliotheken davon aus, dass es bei den bisher vom Kölner BLI erbrachten Leistungen bleibt. Gerade diese Aktivitäten haben der Ausbildungsstätte in Köln viele Freunde gewonnen und sie zum Vorbild für die entsprechenden Einrichtungen anderer Bundesländer gemacht. Wir wünschen dringend, dass es so bleiben möge!“[68]

Es blieb so! Schon der Vortrag des ersten Rektors der neuen Fachhochschule, Rudolf Jung, wei seiner Amtseinführung am 18. Februar 1983 mit dem Thema „Weiterbildung als Aufgabe der Fachhochschulen und Möglichkeiten der Realisierung in der Fachhochschule für Bibliotheks- und Dokumentationswesen in Köln“ zeigte, dass die Hochschule bereit war, sich dieser Aufgabe zu stellen. Am Ende seiner Amtszeit 1986 konnte Jung berichten, dass die Fachhochschule jährlich etwa 50 Fortbildungsveranstaltungen mit verschiedenen Kooperationspartnern durchführe. Dazu gehörte als zeitweise wichtigster Partner der VBNW, der beispielsweise im Jahr 1985 an 34 von 51 Fachhochschulveranstaltungen beteiligt war.[69]

Der Verband betrachtete nach wie vor die Fortbildung „als eine seiner wichtigsten Aufgaben“, aber die Hauptarbeit lag, so war dem Vorstandsbericht 1985 zu entnehmen, nun bei der Fachhochschule, d.h. bei ihrem Fortbildungsbeauftragten Jürgen Scheele, dessen unermüdlicher Einsatz auf jeder Mitgliederversammlung dieser Jahre gewürdigt wurde. Aufgabe der Aus- und Fortbildungskommissionen des Verbandes war es, den Bedarf zu ermitteln und Anregungen aus der Praxis für das Fortbildungsprogramm der Fachhoch-

[68] Mbl. 31, 1981, S. 46 f.

[69] Vortrag von Rudolf Jung, abgedr. in: Mbl. 33, 1983, S. 105-114. Ders.: Rückblick auf vier Jahre Fachhochschule für Bibliotheks- und Dokumentationswesen. In: Mbl. 37, 1987, S. 114-121, hier S. 120; Jürgen Scheele: Fortbildung in Nordrhein-Westfalen. In: BuB 38, 1986, S. 245-250, hier S. 246, S. 248.

schule zu übermitteln, in dem mehr und mehr entsprechend dem technischen Wandel Themen aus dem Bereich der Datenverarbeitung dominierten: Von 92 im Jahre 1985 und im ersten Halbjahr 1986 angebotenen Fortbildungsveranstaltungen waren es 54: Einführung in die Datenverarbeitung, Online-Recherche-Einführung, Datenbanken/Btx, Produktinformation, um einige Themen zu nennen.

Angesichts der schnellen technischen Entwicklung und der deshalb umso dringenderen Fortbildung war es besonders bedauerlich, dass dieser Arbeitsbereich der Fachhochschule Ende der 80er Jahre in eine ernsthafte Krise geriet, die dazu führte, dass das Fortbildungsprogramm zeitweise „am seidenen Faden" hing, wie auf der Mitgliederversammlung 1988 zu hören war. Es waren zunächst einmal personelle Engpässe bei der Fachhochschule, die sich immer weniger in der Lage sah, die Organisation durchzuführen. Auf welch schwachen Füßen inzwischen die Fortbildung stand, zeigte sich aus der Tatsache, dass bereits das Ausfallen einer halben Kraft wichtige Dinge gefährden konnte, wie der Verbandsvorsitzende Ulrich Moeske 1988 berichten musste.[70] Deutlicher wurde der Rektor der Fachhochschule Engelbert Plassmann als er bei der Übergabe seines Amtes am 9. November 1990 im Hinblick auf die Fortbildungsarbeit sagte: „Zu den vielen Vergeblichkeiten (wörtliche Übersetzung von ‚Frustrationen'), welche die Leitung der FHBD in den zurückliegenden Jahren zu ertragen hatte, gehört schließlich das Unverständnis der zuständigen Stellen für die erfolgreichen Aktivitäten der FHBD in der Fortbildung. Die Bemühungen um die Erhaltung der Fortbildung für die zum großen Teil im öffentlichen Dienst stehenden ehemaligen Absolventen der FBHD waren zur Gänze vergeblich. Die Einschränkung des Programms erscheint nunmehr unausweichlich. Das Desinteresse der öffentlichen Arbeitgeber und Dienstherren (entgegen den Sonntagsreden über die Bedeutung des Bildungsurlaubs) ist ebenso erstaunlich wie ernüchternd."[71]

Hintergrund dieser Schwierigkeiten bei der Fachhochschule war ein Problem, mit dem sich auch der Verband seit Ende 1990 konfrontiert sah. Es war rechtlicher Natur: Der Landesrechnungshof hatte in einem Votum bemängelt, dass für die Veranstaltungen der Fachhochschule keine Gebühren erhoben wurden. *Fortbildung* im Sinne der Vertiefung beruflicher Kenntnisse und der Anpassung an Veränderungen des Berufsbilds gehöre nicht zu den Aufgaben einer Fachhochschule. Für die hier betriebene *Weiterbildung* mit dem Ziel des Erwerbs zusätzlicher Qualifikationen auf Gebieten, die nicht Gegenstand der Ausbildung waren (z.B. das erstmalige Erlernen bestimmter Sprachen) aber

[70] Tätigkeitsbericht 1988, in: Mbl. 39, 1989, S. 65.
[71] Abgedr. in: Mbl. 41, 1991, S. 45-48, Zitat S. 47.

müssten für die Teilnehmer als „Gasthörer“ Gebühren erhoben werden.[72] So die Erläuterungen des Verbandsvorsitzenden Bernhard Adams in der Mitgliederversammlung 1991 nach Kontakten mit der Kanzlerin der Fachhochschule.

Der Vorstand beschäftigte sich mit dieser prekären Situation, die praktisch das „Aus“ der Fortbildungsaktivitäten in der bisherigen Form bedeuteten, und Bernhard Adams legte in der Mitgliederversammlung 1991 eine Reihe von Alternativmodellen vor. Sie reichten von der Institutionalisierung der Fortbildung an einem, vom Verband oder durch Sponsorengelder finanzierten Institut *an* der Fachhochschule über einen Fortbildungsverein und eine „Fortbildungs-GmbH“ bis zur Verlagerung auf die Fortbildungsakademie des Innenministeriums bzw. auf das Studieninstitut für kommunale Verwaltung.

Die durch den weitgehenden Ausfall der Fachhochschule entstandene kritische Lage darf nicht den Eindruck erwecken, als hätte es für die Bibliothekare in Nordrhein-Westfalen keine Möglichkeiten zur Fortbildung mehr gegeben. Unberührt von der Entwicklung an der Fachhochschule blieben die Veranstaltungen, die der Verband in eigener Regie durchführte, unberührt selbstverständlich auch die Aktivitäten der Personalverbände, der Staatlichen Büchereistellen, des Deutschen Bibliotheksinstituts oder privater Initiativen wie der Bertelsmann Stiftung oder der Einkaufszentrale für Bibliotheken und die lokalen Fortbildungsmaßnahmen der Universitäten und der Kommunalverwaltungen.

Die Kontinuität der regionalen, vom VBNW mitgetragenen Fortbildung blieb indessen zumindest im Bereich der Öffentlichen Bibliotheken gewahrt. Dank den Aktivitäten ihrer Ausbildungs- und Fortbildungskommission, vor allem ihres Vorsitzenden Heinrich Obberg, konnte bereits für 1992 zusammen mit dem Studieninstitut für kommunale Verwaltung im Regierungsbezirk Köln als Träger ein Programm vorgestellt werden, das neben traditionellen bibliothekarischen Themen und Veranstaltungen zur Bibliothekstechnik auch die bisher eher vernachlässigten Bereiche der Bibliotheksverwaltung und der kommunalen Verwaltung berücksichtigte.[73] Zwar konnte bei Ausweitung des Angebots in den folgenden Jahren von einer Etablierung und Stabilisierung dieser neuen Kooperationsform berichtet werden, aber es gab auch Probleme in der Akzeptanz der Veranstaltungen. Als Gründe wurden genannt: die Kostenbeteiligung der Teilnehmer, eine unzulängliche rechtzeitige Information, die räumliche Entfernung zum Veranstaltungsort Köln. Hinzu kamen die seit

[72] Ausführlich der Verbandsvorsitzende Bernhard Adams im Tätigkeitsbericht 1991, in: Mbl. 42, 1992, S. 36-38.

[73] Heinrich Obberg: Fortbildung auf neuen Wegen. In: Mbl. 41, 1991, S. 436-438; Ders.: Bibliothekarische Fortbildung 1992 (mit Programm): In: Mbl. 42, 1992, S. 72-77.

Beginn der Finanzkrise der 80er Jahre beklagten Schwierigkeiten: Bewilligung der Dienstbefreiung, Übernahme der Reisekosten durch den Unterhaltsträger, Personalabbau, der einen Besuch von Fortbildungsveranstaltungen immer mehr erschwerte. Auswirkungen hatte schließlich auch die sich abzeichnende Lösung der Fortbildungsfrage bei den wissenschaftlichen Bibliotheken durch das Hochschulbibliothekszentrum, dessen Programm auch für die Mitarbeiter an Öffentlichen Bibliotheken interessant war.

Zunächst allerdings schienen die Bemühungen des Verbandes um die Fortbildung im Bereich der wissenschaftlichen Bibliotheken nicht voranzukommen. Das Innenministerium zeigte wenig Neigung für eine Zusammenarbeit mit dem Verband, aber auch bei den Bibliotheken scheint das Interesse an einer institutionellen Fortbildung unter Mitwirkung des Verbandes zeitweise gering gewesen zu sein. Der Vorsitzende des Verbandes Bernhard Adams machte in seinem Rechenschaftsbericht 1993 aus seiner Enttäuschung keinen Hehl, wenn er sagte: „Was die Fortbildung auf dem Sektor der wissenschaftlichen Bibliotheken betrifft, ist zu berichten, dass hier nicht einmal Interesse zu existieren scheint, von konkreten Schritten in Richtung einer Neuorganisation nach dem ‚verordneten Rückzug der FHBD' (Brenner) aus diesem Feld ganz zu schweigen. Mein Vorschlag – nach vielen ergebnislosen Versuchen, Fortbildung in den Blick der zuständigen Kommission (WB) zu rücken, – an die AGHB, aus ihrer Mitte eine Kollegin/einen Kollegen zu benennen, die/der sich in der zuständigen Kommission in unmittelbarer Verantwortung gegenüber dem Vorstand um Fortbildung kümmern soll, ist dort zwar aufgenommen worden, aber bisher ohne jedes Resultat geblieben."[74]

Ein Grund für das Desinteresse an den Aktivitäten des Verbandes könnte eine wohl auch von Adams vermutete Form der Fortbildung gewesen sein, die zunehmend eine größere Bedeutung gewann: die bibliotheksinterne Weiterbildung. Erhöhte Anforderungen und zusätzliche Aufgaben, vor allem in der Informationsvermittlung ohne neue Stellen zwangen zu Umschichtungen und Qualifizierung des Personals, Maßnahmen, die durch innerbetriebliche Fortbildung offensichtlich besser zu verwirklichen waren, da „Themen, Zeit, Teilnehmerkreis und Schwierigkeitsgrad maßgeschneidert den Belangen der Bibliothek angepaßt werden" konnten.[75]

Neben diesen bibliotheksinternen Aktivitäten blieb eine landesweite externe

[74] Mbl. 44, 1994, S. 90. Der hier zitierte Reinhard Brenner war Vorsitzender der Arbeitsgemeinschaft der Großstadtbibliotheken.

[75] Vgl. dazu mehrere Veröffentlichungen von Marlene Nagelsmeier-Linke, z.B.: Personalentwicklungsfragen aus der Sicht der Bibliotheken. In: Zusammenarbeit von Hochschulverwaltung, 1996, S. 59-73, Zitat S. 69. – Zusammenfassend mit zahlreichen Literaturangaben: Barbara Jedwabski: Zur Situation der bibliothekarischen Fortbildung in der Bundesrepublik Deutschland. In: ZfBB 44, 1997, S. 21-52.

Fortbildung für die Mitarbeiter an Hochschulbibliotheken unabdingbar. Das Problem konnte schließlich gelöst werden, indem durch Erlass des Ministerium für Wissenschaft und Forschung vom 5. April 1995 dem Hochschulbibliothekszentrum die bibliothekarische Fortbildung übertragen wurde. Während für die Beschäftigten der Bibliotheken im Geschäftsbereich des Wissenschaftsministeriums keine Kosten entstanden, wurden für die Mitarbeiter anderer Bibliotheken, soweit ihre Teilnahme aus Kapazitätsgründen überhaupt möglich war, Gebühren erhoben.[76]

Mit seinem umfangreichen Programm sprach das Hochschulbibliothekszentrum in nicht geringem Maße auch Mitarbeiter von Öffentlichen Bibliotheken an, für die das HBZ im Auftrag des Kultusministeriums unter Mitwirkung des Verbandes im Jahre 1997 erstmalig Internet-Kurse anbot.[77] Aufgabe des Verbandes wird es sein, die Teilnahme von Mitarbeitern an Öffentlichen Bibliotheken zu vergleichbar günstigen Kosten zu ermöglichen, vielleicht den „Ausbau des Hochschulbibliothekszentrums zu einem landesweiten Fortbildungszentrum für alle Bibliotheken des Landes“ zu erreichen.[78]

[76] Heinz-Werner Hoffmann, Michael Vetten: Fortbildungsprogramm für die Beschäftigten der Hochschulbibliotheken und der bibliothekarischen Zentraleinrichtungen des Landes Nordrhein-Westfalen. In: Mbl. 45, 1995. S. 341- 343; Ulrich Pflugk: Fortbildung auf neuen Wegen, in: De officio bibliothecarii, 1998, S. 78-99.

[77] Internet-Kurse für Öffentliche Bibliotheken in Nordrhein-Westfalen. In: ProLibris 2, 1997, S. 124. (Förderung durch das Ministerium für Stadtentwicklung, Kultur und Sport im Zusammenhang mit der Maßnahme „Bibliotheken ans Netz“).

[78] Rechenschaftsbericht des Verbandsvorsitzenden Klaus Barckow in der Mitgliederversammlung 1997, in: ProLibris 3, 1998, S. 54.

Rückblick

Das Jahr 1964 wird man als Zäsur in der Nachkriegsgeschichte des deutschen Bibliothekswesens bezeichnen können. Die im Zusammenhang mit der Neuorientierung der Bildungspolitik in diesem Jahr vorgelegten Gutachten und Empfehlungen des Wissenschaftsrates, des Deutschen Städtetages und der Kultusministerkonferenz waren in den folgenden Jahren auf Nordrhein-Westfalen zu übertragen, zu konkretisieren und nach Möglichkeit zu realisieren. Das geschah unter Berücksichtigung der überregionalen Bibliotheksplanung durch die für die Öffentlichen Bibliotheken konzipierten „Empfehlungen zum Ausbau des Bibliothekswesens in Nordrhein-Westfalen“. Nach jahrelanger Arbeit unter maßgeblicher Beteiligung des Verbandes der Bibliotheken im Lande Nordrhein-Westfalen im Jahre 1973 vorgelegt, bildete dieser „Bibliotheksentwicklungsplan“ bis in die Gegenwart die Grundlage für den Aufbau eines flächendeckenden Netzes Öffentlicher Bibliotheken in Nordrhein-Westfalen. Dabei lag zunächst ein Schwerpunkt bei den Bibliotheken der 2. Stufe in den Großstädten, die auf der Grundlage von mehreren Gutachten und Empfehlungen des Verbandes und mit Hilfe der Landesförderung in den 70er Jahren ausgebaut wurden: differenzierte, auch wissenschaftliche Literatur umfassende Bestände, Zeitschriften, Nachschlagewerke und Bibliographien, Voraussetzungen für die Funktion dieser Institute als Leitbibliothek im Auswärtigen Leihverkehr und als zentrale Bibliotheken ihres Einzugsgebiets.

Der Kritik aus den nicht-großstädtischen Büchereien trug das Land Rechnung, indem das Büchereiwesen im ländlichen Raum, die sogenannten Mittelpunktbibliotheken und die kirchlichen Büchereien verstärkt in die Förderung einbezogen wurden. Neue Schulformen, wie die der Gesamtschule, ließen erwarten, dass die unzulänglichen Schulbibliotheken einen Aufschwung nehmen würden. Einen gewissen Höhepunkt der Bemühungen um den Ausbau und Sicherung des Öffentlichen Bibliothekswesens bildete der 1976 vom Verband vorgelegte Entwurf für ein Bibliotheksgesetz. Sein Scheitern, auch unter dem Einfluss der sich abzeichnenden Finanzkrise, zeigte die Grenzen bibliothekspolitischer Interessenvertretung des Verbandes; die Bemühungen um eine gesetzliche Regelung anstelle von freiwilligen Leistungen dokumentieren aber auch den grundsätzlichen Unterschied im rechtlichen Status und in der Finanzierung von Öffentlichen und wissenschaftlichen Bibliotheken.

Auf der Grundlage von Hochschulgesetzen und von Grundordnungen der Universitäten erfolgte unter beträchtlichen finanziellen Aufwendungen des Landes ein zügiger Aufbau der Bibliotheken an den neugegründeten Universitäten, Gesamthochschulen und Fachhochschulen. Während bei den Öffentlichen Bibliotheken die Planung weitgehend beim Verband verblieb und diese Arbeiten bei unzulänglicher personeller Ausstattung der Gremien nur langsam vorankamen, konnten die vom Ministerium für Wissenschaft und Forschung des Landes eingesetzten Expertengruppen in kurzer Zeit Empfehlungen zum Aufbau der Bibliotheken und zum Einsatz der elektronischen Datenverarbeitung vorlegen. Die Gründung des Hochschulbibliothekszentrums und der Aufbau eines Verbundsystems schufen die Voraussetzungen für eine gemeinsame Katalogisierung und für den Nachweis der in Nordrhein-Westfalen vorhandenen wissenschaftlichen Literatur.

Der fast stürmisch zu bezeichnende Aufbruch im Bibliothekswesen mit den zahlreichen, sich in ihrer Arbeit manchmal überschneidenden und untereinander konkurrierenden Planungsgremien blieb nicht ohne Auswirkungen auf den Verband, der sich mit den Strukturveränderungen bei den Hochschulbibliotheken zunächst wenig befasste. Es gab Kommunikationsprobleme zwischen den an Eigengewicht gewinnenden ministeriellen Expertengruppen und den Arbeitsgemeinschaften des Verbandes, insbesondere der Großstadtbibliotheken, Differenzen zwischen den neuen und „alten" Hochschulbibliotheken über die Strukturreformen im universitären Bibliothekswesen. Meinungsverschiedenheiten bestanden aber auch im Bereich der Öffentlichen Bibliotheken: zwischen den im Verband dominierenden Großstadtbibliotheken und den Arbeitsgemeinschaften der Mittelstadt- und Kreisbüchereien und den das ländliche Büchereiwesen repräsentierenden Staatlichen Büchereistellen, Spannungen auch zwischen den kommunalen Bibliotheken und den kirchlichen Büchereien.

Die Gründungskonzeption eines einheitlichen, Bibliotheken unterschiedlicher Typen, Größen und Unterhaltsträger umfassenden Verbandes bestand ihre Bewährungsprobe in der Krise, die ihren Höhepunkt auf der Jahresversammlung 1972 in Remscheid erreichte. Entsprechend einer Vereinbarung galt fortan die Regelung, dass das Amt des Vorsitzenden alternierend von einem Vertreter der wissenschaftlichen und Öffentlichen Bibliotheken wahrgenommen werden sollte. Die bisher vom Verband unabhängige Direktorenkonferenz der Universitätsbibliotheken wurde als Arbeitsgemeinschaft der Hochschulbibliotheken in den Verband integriert und entfaltete in der Folgezeit eine lebhafte Tätigkeit, vor allem wenn es darum ging, die oft wenig konkreten ministeriellen Verordnungen und gesetzlichen Vorgaben unter bibliotheksfachlichen Grundsätzen zu korrigieren oder zu ergänzen. Durch eine Satzungsänderung (1976) wurden die Unterhalts- und Rechtsträger der Bibliotheken – das Land, die Kommunen und die freien Träger und hier insbesondere das kirchliche Büchereiwesen – in die Verbandsarbeit eingebunden. Sie erhielten Sitz und Stimme im Vorstand, dessen Zusammensetzung dem Strukturwandel des Bibliothekswesens Rechnung trug: Wegfall der bisher vertretenen wissenschaftlichen Stadt- und Landesbibliotheken, Zuwahl eines Vertreters der Fachhochschulbibliotheken.

Nach Jahren des Aufbaus und der Konsolidierung begann zu Beginn der 80er Jahre ein neuer Abschnitt in der Geschichte des Bibliothekswesens in Nordrhein-Westfalen und damit auch seines Bibliotheksverbandes. Mit der Finanzkrise der öffentlichen Hand, von Land und Kommunen, ging das für die Jahre 1964 bis 1980 datierte „goldene Zeitalter der Bibliotheken" zu Ende. Dabei war von Anfang an deutlich, dass im Gegensatz zu früheren, temporären Haushaltskrisen, die vor allem die kommunalen Bibliotheken getroffen hatten, nun das Ende des Wachstums unwiderruflich eingetreten war, auf das sich die Bibliotheken einzurichten hatten.

Die Herausforderung durch die finanziellen Probleme und den technologischen Fortschritt erforderten neue Konzepte für die regionale Kooperation zwischen den Bibliotheken. Bei der Intensivierung der Zusammenarbeit, ohnehin ein konstitutives Element bibliothekarischer Arbeit und in Nordrhein-Westfalen durch den einheitlichen Verband besonders ausgeprägt, konnte man auf die seit Jahrzehnten bestehenden Kooperationsformen zurückgreifen, so auf das vom Verband initiierte Sondersammelgebietsprogramm der Großstadtbibliotheken, das durch ein Zeitschriftenprogramm ergänzt wurde und das bei den Hochschulbibliotheken durch das Zeitschriftenschwerpunktprogramm eine gewisse Parallele fand. Das zweite, vom Verband ins Leben gerufene Kooperationsprojekt, der Kommunale Leihring, wurde zum Regionalen Leihverkehr ausgebaut und sicherte zusammen mit dem Überregionalen (wissenschaftlichen) Leihverkehr die Literaturversorgung, die im weiteren Verlauf durch computergestützte Informationsvermittlung und elektronische Bestell- und Lieferdienste eine wesentliche Verbesserung erfuhr.

Die seit Jahrzehnten bestehende Zusammenarbeit von wissenschaftlichen und Öffentlichen Bibliotheken in einem gemeinsamen Verband bot gute Voraussetzungen für weitere Kooperationsvorhaben, beispielsweise in den 80er Jahren für die Katalogherstellung für die Sondersammelgebietsliteratur der Großstadtbüchereien durch das Hochschulbibliothekszentrum oder neuerdings für das Projekt zur Teilnahme der Öffentlichen Bibliotheken am Verbundsystem der wissenschaftlichen Bibliotheken und damit möglicherweise die Erweiterung des Hochschulbibliothekszentrums zu einem Dienstleistungszentrum für alle Bibliotheken des Landes. Zu einem Abschluss konnten die sich über Jahrzehnte erstreckenden Bemühungen um eine Landesbibliothek für Nordrhein-Westfalen gebracht werden. Entsprechend einer Empfehlung des Verbandes kam es zur Gründung der „kooperativen Landesbibliothek“ mit einer Aufgabenverteilung auf die Universitätsbibliotheken Bonn, Düsseldorf und Münster, die die Bezeichnung Universitäts- und Landesbibliothek erhielten. Als landesbibliothekarische Aufgabe wurde das Sondersammelgebietsprogramm der Großstadtbibliotheken in das System der „kooperativen Landesbibliothek“ miteinbezogen.

Wenn sich neuerdings, bedingt durch den tiefgreifenden Wandel der Bibliotheken, Konvergenztendenzen auch im bibliothekarisch-informatorischen Berufsfeld und in der Aus- und Fortbildung abzeichnen, dann kann der nordrhein-westfälische Verband auf seine langen Koordinierungsbemühungen in diesem Bereich verweisen, so bei der gemeinsamen Ausbildung für den höheren Dienst für wissenschaftliche und Öffentliche Bibliotheken, bei der ursprünglich für beide Sparten vorgesehenen Ausbildung zum Bibliotheksassistenten oder bei der gemeinsamen Laufbahn für Bibliothekare und Dokumentare. Anregungen des Verbandes und seiner Arbeitsgemeinschaften beeinflussten die überregionale Ausbildungsdiskussion und fanden Berücksichtigung in den ministeriellen Verordnungen. Ein Schwerpunkt der Verbandsarbeit lag in der Fortbildung, die – durchgeführt in Zusammenarbeit mit den bibliothekarischen Ausbildungsstätten und den Staatlichen Büchereistellen – zeitweise Vorbildcharakter hatte. Allerdings scheint sowohl in der Ausbildung als auch in der immer wichtiger werdenden Fortbildung die Aktivität auf staatliche Institutionen überzugehen, wie die neueren Entwicklungen beim Fachbereich Bibliotheks- und Informationswesen der Fachhochschule Köln und beim Hochschulbibliothekszentrum zeigen.

Wenn das Bibliothekswesen Nordrhein-Westfalens als vorbildlich galt, dann ist es den beträchtlichen finanziellen Leistungen des Landes und der Kommunen, der Kirchen und anderer Unterhaltsträger zu verdanken, aber auch dem im Lande arbeitenden bibliothekarischen Fachverband, vor allem jenen Personen, die im Verein wichtige Funktionen übernommen hatten: den Vorsitzenden und den übrigen Mitgliedern des Vorstandes, zu deren schwierigen Aufgaben es gehörte, die oft divergierenden Ansichten und Ziele der Mitglieder zu koordinieren und nach außen zu vertreten. Zu verdanken sind die Leistungen vor allem auch der fachlichen Arbeit in den die verschiedenen Bibliothekstypen repräsentierenden Arbeitsgemeinschaften, in den Kommissionen und Expertengruppen, des weiteren den Herausgebern des „Mitteilungsblattes“ das sich zu einer Fachzeitschrift mit überregionaler Bedeutung entwickelte. Die bibliotheksfachlichen Leistungen der im Verband tätigen Bibliothekare fanden dadurch Anerkennung, dass dem Verband Funktionen übertragen wurden, die man fast als halbstaatliche Aufgaben bezeichnen könnte, so bei der Verteilung der Landesmittel für die Sondersammelgebiete der Großstadtbibliotheken, bei der Mitbestimmung und Beratung im Leihverkehr, in der Ausbildung und Fortbildung.

Als erster und lange Zeit einziger alle Sparten umfassender Bibliotheksverband hat der VBNW in seiner Frühzeit Initiativen zur Verbesserung der bibliothekarischen Arbeit entwickelt, die dem gesamten deutschen Bibliothekswesen zugutekamen. Seine Konzeption eines einheitlichen Institutionenverbandes wurde zum Vorbild für den 1973 gegründeten Deutschen Bibliotheksverband (DBV), bei dessen Konsolidierung die nordrhein-westfälischen Bibliotheken maßgeblich mitgewirkt haben. Die vom VBNW früher vertretungsweise übernommenen überregionalen Aufgaben gingen zwar an den Deutschen Bibliotheksverband und an das Deutsche Bibliotheksinstitut über, aber als größter Landesverband des DBV mit 337 Mitgliedern (1999) und durch eine Vereinbarung eine Sonderstellung einnehmend, blieb sein Einfluss auf die Entwicklung des Bibliothekswesens in der Bundesrepublik erhalten. Die in Nordrhein-Westfalen in großer Zahl vorhandenen Großstadt- und Hochschulbibliotheken waren wichtige Partner in Institutionen der überregionalen Kooperation, die durch die technologische Entwicklung immer mehr an Bedeutung gewinnt, so in der Lektoratskooperation der Öffentlichen Bibliotheken oder beim Aufbau der überregionalen Datenbanken, bei den Dienstleistungen der Deutschen Bibliothek oder in den Gremien der Deutschen Forschungsgemeinschaft.

Entsprechend seinem Charakter als regionalem Zusammenschluss von Bibliotheken war das Arbeitsgebiet des Verbandes trotz vielfältiger überregionaler Aktivität das Land Nordrhein-Westfalen, wo gemäß der im Grundgesetz festgelegten Kulturhoheit der Länder die bibliothekspolitischen Entscheidungen fielen. Hier war auch ein erfolgversprechender Ansatz für eine verstärkte Öffentlichkeitsarbeit und bibliothekspolitische Interessenvertretung. Öffentlichkeitsarbeit für Bibliotheken, besonders schwierig in einer von „Event-Kultur“ geprägten Zeit, wurde nach den Sparmaßnahmen zu Beginn der 80er Jahre neben den Kooperationsbemühungen zweiter Schwerpunkt der Verbandsarbeit. Dazu gehörten die landesweit durchgeführten Bibliothekstage, die Intensivierung der Pressearbeit, die Neugestaltung des Verbandsorgans, des „Mitteilungsblatts“, zur neuen publikumswirksamen Zeitschrift „ProLibris“, die Umfunktionierung der Jahresversammlungen zu Tagungen mit bibliothekspolitischer Akzentuierung. Mit einem neuartigen Mittel der Öffentlichkeitsarbeit, mit der Fachausstellung „Bibliotheca“ in Dortmund, ergriff der Verband wiederum eine überregionale Initiative, verbunden mit der Hoffnung, mit dieser öffentlichkeitswirksamen, professionell durchgeführten Veranstaltung, verbunden mit Bibliothekskongressen, eine Neuorganisation des kaum durchschaubaren Tagungsgefüges zu erreichen. Der Vorstand bemühte sich mehr als in früheren Jahren, den Verband als Interessenvertretung für bibliothekarische Belange, als „bibliothekarische Lobby", zu profilieren: durch Einflussnahme auf die Parteien, auf die Landtagsfraktionen, die kommunalen Spitzenverbände, die Landesrektorenkonferenz, durch Verstärkung der Kontakte zu den zuständigen Ministerien. Angesichts dieser neuen Aufgaben, die über die traditionelle bibliotheksfachliche Arbeit hinausweisen, wurde gefragt, ob die bisherige ehrenamtliche und nebenamtliche Tätigkeit für die neuen Herausforderungen ausreiche, ob nicht eine hauptamtliche Geschäftsführung notwendig sei.

Der Verband war ein wichtiger Gesprächspartner für die Ministerien und die kommunalen Spitzenverbände, die sich auf seine fachlichen Gutachten stützten. Aber auf die politischen Entscheidungen von Land und Kommunen konnte er, wie die Vorsitzenden wiederholt, auch gegenüber überspannten Erwartungen der Mitglieder, betonten, nur bedingt Einfluss nehmen. Zwar in starkem Maße von übergeordneten Zielsetzungen und politischen Vorgaben abhängig, sah es der Verband stets als wichtige Aufgabe an, die bibliotheksfachlichen Interessen gegenüber den Unterhaltsträgern zu vertreten, in neuerer Zeit z.B. bei der Änderung der Förderpolitik des Landes für die Öffentlichen Bibliotheken, beim Projekt „Die Digitale Bibliothek Nordrhein-Westfalen" oder bei den alle Bibliothekstypen tangierenden Bestrebungen um eine Effizienzsteigerung der Verwaltung in Hochschulen und Kommunen.

Damit sind einige Themen genannt, mit denen sich die Arbeitsgemeinschaften des Verbandes Mitte der 90er Jahre schwerpunktmäßig und kontrovers beschäftigten. Diskutiert wurde über die Einführung betriebswirtschaftlicher Methoden (neue Steuerung, Globalbudgetierung, Kosten-Leistungsrechnung, Controlling), ihre Notwendigkeit und ihre Chancen, aber auch über die Grenzen ihrer Umsetzung auf Bibliotheken. Übereinstimmung bestand über Maßnahmen zur Verbesserung von Service-Leistungen durch die Nutzung elektronischer und digitaler Netzwerke, wie sie in ministeriellen Projekten angeregt waren, betont wurde aber auch die Notwendigkeit einer Breitenförderung für Öffentliche Bibliotheken und die Sicherung von Kontinuität in der Versorgung mit Printmedien durch die Hochschulbibliotheken.

Angesichts solcher hier angedeuteter Aufgaben und Leistungen scheint eine regionale bibliothekarische Vereinigung, wie sie im Verband der Bibliotheken des Landes Nordrhein-Westfalen besteht, notwendiger denn je: als Möglichkeit für den Erfahrungsaustausch unter den Bibliotheken, als Interessenvertretung gegenüber der Öffentlichkeit und der Politik, als Sachwalter der Benutzer. Wie seit über 50 Jahren wird es Aufgabe des Verbandes sein, mit dazu beizutragen, dass auch in Umbruchzeiten, bei allem Wandel der Informationsdistribution, die öffentliche Literatur- und Informationsversorgung durch Bibliotheken auch in Zukunft gewährleistet ist.

TEIL C
ANHANG

Literaturverzeichnis

Nicht aufgeführt sind Beiträge im „Mitteilungsblatt“ und anderen bibliothekarischen Zeitschriften, sowie Veröffentlichungen des Verbandes (z.B. ZVNW, SSG-Kataloge); sie sind lediglich in den Anmerkungen genannt. Ausgenommen von dieser Regelung sind einige grundsätzliche, meist in mehreren Kapiteln zitierte Aufsätze. Keine Berücksichtigung finden Gesetze und Verfügungen; sie werden in den Anmerkungen nach dem „Mitteilungsblatt“ zitiert, wo die Fundstelle angegeben ist.

Anderhub, Andreas: Gebühren von Informationsvermittlungsstellen an Öffentlichen Bibliotheken. In: Die gesellschaftspolitische Aufgabe, 1983, S. 186-190.

Barth, Robert: Bibliotheken, Bibliothekarinnen und Bibliothekare in der Schweiz. Hundert Jahre bibliothekarischer Branchenverband 1897-1997. Bibliothequès et bibliothécaires ... Bern 1997.

Barton, Walter: Bilanz nach 10 Jahren Gesamthochschulbibliothek. Von der Wende eines Aufbauprozesses in Nordrhein-Westfalen. In: Die neue Bibliothek, 1984, S. 11-39.

– Die Gesamthochschulbibliothek. Erfahrungen im Bibliotheksverbund Nordrhein-Westfalen. München u.a. 1990 (Bibliothekspraxis 28).

Bausteine für eine lesende Kirche. Borromäusverein und katholische Büchereiarbeit. Festgabe für Erich Hodick. Hrsg. von Norbert Trippen und Horst Patenge. Mainz 1996.

Bericht und Leitvorstellungen zur Situation und Entwicklung der Forschung in Nordrhein-Westfalen. Forschungsbericht NW. Der Minister für Wissenschaft und Forschung des Landes NRW. Düsseldorf 1980.

biblio. Mitteilungsblatt der Landeskonferenz der Staatlichen Büchereistellen Nordrhein-Westfalen. 18, 1969 – 44,1995.

Bibliothek als Lebenselexier. Festschrift für Gottfried Rost zum 65. Geburtstag. Hrsg. von Johannes Jacobi und Erika Tröger. Leipzig u.a. 1996.

Der Bibliothekar zwischen Praxis und Wissenschaft. Bernhard Sinogowitz zum 65. Geburtstag. Hrsg. von Dieter Schug. Wiesbaden 1986.

Bibliothekarische Ausbildung in Theorie und Praxis. Beitr. zum 25jährigen Bestehen des Bibliothekar-Lehrinstituts des Landes Nordrhein-Westfalen. Hrsg. von Rudolf Jung und Ludwig Sickmann. Köln 1975 (Arbeiten aus dem Bibliothekar-Lehrinstitut des Landes NRW. 45).

Bibliothekarische Kooperation. Aspekte und Möglichkeiten. (Bibliothekskongreß 1973, Hamburg). Hrsg. von Paul Kaegbein u.a. Frankfurt a.M. 1974 (ZfBB, Sonderh. 18).

Bibliotheken als Informationsvermittler. Probleme und Modelle. (Bibliothekskongreß 1978, Stuttgart). Hrsg. von Paul Kaegbein u.a. Frankfurt a.M. 1979 (ZfBB, Sonderh. 28).

Bibliotheken ’93. Strukturen – Aufgaben – Positionen. Bundesvereinigung Deutscher Bibliotheksverbände. Berlin u.a. 1994.

Bibliotheken im Verbund. Arbeitsplätze und neue Techniken. (Deutscher Bibliothekartag 1980, Wuppertal). Hrsg. von Hermann Havekost u.a. Frankfurt a.M. 1981 (ZfBB, Sonderh. 32).

Bibliotheken in alten und neuen Hochschulen. (Deutscher Bibliothekartag 1992, Bochum). Hrsg. von Hartwig Lohse. Frankfurt a.M. 1993 (ZfBB, Sonderh.55).

Bibliotheken in Nordrhein-Westfalen. Verband der Bibliotheken des Landes NRW. Red.: Horst Ernestus. 1979, 2. Aufl. 1992.

Bibliotheksarbeit heute. Beitr. zur Theorie und Praxis. Festschrift für Werner Krieg zum 65. Geburtstag. Hrsg. von Gerhart Lohse und Günther Pflug. Frankfurt a.M. 1973 (ZfBB-Sonderh. 16).

Bibliotheksplan I (1969). Entwurf für ein umfassendes Netz allgemeiner öffentlicher Bibliotheken und Büchereien. Berlin 1969.

Bibliotheksplan 1973. Entwurf eines umfassenden Bibliotheksnetzes für die Bundesrepublik Deutschland. Berlin 1973.

Bibliothekspolitik in Ost und West. Geschichte und Gegenwart des Deutschen Bibliotheksverbandes. Hrsg. von Georg Ruppelt. Frankfurt a.M. 1998 (ZfBB, Sonderh. 72).

Bibliotheksverbund in Nordrhein-Westfalen. Planung und Aufbau der Gesamthochschulbibliotheken und des Hochschulbibliothekszentrums 1972-1975. Hrsg. von Klaus Barckow u.a. München 1976 (Bibliothekspraxis,19).

Bibliothekswissenschaft, Musikbibliothek, Soziale Bibliotheksarbeit. Hermann Waßner zum 60. Geburtstag. Hrsg. von Peter Vodosek. Wiesbaden 1982.

Bildungsgesamtplan. Hrsg. von der Bund-Länder-Kommission Bildungsplanung. Bd. 1.2. Stuttgart 1973.

Brunn, Gerhard; Jürgen Reulecke: Kleine Geschichte von Nordrhein-Westfalen 1946-1996. Köln u.a. 1996. (Schriften zur politischen Landeskunde Nordrhein-Westfalens, 10).

Buch und Bibliothekswissenschaft im Informationszeitalter. Internationale Festschrift für Paul Kaegbein zum 65. Geburtstag. Hrsg. von Engelbert Plassmann u.a. München u.a. 1990.

Bücher für die Wissenschaft. Bibliotheken zwischen Tradition und Fortschritt. Festschrift für Günter Gattermann zum 65. Geburtstag. Hrsg. von Gert Kaiser. München u.a. 1994.

Busse, Gisela von: Das Bibliothekswesen der Bundesrepublik Deutschland. Von Gisela von Busse, Horst Ernestus, Engelbert Plassmann. 2. Aufl. Wiesbaden 1983. (Einige Abschnitte der in Vorbereitung befindlichen Neuauflage stellte freundlicherweise Engelbert Plassmann zur Verfügung).

– Struktur und Organisation des wissenschaftlichen Bibliothekswesens in der Bundesrepublik Deutschland. Entwicklungen 1945-1975. Wiesbaden 1977.

Corsten, Severin: Hochschulbibliothek und regionale Aufgaben (Tatsachen und Fragen). In: Bibliotheksarbeit. 1973, S. 225-233.

– Vierzig Jahre Verband der Bibliotheken des Landes Nordrhein-Westfalen e.V. In: Mbl. 39, 1989. S. 39-45.

De officio bibliothecarii. Beitr. zur Bibliothekspraxis. Hans Limburg zum 65. Geburtstag. Hrsg. von Gernot Gabel u.a. Köln 1998.

Denkschrift zur Neuordnung des Dienstes an Öffentlichen Büchereien im Lande Nordrhein-Westfalen. Unabhängige Fachkommission für den Dienst an Öffentlichen Büchereien. Köln 1966.

Dienst an Büchern, Lesern und Autoren. Festschrift für Fritz Hüser zum 65. Geburtstag. Hrsg. von Hedwig Bieber u.a. Berlin 1973.

Empfehlungen Arbeitsgruppe Fachhochschulbibliotheken NRW 1972: Empfehlungen für das Bibliothekswesen an den Fachhochschulen des Landes NRW. Arb.gr. Fachhochschulbibliotheken beim Minister für Wissenschaft und Forschung des Landes NRW. Düsseldorf 1972.

Empfehlungen Nordrhein-Westfalen: Empfehlungen zum Ausbau des Bibliothekswesens in Nordrhein-Westfalen. In: Mbl. 23, 1973, S. 211-224.

Empfehlungen Planungsgruppe NRW, 1972 a: Empfehlungen für das Bibliothekswesen an den fünf Gesamthochschulen des Landes Nordrhein-Westfalen. Planungsgruppe Bibliothekswesen im Hochschulbereich NRW beim Minister für Wissenschaft und Forschung des Landes NRW. Zwischenbericht. Düsseldorf 1972.

Empfehlungen Planungsgruppe NRW 1972 b: Empfehlungen für die Aufgabenverteilung zwischen den Gesamthochschulbibliotheken und dem Hochschulbibliothekszentrum und für ein einheitliches Buchaufstellungssystem. Arb.gr. für das Verbundsystem an den künftigen Gesamthochschulbibliotheken beim Minister für Wissenschaft und Forschung des Landes NRW. Düsseldorf 1972.

Empfehlungen Planungsgruppe NRW 1975: Empfehlungen für die Verbesserung der Struktur der Hochschulbibliotheken. Zielvorstellungen und Vorschläge für die Gesamthochschulbereiche des Landes Nordrhein-Westfalen. Vorgelegt von der Planungsgruppe Bibliothekswesen im Hochschulbereich NRW. Düsseldorf 1975 (Schriftenreihe des Ministers für Wissenschaft und Forschung des Landes NRW, 5).

Empfehlungen Landesbibliotheksaufgaben: Verband der Bibliotheken des Landes Nordrhein-Westfalen e.V. Landesbibliotheksaufgaben in Nordrhein-Westfalen. Empfehlungen. In: Mbl. 41. 1991, S. 99-119.

Empfehlungen VDB (Ausbildung): Empfehlungen für die Ausbildung des Höheren Bibliotheksdienstes. Verein Deutscher Bibliothekare. Kommission für Ausbildungsfragen. Darmstadt 1986.

Empfehlungen Wissenschaftsrat 1964: Empfehlungen des Wissenschaftsrates zum Ausbau der wissenschaftlichen Einrichtungen in der Bundesrepublik. T.II. Wissenschaftliche Bibliotheken. Bonn 1964.

Empfehlungen Wissenschaftsrat 1986: Empfehlungen zum Magazinbedarf wissenschaftlicher Bibliotheken. Wissenschaftsrat. Köln 1986.

Emunds, Heinz: Die Tätigkeit der Arbeitsgemeinschaft der Großstadtbüchereien NW in den Jahren 1970-1972. In: Mbl. 23, 1973, S. 150-156.

– Zur Revision der Kommunalen Sondersammelgebiete NRW (SSG). In: Mbl. 26, 1976. S. 90-121.

– Zur Revision des deutschen Leihverkehrs. In: Mbl. 28, 1978, S. 29-47.

Die Entwicklung des Bibliothekswesens in Deutschland 1945-1965. Hrsg. von Peter

Vodosek und Joachim-Felix Leonhard. Wiesbaden 1993 (Wolfenbütteler Schriften zur Geschichte des Buchwesens, 19).

Ernst, Matthias: Der regionale Leihverkehr in Nordrhein-Westfalen. T.1, T.2. In: Mbl. 44, 1994, S. 1-32, S. 125-167.

Etatkürzungen und Öffentlichkeitsarbeit. Bibliotheken im Umbruch (Deutscher Bibliothekartag 1982, Darmstadt). Hrsg. von Jürgen Hering und Eberhard Zwink. Frankfurt a.M. 1983 (ZfBB, Sonderh. 38).

Evangelische Büchereiarbeit. Die Arbeit mit dem Buch in der Gemeinde. Hrsg. von Hans-Werner Pohl. Bielefeld 1982.

Evangelische Büchereiarbeit in Rheinland und Westfalen 1952-1977. 25 Jahre Verband Evangelischer Büchereien im Rheinland. 25 Jahre Evangelische Büchereien in Westfalen. Red.: Monika Cremer. Düsseldorf, Bielefeld 1977.

Feldmann, Reinhard: Arbeitsstellen zur Erschließung und Nutzbarmachung älterer, wertvoller und schützenswerter Literaturbestände in Nordrhein-Westfalen. In: Wissenschaftliche Bibliotheken 1992, S. 150-165.

Festschrift für Horst Gronemeyer zum 60. Geburtstag. Hrsg. von Harald Weigel. Herzberg 1993 (Bibliothemata, 10).

Gattermann, Günter: Die Hochschulbibliothek als Informationszentrum. In: Die Hochschulbibliothek,1978, S. 73-94.

– Wissenschaftliche Bibliotheken. In: Handbuch des Wissenschaftsrechts. Bd. 1,1999, S. 897-928.

Die gesellschaftspolitische Aufgabe der Bibliotheken. Gegenwartsprobleme und Zukunftsaufgaben (Bibliothekskongreß 1983, Hannover). Hrsg. von Jürgen Hering u.a. Frankfurt a.M. 1983 (ZfBB, Sonderh. 40).

Gödert, Winfried: Bibliothekarische Ausbildung als Hochschulstudium. In: Neue Techniken, 1992, S. 9-17.

Grundlagen Regionalplanung: Grundlagen für die bibliothekarische Regionalplanung. Wiesbaden 1966 (Beitr. zum Büchereiwesen, R.A, 5).

Gutachten Kommunale Gemeinschaftsstelle 1964: Kommunale Gemeinschaftsstelle für Verwaltungsvereinfachung. Kommunale öffentliche Bücherei. Köln 1964.

Gutachten Kommunale Gemeinschaftsstelle 1973: Öffentliche Bibliothek. Gutachten der Kommunalen Gemeinschaftsstelle für Verwaltungsvereinfachung (KGSt). Berlin 1973 (AfB-Materialien, 1).

Handbuch des Wissenschaftsrechts. Hrsg. von Chr. Flämig u.a. Bd. 1, 2. Aufl. Berlin u.a. 1996.

Hardeck, Erwin: Zur Teilnahme der zweischichtigen Hochschulbibliotheken am regionalen Bibliotheksverbund unter Berücksichtigung der Institutsbibliotheken. In: De officio bibliothecarii, 1998, S. 154-166.

Hirsch, Wilhelmine: Bibliotheksplan '73. Die ländlichen Bibliotheken (Bibliotheken der 1. Stufe). In: Die gesellschaftspolitische Aufgabe,1983, S. 53-63.

Die Hochschulbibliothek. Beiträge und Berichte. Hrsg. von Klaus-Dieter Lehmann und Hildegard Hüttermann. Frankfurt a.M. 1978 (ZfBB. Sonderh. 27).

Hommes, Klaus Peter: Katalogisierungsverbund Öffentlicher und wissenschaftlicher Bibliotheken in Nordrhein-Westfalen. Berlin 1998 (dbi-Materialien,170).

Hönscheid, Jürgen: Zur Ausbildung des höheren Bibliotheksdienstes im Lande Nordrhein-Westfalen. In: De officio bibliothecarii, 1998, S. 53-60.

Hoffmann, Heinz-Werner: Papier ist geduldig. Ausgesuchte Beispiele der EDV-Planung für die Hochschulbibliotheken des Landes Nordrhein-Westfalen in Theorie und Praxis. In: De officio bibliothecarii, 1998, S. 139-153.

– Zusammenarbeit im Bibliotheksverbund – Koordinierung und Finanzierung. In: Zusammenarbeit von Hochschulverwaltung, 1996, S. 51-54.

Innenansichten – Außenansichten. 50 Jahre Verein der Diplom-Bibliothekar an wissenschaftlichen Bibliotheken. Hrsg. vom VdBB. Bearb. von Rita Dopheide. Frankfurt a.M. 1998 (ZfBB, Sonderh. 71).

Jammers, Antonius: Einige Gedanken zur Zusammenarbeit wissenschaftlicher Bibliotheken. In: Bücher für die Wissenschaft, 1994, S. 389-401.

Jung, Rudolf: Sechzig Jahre bibliothekarische Ausbildung in Köln. Eine Bibliographie. Bearb. von Rudolf Jung und Ingeborg Konze. Köln 1989 (Kölner Arbeiten zum Bibliotheks- und Dokumentationswesen,13).

Kemner, Andrea: Die Öffentlichen Bibliotheken und der Leihverkehr. Dargest. am Beispiel des Landes Nordrhein-Westfalen. In: Bibliothek 16, 1992, S. 197-234.

Kirchhof, Bernhard: Überlegungen zur gemeinsamen Ausbildung von Bibliothekaren und Dokumentaren ... In: Bibliotheken als Informationsvermittler, 1979, S. 187-197.

Kirchliche Büchereiarbeit im Gespräch. Arbeitsgemeinschaft der kirchlichen Büchereiverbände Deutschlands. Red.: Gerhard Hinrichs, Erich Hodick. 1982.

Kirsch, Ludwig: Büchereiarbeit in Stadt und Land, Kirche und Kommune. 35 Jahre allgemeine kirchliche öffentliche Büchereien. Essen 1990 (Historie in der Blauen Eule, 7).

Klingner, Edwin: Bibliotheken und Buchhandel. Partnerschaft durch das Buch. In: Bibliothekswissenschaft, 1982, S. 175-183.

Klompen, Wilma: Das Bibliothekar-Lehrinstitut des Landes Nordrhein-Westfalen von 1949 bis 1974. Ein Bericht. In: Bibliothekarische Ausbildung, 1975, S. 1-31.

– Das Bibliothekar-Lehrinstitut des Landes Nordrhein-Westfalen in Köln von 1974 bis 1981. In: Buch und Bibliothekswissenschaft, 1990, S. 45-58.

Knoche, Michael, Claudia Lux: Das Ende der Bibliothekswissenschaft und ihre Zukunft. In: Buch und Bibliothekswissenschaft, 1990, S. 59-70.

Krieg, Werner: Bemerkungen zur Struktur des nordrhein-westfälischen Bibliothekswesens. In: Stadtbibliothek, 1975, S. 35-44.

– Landesbibliotheksaufgaben in Nordrhein-Westfalen. Gutachten dem Kultusminister des Landes Nordrhein-Westfalen erstattet. Köln 1979 (Kulturförderung in Nordrhein-Westfalen, 2).

– Probleme der Ausbildung für den höheren Bibliotheksdienst. In: Bibliothekarische Ausbildung, 1975, S. 75-84.

– Der Verband der Bibliotheken des Landes Nordrhein-Westfalen. Probleme bibliothekarischer Zusammenarbeit. In: Die Öffentliche Bibliothek, 1968, S. 127-146.

– Der Verband der Bibliotheken des Landes Nordrhein-Westfalen von seiner Gründung bis zum Sommer 1964. Frankfurt a.M. u.a. 1989 (Arbeiten und Bibliographien zum Buch- und Bibliothekswesen, 6).

Kuhlmann, Hans Joachim: Bibliothekare, Bibliotheken, ekz. Die Beziehungen zwischen der ekz und den Verbänden des Öffentlichen Bibliothekswesens bis zur Absprache über die Lektoratskooperation. Reutlingen 1993.

– Die Bundesvereinigung Deutscher Bibliotheksverbände und der Deutsche Bibliotheksverband. In: Bibliothekspolitik, 1998, S. 225-235.

– Der Deutsche Bibliotheksverband 1973 bis 1991. In: Bibliothekspolitik, 1998, S. 33-64.

– Der Weg zum kritischen Bürger. Vierzig Jahre „Verein der Bibliothekare an Öffentlichen Bibliotheken" („Verein Deutscher Volksbibliothekare") 1949 bis 1989. Bad Honnef 1989.

– Die Wissenschaftliche Bibliothek als Teileinrichtung der Stadtbibliothek Essen. Ein Beispiel für die Auswirkungen der Neugründung einer Hochschulbibliothek auf eine am Ort befindliche Öffentliche Bibliothek. In: Die neue Bibliothek, 1984, S. 186-220.

Limburg, Hans: Die Literaturversorgung nach den Zielvorstellungen der nordrhein-westfälischen Planungsgruppe. Darstellung und Anmerkungen. In: Bibliothekarische Kooperation, 1974, S. 43-61.

Lohse, Gerhart: Das Bibliothekswesen an den Universitäten und an der Technischen Hochschule des Landes Nordrhein-Westfalen. Bestandsaufnahme und Vorschläge zur Neuordnung. Gutachten erstellt im Auftr. des Kultusministers des Landes NRW. Wuppertal 1970 (Strukturförderung im Bildungswesen des Landes NRW, 12).

– Bielefeld und die Folgen. In: Bibliotheksarbeit, 1973, S. 199-208.

Lohse, Hartwig: Ergebnisse der Bibliotheksplanung im Lande Nordrhein-Westfalen. Aktivitäten des Verbandes der Bibliotheken des Landes Nordrhein-Westfalen. In: Mbl. 24, 1974, S. 35-39.

Mitteilungsblatt. Neue Folge. Verband der Bibliotheken des Landes Nordrhein-Westfalen. 13, 1963 – 45, 1995.

Moeske, Ulrich: Das kommunale Sondersammelgebietsprogramm im Lande Nordrhein-Westfalen. Entstehung und Erfahrungen 1956-1976, dargest. an Hand der Literatur und unveröffentlichter Materialien. Hausarb. zur Prüfung für den höh. Dienst an wissenschaftlichen Bibliotheken. Köln 1977 (Masch.schr.).

Nagelsmeier-Linke, Marlene: Personalentwicklungsfragen aus der Sicht der Bibliotheken. In: Zusammenarbeit von Hochschulverwaltung, 1996, S. 59-73.

– Beschleunigung der Fernleihe durch Nutzung moderner Informations- und Kommunikationstechnologie. Das Konstanzer Fernleihprojekt. In: Bibliotheken in alten und neuen Hochschulen, 1993, S. 366-385.

Die neue Bibliothek. Festschrift für Harro Heim. Hrsg. von Günther Pflug und Hansjochen Hancke. München u.a. 1984.

Neue Techniken im Informationswesen. Neue Trends in der Ausbildung. Beitr. zur Jubi-

läumsveranstaltung „10 Jahre Fachhochschule für Bibliotheks- und Dokumentationswesen in Köln". Köln 1992 (Kölner Arbeiten zum Bibliotheks- und Dokumentationswesen, 16).
Nordrhein-Westfalen-Programm 1975. Hrsg. von der Landesregierung Nordrhein-Westfalen. Düsseldorf 1970.
„Nur was sich ändert, bleibt".(Deutscher Bibliothekartag 1998, Frankfurt a.M.) Hrsg. von Sabine Wefers. Frankfurt a.M. 1999 (ZfBB, Sonderh. 75).

Die Öffentliche Bibliothek. Auftrag und Verwirklichung. Wilhelm Schmitz-Veltin zum 60. Geburtstag. Zs. gest. von Franz Rakowski. Berlin 1968.

Pflug, Günther: Sondersammelgebiete und Kommunaler Leihverkehr. Ein Beitrag zur regionalen Literaturversorgung. In: Die Öffentliche Bibliothek, 1968, S. 147-158.
Pflugk, Ulrich: Fortbildung auf neuen Wegen: Zur Planung und Realisierung bibliothekarischer Fortbildung für Beschäftigte der nordrhein-westfälischen Hochschulbibliotheken und Einrichtungen seit 1994. In: De officio bibliothecarii, 1998, S. 78-99.
– Zum Auswahlverfahren für die Ausbildung zum höheren Bibliotheksdienst in Nordrhein-Westfalen. In: Festschrift für Horst Gronemeyer, 1993, S. 633-647.
Plassmann, Engelbert: Alte und neue Bibliotheksstruktur: Fachdiskussion und Rechtsposition. Zehn Jahre Strukturempfehlungen Nordrhein-Westfalen. In: Der Bibliothekar, 1986, S. 143-150.
– Fachhochschulbibliotheken im Gesamthochschulbereich. In: Bibliothekarische Kooperation, 1974, S. 62-72.
Poll, Roswitha: Die Nordrhein-Westfälische Bibliographie. In: Bücher für die Wissenschaft, 1994, S. 419-430.
Programm der Bundesregierung zur Förderung der Information und Dokumentation (IuD-Programm) 1974-1977. Hrsg. vom Bundesminister für Forschung und Technologie. Bonn 1975.
ProLibris. Mitteilungsblatt. Hrsg. vom Verband der Bibliotheken des Landes Nordrhein-Westfalen e.V. und der Landeskonferenz der Staatlichen Büchereistellen NRW. 1, 1996 – 4, 1999, H.l.

Rakowski, Franz: Bibliotheksentwicklungsplanung, Bibliotheksgesetz in Nordrhein-Westfalen. Anmerkungen zur Entwicklung und zum Stand der Diskussion. In: Dienst an Büchern, 1973, S. 35-39.
Rau, Peter: Probleme kooperativer Erwerbung im regionalen Bereich am Beispiel Nordrhein-Westfalen. In: Zentrale und kooperative Dienstleistungen, 1976, S. 282-299.
– Situation und aktuelle Entwicklung der Hochschulbibliothekslandschaft in Nordrhein-Westfalen. In: Zusammenarbeit von Hochschulverwaltung,1996, S. 3-8.
– Zur Gebührensituation von Informationsvermittlungsstellen an wissenschaftlichen Bibliotheken. In: Die gesellschaftspolitische Aufgabe, 1983, S. 183-185.
Regier, Heike: Neue Technologien in Öffentlichen Bibliotheken. Ein Projekt des Kultusministeriums im Lande Nordrhein-Westfalen. In: Wissenschaftliche Bibliotheken, 1992, S. 109-114.

Rogalla von Bieberstein, Johannes: Literarische Nachlässe in Nordrhein-Westfalen. Erhebung und Gutachten, durchgeführt im Jahre 1978 im Auftr. des Kultusministers des Landes NRW. Köln 1979 (Kulturförderung in Nordrhein-Westfalen, 1).

Rothbart, Otto-Rudolf: Lektoratskooperation. Idee und Wirklichkeit. Wiesbaden 1995 (Buchwissenschaftliche Beiträge aus dem Deutschen Bucharchiv München, 52).

Röttcher, Günter: Ausbildung zum Assistenten an Bibliotheken. Rückblick auf ein 20jähriges Bemühen in Nordrhein-Westfalen. In: Mbl. 29, 1979, S. 303-308.

Saule, Marianne: Die AG Gemeinsamer Personalverband (1993-1994). In: Innenansichten, 1998, S. 39-43.

Scheider, Gesine: 25 ans après – Ein Erfahrungsbericht über den Aufbau eines neuen Bibliothekstyps. In: De officio bibliothecarii, 1998, S. 132-138.

Schmidt, Siegfried: Katholische öffentliche Büchereien – Schnittstellen zwischen lesender Kirche und säkularer Gesellschaft. In: Bibliothek 21, 1997, S. 307-325.

Schneider, Ronald: 22 Jahre Lektoratskooperation: Leistungsbilanz eines Verbundprojektes. In: Bibliothekspolitik, 1998, S. 236-244.

Schwier, Hans: Zusammenarbeit der Bibliotheken in Nordrhein-Westfalen bei der Literaturerwerbung. In: Mbl. 31, 1981, S. 31-40.

Stadtbibliothek und Regionalbibliographie. Festschrift für Hans Moritz Meyer. Hrsg. von Hedwig Bieber u.a. Berlin 1975.

Stäglich, Dieter: Aspekte bibliothekarischer Zusammenarbeit am Beispiel der Schwerpunktbildung nordrhein-westfälischer Hochschulbibliotheken. In: Die neue Bibliothek, 1984. S. 282-299.

– Die Sektion 4 – Wissenschaftliche Universalbibliotheken (1974-1997) In: Bibliothekspolitik, 1998, S. 149-177.

Süberkrüb, Hansjörg: Ergebnisse der Bibliotheksplanung im Lande Nordrhein-Westfalen aus der Sicht der Öffentlichen Bibliotheken. In: Mbl. 24, 1974, S. 27-34.

Thauer, Wolfgang, Peter Vodosek: Geschichte der Öffentlichen Bücherei in Deutschland. 2., erw. Aufl. Wiesbaden 1990.

Thiem, Ulrich: SSG-Zeitschriftenprogramm der Öffentlichen Bibliotheken in Nordrhein-Westfalen – ein neuer Versuch für den Leihverkehr ab 1983. In: Mbl. 33, 1983, S. 114-131.

Thun, Hans-Peter: Eine Einführung in das Bibliothekswesen der Bundesrepublik Deutschland. Berlin 1995.

Totok, Wilhelm: Vom Übergang bibliothekarischer Sacharbeit an das Deutsche Bibliotheksinstitut. In: Die neue Bibliothek, 1984, S. 370-383.

Verbundkatalogisierung – Verbundkatalog. Das Online-Verbundsystem des Hochschulbibliothekszentrums Nordrhein-Westfalen. Hrsg. von Heinz-Werner Hoffmann. Frankfurt a.M. 1987 (ZfBB, Sonderh. 45).

Walter, Manfred: Staatliche Fachhochschulbibliotheken – eine Bestandsaufnahme 1971 – 1981 – 1991 und ihre Perspektiven. In: „Nur was sich ändert“, 1999, S. 64-79.

– Zur Geschichte der Arbeitsgemeinschaft der Fachhochschulbibliotheken in der Sektion 4 des Deutschen Bibliotheksverbandes. In: Bibliothekspolitik, 1998, S. 178-186.
Wang, Jingjing: Das Strukturkonzept einschichtiger Bibliothekssysteme. Idee und Entwicklung neuerer wissenschaftlicher Hochschulbibliotheken in der Bundesrepublik Deutschland. München u.a. 1990 (Beitr. zur Bibliothekstheorie und Bibliotheksgeschichte, 4).
Die wissenschaftliche Bibliothek. Aufgaben – Wandlungen – Probleme. Deutscher Bibliotheksverband. Hrsg.: Jürgen Hering. Berlin 1993.
Wissenschaftliche Bibliotheken im vereinten Deutschland (Deutscher Bibliothekartag 1991, Kassel). Hrsg. von Engelbert Plassmann u.a. Frankfurt a.M. 1992 (ZfBB, Sonderh. 54).

Zentrale und kooperative Dienstleistungen im Bibliothekswesen. (Deutscher Bibliothekartag 1975, Konstanz). Hrsg. von Fritz Junginger und Wilhelm Totok. Frankfurt a.M. 1976 (ZfBB, Sonderh. 22).
Zusammenarbeit von Hochschulverwaltung und Bibliotheken. Dokumentation. Hochschulübergreifende Fortbildung NRW (FernUniversität-Gesamthochschule Hagen). Hagen 1996.

Zeittafel

50 Jahre Verband der Bibliotheken des Landes Nordrhein-Westfalen (1948 – 1998). Eine Auswahl von Daten und Fakten*

1948
Gründung des Verbandes der Bibliotheken des Landes Nordrhein-Westfalen (VBNW) am 17.3.1948 in Köln. Verabschiedung der Satzung. Wahl von Werner Kroll, Rektor der Universität Köln, zum Vorsitzenden. – Das „Mitteilungsblatt" beginnt zu erscheinen (1.12.1948). – Am 8.10.1947 hatte eine Versammlung von Bibliothekaren aus wissenschaftlichen Bibliotheken und „Volksbüchereien" in Düsseldorf beschlossen, einen umfassenden Verband nordrhein-westfälischer Bibliotheken zu gründen.

1949
Gründung des Deutschen Büchereiverbandes (DBV, 23.2.1949, überwiegend „Volksbüchereien" und „Einheitsbibliotheken" als Mitglieder); 1952 Umbenennung in Verband deutscher Bibliotheken, 1957 Bezeichnung Deutscher Büchereiverband. Die kommunalen Mitglieder des VBNW genießen durch eine Vereinbarung (1959) die Rechtsstellung von Mitgliedern des DBV; Zahlung eines Pauschalbetrags durch den VBNW für die Mitgliedschaft beim DBV.

Gründung des Bibliothekar-Lehrinstituts des Landes Nordrhein-Westfalen (4.2.1949)

1. Mitgliederversammlung des VBNW am 27.4.1949 in Bochum.

1951
Die Leihverkehrsordnung, die erste nach dem Krieg, tritt in NordrheinWestfalen in Kraft (1.5.1951).

Erstmals erscheint ein vom Verband herausgegebener Bibliothekenführer: Die Bibliotheken in Nordrhein-Westfalen (2. Aufl. 1964).

1956
Gründung des Sondersammelgebietsprogramms (SSG) der Großstadtbüchereien (deutschsprachige wissenschaftliche Monographien), 1959 Erweiterung

* Innerhalb der Jahreszahlen gilt folgende Gliederung: wichtige Fakten aus dem Bibliothekswesen der Bundesrepublik, staatliche Initiativen in Nordrhein-Westfalen, Aktivitäten des Verbandes und seiner Arbeitsgemeinschaften. – Wenn keine genauen Daten genannt sind, ist die Veröffentlichung des Dokuments (meistens im „Mitteilungsblatt") maßgebend.

auf Schöne Literatur, 1969 auf Noten. – Die Allgemeine Systematik für Büchereien (ASB), eine Kommissionsarbeit des VBNW, erscheint.

1958
Die Arbeitsgemeinschaft der Großstadtbüchereien wird als „Veranstaltung" des Verbandes anerkannt. – Gründung der Landesarbeitsgemeinschaft der kirchlichen Büchereien.

1959
Der Verband legt zwei Gutachten vor: Überörtliche Funktionen der kommunalen Büchereien, Berufsbild und Ausbildungsrichtlinien für Bibliotheksgehilfen/Büchereigehilfen.

1960
Der Verband erarbeitet die Grundsätze für den Kommunalen Leihring. – Der erste Jahreskatalog der Sondersammelgebiete (SSG-Katalog) erscheint.

1961
Gutachten des Verbandes zur Förderung des mittelstädtischen Büchereiwesens (Ausbau der technischen Buchbestände).

1962
Das Zeitschriftenverzeichnis der kommunalen Bibliotheken und Büchereien in Nordrhein-Westfalen (ZVNW), vom Verband bearbeitet, erscheint zum ersten Mal. – Einrichtung von „Technischen Buchabteilungen" in Mittelstädten mit Hilfe von Landesmitteln. – Gründung der Direktorenkonferenz der Universitätsbibliotheken (vier Mitglieder).

1963
„Marburger Konferenz" (26.4.1963) der Vorsitzenden der bibliothekarischen Verbände, aus der sich die Deutsche Bibliothekskonferenz (DBK) mit dem VBNW als Mitglied entwickelt.

Die Arbeitsgemeinschaft der Großstadtbüchereien legt den Entwurf einer Ausbildungs- und Prüfungsordnung für die Laufbahn des höheren Dienstes an Öffentlichen Büchereien vor.

1964
Das Jahr der Empfehlungen und Gutachten überregionaler Gremien: Empfehlungen des Wissenschaftsrates zum Ausbau der wissenschaftlichen Bibliotheken, der Kultusministerkonferenz zur Erwachsenenbildung und zum Büche-

reiwesen, Entschließung des Deutschen Städtetages: Wissenschaftsförderung durch die Städte, Gutachten der Kommunalen Gemeinschaftsstelle für Verwaltungsvereinfachung (KGSt): Kommunale Öffentliche Bücherei.

Gutachten des Verbandes: Der Ausbau der wissenschaftlichen Buchbestände in den Großstädten Nordrhein-Westfalens. – Erstes, vier Semester umfassendes Fortbildungsseminar für Diplom-Bibliothekare an Öffentlichen Büchereien wird eröffnet. – Als erste der regional gegliederten Arbeitsgemeinschaften der Mittelstadt- und Kreisbibliotheken wird die Arbeitsgemeinschaft der Stadtbüchereien in Ostwestfalen vom Vorstand offiziell anerkannt.

1965

Der Deutsche Büchereiverband legt der Kultusministerkonferenz Grundlagen für die bibliothekarische Regionalplanung vor (im Druck erschienen 1966).

Ausbildungs- und Prüfungsordnung für den gehobenen Dienst an wissenschaftlichen Bibliotheken in NRW (4.6.1965). – Eine Kommission des Kultusministeriums beginnt unter Beteilung des Verbandes an den Arbeiten für einen Bibliotheksentwicklungsplan NRW.

Die erste Finanzkrise veranlasst die Mitgliederversammlung des Verbandes zu einer Entschließung zu den Haushaltskürzungen bei den Öffentlichen Büchereien.

1966

Denkschrift zur Neuordnung des Dienstes an Öffentlichen Büchereien, vorgelegt von einer Unabhängigen Fachkommission, mit Beteiligung des Verbandes.

1967

Entwurf der Ausbildungskommission der Arbeitsgemeinschaft der Großstadtbüchereien: Bibliotheksassistent – ein Ausbildungsberuf.

1968

Rahmenvereinbarung der Kultusministerkonferenz für die Ausbildung für den Dienst an Öffentlichen Bibliotheken (18.1.1968, 6-semestrige Ausbildung).

Erweiterung des Kommunalen Leihrings zum Regionalen Leihring. – Gutachten des Verbandes: Zu den Plänen für die Struktur der Universität Bielefeld.

1970

Nordrhein-Westfalen-Programm ’73 der Landesregierung – Hochschulgesetz (7.4.1970: „Alle bibliothekarischen Einrichtungen innerhalb der Hochschule bilden eine zentrale Einrichtung.“). – Gutachten von Gerhart Lohse

(Aachen) im Auftrag des Kultusministers: „Das Bibliothekswesen an den Universitäten und an der Technischen Hochschule des Landes Nordrhein-Westfalen".

1971
Errichtung von 15 Fachhochschulen (1.8.1971, Fachhochschulerrichtungsgesetz vom 8.6.1971). – Richtlinien des Kultusministers für die Arbeit der Staatlichen Büchereistellen (12.3.1971).

Der Verband legt 10 Leitsätze zur Planung von Gesamtschulbibliotheken vor. – Die Direktorenkonferenz der Universitätsbibliotheken veröffentlicht Überlegungen zur Einführung eines mittleren Dienstes an wissenschaftlichen Bibliotheken.

1972
Rahmenvereinbarung der Kultusministerkonferenz über die Ausbildung für den höheren Dienst an Öffentlichen Büchereien.

Gründung der Gesamthochschulen in Duisburg, Essen, Paderborn, Siegen und Wuppertal (1.8.1972, Gesamthochschulentwicklungsgesetz vom 30.5.1972). – Empfehlungen von Arbeitsgruppen beim Minister für Wissenschaft und Forschung für das Bibliothekswesen an den fünf Gesamthochschulen, an den Fachhochschulen, für die Aufgabenverteilung zwischen Gesamthochschulen und Hochschulbibliothekszentrum (HBZ).

Die Krise des Verbandes wird auf der Jahresversammlung in Remscheid offenkundig. Konsequenzen u.a.: Direktorenkonferenz der Universitätsbibliotheken wird als Arbeitsgemeinschaft der Hochschulbibliotheken in den Verband integriert; Wechsel im Amt des Verbandsvorsitzenden zwischen Vertretern der wissenschaftlichen und der Öffentlichen Bibliotheken. – Gründung der Arbeitsgemeinschaft der Fachhochschulbibliotheken.

1973
Auf dem 1. Deutschen Bibliothekskongress (12.-16.6.1973, in Hamburg) Verabschiedung des Bibliotheksplans 1973. (Entwurf eines umfassenden Bibliotheksnetzes für die Bundesrepublik Deutschland) und Gründung des Deutschen Bibliotheksverbandes (DBV) durch Beitritt der wissenschaftlichen Bibliotheken zum Deutschen Büchereiverband; Vereinbarung zwischen DBV und VBNW, der die Funktion eines Landesverbandes des DBV wahrnimmt. – Vorgelegt werden der Bildungsgesamtplan der Bund-Länder-Kommission für Bildungsplanung und das Gutachten der Kommunalen Gemeinschaftsstelle für Verwaltungsvereinfachung (KGSt) „Öffentliche Bibliothek".

Empfehlungen zum Ausbau des Bibliothekswesens in Nordrhein-Westfalen

(Ausschuss zur Strukturplanung der Bibliotheken, Museen, Orchester und Theater beim Kultusminister), die Grundlage der finanziellen Förderung des Landes für die Öffentlichen Bibliotheken. – Errichtung des Hochschulbibliothekszentrums (HBZ) in Köln (1.3.1973); der Zentralkatalog für die wissenschaftlichen Bibliotheken des Landes Nordrhein-Westfalen (gegr. 1947) wird mit dem HBZ vereinigt.

1974
IuD (Informations- und Dokumentations)-Programm der Bundesregierung.

Erlaß des Kultusministers zum höheren Bibliotheksdienst in Nordrhein-Westfalen (1.2.1974, gemeinsame Ausbildung für Bibliothekare an wissenschaftlichen und Öffentlichen Bibliotheken). – Lehrstuhl für Bibliothekswissenschaft an der Universität Köln (Einstellung des Studienganges 1990). – Empfehlung der Planungsgruppe Bibliothekswesen im Hochschulbereich für den Einsatz der Datenverarbeitung in den Hochschulbibliotheken des Landes.

Empfehlungen des Verbandes für die Zusammenarbeit der Bibliotheken an einem Ort. – Ein Papier der Arbeitsgemeinschaft der Großstadtbibliotheken zeigt Möglichkeiten zentraler Dienste der Bibliotheken der 2. Stufe für Bibliotheken der 1. Stufe auf.

1975
Verordnung über die Berufsausbildung zum Assistenten an Bibliotheken des Bundesministers für Bildung und Forschung (20.6.1975).

Gründung des Zeitschriftenschwerpunktprogramms der Hochschulbibliotheken. – Empfehlungen für die Verbesserung der Struktur der Hochschulbibliotheken. Zielvorstellungen und Vorschläge für die Gesamthochschulbereiche (Neufassung), vorgelegt von der Planungsgruppe im Hochschulbereich.

Empfehlungen des Verbandes über die Aufgaben der Kreise in der Literaturversorgung. – Eine Kommission des Verbandes legt als erstes von mehreren Modellverzeichnissen vor: Allgemeine Informationsmittel, Nachschlagewerke für Bibliotheken der 2. Stufe.

1976
Beginn der Lektoratskooperation (Deutscher Bibliotheksverband, Verein der Bibliothekare an Öffentlichen Büchereien, Einkaufszentrale für Öffentliche Büchereien, Reutlingen).

Ausbildungs- und Prüfungsordnung für die Laufbahn des mittleren Dienstes an Bibliotheken in Nordrhein-Westfalen. – Das Papier „Die Revision des deutschen Leihverkehrs“, verfasst von Heinz Emunds (Münster) und übernommen von der Arbeitsgemeinschaft der Großstadtbibliotheken, beeinflusst maßgeblich die Arbeiten an der neuen Leihverkehrsordnung von 1979.

1977
Ausbildungs- und Prüfungsordnung für die Laufbahn des höheren Bibliotheksdienstes in Nordrhein-Westfalen (28.2.1977; gemeinsame Ausbildung für Bibliothekare an wissenschaftlichen und Öffentlichen Bibliotheken).

Satzungsänderung des Verbandes (außerordentliche Mitgliederversammlung am 24.2.1977): Erweiterung des Vorstandes durch Vertreter der Rechts- und Unterhaltsträger (Land Nordrhein-Westfalen, Kommunale Spitzenverbände, sonstige Unterhaltsträger). – Der „Arbeitsentwurf Gesetz zur Förderung des Öffentlichen Bibliothekswesens. Stand 1.1.1976", erarbeitet vom Verband, wird auf der Jahresversammlung in Hamm der Öffentlichkeit vorgelegt. – Die Neuordnung des Sondersammelgebietsprogramms (SSG, Revisionsvorschlag von Heinz Emunds, Münster) tritt im Einvernehmen mit dem Vorstand und mit Billigung des Kultusministers in Kraft.

1978
Gründung des Deutschen Bibliotheksinstituts (DBI) in Berlin.

Gesetz über die Zusammenführung der Pädagogischen Hochschulen mit anderen Hochschulen (19.12.1978, zum 1.4.1980). – Gutachten im Auftrag des Kultusministers „Literarische Nachlässe in Nordrhein-Westfalen (von Johannes Rogalla von Bieberstein).

1. Fortbildungsseminar des Verbandes für leitende Aufgaben an Öffentlichen Bibliotheken (in Ubedissen bei Bielefeld).

1979
Gesetz über die wissenschaftlichen Hochschulen in Nordrhein-Westfalen (20.11.1979; ausführliche Behandlung der Hochschulbibliothek, u.a. „Die Hochschulbibliothek ist eine zentrale Betriebseinheit. ... Die Hochschulbibliothek bedient sich zur Erledigung ihrer Aufgaben der Dienstleistungen des Hochschulbibliothekszentrums ... Die Hochschulbibliothek wird nach einheitlichen bibliotheksfachlichen Grundsätzen von einem hauptamtlichen Leiter, der die Befähigung zum höheren Bibliotheksdienst besitzen muss, geleitet."). – Gesetz über die Fachhochschulen (20.11.1979).

Die in mehreren Jahren erarbeitete Leihverkehrsordnung für die deutschen Bibliotheken tritt mit Erlass des Kultusministers (30.5.1979) in Kraft. – Gutachten im Auftrag des Kultusministers „Landesbibliotheksaufgaben in Nordrhein-Westfalen" (von Werner Krieg). – Förderung allgemein zugänglicher Bibliotheken der Kirchen (Erlass des Kultusministers, 1.10.1979).

Die Dokumentation „Bibliotheken in Nordrhein-Westfalen“, eine Veröffentlichung des Verbandes, erscheint (2. Auflage 1992).

1980
Ausbildungs- und Prüfungsordnung für die Laufbahn des gehobenen Dienstes an wissenschaftlichen Bibliotheken und Dokumentationseinrichtungen (1.7.1980). Beginn der Landesförderung für 61 Mittelpunktbibliotheken (Erlass des Kultusministers, 18.6.1980).

Im Auftrag der Arbeitsgemeinschaft der Großstadtbibliotheken werden vorgelegt: Gutachtliche Stellungnahme zu Situation, Aufgaben und Effizienz der Bibliotheken 2. Stufe und „Charakterisierung der Medien für den spezialisierten höheren Bedarf“, von der Arbeitsgemeinschaft der Hochschulbibliotheken eine Erhebung zur Situation der Altbestände in Hochschulbibliotheken.

1981
Das Bibliothekar-Lehrinstitut des Landes Nordrhein-Westfalen (gegr. 1949) wird Fachhochschule für Bibliotheks- und Dokumentationswesen.

Gemeinsame Empfehlung zur Zusammenarbeit von Schulbibliotheken und Öffentlichen Bibliotheken von Kultusministerium, Städtetag NRW und Städte- und Gemeindebund NRW. – Gutachten im Auftrag des Kultusministers zu einer nordrhein-westfälischen Bibliographie (von Bertram Haller).

Die Jahresversammlungen des Verbandes 1981 in Aachen und 1982 in Paderborn stehen ganz unter dem Eindruck der Sparmaßnahmen des Landes und der Kommunen. – Stellungnahme der Arbeitsgemeinschaft der Hochschulbibliotheken („Forschung und Literaturversorgung“) zum „Forschungsbericht“ des Ministers für Wissenschaft und Forschung; Empfehlung des gleichen Gremiums zur Frage „Informationsvermittlungsstellen an den Hochschulen“.

1982
Das Modell der Speicherbibliothek in Bochum zur Abgabe von Bibliotheksgut der Hochschulbibliotheken wird im „Mitteilungsblatt“ vorgestellt.

Erste landesweite Aktion des Verbandes im Rahmen der verstärkten Öffentlichkeitsarbeit am „Tag des Buches“ (10.5.1982). – Neuverteilung der Sondersammelgebiete der Großstadtbibliotheken. – Liste der laufend gehaltenen Zeitschriften der Bibliotheken der wissenschaftlichen Hochschulen (ZLNW), erarbeitet von der Arbeitsgemeinschaft der Hochschulbibliotheken.

1983
1. Aktionswoche des Verbandes unter dem Motto „Jugend und Bibliothek“ (12.-18.9.1983). – Die neuen Richtlinien für den Regionalen Leihverkehr treten

in Kraft. – SSG-Zeitschriftenprogramm für Öffentliche Bibliotheken. – Empfehlungen der Arbeitsgemeinschaft der Hochschulbibliotheken für die Erhaltung und Benutzung besonders schützenswerter Bestände in Bibliotheken.

1984

Der 1. Band der Nordrhein-westfälischen Bibliographie erscheint. – Online-System im Hochschulbibliothekszentrum; Erweiterung des Bibliotheksverbundes in den folgenden Jahren auf die Universitäts- und Fachhochschulbibliotheken des Landes.

2. Aktionswoche des Verbandes „Bürger brauchen Bibliotheken" (7.-13.5.1984). – Wanderausstellung des Verbandes „Bibliotheksland Nordrhein-Westfalen" (Eröffnung 20.9.1984 in Bochum). – Die Fachhochschulbibliotheken sind erstmals im Vorstand des Verbandes vertreten.

1985

Helmut Sontag (Berlin), Vorsitzender des Deutschen Bibliotheksverbandes und Präsident der Deutschen Bibliothekskonferenz veröffentlicht seinen Vorschlag zur Konzentration der bibliothekarischen Verbandsarbeit.

Das Speichermagazin in Bochum, Außenstelle des HBZ, nimmt seinen Betrieb auf (1.4.1985).

1986

Empfehlung des Wissenschaftsrates zum Magazinbedarf.

Übernahme der Katalogherstellung für SSG-Literatur mit Hilfe der Datenverarbeitung durch das HBZ. – Stellungnahme der Arbeitsgemeinschaften der Mittelstadt- und Kreisbibliotheken angesichts der Existenzgefährdung der Staatlichen Büchereistellen.

1987

1. Bibliotheca, Fachmesse für die Ausstattung und den Betrieb von Bibliotheken, in Dortmund (10.-12.9.1987), eine Initiative des Verbandes. – 3. Aktionstage (Bibliothekstage) des VBNW „Bürger brauchen Bibliotheken – Bibliotheken für die Zukunft" (14.-20.9.1987).

1988

Empfehlung des Wissenschaftsrates zur retrospektiven Katalogisierung an wissenschaftlichen Bibliotheken. Konvertierung vorhandener Katalogaufnahmen in maschinenlesbare Daten.

Lese- und Literaturförderung in Nordrhein-Westfalen. Antwort der Landesregierung auf die Große Anfrage der SPD-Fraktion (14.9.1988).

Die Mitgliederversammlung des Verbandes stimmt der „Kooperationsvereinbarung“ zur Gründung der Bundesvereinigung Deutscher Bibliotheksverbände (BDB) zu (13.10.1989). – Stellungnahme der Arbeitsgemeinschaft der Hochschulbibliotheken zu den Empfehlungen des Wissenschaftsrates zum Magazinbedarf: „Zum Bücherstellflächenbedarf in den Hochschulbibliotheken“.

1989
Konstituierende Sitzung der Bundesvereinigung Deutscher Bibliotheksverbände (20.9.1989).

2. Bibliotheca (30.8.-1.9.1989, verbunden mit den Jahrestagungen des Deutschen Bibliotheksverbandes und des Vereins der Bibliothekare an Öffentlichen Bibliotheken. – Empfehlung der Arbeitsgemeinschaft der Hochschulbibliotheken über die Zusammenarbeit zwischen Zentralbibliothek und Institutsbibliotheken bei der Beschaffung ausländischer Zeitschriften.

1990
Förderprogramm des Kultusministeriums: Neue Technologien in Öffentlichen Bibliotheken. – Erschließung und Nutzbarmachung älterer, wertvoller und schützenswerter Literaturbestände, Gutachten einer Arbeitsgruppe des Kultusministeriums; Gründung von zwei Arbeitsstellen zur Erschließung älterer Literatur in Westfalen und im Rheinland. – Richtlinien des Wissenschaftsministeriums über die Aussonderung von Bibliotheksgut, Behandlung von Buchgeschenken und Durchführung des Schriftentausches durch die Hochschulbibliotheken.

4. Bibliothekstage des Verbandes: „Bibliotheken – Partner für's Leben/Partner für's Lesen“ (17.-23.9.1990).

1991
3. Bibliotheca (26.-28.9.1991).

Landesbibliotheksaufgaben in Nordrhein-Westfalen, eine Empfehlung des VBNW – Empfehlung der Arbeitsgemeinschaft der Hochschulbibliotheken zur Altbestandssicherung durch Mikroverfilmung.

1992
Evaluierung des Zeitschriftenschwerpunktprogramms der Hochschulbibliotheken. – Ausstattung der Bibliotheken der wissenschaftlichen Hochschulen und des Hochschulbibliothekszentrums mit Datenverarbeitungskapazität bis zum Jahre 1995 (Arbeitsgemeinschaft der Hochschulbibliotheken, 16.11.1992). – Anpassung der Personalstruktur der Fachhochschulbibliotheken an die Er-

fordernisse der 90er Jahre (Stellungnahme der Arbeitsgemeinschaft der Fachhochschulbibliotheken).

Fortbildungsveranstaltungen in Zusammenarbeit mit dem Studieninstitut für kommunale Verwaltung im Regierungsbezirk Köln für Mitarbeiter an Öffentlichen Bibliotheken.

1993

Bibliotheken '93. Strukturen, Aufgaben, Funktionen. Leipziger Fassung, eine Neubearbeitung des Bibliotheksplans 1973, vorgelegt von der BDB (endgültige Fassung: 1994).

Projekt des Kultusministeriums auf Vorschlag des Verbandes: Katalogisierungsverbund Öffentlicher und wissenschaftlicher Bibliotheken (Untersuchung 1994-1997). – Gesetz über die Ablieferung von Pflichtexemplaren (18.5.1993); die Universitätsbibliotheken Bonn, Düsseldorf und Münster erhalten die Bezeichnung Universitäts- und Landesbibliothek.

1994

SUBITO, eine Bund-Länder-Initiative zur Beschleunigung der Literatur- und Informationsdienste, wird ins Leben gerufen.

4. Bibliotheca (24.-27.5.1994, ideeller Träger: DBV), zusammen mit dem 6. Deutschen Bibliothekskongress.

Argumentationspapier des Verbandes: „VBNW. Die Mitgliedschaft lohnt sich".

1995

Einführung des elektronischen Bestell-Liefersystems JASON-NRW für Zeitschriftenaufsätze. – Förderprogramm des Ministeriums für Stadtentwicklung, Kultur und Sport zur regionalen Vernetzung und Informationsvermittlung in Öffentlichen Bibliotheken (ÖB-Online-NRW).

Das HBZ übernimmt die Fortbildung, insbesondere für Beschäftigte an wissenschaftlichen Bibliotheken. – Die Fachhochschule für Bibliotheks- und Dokumentationswesen wird als Fachbereich Bibliotheks- und Informationswesen in die Fachhochschule Köln eingegliedert.

Der Vorstand des Verbandes verabschiedet das Papier „Ehrenamtliche Kräfte in Bibliotheken", die Arbeitsgemeinschaft der Hochschulbibliotheken das Konzept eines Internet-basierten Informationssystems an Hochschulbibliotheken (IBIS, 27.10.1995), die Arbeitsgruppe „Effizienz" der Arbeitsgemeinschaft das Papier „Aufgabenstellung der Universitätsbibliotheken".

1996
„ProLibris“ erscheint als Fortsetzung des „Mitteilungsblattes“ und von „biblio“ (Mitteilungsblatt der Landeskonferenz der Staatlichen Büchereistellen). – Podiumsdiskussion über die Zukunft der Öffentlichen Bibliotheken, veranstaltet vom Verband, mit der Ministerin für Stadtentwicklung, Kultur und Sport Ilse Brusis und Landtagsabgeordneten (7.2.1996, in Düsseldorf). – Die Arbeitsgemeinschaft der Universitätsbibliotheken gibt sich eine neue Geschäftsordnung.

1997
5. Bibliotheca (20.-24.5.1997, ideeller Träger: BDB), in Verbindung mit dem 7. Deutschen Bibliothekskongress.

Berufung einer Expertengruppe durch das Ministerium für Stadtentwicklung, Kultur und Sport zur Überarbeitung der Empfehlungen zum Ausbau des Bibliothekswesens von 1973 und zur Überprüfung der Förderrichtlinien.

Hearing des Fachbereichs Bibliotheks- und Informationswesen der Fachhochschule Köln über „Konzepte zur Qualifizierung von wissenschaftlichen Mitarbeitern im Bibliotheks- und Informationsbereich“. – Stellungnahme der Arbeitsgemeinschaft der Universitätsbibliotheken zur künftigen Ausbildung des wissenschaftlichen Bibliotheksdienstes.

1998
Verordnung über die Berufsausbildung zum Fachangestellten für Medien- und Informationsdienste (3.6.1998).

Projekt „Die Digitale Bibliothek NRW“ (Ministerium für Schule und Weiterbildung, Wissenschaft und Forschung). – Internationales Kolloquium „Öffentliche Bibliotheken und Bibliotheksverbünde in Nordrhein-Westfalen und Europa“ (Stadtbüchereien Düsseldorf, Ministerium für Arbeit, Soziales und Stadtentwicklung, Kultur und Sport, 15./16.6.1998).

Mit dem Wintersemester 1998/1999 Beginn neuer Studiengänge im Fachbereich Bibliotheks- und Informationswesen der Fachhochschule Köln: Studiengang Bibliothekswesen, Studiengang Informationswirtschaft.

1. Nordrhein-westfälischer Bibliothekstag am 19. und 20.11.1998 in Gelsenkirchen; Festveranstaltung anlässlich des 50jährigen Bestehens des VBNW mit Festvortrag der Ministerin für Arbeit, Soziales und Stadtentwicklung, Kultur und Sport Ilse Brusis. – Der Verband hat 337 Mitglieder, davon 246 Öffentliche Bibliotheken in kommunaler oder kirchlicher Trägerschaft und 91 wissenschaftliche Bibliotheken oder Spezialbibliotheken.

Jahresversammlungen – Mitglieder des Vorstandes (1964-1998)

Vorbemerkung

Einen Überblick über die Jahresversammlungen des Verbandes in den Jahren 1949 – 1964 gibt Werner Krieg (Der Verband der Bibliotheken, 1989, S. 268).- Nach der Satzung vom 28.9.1993 setzt sich der Vorstand folgendermaßen zusammen: dem Vorsitzenden, drei Vertretern aus dem Kreis der wissenschaftlichen Bibliotheken, drei Vertretern aus dem Kreis der Öffentlichen Bibliotheken, wobei die verschiedenen Typen des Bibliothekswesens vertreten sein sollen (Universitätsbibliotheken, Fachhochschulbibliotheken, Spezialbibliotheken, Großstadtbibliotheken, Mittelstadt- und Kreisbibliotheken, Staatliche Büchereistellen) und (seit 1977) drei Vertretern aus dem Kreis der Rechts- bzw. Unterhaltsträger (Land Nordrhein-Westfalen, Kommunale Spitzenverbände, sonstige Unterhaltsträger). Obwohl die Vertreter der Rechts- bzw. Unterhaltsträger nicht gewählt, sondern von diesen benannt werden, sind die Namen bei den Vorstandswahlen aufgeführt, wobei ihre Amtszeit wegen z.T. ungenauer Protokolle der Mitgliederversammlungen (im „Mitteilungsblatt") nicht immer mit Sicherheit zu ermitteln war. – Veränderungen im Vorstand während der Wahlperiode (Zuwahl) sind nicht berücksichtigt.

1964 Wanne-Eickel – 13.10. – 16. Jahresversammlung

Durch den Tod des Vorsitzenden Wilhelm Bayer (13.3.1964), gewählt auf der Mitgliederversammlung 1963, Veränderungen im Vorstand notwendig:

Werner Krieg (UuStB Köln), Vorsitzender

Gerhart Lohse (TH-Bibl. Aachen), Hans Moritz Meyer (StuLB Dortmund), Günther Reichardt (Zentralbibl. der Kernforschungsanlage Jülich)

Max Beier (StB Hilden), Wilhelm Hoppe (StB u. Staatl. Büchereistelle Hagen). Fritz Hüser (Städt. Volksb. Dortmund)

1965 Mönchen-Gladbach – 7.10. – 17. Jahresversammlung

1966 Jülich – 19.10. – 18. Jahresversammlung – Vorstandswahlen

Werner Krieg (UuStB Köln), Vorsitzender

Eberhard Galley (LuStB Düsseldorf), Gerhart Lohse (TH-Bibl. Aachen), Günther Reichardt (Zentralbibl. der Kernforschungsanlage Jülich)

Max Beier (StB Hilden), Ulrich Birkholz (StB Düsseldorf), Wilhelm Hoppe (StB u. Staatl. Büchereistelle Hagen)

1967 Hamm – 18.10. – 19. Jahresversammlung

1968 Köln – 4.10. – 20. Jahresversammlung

1969 Detmold – 3.10. – 21. Jahresversammlung – Vorstandswahlen

Günther Pflug (UB Bochum), Vorsitzender

Werner Krieg (UuStB Köln), Hanneliese Niggemeyer (Bibl. u. Archive des WDR), Heinz Martin Werhahn (StB Aachen)

Heinz Emunds (StB Münster), Siegfried Kuhlmann (Staatl. Büchereistelle Detmold), Friedel Zahn (StB Moers)

1970 Neuss – 1.10. – 22. Jahresversammlung

1971 Bielefeld – 29.9. – 23. Jahresversammlung

1972 Remscheid – 6.10. – 24. Jahresversammlung – Vorstandswahlen

Hartwig Lohse (UB Bonn), Vorsitzender

Gerhard Liebers (UB Münster), Hanneliese Niggemeyer (Bibl. u. Archive des WDR), Günther Pflug (UB Bochum, HBZ Köln)

Hans Joachim Kuhlmann (StB Essen), Siegfried Kuhlmann (Staatl. Büchereistelle Detmold), Friedel Zahn (StB Moers)

1973 Krefeld – 5.10. – 25. Jahresversammlung

1974 Münster – 8.10. – 26. Jahresversammlung

1975 Bonn – 10.10. – 27. Jahresversammlung – Vorstandswahlen

Hans Joachim Kuhlmann (StB Essen), Vorsitzender

Severin Corsten (UuStB Köln), Barbara Hoffmann (Bücherei d. Hauses d. Dt. Ostens, Düsseldorf), Hartwig Lohse (UB Bonn)

Wilhelmine Hirsch (Staatl. Büchereistelle Aachen), Brigitte Neumann-Wiegand (StB Düren), Hansjörg Süberkrüb (StB Bielefeld)

Anstelle von Horst Röhling, Geschäftsführer des Verbandes seit 1964: Renate Baumhoff (später: Renate Scheuerpflug) Sekretärin der Geschäftsstelle (bis 1978 in der UB Bochum)

1976 Duisburg – 11.10. – 28. Jahresversammlung – zus. mit der Jahrestagung des DBV

1977 Essen – 24.2. – Außerordentliche Mitgliedervers.: Zustimmung zur neuen Satzung: Eintragung in Vereinsregister, Erweiterung des Vorstandes durch drei von den Rechts- bzw. Unterhaltsträgern zu benennenden Mitglieder:
Wilhelm Wahlers (Land NRW, Kanzler der Univ. Bonn), Christhard Mahrenholz (Kommunale Spitzenverbände, Stadtdirektor Hilchenbach), Erich Hodick (Sonstige Unterhaltsträger, Generalsekretär des Borromäusvereins, Bonn)

1977 Hamm – 7.10. – 29. Jahresversammlung

1978 Essen – 6.10. – 30. Jahresversammlung – Vorstandswahlen

Severin Corsten (UuStB Köln), Vorsitzender

Walter Barton (UB Siegen), Barbara Hoffmann (Bücherei d. Hauses d. Dt. Ostens), Hartwig Lohse (UB Bonn)

Wilhelmine Hirsch (Staatl. Büchereistelle Aachen), Brigitte Neumann-Wiegand (StB Düren), Johannes Schultheis (StB Bochum)

1979 Köln – 4.10. – 31. Jahresversammlung

1980 Bielefeld – 7.10. – 32. Jahresversammlung – zus. mit der Jahrestagung des DBV

1981 Aachen – 9.10. – 33. Jahresversammlung – Vorstandswahlen

Johannes Schultheis (StB Bochum), Vorsitzender

Walter Barton (UB Siegen), Severin Corsten (UuStB Köln), Wolfgang Nitsche (Fach-Bücherei Krupp, Essen)

Lothar Pfau (Kreisbücherei Viersen in Kempen), Ulrich Thiem (StB Düsseldorf), Johannes Traub (Staatl. Büchereistelle Hagen)

Wilhelm Wahlers (Land NRW, Kanzler der Univ. Bonn), Busso Diekamp (Kommunale Spitzenverbände, Stadtdirektor Mönchengladbach), Erich Hodick (Sonstige Unterhaltsträger, Generalsekretär des Borromäusvereins, Bonn)

1982 Paderborn – 1.10. – 34. Jahresversammlung

1983 Duisburg – 7.10. – 35. Jahresversammlung

1984 Bochum – 21.9. – 36.Jahresversammlung – Ausstellung „Bibliotheksland Nordrhein-Westfalen“ - Vorstandswahlen

Hartwig Lohse (UB Bonn), Vorsitzender

Bernhard Adams (UB Bochum), Wolfgang Nitsche (Fach-Bücherei Krupp, Essen), Gesine Scheider (FH-Bibl. Mönchengladbach)

Franziska Altenpohl (StB Lüdenscheid), Ulrich Moeske (StuLB Dortmund), Johannes Traub (Staatl. Büchereistelle Hagen)

Vertreter der Unterhaltsträger: s.1981

1985 Köln – 2.10. – 37.Jahresversammlung – zus. mit der Jahrestagung des DBV

1986 Rheine- 3.10. – 38. Jahresversammlung

1987 Dortmund – 10.9. – 39. Jahresversammlung – auf der 1. „Bibliotheca" – Vorstandswahlen

Ulrich Moeske (StuLB Dortmund), Vorsitzender

Bernhard Adams (UB Bochum), Juan Antonio Cervelló-Margalef (Erzbisch. Diözesanbibl. Köln), Hartwig Lohse (UB Bonn)

Franziska Altenpohl (StB Lüdenscheid), Juliane Funke (StB Solingen), Johannes Traub (Staatl. Büchereistelle Hagen)

Vertreter der Unterhaltsträger: s. 1981

1988 Leverkusen – 13.10. – 40. Jahresversammlung

1989 Dortmund – 1.9. – 41. Jahresversammlung – auf der 2. „Bibliotheca", zus. mit Jahrestagungen des DBV u. des VBB

1990 Lüdenscheid – 14.9. – 42. Jahresversammlung – Vorstandswahlen

Bernhard Adams (UB Bochum), Vorsitzender

Klaus Barckow (UB Paderborn), Antonio Cervelló-Margalef (Erzbisch. Diözesanbibl. Köln), Uwe Kersting (FH-Bibl. Lemgo),

Franziska Altenpohl (StB Lüdenscheid), Reinhard Brenner (StB Essen), Johannes Traub (Staatl. Büchereistelle Hagen)

Vertr. der Unterhaltsträger: s. 1981

1991 Dortmund – 26.9. – 43. Jahresversammlung – auf der 3. „Bibliotheca"

Doris Pohl (UB Essen) übernimmt als Nachfolgerin von Renate Scheuerpflug die Leitung der Geschäftsstelle (1.7.)

1992 Münster – 4.9. – 44. Jahresversammlung

Richard Grigoleit (Witten) Leitung der Geschäftsstelle (1.10.)

1993 Köln – 28. 9. – 45. Jahresversammlung – neue Satzung (aus steuerrechtlichen Gründen) – Vorstandswahlen

Reinhard Brenner (StB Essen), Vorsitzender

Klaus Barckow (UB Paderborn), Christian Jung (Dt. Zentralbibl. für Landbauwiss. Bonn), Uwe Kersting (FH-Bibl. Lemgo)

Franziska Altenpohl (StB Lüdenscheid), Petra Büning (Staatl. Büchereistelle Essen), Ronald Schneider (StB Oberhausen)

Bernd Jürgen Schneider (Kommunale Spitzenverbände, Beigeordneter des Nordrhein-westfäl. Städte- u. Gemeindebundes), Erich Hodick (Sonstige Unterhaltsträger, Generalsekretär des Borromäusvereins, Bonn)

1994 Dortmund – 25.5. – Mitgliedervers. – auf dem 6. Dt. Bibliothekskongress (4. „Bibliotheca")

1995 Herten – 29.9. – Jahresversammlung (auch in den folgenden Jahren ohne Zählung)

1996 Bonn – 11.10. – Jahresversammlung – Vorstandswahlen

Klaus Barckow (UB Paderborn), Vorsitzender

Christian Jung (Dt. Zentralbibl. für Landbauwiss. Bonn), Robert Klitzke (FH-Bibl. Dortmund), Dieter Stäglich (Nachwahl 1997)

Petra Büning (Staatl. Büchereistelle Essen), Gabriele Köppen (StB Hilden), Ronald Schneider (StB Oberhausen)

Klaus Anderbrügge (Land NRW, Kanzler der Univ. Dortmund, Münster), Claus Hamacher (Kommunale Spitzenverbände, Ref. des Nordrhein-westfäl. Städte- u. Gemeindebundes, Düsseldorf), Dörte Melzer (Sonstige Unterhaltsträger, Zentralbücherei des Verbandes Ev. Büchereien in Westfalen, Bielefeld)

1.10.1996 Klaus Peter Hommes (StB Düsseldorf) Geschäftsführer

1997 Ratingen – 21.10. – Jahresversammlung

1998 Gelsenkirchen – 20.11. – Jahresversammlung – 1. Nordrhein-westfäl. Bibliothekstag, 50 Jahre VBNW.

Satzung

des Verbandes der Bibliotheken des Landes Nordrhein-Westfalen

(Zuletzt geändert von der Mitgliederversammlung am 21. Oktober 1997)

§ 1
Name, Sitz, Rechtsform, Geschäftsjahr

1. Der Verband führt den Namen: Verband der Bibliotheken des Landes Nordrhein-Westfalen.
2. Er hat seinen Sitz in Köln.
3. Er ist in das Vereinsregister eingetragen und führt den Zusatz »e.V.«.
4. Das Geschäftsjahr beginnt mit dem 1. Januar.

§ 2
Verbandszweck

1. Der Verband hat den Zweck, das Bibliothekswesen im Lande Nordrhein-Westfalen zu fördern, indem er die gemeinsamen Angelegenheiten der Bibliotheken vertritt, die Stellen und Körperschaften, deren Arbeitsbereich das Bibliothekswesen betrifft oder berührt, gutachtlich berät und die fachliche Zusammenarbeit zwischen den Bibliotheken im Lande und darüber hinaus pflegt.
   Der Verband unterrichtet zu diesem Zweck seine Mitglieder durch ein Mitteilungsblatt und durch sonstige Informationsmittel; er organisiert fachliche Veranstaltungen und stellt Arbeitshilfen (z.B. Sondersammelgebietskataloge, Leihscheine u.a.) zur Verfügung.
2. Der Verbandszweck wird sachgemäß, gewissenhaft und selbstlos ausgeübt. Der Verband ist ausschließlich und unmittelbar gemeinnützig tätig und verfolgt keine eigenwirtschaftlichen Zwecke.
3. Die Mittel des Verbandes dürfen nur für gemeinnützige Zwecke verwendet werden.
4. Es darf niemand durch Ausgaben, die dem Verbandszweck fremd sind, oder durch unverhältnismäßig hohe Vergütungen begünstigt werden.

§ 3
Mitgliedschaft

1. Mitglieder können die im Lande Nordrhein-Westfalen gelegenen Bibliotheken, Büchereien und Einrichtungen des Bibliothekswesens kraft eigenen Rechtes oder durch ihre Rechtsträger werden.
2. Der Beitritt wird dem Vorstand gegenüber schriftlich erklärt. Der Vorstand entscheidet über die Aufnahme.
3. Die Mitgliedschaft kann durch schriftliche Anzeige an den Vorstand zum Schluß eines Geschäftsjahres mit dreimonatiger Frist gekündigt werden.

4. Ein Mitglied kann vom Vorstand aus dem Verband ausgeschlossen werden, wenn es gegen die Interessen des Verbandes verstößt.
5. Gegen die Ablehnung des Aufnahmeantrags sowie gegen die Ausschließung aus dem Verband ist Berufung an die ordentliche Mitgliederversammlung zulässig; die Berufung ist dem Verband innerhalb von sechs Wochen schriftlich einzureichen. Die Entscheidung trifft die nächste ordentliche Mitgliederversammlung.
6. Die Mitglieder bilden Arbeitsgemeinschaften entsprechend ihrer fachlichen Ausrichtung.

§ 4
Organe des Verbandes
Die Organe des Verbandes sind:
1. die Mitgliederversammlung,
2. der Vorstand.

§ 5
Mitgliederversammlung
1. Die Mitgliederversammlung bestimmt die Richtlinien der Arbeit des Verbandes.
2. Alljährlich findet eine ordentliche Mitgliederversammlung statt. Der Vorstand bestimmt Ort und Zeit, schlägt die Tagesordnung vor und lädt zur Mitgliederversammlung ein.
3. Die Aufgaben der ordentlichen Mitgliederversammlung sind u.a.:
   a) Wahl des Vorsitzenden und der anderen Mitglieder des Vorstandes sowie der Rechnungsprüfer
   b) Entgegennahme des Geschäftsberichts und Genehmigung des Rechnungsabschlusses
   c) Entlastung des Vorstands und des Kassenwarts
   d) Festsetzung des Jahresbeitrags
   e) Änderung der Satzung.
4. Eine außerordentliche Mitgliederversammlung wird einberufen, wenn der Vorstand es im Interesse des Verbandes für erforderlich hält oder mindestens der 10. Teil der Mitglieder die Einberufung schriftlich verlangt.
5. Die Einladung zur Mitgliederversammlung erfolgt schriftlich unter Mitteilung der vorgeschlagenen Tagesordnung mindestens vier Wochen vor dem vorgesehenen Termin.
6. Anträge von Mitgliedern, über die in der Mitgliederversammlung Beschluß gefaßt werden soll, sind mindestens zwei Wochen vor der Mitgliederversammlung dem Vorstand schriftlich einzureichen.
7. Der Vorsitzende des Verbandes oder ein Stellvertreter leitet die Mitgliederversammlung.
8. Jedes Mitglied hat bei der Beschlußfassung eine Stimme. Die Vertretung mehrerer Mitglieder durch einen Bevollmächtigten ist unzulässig.
9. Die Beschlußfähigkeit der Mitgliederversammlung ist von der Zahl der erschienenen Mitglieder nicht abhängig.
10. Bei Beschlußfassung entscheidet die Mehrheit der Stimmen der anwesenden Mitglieder, bei Stimmengleichheit gilt der Antrag als abgelehnt. Zu einem Beschluß, der eine Änderung der Satzung betrifft, ist eine Mehrheit von drei Vierteln der erschienenen

Mitglieder erforderlich. Bei Wahlen genügt einfache Stimmenmehrheit; bei Stimmengleichheit entscheidet das Los.

11. Die Auflösung des Verbandes bedarf einer Mehrheit von drei Vierteln der erschienenen Mitglieder, mindestens jedoch der Hälfte aller Mitglieder.

12. Über die Verhandlung ist ein Protokoll zu führen, das vom Verhandlungsleiter zu unterzeichnen ist.

§ 6

Vorstand

1. Der Vorstand besteht aus
   a) dem Vorsitzenden
   b) drei Vertretern aus dem Kreis der wissenschaftlichen Bibliotheken,
   c) drei Vertretern aus dem Kreis der Öffentlichen Bibliotheken,
   d) drei Vertretern aus dem Kreis der Rechts- bzw. Unterhaltsträger.
2. Die Vorstandsmitglieder zu 1.a) bis 1.c) müssen dem bibliothekarischen Beruf angehören und sollen verschiedene Typen des Bibliothekswesens vertreten. Sie werden von der ordentlichen Mitgliederversammlung in geheimer Abstimmung gewählt; Wahl durch Zuruf ist zulässig, wenn keines der anwesenden Mitglieder Einspruch erhebt.
3. Die Vorstandsmitglieder zu 1.d) werden aus dem Kreis der Rechts- bzw. Unterhaltsträger benannt. Das Benennungsrecht wird von den kommunalen Spitzenverbänden, dem Land Nordrhein-Westfalen und den sonstigen Unterhaltsträgern für je einen Vertreter ausgeübt. Die Vertretung ist auf die benannte Person beschränkt.
4. Je ein Vertreter aus dem Kreis der wissenschaftlichen Bibliotheken und der öffentlichen Bibliotheken wird vom Vorstand zum Stellvertreter des Vorsitzenden gewählt.
5. Die Amtszeit aller Vorstandsmitglieder beträgt drei Jahre; gewählte und benannte Vorstandsmitglieder bleiben auch nach Ablauf der drei Jahre bis zur vollzogenen Neuwahl im Amt. Wiederwahl ist zulässig.
6. Scheidet ein Vorstandsmitglied während einer Wahlperiode aus, so ergänzt sich der Vorstand selbst durch Zuwahl bis zur nächsten Mitgliederversammlung. Diese vollzieht dann endgültig die Ersatzwahl für die noch übrige Amtsdauer des Ausgeschiedenen.

§ 7

Vorstand gemäß § 26 BGB

Vorstand im Sinne des § 26 BGB sind der Vorsitzende und seine beiden Stellvertreter, die im Außenverhältnis jeweils zur alleinigen Vertretung berechtigt sind, im Innenverhältnis sollen die Stellvertreter in einer vom Vorstand zu bestimmenden Reihenfolge nur tätig werden, wenn der Vorsitzende an der Vertretung verhindert ist.

§ 8

Arbeit des Vorstandes

1. Der Vorstand führt die Geschäfte des Verbandes.
2. Der Vorsitzende leitet die Sitzungen des Vorstands und beruft ihn nach Bedarf ein. Zu einzelnen Punkten der Tagesordnung können Sachverständige hinzugezogen werden.
3. Beschlüsse des Vorstands werden durch Stimmenmehrheit gefaßt. Sie können, wenn kein Vorstandsmitglied widerspricht, durch Umlauf oder unmittelbare schriftliche Äußerung gefaßt werden.

4. Der Vorstand kann einen Geschäftsführer mit der Erledigung laufender Geschäfte beauftragen. Seine Befugnisse bestimmt der Vorstand. Der Geschäftsführer nimmt an den Sitzungen des Vorstands beratend teil.
5. Der Vorstand kann einen Kassenwart mit der Rechnungsführung des Verbandes beauftragen. Seine Befugnisse bestimmt der Vorstand. Der Kassenwart nimmt an den Sitzungen des Vorstands beratend teil.
6. Der Vorstand kann zur Bearbeitung wichtiger Fragen Kommissionen einsetzen. Die Mitglieder der Kommissionen werden vom Vorstand für die Dauer von drei Jahren berufen. Eine Wiederberufung ist zulässig. Die Kommissionen wählen aus ihrer Mitte eine Vorsitzende/einen Vorsitzenden, der die Kommission leitet und die Kommission nach Bedarf zusammenruft. Über die Tätigkeit der Kommission ist der Mitgliederversammlung zu berichten.

§ 9
Haushaltswesen
1. Der Verband erhebt einen jährlichen Mitgliedsbeitrag, dessen Höhe von der Mitgliederversammlung festgesetzt wird.
2. Der beauftragte Kassenwart führt die Kassengeschäfte. Nach Ablauf eines jeden Geschäftsjahres hat er dem Vorstand einen Kassenabschluß vorzulegen.
3. Die ordentliche Mitgliederversammlung bestellt zwei Rechnungsprüfer, die nach Ablauf eines jeden Geschäftsjahres die Kasse und die Rechnungsbücher prüfen und der Mitgliederversammlung darüber berichten.

§ 10
Vergütungen, Entschädigungen
1. Das Vermögen des Verbandes einschließlich etwaiger Erträge und Gewinne darf nur für die satzungsgemäßen Zwecke (§ 2) verwendet werden. Mitglieder erhalten keine Gewinnanteile. Dies gilt auch für ausscheidende Mitglieder.
2. Die für die Zwecke des Verbandes ehrenamtlich tätigen Personen erhalten die aus dieser Tätigkeit erwachsenden Auslagen durch den Verband ersetzt. Ständig für den Verband tätigen Personen kann durch den Vorstand eine angemessene Vergütung gewährt werden.

§ 11
Verwendung des Vermögens bei Auflösung des Verbandes
Bei Auflösung des Verbandes oder bei Wegfall seines bisherigen Zweckes fällt sein Vermögen an das Land Nordrhein-Westfalen mit der Auflage, es unmittelbar und ausschließlich für gemeinnützige Zwecke im Rahmen der Förderung des Bibliothekswesens im Lande zu verwenden.

***

Dem Verband gehören im Jahr 2000 an: 32 Bibliotheken in Trägerschaft des Landes (Hochschulbibliotheken und Spezialbibliotheken), 183 Bibliotheken der Städte, Gemeinden und Gemeindeverbände, 107 Bibliotheken anderer Träger aus Wirtschaft, Kirche und selbständigen Institutionen, ferner 5 Dezernate der Bezirksregierungen und 7 Fachstellen der kirchlichen Büchereiarbeit. Damit sind die wichtigsten Bibliotheken und bibliothekarischen Einrichtungen dem Verband angeschlossen.

Arbeitsgemeinschaften bilden fachliche Kooperations- und Koordinationsgremien von Bibliotheken jeweils gleichartiger Aufgabenstellung. Im Jahr 2000 bestehen Arbeitsgemeinschaften der Universitätsbibliotheken, der Fachhochschulbibliotheken, der Großstadtbibliotheken, der Klein-, Mittelstadt- und Kreisbibliotheken Rheinland, der Klein-, Mittel- und Kreisbibliotheken Westfalen, der Klein-, Mittelstadt- und Kreisbibliotheken Ostwestfalen-Lippe und der Kirchlichen Öffentlichen Bibliotheken.

Abkürzungen

AGG	Arbeitsgemeinschaft der Großstadtbüchereien (Großstadtbibliotheken)
AGHB	Arbeitsgemeinschaft der Hochschulbibliotheken
BDB	Bundesvereinigung Deutscher Bibliotheksverbände
Bibliothek	Bibliothek. Forschung und Praxis (Zeitschrift)
BLI	Bibliothekar-Lehrinstitut
BTH	Bibliothek der Technischen Hochschule
BuB	Buch und Bibliothek (bis 1970: Bücherei und Bildung)
DB	Deutsche Bibliothek
DBI	Deutsches Bibliotheksinstitut
DBK	Deutsche Bibliothekskonferenz
DBV	Deutscher Bibliotheksverband (bis 1973: Büchereiverband)
DFG	Deutsche Forschungsgemeinschaft
EKZ	Einkaufszentrale für Bibliotheken (bis 1994: für Öffentliche Bibliotheken bzw. für Öffentliche Büchereien)
FHB	Fachhochschulbibliothek
FHBD	Fachhochschule für Bibliotheks- und Dokumentationswesen
FIZ	Fachinformationszentrum
HBZ	Hochschulbibliothekszentrum
IuD	Information und Dokumentation
IVS	Informationsvermittlungsstelle
KGSt	Kommunale Gemeinschaftsstelle für Verwaltungsvereinfachung
KMK	Kultusministerkonferenz
LuStB	Landes- und Stadtbibliothek
LVO	Leihverkehrsordnung
Mbl	Mitteilungsblatt. Verband der Bibliotheken des Landes Nordrhein-Westfalen
MWF	Ministerium für Wissenschaft und Forschung
nfd	Information-Wissenschaft und Praxis (Zeitschrift)
ÖB	Öffentliche Bücherei/Bibliothek
PHB	Pädagogische Hochschulbibliothek
SSG	Sondersammelgebiet
StB	Stadtbücherei / Stadtbibliothek

StuLB	Stadt- und Landesbibliothek
UB	Universitätsbibliothek
UuStB	Universitäts- und Stadtbibliothek
VBB	Verein der Bibliothekare an Öffentlichen Büchereien/ Bibliotheken
VBNW	Verband der Bibliotheken des Landes Nordrhein-Westfalen
VDB	Verein Deutscher Bibliothekare
VDV	Verein Deutscher Volksbibliothekare
VK	Verbundkatalog maschinenlesbarer Daten
WB	Wissenschaftliche Bibliothek
ZDB	Zeitschriftendatenbank
ZfBB	Zeitschrift für Bibliothekswesen und Bibliographie
ZK	Zentralkatalog
ZLNW	Liste der laufend gehaltenen Zeitschriften der Bibliotheken der wissenschaftlichen Hochschulen in NW
ZVNW	Zeitschriftenverzeichnis der kommunalen Bibliotheken und Büchereien in Nordrhein-Westfalen

Personenregister

Adams, Bernhard 35, 129, 133, 144, 146, 152, 153, 157, 158, 160, 197, 223, 224, 230, 243, 244, 270, 271
Anderhub, Andreas 206
Ankerstein, Ursula 262

Barkow, Klaus 155, 199, 226, 227, 272
Barton, Walter 124, 126, 180, 227-229
Baumhoff, Renate 48
Bayer, Wilhelm 58
Benz, Christian 109, 110
Beßelmann, Karl-Ferdinand 220
Beyersdorff, Günter 141
Bieber, Hedwig 255, 260
Böll, Heinrich 162, 212
Birkholz, Ulrich 25
Borchardt, Peter 139
Böttger, Klaus-Peter 262, 265
Brender, Irmela 142
Brenner, Reinhard 128, 129, 131, 132, 144, 147, 148, 150, 154, 155, 174, 176, 198, 199, 208, 233, 258, 267, 271
Brosche, Wolfgang 147
Brockmeyer, Norbert 138
Brunn, Anke 159, 223
Brunn, Gerhard 65
Buback, Siegfried 87
Büning, Petra 208
Burr, Viktor 33
Busse, Gisela von 14, 33, 49

Colshorn, Johannes 58, 59
Cordes, Hans 33
Corsten, Severin 45, 47, 48, 50, 51, 61, 68, 80, 89, 90, 91, 103, 104, 115, 120, 195, 196, 219, 220, 256, 257, 268
Cummerl, Klaus 69

Dankert, Birgit 142, 145
Degener, Volker W. 138
Dieckmann, Jochen 132
Dittrich van Weringh, Kathinka 165
Dilger, Mechtild 115
Doderer, Klaus 73
Dokter, Gunter 125
Dönhoff, Marion Gräfin 140
Düwell, Kurt 37

Emunds, Heinz 27, 46, 47, 59, 60, 78, 84, 170-172, 189, 191, 192, 214, 235, 238, 239, 266
Ernestus, Horst 61, 77, 78, 147, 149
Ernst, Matthias 185
Erpf, Christa 149

Fabian, Bernhard 220
Farthmann, Friedhelm 138
Feldmann, Reinhard 220, 225
Fellmann, Ulrich 229
Fiege, Reinhard 122, 124
Fligge, Jörg 176
Fuchs, Hermann 200

Gabel, Gernot U. 165
Galsterer, Brigitte 205, 206, 224, 230
Gattermann, Günter 200, 201, 218, 221-224, 227
Geh, Hans-Peter 249, 254
Glang-Süberkrüb, Annegret 108, 110
Gerritz, Eugen 138, 209, 222
Giegler, Eugen 239
Girgensohn, Jürgen 27, 29, 55
Gödert, Winfried 257-259
Grätz, Reinhard 89
Greitzke, Marianne 266
Griebel, Rolf 132
Groll, Henning 41
Gronemeyer, Horst 250

Grosser, Alfred 157
Grün, Max von der 138
Grunwald, Wilhelm 36
Gurland, Gottfried 122

Haefner, Klaus 157
Haller, Bertram 213
Hardeck, Erwin 100
Helal, Ahmed Helmi 190
Helf, Johannes 221
Heinrich, Gisela 60, 235
Hempel, Inge 69, 70, 77
Herf, Eberhard 47, 151, 152
Heydrich, Jürgen 188, 189, 194, 198
Hilgemann, Klaus 105
Hirsch, Wilhelmine 67, 68, 78, 79, 149
Hodick, Erich 50, 67, 71, 72, 81
Hoffmann, Heinz-Werner 225, 232, 233, 272
Hoffmann, Hilmar 161
Hoffmann, Luise 182
Hoge, Roswitha 265
Holste-Flinspach, Karin 260-262, 264, 265
Hönscheid, Jürgen 251
Hommes, Klaus Peter 231, 232
Hüser, Fritz 73, 246, 266
Husmann, Brigitte 258
Hummel, Siegfried 157

Jammers, Antonius 37, 41, 94, 96, 100, 110, 115, 136, 137, 162, 163, 180, 182, 200, 201, 203, 205, 215, 217, 226, 228, 229
Jedwabski, Barbara 271
Jochimsen, Reimut 98, 99, 112
Jung, Rudolf 234, 266, 268
Jüngling, Helmut 257, 258

Kaegbein, Paul 41, 110
Kämmerer, Marita 127
Kamp, Norbert 229-232
Kaspers, Heinz 22, 26, 45, 53, 82, 84, 85, 151, 152, 231
Käufer, Hugo Ernst 25, 59, 78
Kemner, Andrea 167, 185
Kirchhof, Bernhard 255
Kirsch, Ludwig 70
Klein, Brigitte 87, 130, 155
Klingner, Edwin 163
Klitzke, Robert 204
Klompen, Wilma 254, 257
Knoche, Michael 249
König, Gertrud 78, 176, 230, 231
Konze, Ingeborg 266
Kossel, Angelika 127
Krieg, Werner 13, 16, 19, 21-24, 27, 32-36, 40, 45, 48, 50, 51, 57, 64, 65, 80, 84, 116-118, 150, 151, 155, 156, 166, 167, 169, 171, 185, 186, 189, 190, 209-214, 234, 235, 246-249, 251-254, 260, 263, 265, 266
Kroll, Josef 80
Kronzucker, Dieter 140
Kühn, Heinz 13, 24, 82
Kuhlmann, Hans Jochim 14, 44, 47-49, 51, 53, 60, 68, 72, 85, 87-90, 103, 119, 120, 153, 163, 172, 173, 178, 193, 237, 241, 244, 248, 249, 253, 255, 262, 263, 267
Kuhlmann, Siegfried 65, 66

Lauster, Astrid 73, 75, 76
Liebers, Gerhard 33, 48
Limburg, Hans 41, 99, 101, 102, 179, 204, 249, 257
Lohse, Gerhart 33, 36, 39, 41, 96, 177, 178, 249, 254
Lohse, Hartwig 26, 27, 29, 30, 32, 33, 35, 39, 42, 45, 47-50, 52, 58, 68, 99, 119, 128, 142, 152-154, 158, 211, 217, 227, 229, 241-243, 248, 250, 255, 262, 263
Lüssem, Hans Bernd 152, 155
Lux, Claudia 249

Mahrenholz, Christhard 50
Mälzer, Gottfried 227
Mämecke, Irmgard 142
Mattner, Hans 69, 70
Menzel, Joachim 67
Meyer, Hans Moritz 24, 58, 210, 211

Meyer, Reinhard 68
Mittler, Elmar 121
Moeske, Ulrich 16, 129, 140, 142, 143, 161, 166, 167, 189, 196, 197, 221, 235, 241-243, 269
Momper, Walter 140
Mues, Erich 186, 187, 192, 194

Nagelsmeier-Linke, Marlene 16, 199, 271
Niggemeyer, Hannelore 48

Obberg, Heinrich 24, 72, 152, 155, 265, 270
Oesterreich, Helga 105
Overwien, Willi 266

Pappermann, Ernst 91, 92, 138
Pawlack, Erna 62
Pestum, Jo 137
Peters, Leo 69
Pfau, Lothar 67
Pflaum, Günter 64, 69, 130
Pflug, Günther 11, 19-21, 25, 26, 31-33, 35, 36, 41, 43, 44, 47, 48, 73, 77, 82, 83, 98, 141, 148, 149, 151, 152, 157, 162, 166-170, 190, 212, 230, 231, 235, 256, 267
Pflugk, Ulrich 146, 229, 250, 255, 272
Plassmann, Engelbert 97, 106-108, 269
Plewe, Werner 57
Poll, Roswitha 121, 213
Ponto, Jürgen 87
Pröve, Karl-Heinz 138

Raabe, Paul 217
Rakowski, Franz 24, 25, 48, 53, 61, 67, 78, 81, 83
Rau, Johannes 159
Rau, Peter 178, 203, 218, 227, 229
Reding, Josef 140, 162
Regier, Heike 207
Reinhardt, Werner 180
Reinke, Ernst-Martin 48, 152
Reulecke, Jürgen 65
Riemers, Gunter 139
Riese, Reimar 164
Rinsche, Günter 88
Röder, Rudolf 59, 260, 261, 266
Roehl, Kurt 23
Rogalla von Bieberstein, Johannes 78, 212
Röhling, Horst 47, 48, 185
Rost, Gottfried 158
Rossa, Kurt 158
Rothbart, Otto-Rudolf 237-240
Rottacker, Gustav 141
Röttcher, Günter 152, 259-262

Samtlebe, Günter 130
Sauberzweig, Dieter 78, 90, 91, 93, 119
Saule, Marianne 244
Schäfer, Rütger 204
Scharmann, Ute 174, 176
Scheele, Jürgen 268
Scheider, Gesine 109-111
Schelsky, Helmut 33
Scheuerpflug, Renate s. Baumhoff, Renate
Schleyer, Hans-Martin 87
Schmidt, Irmgard 138
Schmidt, Siegfried 38
Schmitz, Wolfgang 155
Schmitz-Veltin, Wilhelm 78
Schneider, Ronald 138, 142-144, 146, 237, 239
Schneider-Eßlinger, Barbara 204
Schoene, Renate 152
Schramm, Siegmund 72
Schuhmann, Klaus 158
Schüle, Gisela 182
Schultheis, Johannes 63, 75, 78, 91, 111, 122, 123, 126, 137, 138, 141, 145, 153, 160, 175, 180, 216, 237
Schwier, Hans 90, 100, 112, 120, 128, 138, 140, 141, 159, 177, 180, 214, 215
Seidel, Hermann 110
Sinogowitz, Bernhard 45, 191, 192
Solle, Günter 27, 64, 73, 76, 84, 88, 90, 92, 104, 115, 116, 120, 126, 127, 136, 166, 202, 207, 212

Sonn, Hans Martin 53, 57, 244
Sontag, Helmut 241
Stäglich, Dieter 179, 182, 218, 227, 228
Stiller, Hans-Joachim 69
Stoltzenburg, Joachim 35
Süberkrüb, Hansjörg 19, 20, 24, 29, 47, 48, 51, 53, 62, 64, 66, 78, 81, 86-88, 149, 153, 154, 162, 247, 266, 267
Sulz, Eugen 51

Tannhof, Werner 217
Teltschik, Horst 140
Thiem, Ulrich 57, 59, 123, 173, 174, 238, 239
Tönges, Ingrid 146
Totok, Wilhelm 51
Thorn, Gerhard 205
Thun, Hans-Peter 206
Traub, Johannes 67, 142

Vetten, Michael 205, 272

Wachler, Dietrich 109, 110
Wagner, Sigrid 66
Wahlers, Wilhelm 50, 88
Waltener, Michael 105
Walter, Manfred 110
Wang, Jingjing 33
Waßner, Hermann 252
Wefers, Sabine 199
Wehefritz, Valentin 103
Weimar, Volker 52
Weinberger, Bruno 90
Werhahn, Heinz Martin 59, 81, 186, 193, 211
Wondratschek, Wolf 140

Zimmer, Dieter 140